スウェーデンにみる
高齢者介護の供給と編成

Provision and Organization of Elder Care in Sweden

斉藤弥生 著

大阪大学出版会

目次

はじめに ……………………………………………………………………3

    1　研究の背景と問題意識
       ──「供給」（provision）と「編成」（organization）　3
    2　本書の目的　6
    3　本書の構成　7
    4　本書の課題　13
    5　謝辞　14

第1章　政治経済の視点からみる高齢者介護とその特質 ………17

    1　はじめに　17
    2　高齢者介護と福祉国家　18
    3　高齢者介護と市場　24
    4　ハーシュマンの「発言」「退出」「ロイヤルティ」　30
    5　対人社会サービスとしての介護の特質　38
    6　スウェーデンにみる高齢者介護の供給と編成
       ──「発言」「退出」「ロイヤルティ」による整理　42

第1部　高齢者介護の歴史的整理

第2章　戦前の老人扶養とその論点 ……………………………………55

    1　はじめに　55

i

2　1871年貧困救済令と村自治体の取り組み　56
　　　3　1918年貧困救済法とその成立に至るまで　60
　　　4　戦間期（1920年代～1930年代）　72
　　　5　戦前の老人扶養とその論点　84

第3章　老人ホーム主義から在宅介護主義への転換 ················87
　　　1　はじめに　87
　　　2　1947年基本方針―老人ホームの改善と増設　89
　　　3　政府の方針転換―在宅介護主義へ　96
　　　4　1957年基本方針―老人ホームは困難事例に対応する施設　109
　　　5　在宅介護主義という政治的合意　115
　　　6　社会政策としての高齢者介護　122

第4章　福祉国家の拡大とホームヘルプの編成 ······················127
　　　1　はじめに　127
　　　2　スウェーデンにおける高齢者介護の概念　129
　　　3　ホームヘルプの急速な拡大　134
　　　4　ホームヘルプの変容
　　　　　―「家庭の母親」の兼業職から自立した専門職へ　140
　　　5　ホームヘルプの編成　150
　　　　　―「伝統的モデル」「ベルトコンベア風モデル」「小グループモデル」
　　　6　日本のホームヘルプの編成過程との比較　162

第2部　供給多元化と介護ガバナンス

第5章　介護サービス供給多元化と国の政策 ·······················173
　　　1　はじめに　173
　　　2　国と地方の関係　176
　　　3　スウェーデンにおける民営化の捉え方（1990年代）　180
　　　4　介護サービス供給多元化の進行　183

5　中央政府の影響力
　　　　　──介護マックスタクサの導入とサービス選択自由化法　195

第6章　供給多元化とコミューンの介護ガバナンス ……………205

　　1　はじめに　205

　（Ⅰ）　コミューンにおける介護サービス民間供給に関する調査（2003年）
　　　　　──既存データによる分析

　　1　調査概要　206
　　2　分析結果　209
　　3　民間供給率が高い要因の検討──保守系与党の影響　214
　　4　中央労使交渉システムと連帯賃金制度
　　　　　──介護コストを下げにくい要因　226

　（Ⅱ）　コミューンにおける介護ガバナンスに関する調査（2000〜2003年）
　　　　　──ヒアリング調査結果の分析

　　1　調査概要　235
　　2　調査結果　237
　　3　総括　264

　（Ⅲ）　高齢者介護におけるサービス選択自由化制度の運用状況の比較
　　　　　調査（2012年）──ストックホルムとヴェクショーの事例から

　　1　各コミューンの行政組織　268
　　2　各コミューンのサービス選択自由化制度　275
　　3　総括　285

第7章　グローバル資本主義とローカルデモクラシー
　　　　──カレマケア報道からの考察── ……………………287

　　1　はじめに　287

2　カレマケア報道の概要と時系列的整理　292
　　3　カレマケア報道の内容分析　314
　　4　結論　339

第8章　サードセクターと介護サービス供給 …………………343

　　1　はじめに　343
　　2　福祉トライアングルモデルとサードセクター　345
　　3　スウェーデンのサードセクター
　　　　──「新しい」協同組合への期待　350
　　4　介護ソーシャルエンタープライズによるサービス供給
　　　　──ヒアリング調査の結果と分析　361
　　5　都市部の介護ソーシャルエンタープライズ
　　　　──ヒアリング調査の結果と分析　374
　　6　介護サービス供給におけるサードセクターへの期待と課題　384

第9章　介護サービスの供給と編成 ……………………………387

　　1　はじめに　387
　　2　供給形態の諸類型と高齢者介護　388
　　3　日本とスウェーデンの介護システム比較　408

あとがき　425
注　429
参考文献　438
English Summary　456
索引　469

スウェーデン基本情報

首都：ストックホルム，**公用語**：スウェーデン語，**人口**：9,588,569万人（2013年5月現在），**国家の形態**：立憲君主制・議会民主制，**国王**：カール16世グスタフ，**議会**：一院制349議席，**EU加盟**：1995年，**通貨**：スウェーデンクローナ（1 SEK＝約14.9円，2013年7月現在），**宗教**：人口の8割がスウェーデン福音ルーテル教会（プロテスタント）に所属，**主要貿易品目(輸出)**：電気通信機器・石油精製品・医薬品，**貿易品目（輸入）**：石油・自動車及び部品，**主要貿易相手国(輸出)**：EU27ヶ国，ノルウェー・アメリカ・中国，**主要貿易相手国(輸入)**：EU27ヶ国，ノルウェー・ロシア・中国

（出所：日本外務省スウェーデン基礎データ，在日スウェーデン大使館基本情報）

はじめに

1 研究の背景と問題意識
── 「供給」（provision）と「編成」（organization）

　筆者が高齢者介護に関心を持ち，研究を始めたのは1980年代終わり頃のことで，日本では高齢者の寝たきり問題が議論され始めた頃だった。1989年に竹下内閣は消費税を導入したが，同時期に「高齢者保健福祉推進10カ年戦略」（通称ゴールドプラン）を発表し，2000年までにホームヘルパー1万人，デイサービスセンター1万カ所の整備を目指すこととなった。ゴールドプランは日本で初めての全国的な介護サービスの整備計画であり，市町村には高齢者の実態調査と老人保健福祉計画の策定が義務付けられた。スウェーデンやデンマークの高齢者介護が日本で紹介されるようになったのは，そのような時代であった。日本では寝たきり問題がこれだけ深刻なのに，寝たきり老人がいないというのは本当だろうか，そんなことが本当に可能なのだろうか。これが筆者の初めの問題意識であり，本研究の始まりでもある。

　高齢者を寝たきりにさせないしくみを研究するために，スウェーデンに3年間留学したが，当時と現在とでは筆者の研究内容は少し変わってきた。日本では2000年に介護保険制度が導入され，高齢者介護を取り巻く環境は大きく変わった。筆者が留学していた1990年代初頭は，ヨーロッパでも介護研究自体が比較的新しい分野だった上に，日本の高齢者介護に関心を持つ人もな

く，日本は家族が介護する国として研究対象にさえ考えられていなかった。ところが今は違う。多くの国々の研究者が日本の介護保険制度に関心を持つようになり，スウェーデンでも高齢者介護の新たな財源として社会保険制度の必要性を語る研究者がいる。日本でも水準の高い高齢者施設が増えており，特に海外の介護研究者が驚くのは日本の介護職員，ホームヘルパーの働きぶりと熱意である。日本の高齢者介護研究も，海外の先進的なシステムと介護サービスの供給量に圧倒され，諸外国のシステムを"学ぶ"だけの時代は終わり，次のステージを迎えている。

　本書のタイトルは「スウェーデンにみる高齢者介護の供給と編成」としたが，本研究は「供給」だけでなく「編成」にも関心を向けている。本書第9章で引用するC. フッド（Christfer Hood）の *Administerative Analysis. An Introduction to Rules, Enforcement and Organization*（1986）（＝森田朗訳，『行政活動の理論』岩波書店，2000年）の邦訳で，森田はorganizationを「編成」と訳し，その理由を次のように説明している。「organizationという語は，通常，職や権限を体系的に結合した固定的な構造を意味し，日本語では「組織」と訳されているが，本書では，そのような構造というよりも，むしろ<u>公共サービスの供給活動を構成する種々の作業を一定の関連性に基づいて組み合せ体系化すること，あるいはその作業体系を意味する語として用いられているので，あえて「編成」と訳した</u>」（フッド 2000：xi，※下線は筆者）。またM. セベヘリ（Marta Szebehely）の主著 *Vardagens organisering. Om vårdbiträden och gamla i hemtjänsten*（1995）（日常生活の編成．ホームヘルプにおける介護士と高齢者について．※邦訳は筆者）では，タイトルそのものが示すように，在宅介護は高齢者とホームヘルパーが一緒に，日常生活の組み立ていく作業であり，組織化であり，介護の「編成」と解釈できる。organizationの邦訳は難しいが，本書では，介護サービス供給の体系化，高齢者の日常生活の組み立てをどう考えるかという意味で，「編成」という語を用いることとした。
　筆者が「編成」に着目する理由は，介護サービスを「供給」するだけでは高齢者の生活を支えることはできないと考えるからである。これまでの介護

に関する国際比較研究の多くは，介護サービスの供給量に焦点を当ててきた。例えば，G. エスピン-アンデルセン（Gøsta Esping-Andersen）も脱家族化の一つ指標に，介護サービスの利用率を用いている。また国際比較研究では，経済開発協力機構（OECD）の社会支出（social expenditure）や長期介護（long term care）の支出の統計がよく用いられる。精神病院の病床数だけをみれば，日本は先進国の中でも最も病床数が多い。しかし日本で精神疾患のある人々が世界中で最も充実した生活を送っていると考える人はまずいないだろう。

　介護はそこで暮らす人たちの生活や社会に対する考え方を映し出している。介護が家族内福祉の一部であり，それをいかに外部化し，家族の負担を軽減させることができるかを議論する際には，まずは供給量の議論が先行する。しかしある程度の供給量が確保された時には，そのサービスで利用者の生活の質は向上しているか，また一方で，サービスに無駄が発生していないかを考えなければならず，サービスの「編成」という視点が重要になる。これが今の筆者の問題意識である。

　本書で筆者がスウェーデンの経験を取り上げる理由は，以下の2点である。
　第一に，日本の社会保障政策において，スウェーデンは必ず議論の対象となってきた国の一つであり，スウェーデンの動向を把握することは日本の社会保障政策を考える上で重要である。スウェーデンの福祉に関する情報や研究は，日本国内の政治やイデオロギーの影響を受けることが多い。例えば1970年代の政府の方針であった日本型福祉社会論は「家族は福祉の含み資産」と考え，当時のスウェーデンを反面教師とした。広い公園で老人は孤独，スウェーデンの自殺率が高いのは福祉が行き過ぎた結果（今では事実誤認が明らかだが）等と報道された。また1980年代終盤から1990年代の日本はゴールドプランによる介護システム整備が進行していたが，スウェーデンのサービスハウス，包括ケア，24時間対応ホームヘルプが，メディアにより介護システムの理想モデルとして描かれた。スウェーデンにおいてサービスハウスは1970年代後半からのホームヘルプの集合化により合理化を進めるための施策であり，また1950年代のスウェーデンの在宅介護主義への転換は認知症高齢

者の増加を前提にしていなかった。スウェーデンの政策は大胆でインパクトが大きいために目を引くが，その施策が選択された社会背景を十分に理解していたかといえば疑問であり，これは筆者の反省点でもある。スウェーデンの高齢者介護の成り立ちや発展のプロセス，その文化的背景や政治的背景などの全体像の中で，介護政策を見ようとする姿勢がなければ，何が真実かの判別もつかず，評価もできない。

　第二に，スウェーデンにおいて高齢者介護に関する議論の歴史は長く，「貧困老人の競売」や家事使用人の時代から，コミューンによる介護サービスの拡大と「供給独占」，近年みられる「供給多元化」等，約130年の間に多様な経験を有し，その賛否を巡る議論を行なってきた。そのため高齢者介護の本質を考える上での材料が豊富で，介護システムを比較分析する上でも興味深い環境がある。国連は高齢化率が7％以上を高齢化社会と定義するが，20世紀初頭にスウェーデンの高齢化率はすでに8.5％であった。そのため他国より相当早い時期に老人扶養や介護問題に関心が持たれた。その後，世界の情勢，経済事情，政治事情の影響をうけ，老人扶養と介護システムは変遷してきた。その主な担い手だけをみても，家族や家事使用人から，介護専門職へと移り変わってきた。介護の供給がどのようになされたか（誰が主に介護を担ってきたか），どのような編成が行われたか（誰がどのような理念のもとでシステムを築いてきたか），さらにそれらを巡りどのような議論がなされたか，を長いプロセスの中で検討することができる。また地方分権が進んでいるスウェーデンでは，コミューン（基礎自治体）の自由裁量が大きく，特に1990年代以降はコミューンの介護システムにバリエーションがあり，介護サービスの供給と編成において一つの国内で多様な実験が展開している。

2 本書の目的

　本書の大きなテーマは「誰がどのように高齢者を介護してきたのか」を検証することである。高齢者介護の論文には *Who cares?*「誰が看るのか」と

いうタイトルも多い。ますます高齢化が深刻となる社会において誰がどのように高齢者を介護していくのかを考えるために，これまで「誰がどのように高齢者を介護してきたのか」を検証することは重要な作業である。

そこで，本書では，第一にスウェーデンにおける高齢者介護の供給と編成をめぐる議論を歴史的に整理分析し，第二に1990年代以降の介護サービス供給多元化の時代において，スウェーデンでは介護サービスの再編がどのように行われているかについて現地調査に基づき，明らかにしたい。また第9章は，スウェーデンの高齢者介護の供給と編成の変遷をフッド（1986）の公共サービスの供給形態の諸類型に基づいて整理した上で，日本の介護保険制度との比較を行なう。本書ではスウェーデンの高齢者介護を一つの事例として取りあげるが，租税による介護システムの分析により，社会保険による日本の介護システムの特徴をより明確に示すことができると考える。

スウェーデンにおける高齢者介護の供給と編成の歴史的過程をみると，「戦前の老人扶養の時代」「福祉国家の展開による介護サービス拡大期」「介護サービス供給多元化の時代」に分けることができる。スウェーデンの介護システムは，特に1990年代以降の日本の介護政策に大きな影響を与えてきたが，戦後の福祉国家の拡大期に展開した自治体による一元的な供給システムのイメージが固定化し，グローバル化，市場化という新たな局面下での介護研究は日本でもまだ少ない。またスウェーデンの介護システムの歴史は長く，様々な経験があり，介護サービスの編成のあり方を検討する材料が豊富であり，本書では介護サービスの特質をふまえて編成のあり方を考えようとしている。

3 ｜ 本書の構成

本書の構成は次のとおりである。第1章では本研究の理論的背景をまとめ，第2章〜第4章（第1部）は文献による歴史的整理，第5章〜第8章（第2部）は現地調査と既存のデータによる統計分析とその結果，第9章は本書

の総括である。研究方法の詳細については各章に記す。

　第1章「政治経済の視点からみる高齢者介護とその特質」では，高齢者介護における公的な関与と介護サービスの編成の必要性を論じ，本研究の理論的枠組みを示した。エスピン-アンデルセンは戦後の福祉国家は主として所得移転のシステムであったために，介護や育児等の家族内のサービス活動に関する貢献は少なかったとする。個人サービスには「コスト病」という課題があり家族内福祉の外部化を市場に任せて解決するには家事使用人等の低賃金労働の存在が必要であること，そうでなければ政府による助成金等の介入が必要であることを指摘した。

　A.O. ハーシュマン（Albert. O. Hirshman）は「発言」（voice）「退出」（exit）「ロイヤルティ」（loyalty）の概念を示し，公共サービスの質を向上させるメカニズムを説いた。スウェーデンの介護サービスの展開をハーシュマンの理論を用いて整理すると，福祉国家による介護サービス拡大の時期の特徴は「発言」メカニズムで説明できる。1990年以降の供給多元化の時代の特徴は「退出」メカニズムで説明できるが，介護サービス供給が市場化に流されない背景にはコミューン自治により形成される「ロイヤルティ」が存在していることを示した。

　また供給多元化の時代における介護サービス供給のあるべき姿を議論する上で，V. ペストフ（Victor A. Pestoff）の対人社会サービス論とフッドの消費者主権論を通じて，介護サービスの特質をより具体的に検討する中で公的システムと介護サービスの編成の必要性を論じた。

　第2章「戦前の老人扶養とその論点」は，P.G. エデバルク（Per Gunnar Edebalk）の論文に基づき，19世紀終盤から20世紀半ばまでの老人扶養をめぐる議論をとりあげている。スウェーデンでは19世紀末に国民の4分の1にあたる100万人が貧困を理由にアメリカに移住したため，20世紀初頭にすでに高齢化率が8.5％という状況にあり，援助を要する高齢者を誰が看るのかという問題が早々に浮上した。ドイツで社会保険制度が導入された影響を受け

て，スウェーデンでは1913年に国民老齢年金保険制度を導入したが，これは労働者階級だけでなくすべての国民を対象としたという点では世界で初めてのものであった。ロシア革命をはじめ，各国で活発化する労働運動に対し，1989年に設立されたスウェーデン社会民主党は1920年に初めて政権の座につくが，暴力による革命ではなく穏健路線を選択した。これは工業化が遅れたスウェーデンの事情を反映しており，スウェーデン社会民主党は農民階層をも巻き込んだ普遍的な福祉供給を目指した。そのプロセスでは貧困救済事業の改善を求める福祉エリートらが主張する更生主義の考え方との衝突も見られた。高齢者介護ではより良い老人ホームをつくることと，スティグマをなくすために高齢者が年金で費用を払える賄い付き住宅を普及させること同時に目指された。施設内での援助ニーズが異なる入居者が混在する問題は解決できない時代が続いた。

　第3章「老人ホーム主義から在宅介護主義への転換」では，エデバルクの論文に基づき，戦後イギリスの影響を受け，スウェーデンで社会政策が立ち上がるプロセスの中で，高齢者介護がどのように議論され，展開したのかをみていく。作家のI. ロー＝ヨハンソン（Ivar Lo-Johansson）はラジオ番組や著書を通じて高齢者介護の脱施設化を訴え，国内での絶大な支持を集め，その理念は在宅介護主義の普及と拡大につながっていく。戦時中の人手不足を補うためにイギリスで始まった高齢者向けホームヘルプをモデルに，スウェーデンでは1950年にウプサラの赤十字がボランティアによるホームヘルプを始めた。児童手当，疾病給付，年金制度改革などの大きな財源を必要とする社会政策が打ち出される中，高齢者向けのホームヘルプは専業主婦の兼業で行なわれるので費用がかからず，労働力も調達可能として一気に注目された。一方，老人ホームは隔離施設で救貧的なイメージが払拭できない上，費用がかかるとして，政府は在宅介護に政策の中心を移していく。

　第4章「福祉国家の拡大とホームヘルプの編成」では，M. セベヘリ（Marta Szebehely），K. ウエルネス（Kari Wærness）の論文に基づき，北欧諸国で使

われる「オムソーリ」(omusorg)(「介護」と邦訳)の概念を整理し，1960年から1980年代のホームヘルプの拡大と編成を分析する。「オムソーリ」は介護の受け手と担い手の関係性に着目する概念である。1964年にホームヘルプに対する国庫補助金が始まり，ホームヘルプは爆発的な拡大を遂げる。主婦の兼業職は次第に専門職化し，1970年代には労使協約が結ばれるようになりフルタイムの常勤雇用も増えていった。セベヘリはホームヘルプの編成を1960年代の「伝統的モデル」，1970年代の「ベルトコンベア風モデル」，1980年代の「小グループモデル」に分けて説明している。「伝統的モデル」では時間内の仕事はホームヘルパーが利用者との話し合いで決めていた。ホームヘルプの急拡大を懸念した政府は，1970年代に入りホームヘルプを合理化するために集合的サービスを導入し，「ベルトコンベア風モデル」に象徴されるよう，高齢者の集合住宅でホームヘルプを実施し，デイサービスやリハビリなど介護サービスの再編を始める。さらに介護職員の働きがいを増やし，採用を増やすために，「小グループモデル」を導入し，ホームヘルプの運営をエリア単位のチームに任せる方式，いわゆるコレクティブ方式が始まる。ホームヘルプの編成においては，介護がどうあるべきかの議論はほとんどなく，サービスの合理的運営，人手不足の解消が議論の中心であったことが指摘されている。また日本のホームヘルプの供給と編成の歴史と対比させながら，その特徴を明らかにした。

　第5章「介護サービス供給多元化と国の政策」では1990年代から2000年代にかけてのスウェーデンの高齢者介護の動向を，サービス供給の多元化に焦点を当て，グローバル化の影響を強く受ける中で，スウェーデンの高齢者介護にどのような変化が生じたかを分析した。まず国と自治体の関係であり，O. ペッテション（Olof Petersson）がスウェーデンの地方分権の説明で用いる「砂時計モデル」と「花びんモデル」により1990年代以降の介護政策の動向を検証した。またスウェーデンで考えられている介護サービスの供給多元化について L. J. リンドクヴィスト（Lennart J. Lundqvist）の整理をもとに検討した。さらに低所得者対応として介護マックスタクサ（利用者負担上限設定）

を導入した社会民主党政権，また市場化を指向する保守中道政権が制度化したサービス選択自由化法と家事労賃控除のしくみを示しながら，2000年代以降，政権政党の政策やイデオロギーが介護サービス供給とそのシステムに影響をどのように与えてきたかを検証した。

　第6章「供給多元化とコミューンの介護ガバナンス」では第5章で示した国の政策動向を踏まえて，3つの現地調査の結果をもとにコミューンにおける介護サービス供給の多元化の状況の進行状況を論じている。第一の調査では，スウェーデン社会庁とスウェーデン統計局が公開しているデータベースを用いて，全国290コミューンの関連統計を抽出し，介護サービスの民間供給率，利用率，コストの関係を分析した。民間委託は高齢者介護の合理化と結び付けて議論されることが多いが，民間供給率と介護サービスのコストに関係はみられず，民間委託が必ずしも合理化につながっているとはいえないことが明らかとなった。さらに介護サービスの民間供給が多いコミューンの特徴を分析した結果，従来から保守系与党が安定しているコミューンで民間委託が進んでいることが明らかとなった。また介護サービスの合理化が難しい理由をスウェーデンの連帯賃金制度を用いて説明した。第二の調査では，7コミューンを対象にヒアリング調査を行ない，介護サービスの供給多元化の状況を調べた結果，コミューン議会の与党の政策が制度設計に大きく影響している実情を確認することができた。これらの2つの調査は2000年代初頭に実施したものであるが，2012年に実施した第三の調査では，サービス選択自由化法の施行（2009年）により，コミューンにおいてサービス選択自由化制度がどのように運用されているかについて，ストックホルムとヴェクショーの2つのコミューンの比較調査を行なった結果，法制化後も各地で異なる運用が行われていることが明らかとなった。

　第7章「グローバル資本主義とローカルデモクラシー――カレマケア報道からの考察」では，2011年10月に業界大手のカレマケア社が受託する介護付き住宅で起きた入居者の死亡事故をきっかけに始まった一連の介護関連の事件

報道をめぐり，ストックホルムにおけるコミューンや関係者，政府の動きを政策過程分析により明らかにした。民間委託された介護付き住宅で入居者の事故が続き，現場職員や家族からの告発が続いた。ベンチャー投資企業がスウェーデンの介護事業に関心を持ち，ベンチャー投資系介護企業と呼ばれる事業者が現われた。この種の企業が受託する介護付き住宅での職員配置の水準は低く，介護の質が問題視されるようになった。さらに本拠地を租税回避地に置き，介護に使われるべき税財源が租税回避地を経由して経営者の利益になっているとして世論の批判を浴びた。この事件をめぐり，公共購買で入札の権限を持つコミューン本体と事業者の管理監督責任を持つ自治体区の間で対立がみられ，例えば自治体区の住民の署名活動はコミューンの入札結果を変更させるに至った。カレマケア報道の内容分析により，グローバル資本主義が高齢者介護に与える影響とそれに対するコミューン自治と介護ガバナンスの構図が明らかとなった。またスウェーデンにおいてマスメディアの政治的影響力が強いことについても言及した。

　第8章「サードセクターと介護サービス供給」では，介護サービスの供給多元化により誕生した新たな事業者として，介護ソーシャルエンタープライズに注目し，スウェーデンにおける動向とその特徴について，現地でのヒアリング調査の結果をもとに分析した。スウェーデンのホームヘルプはウプサラ赤十字のボランティア活動に始まり，市民階級による良質の老人ホームがお手本にされた時代もあったが，北欧型福祉国家では市民生活におけるニーズのほとんどを税財源による社会サービスで対応してきた。そのためサードセクターによる介護サービス供給は限られているが，1990年代以降の新たな動きとしてその可能性に期待できる。調査では協同組合活動の伝統が残るスウェーデン北部の過疎地域イェムトランド，およびストックホルムおよびその近郊で事業を展開する介護ソーシャルエンタープライズでヒアリング調査を実施した。これらの団体は労働者に働きがいを，利用者に満足感を提供し，在住外国人への対応や過疎地での地域振興などを通じて社会的貢献度も高く，新たなサービス供給体として期待できることを検証した。また都市部に

おいては介護サービスの民間委託先として職員協同組合の設立が促されたことも明らかとなった。

　第9章「介護サービスの供給と編成」は総括の章であり，フッドによる公共サービスの供給形態の分類を用いて，スウェーデンの高齢者介護の供給と編成を論じた。さらにサービス主体，法形式，財源の視点から，日本とスウェーデンの介護システムを比較検討し，本書のまとめとしている。

4 本書の課題

　本書では次の3点を限界と考えている。
　第一に，本書では家族介護に言及していない。北欧における高齢者介護研究は公的セクターの研究が中心であったために家族介護に関する研究調査が少ない（Szebehely 2007：80）。しかし1990年代終盤に政府が実施したプロジェクト「家族300」（Anhörig 300）を契機に，家族介護に関する様々な実践や調査が行われるようになり，A. モスベリー（Ann Britt Mossberg）らの研究で家族介護は存在が明らかになっている。今回はコミューンの機能を中心に分析し，記述しており，これらの研究を検証できなかったが，今後の重要な研究課題としたい。
　第二に，本書では歴史的記述（特に第2章，第3章，第4章）は，エデバルク，セベヘリの論文および著書に依拠している。歴史的研究であれば2人の著述を検証しながら論述すべきであるが，その作業はほとんどしていない。本書で参照した両者の論文および著書は，スウェーデン国内の高齢者介護に関する論文のほとんどで引用されているほど信憑性が高いものである。また外国人研究者が他国の歴史的記述の内容を議論するには，その知識や経験から限界がある。これらの限界を補うために両研究者とは長い期間にわたり，質疑を積み重ねており，その議論を踏まえての記述としている。また引用や図表の使用についても，承諾を得ている。

第三に，調査時期のずれである。特に第6章の現地調査は約10年間をかけて実施している。その間に政治情勢やシステムが変更されてしまうこともあり，コミューン間，あるいは事業者間の同時期の比較が厳密にはできていない。これは単独で実施する調査の限界である。

　さらに用語の邦訳については検討中のものも多い。スウェーデンのしくみと日本のしくみは必ずしも一致していないので，用語の邦訳は難しい。邦訳が難しい語についてはできるかぎり，脚注で説明をするようにした。また日本の読者にわかりやすくするために地名や人名等の固有名詞をカタカナ表記としているが，言語学的には必ずしも正確とはいえない。

5 謝辞

　本研究にあたっては，スウェーデンに住む多くの研究者や行政職員，議員，介護現場の方々の指導と協力を受けた。アグネ・グスタフソン（Agne Gustafsson）ルンド大学政治学部教授（元）は地方自治研究者で，筆者がルンド大学政治学研究科で修士論文を執筆した時の指導教員であり，コミューン行政，地方政治について指導を受けた。ペール・グンナル・エデバルク（Per Gunnar Edebalk）ルンド大学社会福祉学部教授（元）は高齢者介護，財政学の研究者であり，特に高齢者介護の歴史，サービス選択自由化制度についての指導を受けた。マルタ・セベヘリ（Marta Szebehely）ストックホルム大学社会福祉学部教授には，ホームヘルプの編成，ストックホルムの高齢者介護事情，高齢者介護の市場化と民営化の捉え方について指導を受けた。ヴィクトール・ペストフ（Victor A. Pestoff）エーシュタシュンダール大学市民社会研究所客員教授，インゲラ・ワールグレン（Ingela Wahlgren）社会庁高齢者部研究員（元）にはサードセクター，介護ソーシャルエンタープライズに関する指導を受けた。鈴木満リンネ大学経済学部教授（元）にはスウェーデン経済および経済学の指導を受けた。また日本では岡沢憲芙教授（早稲田大学大学院社会科学学術院）にはスウェーデン政治史と社会政策，堤修三教授（元）

はじめに

（大阪大学大学院人間科学研究科）には高齢者介護と行財政システムについての指導を受けた。お世話になったすべての方々の名前を記すことはできないが，皆様に心からお礼を申し上げたい。

本書は日本学術振興会平成25年度研究成果公開促進費（学術図書）の助成による出版である。

第 1 章

政治経済の視点からみる高齢者介護とその特質

1 はじめに

　なぜ高齢者介護に公的関与が必要なのか。多くの先進国で人々の平均寿命がのび，認知症などで専門職による介護を必要とする高齢者が増え，家族内福祉による解決が困難になったことは明らかである。しかしそれだけでは「なぜ公的関与か」という問いの回答にならず，市場で介護サービスを購入するという選択もありうる。

　そこで本章では，まず高齢者介護と福祉国家，高齢者介護と市場の関係について，G. エスピン-アンデルセン（Gøsta Esping-Andersen）の議論を示す。戦後の福祉国家は家族内福祉の軽減に貢献してこなかった。そしてその家族内福祉の担い手は女性であった（2節）。高齢者介護をそのまま市場に任せても，個人サービスは「コスト病」という厄介な特質を抱えていたり，家庭内家事労働が最強の競合相手となってしまうなど解決は容易ではない（3節）。4節ではA.O. ハーシュマン（Albert O. Hirshman）の「発言」「退出」「ロイヤルティ」の概念を示し，5節では，これらの概念を用いて対人社会サービスである高齢者介護の特質を検討する。

　さらに6節ではスウェーデンの高齢者介護の供給と編成の歴史を介護サービスの持つ特質から，また「発言」「退出」「ロイヤルティ」の概念を使っ

て議論する。6節は，本書の中心となる第2章から第8章までの理論的枠組みを示すことになる。

2 高齢者介護と福祉国家

　エスピン-アンデルセン（1999）は，戦後の福祉国家は主として所得移転のシステムであり，介護や育児などの家族の負担軽減に対する貢献が少なかった点を指摘している。

(1) 3つの福祉資本主義

　エスピン-アンデルセン（1990）は，福祉国家の制度と発展形態が多様であることを考えると福祉国家モデルはひとつではないことを示し，このことは，社会保障支出の規模を中心に議論してきた従来の福祉国家研究に一石を投じた。エスピン-アンデルセンは，福祉国家を支える政治システム，政治文化，歴史などの分析を通じて，福祉国家の3類型を示し，アメリカ，カナダ，オーストラリアなどは「自由主義的福祉国家レジーム」に，オーストリア，フランス，ドイツ，イタリアなどは「保守主義的福祉国家レジーム」に，スウェーデン，デンマークなど北欧諸国は「社会民主主義的福祉国家レジーム」に分類した。

　自由主義的福祉国家レジームに分類される国々では，基本的に福祉給付の対象は経済的困窮者に限定され，給付の水準は最低限のものとなる。個人主義の理念のもと，必要なサービスを私的に購入するという市場主義であり，社会保障においてはミーンズテスト（資産調査）による残余的（経済的困窮者に限定した）給付が基本となっている。

　この対極にあるのが，社会民主主義的福祉国家レジームである。このグループに分類される国々では，すべての市民に対し，強力で包括的な社会権が保障され，福祉サービスはミーンズテストを必要としない普遍的給付で，

連帯の原理に基づく完全雇用を社会の目標としてきた。また，労働者層を支持母体とする社会民主党による政権運営がこれらの政策に影響を与えてきた。

　前述の2つの福祉国家レジームでは租税を主たる社会保障財源としているのに対し，ヨーロッパ大陸を中心に，社会保険制度による社会保障を行う国々がある。これが「保守主義的福祉国家レジーム」の国々であり，これらの国々では社会保障の諸権利が労働市場への参加と結びついている。また福祉供給は家族や地域コミュニティによるものが理想とされる傾向にあり，福祉政策はキリスト教政党による政権やカトリシズムの影響を受けている。

　OECD諸国の社会支出[1]と租税負担率と租税負担率の規模を比較すると，表1-1のようになる。この表からはスウェーデンは「高福祉高負担」であり，アメリカは「低福祉低負担」，ドイツはその両者の中間に位置することがわかる。しかし近年では北欧諸国が必ずしも上位を独占しているわけではない。また政策分野別の支出の構成割合も異なる[2]。そのため福祉政策の国際比較研究では，租税負担率と社会保障給付の規模だけの議論では実像を把握できず，それぞれの国の社会保障がどのような原理原則に基づき，どのような理念のもとで，どのような方法で政策を実施しているかという視点が重要となる。

(2) 家族内福祉と戦後の福祉国家

　エスピン-アンデルセンは *The three worlds of welfare capitalism*（1990）（＝岡沢憲美・宮本太郎監訳，『福祉資本主義の三つの世界．比較福祉国家の理論と動態』，ミネルヴァ書房，2000年）で脱商品化の概念を示したが，ジェンダー視点が欠落しているという指摘を受け，その後，*The Social foundations of postindustrial economies*（1999）（＝渡辺雅男・渡辺景子訳，『ポスト工業経済の社会的基礎．市場・福祉国家・家族の政治経済学』，桜井書店，2000年）では，「戦後の福祉国家は主として所得移転のシステムであり，家族内のサービス活動に対してはわずかに貢献したにすぎない」（Esping-Andersen 1999：54）と育児や介護の家

表1-1　OECD諸国における社会支出と租税負担率の対GDP比および高齢化率

	社会支出の対GDP比 (2012)			租税負担率の対GDP比 (2011)			高齢化率**** (2010)	
1位	フランス	32.1	1位	デンマーク	48.1	1位	日本	23.0 (6.3)
2位	デンマーク	30.5	2位	スウェーデン	44.5	2位	ドイツ	20.8 (5.1)
3位	ベルギー	30.0	3位	フランス	44.2	3位	イタリア	20.3 (5.9)
4位	フィンランド	29.0	4位	ベルギー	44.0	4位	ギリシャ	19.0 (5.0)
5位	オーストリア	28.3	5位	フィンランド	43.4	5位	スウェーデン	18.2 (5.3)
6位	スウェーデン	28.2	6位	ノルウェー	43.2	6位	ポルトガル	18.0 (4.6)
7位	イタリア	28.1	7位	イタリア	42.9	7位	オーストリア	17.8 (4.9)
8位	ドイツ	26.3	8位	オーストリア	42.1	8位	エストニア	17.5 (4.2)
9位	スペイン	26.3	9位	オランダ***	38.7	9位	ベルギー	17.2 (5.1)
10位	ポルトガル	25.0	10位	ドイツ	37.1	10位	フィンランド	17.1 (4.7)
11位	オランダ	24.3	11位	ルクセンブルグ	37.1	11位	スペイン	17.1 (5.0)
12位	イギリス	23.9	12位	スロベニア	36.8	12位	スイス	16.9 (4.8)
13位	スロベニア	23.7	13位	アイスランド***	36.0	13位	フランス	16.8 (5.4)
14位	ルクセンブルグ	23.3	14位	ハンガリー	35.7	14位	デンマーク	16.7 (4.2)
15位	ギリシャ	23.1	15位	イギリス	35.5	15位	スロベニア	16.7 (4.0)
16位	アイルランド	23.1	16位	チェコ	35.3	16位	ハンガリー	16.7 (4.0)
17位	日本**	22.4	17位	エストニア	32.8	17位	イギリス	16.6 (4.7)
18位	ノルウェー	22.1	18位	イスラエル	32.6	18位	オランダ	15.4 (3.9)
19位	ニュージーランド	22.0	19位	ニュージーランド	31.7	19位	チェコ	15.4 (3.6)
20位	ハンガリー	21.1	20位	ポーランド***	31.7	20位	カナダ	14.2 (3.9)
21位	チェコ	20.6	21位	スペイン	31.6	21位	ルクセンブルグ	14.0 (3.8)
22位	ポーランド	20.4	22位	ポルトガル***	31.3	22位	ポーランド	13.5 (3.4)
23位	スイス	20.3	23位	ギリシャ	31.2	23位	オーストラリア	13.4 (3.6)
24位	アメリカ	19.4	24位	カナダ	31.0	24位	アメリカ	13.1 (3.6)
25位	オーストラリア	18.7	25位	スロバキア	28.8	25位	ニュージーランド	13.0 (3.5)
26位	エストニア	18.4	26位	スイス	28.5	26位	スロバキア	12.3 (2.8)
27位	カナダ	18.2	27位	アイルランド***	27.6	27位	ノルウェー	12.1 (3.4)
28位	スロバキア	17.6	28位	日本***	27.6	28位	アイスランド	12.1 (3.4)
29位	アイスランド	16.4	29位	韓国	25.9	29位	アイルランド	11.3 (2.8)
30位	イスラエル	15.8	30位	オーストラリア***	25.6	30位	イスラエル	10.4 (2.9)
31位	トルコ**	12.8	31位	アメリカ	25.1	31位	チリ	9.2 (2.1)
32位	チリ	9.5	32位	トルコ	25.0	32位	韓国	8.8 (0.6)
33位	韓国	9.3	33位	チリ	21.4	33位	トルコ	7.1 (1.1)
34位	メキシコ*	7.7	34位	メキシコ***	18.8	34位	メキシコ	6.0 (1.2)
	OECD平均	21.7		OECD平均	33.8		—	—

*数字は2011年。
**数字は2009年。
***数字は2010年。

****高齢化率は65歳以上人口の比率。（　）内の数字は80歳以上人口の比率。
出所：社会支出：OECD Social Expenditure Database 2012年。
　　　租税負担率：OECD Revenue Statistics：Comparative tables, OECD Tax Statistics（database），25 October 2012.
　　　高齢化率：United Nations, Department of Economic and Social Affairs, Prospects：The 2012 Revision, DVD Edition.

族の負担軽減について福祉国家の貢献が低かったことに言及している。健康保険制度の普及は，本人や家族の費用負担を軽減したが，看病や介護で果たす家族の実働は依然として大きいという指摘がその一例である。

　エスピン-アンデルセンは，福祉国家が家庭内のサービス活動に注目してこなかった要因として，戦後福祉国家の建設者たちがイギリスのW.H. ベヴァリッジ（William Henry Beveridge）を含めて，母親が主婦であることを前提に福祉国家を構想していた点をあげる（ibid.：54）。この点はスウェーデンでホームヘルプを導入しようとした1950年代初頭の議論でも明らかで，ホームヘルプの導入は仕事を持たない主婦の存在を前提としていた（第3章，第4章）。戦後の福祉国家の活動は医療と生活扶助が基本で，育児や高齢者介護負担を社会政策が多少の援助をしたにすぎず，「戦後の福祉国家は家族の介護負担に対処してこなかった」（ibid.：54）ともエスピン-アンデルセンは述べている。また所得移転の内容も決して充実していたわけではなく，老齢年金も高齢者の経済的自立を確立するほどではなかった。家族支援策の拡充(特に保育所や老人ホーム建設，ホームヘルプの整備)に取り組んだ最初の国は1960年代終盤のデンマークとスウェーデン，1970年代初めのノルウェー，フィンランド，ベルギー，フランスぐらいであり，ほとんどの福祉国家の機能は依然として所得移転に偏っており，家族の介護負担の軽減に取り組んできたのはわずかな数の国にすぎなかった（ibid.：55）。

　福祉国家研究の中で家族機能が分析されてこなかった背景について，エスピン-アンデルセンは2つの理由をあげている。第一に，従来の福祉国家研究は，生活に伴うリスクの管理が地域のつながりから労働組合や福祉国家といった社会制度に移りかわっていったことは示したが，コミュニティ機能や家族機能の消滅は何を意味しているのかを説明してこなかった。政治経済学

も国家と市場の対立に分析の焦点を当てており,脱商品化の受益者としての家族という見方にとどまっていた(ibid.:48)。第二に,標準的な核家族モデルが制度化されているかのように考えられ,家族そのものの機能が注目されなかった。家族が問題として取り上げられるようになったのは,非典型的(atypical)家族形態という概念が出され,家族自体の課題が指摘されるようになってからである(ibid.:49)。

　エスピン-アンデルセンは,介護を含め,家族による福祉生産が困難になる中で,福祉国家研究の多くは家族機能の多様性を理解する上でほとんど助けにならず,さらに福祉国家が核家族の福祉機能にとってかわったと考えるのは間違いであると指摘した(ibid.:49)。

(3)女性が担ってきた家族内福祉

　エスピン-アンデルセンは家族内福祉の歴史を振り返り,工業化以前の状況を分析している。工業化以前の福祉は労働集約的で三世代にわたる社会契約に基づいていたが,当時から,無償の家事労働に対する男女差は大きかった(ibid.:53)。介護(当時はおそらく老親の扶養)でみると,老親が成人した子どもと一緒に暮らすことは多くの国において当然の社会規範であった。18世紀のイギリスでは老親との同居率は30〜40%,19世紀のイタリアでは60%,1950年代ではフィンランド,ノルウェー,イギリス,アメリカで30〜50%,日本では80%であった(ibid.:54)。成人した子どもは老親から家や財産を譲りうけ,子育ての援助を受けた。その代わり,老親の生活は実子の家族によって守られた。また裕福な家庭では,乳母や家事使用人を安価であるがゆえに雇い入れることができた。家事使用人はかつて,女性の代表的な職業であった。1930年頃の統計では働く女性全体の25〜30%が家事使用人であり,平等主義的なデンマークでさえ,家事使用人は労働力人口の12〜13%を占め,女性の雇用の30〜38%を構成していたという(ibid.:55-56)。

　スウェーデンでも家事使用人(hembiträde)の歴史があり,次の文章は家事使用人だった母親の生涯を語ったものである。この文章では,家事使用人

は女性の貧困の歴史として捉えられている。

　「私の母は1921年、巡回農業労働者の家族の7人きょうだいの末っ子として生まれました。母は栄養不足で発育が十分ではありませんでした。6年間の学校が終わってから、母は子守りの仕事をし、その後は、住み込みの家事使用人として働きました。当時の母の月給は25クローナでした。

　母は1人の男性に出会い婚約しました。母は（私を）妊娠したため、これまでの家事使用人としての仕事を失いましたが、生活苦から正式な結婚も延期されました。母は2人目の子どもを妊娠したため、施設に行き、そこで2人目の男の子を出産しました。母は2人目の子どもを不本意にも養子に出すことになりました。2人の"私生児"を持つ女性に仕事を得る機会などありませんでした。完全に屈辱的な状態でした。母は、1人の男性に声をかけられ、再び家事使用人の仕事を始めましたが、そこでおそらく母は性的暴行を受けたものと思われます。

　母への救済は新しい仕事の広告とともにやってきました。「農家が家事使用人を探しています。子どもは対象外」。母は3歳の子ども（私）を腕に抱え、長旅を経て、群島にある若い男性の家にたどり着きました。母はその男性と結婚し、その男性は私の父になりました。母は人の住まないような土地からも逃げ出そうとせず、子どもを置き去りにもしませんでした。この辺境の地で母が受けた愛情と配慮は、母が家事使用人だった時代には決して経験したことがないものでした。食べ物の不足と幼少期の貧困が原因で、母は体が弱く、64歳で亡くなりました」（ストックホルム歴史博物館展示資料（2012年）、筆者訳）

　スウェーデンでも1930年代頃には家事使用人の数も多く、貧しい農村に生まれた女の子が都市にでてこの仕事に就いていた。その後、家事使用人の市場は、多くの国で1960年までには労働人口の2～3％までに衰退し、1980年代にはほとんどが消滅した（Esping-Andersen 1999：55-56）。家事使用人の労働市場が衰退した理由は、戦後に男性を一家の稼ぎ手とする家族が増加したためであり、(*ibid*.：56) 女性にとって仕事の選択肢が増え、電話交換手の仕事等を含め、家事使用人より条件のよい仕事が増えたこともその要因と考え

られる。家事使用人の市場は，表面的には消滅したとされるが，それに代わって，（典型としては移民による）ブラックマーケットでの労働が出現している（*ibid*.：56）。ブラックマーケットへの対応は国により様々であるが，スウェーデンで始まった家事労賃控除（第5章）は税額控除を通じて，家事サービスの購入を増やし，家事サービス産業を育成し，（多くの場合）移民による不法就労を正規労働にしようとする失業対策の試みの一つでもある。家族内福祉が母親の手から離れても，その担い手は家事使用人として雇われる貧困女性であったし，近年では多くの国で移民の女性たちとなる傾向がみられる。つまり福祉的労働は低賃金の女性に委ねられ，その女性が自らが担ってきた福祉的労働をさらに低賃金の女性労働に委ねるといったグローバル・ケア・チェインが存在する（武川2011：299）とも指摘される。

3 高齢者介護と市場

　エスピン-アンデルセン（1999）は個人サービスが持つ「コスト病」という特徴をあげ，戦前の家事使用人，また労働市場における規制が少ない国々にみられる低賃金労働者の存在がないと家庭内のサービスを外部化することが難しいことを説明した。また家庭内のサービスを外部化する上で最も強力なライバルは家族内の無償サービスであり，仮に市場に購入可能なサービスが存在しても，サービスを要する個人や家庭の支払い能力が低ければ結局は家族内福祉となってしまう。社会民主主義的福祉国家レジームに分類される北欧諸国では，他のレジームの国々に比べ，福祉国家が介護や育児などの家族内福祉を外部化することに貢献してきた。エスピン-アンデルセンは，労働市場システムの規制緩和か政府の助成がなければ介護の外部化が困難であることを，政治経済学的な視点から指摘している。

(1) 介護サービスが抱える「コスト病」

W. ボーモル（William J. Baumol）(1988) は，先進諸国にみられる公共サービスの質の低下について，個人サービスの「コスト病」を説明する。ボーモルの「コスト病」は公的機関が提供するサービスの生産性が向上しない理由を説明する時に用いられる。自動車の製造や小売業などでは，技術革新によって生産性が向上するが，看護，介護，教育のような労働集約的な部門は人的活動に依存しており，生産性の向上に期待できないという考え方である。

教育費，保健医療，警察，消防などの費用の高騰は自治体財政に影響する。しかしこのからくりは，政府の非効率性だけでは説明できず，仮に自治体が完璧に効率的な行政を行ったとしても発生する。このからくりを説明するのが，個人サービスの「コスト病」の考え方である。

ボーモル (1988) は，この事態はサービスの基本的性質に起因するものとしている。多くの商品は，技術革新や合理化により生産コストを下げることが可能であり，このことが質の低下に直結することはない。しかしサービス生産のような労働集約的な事業における合理化は人員削減であり，一人が担当する顧客や仕事を増やすことを意味する。一人当たりの医師が診察をする患者数を増やす，一人当たりの教師が担当する生徒の数を増やす，一人当たりの介護職員が介護する高齢者の数を増やすということになれば，そのサービスの質は必然的に低下する。このことは，スウェーデンにおいて，低い職員配置が原因で発生した高齢者虐待をとりあげた「カレマケア報道」の中でも示されている（第7章）。

一般の商品生産では，賃金上昇は生産性の向上で埋めあわせできる。しかしサービス生産においては経費節減が難しい。そのために従事者の賃金上昇はそのままサービス料金の上昇につながる。サービスの価格を上げない方法として従事者の賃金を抑えることが考えられるが，そのような部門は結果として労働力を失うことになり，成立しなくなる。他の産業に従事する人たちの賃金が上がっているのに，介護職員の賃金は全く上がらないということで

あれば，誰も介護職員を職業として選択しなくなってしまうからである。これは多くの国で家事使用人が消滅していった理由にも通じており，介護職員の賃金が他の職種とのバランスで配慮されなければ，介護職という職業自体の存亡も懸念される。このように介護サービスは仮に完璧な組織運営が行われたとしても，その価格は上がらざるをえないという特質を持っており，これが「コスト病」である。

(2) 最強の競合相手は家庭内家事労働

　市場からのサービス購入で家事負担を軽減しようとする場合，2つの条件が考えられる。
　第一に家計の所得が多いことである。所得が多い家庭では生活必需品以外の消費が行なわれるため，家事サービスの購入も選択肢となる。エンゲルの法則に基づく考え方である（Esping-Andersen　1999：56）。
　第二にサービス価格が相対的に安いことである。労働への課税が厳しく，賃金構造に平等主義を求める国々（ヨーロッパ諸国等）では，労働集約的な個人サービスや社会サービスコストは相対的に高い。逆にアメリカのように低賃金労働者層が形成されている国では，労働集約的なサービスも安価で，人々はそれを購入できる。サービス活動を安価に購入できる国では市場が機能する（*ibid*.：56）。
　さらに個人サービスは，機会費用に依存する。ある行為を選択するための機会費用とは，そのために獲得する機会を失った利益のことを指す。親に介護が必要となった場合，高所得の労働者であれば，ホームヘルプを購入しても働き続けようとする。しかし低賃金の労働者であれば，ホームヘルプを購入するのは高いので，仕事を辞めて自分ですることを選択する。医療や教育等の代替不可能なサービスに比べ，家事労働は専門性が低く，代替可能なためサービス価格が高ければ自分でするという選択につながる。個人サービス産業の最も強力な競争相手は，家庭内の家事労働となる。

(3) 個人サービスを購入可能にする 2 つの方策

　介護サービスは「コスト病」問題を抱え，家庭内家事労働という強力な競合相手を持つため，何らかの手段を用いなければ，多くの人々にとって市場での購入は不可能となる。エスピン-アンデルセンは高齢者介護のような個人サービスを入手しやすくするために 2 つの方策があるとし，国によって手法が異なっている点を指摘している。

　一つめは，できる限りの規制を撤廃し，賃金決定も市場に任せるという考え方である。しかしその場合，個人サービスのように生産性が低いとされる部門で働く人たちの所得は限りなく低くなることも考えられ，それに伴いサービスの質の低下は免れない。またそのような低賃金では誰も働かなくなり，サービス自体が消滅する可能性もある。例えばカナダ，オーストラリア，アメリカなどの国々では，移民労働力による低賃金労働によって，個人サービスの需要を満たしている (*ibid*.:106)。また労働市場に規制が少なく，賃金決定が市場に任されていた時代の家事使用人の存在もこの類と考えることができる。

　二つめは，必要な個人サービスを消滅させないために，社会サービスとして政府が直接的か間接的に資金助成を行ない，広くサービスを使えるようにするという方策である。実際にヨーロッパ諸国では，個人サービスは産業として成り立ちにくい。ヨーロッパの多くの国では個人サービス従事者の賃金を平均賃金に合わせる方法がとられているからである。言い換えれば，法律による最低賃金保障や北欧諸国にみられる連帯賃金制度 (第 6 章) 等により，それぞれの国で低賃金労働に対する配慮が行なわれている。個人サービスは付加価値が低いサービスとみなされ，低賃金労働になりがちであるが，北欧諸国では個人サービス従事者も他の産業と同水準の賃金を得ている。その結果として，クリーニング業に代表される個人サービスの価格は高くなり，消費者は購入を避けるため，産業自体が消滅寸前となっている。アメリカにはクリーニング店が乱立するが，ヨーロッパ諸国ではクリーニングの価格が高くて市場が成り立ちにくく，一般の人々は，洗濯もアイロンがけも自分です

る（*ibid.*：106）。

　一般の人々が個人サービスを購入できるよう政府の資金助成が大きく機能しているのは北欧諸国である。政府による資金助成の結果，介護サービスは個人サービスではなく社会サービスと位置付けられ，介護サービスが一つの産業として存在し，一般の人々が幅広くそのサービスを享受できる（*ibid.*：91）。

　連帯賃金制度により賃金決定が行なわれてきたスウェーデンにおいて，介護サービスにみられる「コスト病」は深刻である。これまでは福祉国家の機能で対応してきたが，福祉国家の財政が厳しくなると，政府による助成は減少する。その一方で老齢年金の充実は高齢者自身の介護サービスの購買力を高めており，介護サービスの市場的色彩を強める傾向もみられる（第6章）。

(4)介護サービスと消費者主権論

　介護サービス供給に市場原理の考え方をとりいれる場合，利用者の立場をふまえた配慮が必要となる。介護サービス利用者は老化や認知症などで判断力が低下していることも想定され，自力で情報を集め，サービスを選ぶことができる一般の人々と置かれている状況が異なるためである。

　行政直営の介護サービスが独占的に，あるいは大量に提供されている状況では，その受け手は「市民」と呼ばれることが多い。しかし準市場で提供される介護サービスでは，その受け手は，「利用者」「消費者」「顧客」と呼ばれるようになる。

　公共サービスの供給に関する理論は，常に行政官僚制の存在を出発点とし，その官僚制をいかに完全なものにするかを論じてきたし，また公共サービスは，通常，終身雇用で，フルタイムの，機能的に専門化した政府の公務員で構成されるヒエラルキーの組織によって供給されると考えがちとなる（Hood 1976：169）。行政官僚制によるサービス供給の枠組みが固定すると，管理が増大し，生産者主義的な発想になる。

　C．フッド（Christpher Hood）は，管理の視点からではなく，利用者の立場

から公共サービスをみようとする消費者主権の考え方を示す。つまり消費者主権の考え方は，高い能力を持つと想定される官僚がサービスの質を管理するのではなく，消費者の選好にあった公共サービスを生産したものが報酬を得，そうでない生産者は罰を受けるようなシステムを設計すべきという考え方に基づいている（*ibid*.: 170）。これは市場解決をとり入れようとする考えでもあるが，フッドのいう，消費者主権の考え方はむしろ，官僚主義的なサービス供給に対する問題提起といえる。それはスウェーデンに見るサービス選択自由化制度（第5章）の考え方にも通じている。

　一方で，フッドは消費者主権論の限界も指摘し，医療や介護などのサービスに対する単純な消費者主権論には慎重である。フッドは慎重論の中で，主権を行使できる消費者になるために必要な4つの条件を示している。1）複数の供給者が身近に存在し，競争する中で，自分が望む供給者を選択できること，2）多様な品質，デザイン，価格の中から自分の望むサービスが選択できること，3）自己責任を果たせること，仮りに騙された場合でも自己責任であることを受けいれること，4）何も購入しないという選択ができること，である。しかしこれらの4つの条件が完全に満たされることは稀である（*ibid*.: 173-180）。介護サービスの利用者は障害のある人々や生活困窮者であることが多い。このような顧客（利用者）を相手にするサービス供給者間の競争は，好ましい顧客（利用者）のために働こうと積極的に動くよりもむしろ，面倒なケースについては責任を逃れようとする消極的なものになりやすい（*ibid*.: 180-181）。このような条件では，事業者間の競争は，顧客に対してより良いサービスをもたらすことにはなりにくく，最も水準の低い供給者の水準に合わせようとする力が働く。この点からみれば，福祉サービスについてはサービス供給の多元化を進めるより，サービスを1つの供給者に限定した方がよりよいサービスを提供できるという主張にもなる。

　公共サービスにおける消費者主権論に対しては反対論も根強い。それは市場における不完全情報や不確実性が要因で，市場の失敗が起きるというものである。これは売り手と買い手の間に情報の非対称性があり，買い手が商品に対して十分な情報を持っていないことから生じる。老人ホームやホームへ

ルプを選ぶ際，適切な判断をするために利用者は情報収集など多大な努力をするが，それでも選択に失敗することがある。質の悪い商品を見極めるのが難しいので，質の良い商品の取引が阻害されてしまう。介護サービス市場においては，その消費者がサービス選択にとって十分な判断能力がない場合があることを十分に配慮しなくてはならない。

4 ハーシュマンの「発言」「退出」「ロイヤルティ」

前節では高齢者介護の外部化の手段には，労働市場の規制緩和や政府による助成が存在し，国によってその選択が異なっていることを示してきた。本節ではハーシュマンの「発言」「退出」「ロイヤルティ」の概念を整理し，5節，6節の議論につなげる。

(1)ハーシュマンの学説とその背景

ハーシュマン（1970）は企業，組織，国家の衰退のメカニズムを説明するために，「発言」(voice)「退出」(exit)「ロイヤルティ」(loyalty) という概念を示した。当時ハーシュマンの関心は，1960年代のアメリカで自由競争による効率化を説くだけの経済学者に対して「発言」の可能性を訴えることにあった（矢野訳2005：208）。市場メカニズム，「選択の自由」を拡大していこうとする新保守主義は，アメリカでは1960年代に後半までにかなりの勢力を持っていた。ハーシュマンの念頭にはアメリカ経済学のこうした動向が置かれており（矢野訳2005：208），特に公教育への競争原理を説くM. フリードマン（Milton Friedman）への批判的意見が要所にみられる。フリードマンは学校を選択できるようバウチャー制度の導入を提唱したが，教育の質への抗議する意思表明の形態として"転校"を想定しており，学校に対して自分の意見を表明は面倒くさい行為として侮辱的に言及しているとハーシュマンは指摘する。

エコノミストは，自分の主張するメカニズムの方がより効率的であり，実際上，真剣に取り上げられるべき唯一のものと考える傾向がある。この先入観のよくあてはまる実例は，学校教育への市場メカニズムの導入を主張するミルトン・フリードマンの有名なエッセイの中にみられる。フリードマンの提言のエッセンスは，就学年令の子どもを持つ親に特別目的のバウチャーを配布するというものである。このバウチャーを持った親は，民間企業によって競争的に供給される教育サービスを購入できる。

　この計画案を正当化するために，彼は次のように述べている。「親は子どもを学校から中退させ，別の学校に転校させることにより，今以上に大きく，*直接的に*学校に対し意見を表明することができるだろう。現時点では，親は通常，その居住地を変更する事によってしか，このステップをとることができず，*そのほかの親にとっては，面倒くさい政治的チャネルを通してしかその意見を表明する事ができない*」（Hirshman 1970：16）。

（中略）むしろ私は，退出を好み発言を厭うエコノミストの先入観を示すほぼ完璧な事例として，この一説を引用している。第一に，フリードマンは，組織に都合の悪い意見を表明する「直接的な」方法として，転校あるいは退出を想定している。（中略）第二に，自分の意見を言明しようとする意思決定やそれを効果的にしようとする努力は，フリードマンにとっては「面倒くさい政治的チャネル」に訴える方法として侮辱的に言及されている。しかしまさにこうしたチャネルの探究，その利用，そして望まれるべきはゆっくりとした改善，これ以外に政治的で民主的なプロセスがあるだろうか。国家から家庭まで，人々をとりまく制度のあらゆる分野において，発言は「面倒な」ものであっても，通常その全構成員は発言をしていかなくてはならない（*ibid.*：17）。

　1970年代当時にアメリカの新保守主義を批判し，また対話を求めたハーシュマンが，約40年たった今，教育や福祉の分野で市場化の議論において改めて注目される点も理解できる。ハーシュマン理論の特徴は，新保守主義的系統の経済学者を批判しながらも，政治と経済の対話が必要であることを示している点である。

> 典型的な市場メカニズムと典型的な非市場・政治メカニズムが，ときには調和的に，相互に指示し合い，ときには邪魔しあい，それぞれの効率性を低下させるように働くといった相互作用の様子を観察するという特別な機会があるとすれば，思い込みや先入観を避けるべきである。（中略）どんな不均衡であっても，*市場力の作用だけで均衡が回復するかどうか*，という問題を経済学者は議論し続けるのが伝統であるようにみえる。たしかにそれは興味深い問いである。しかし社会科学者の私たちはさらに大きな問題，すなわち，*不均衡状態は市場力と非市場力のいずれにより是正されるのか，それとも両者の共同によるのかという問題を扱わなければならない。非市場力が必ずしも市場力より「自動的」でないこともないというのが私たちの論点なのである*（Hirshman 1970：17-18）。

　ハーシュマンは「退出」を市場力，「発言」を非市場力（政治力）としており（*ibid*.：20），すべての公共サービスが市場力で解決できるものではないことを言及している。そして，「退出」「発言」「ロイヤルティ」の概念を用いて，その構造を説明しようとした。

（2）「退出」と「発言」の概念

経済的行為としての「退出」，政治的手法としての「発言」

　一つの組織の業績，例えば，商品やサービスは，何かが原因で質の低下がもたらされることがある。経営者や責任者は次の2つの経路から質の低下に気づく。第一に，顧客がその製品を購入することをやめたり，あるいはその組織の成員が組織をやめたりする場合である。これが「退出」オプションである。第二に，顧客や組織の成員が経営者に対して抗議などを通じて，その不満を直接表明する方法である。これが「発言」オプションである。

　「退出」は市場原理に基づく典型的な行動である。その商品やサービスに失望した消費者は他の商品やサービスに関心を移し，選ぶようになるという考え方に基づく。一方，「発言」は典型的な政治的手法であり，商品やサービスの質の低下に対し，利用者が個人や団体で失意を表明することである。

ハーシュマンは「退出」「発言」の概念を用いて、商品やサービスの質の回復のメカニズムを説明する。退出オプションが発言オプションより優れているのはどのような場合か。また2つのオプションの組み合わせは可能か。

「退出」オプション—その機能と限界

　「退出」オプションは、典型的な市場的回答であり、商品における不満を"購入しない"という態度で表明することである。ある企業の製品に不満を感じ、他の企業の製品に変更する顧客は、少しでも質のよいものを獲得しようとして市場を利用する。良い商品を求める顧客の行動が、その商品の質が低下しつつある企業の側に、質の回復をもたらすよう働きかけることとなる。これが質の回復のメカニズムである。もっと簡単にいえば、「退出」オプションによる悪い質の商品は買わないという消費者の行為によって、市場では悪質な商品は淘汰される。コンビニエンスストアの店頭に並ぶ清涼飲料水やインスタント食品が頻繁に入れ替わるのも、「退出」オプションの機能によるものであり、不人気商品は店頭から姿を消すことになる。各社は人気商品を作るために、知恵をだすことになり、この機能が商品の質を回復するメカニズムとなる。

　それではすべての商品やサービスについて、「退出」オプションが回復のメカニズムになりうるだろうか。「退出」オプションの限界をハーシュマンは2つの点から説明する。

　第一に、馴染みの顧客を失ってもすぐに新しい顧客を獲得できれば、企業にとって収益低下とならず、「退出」オプションは回復のメカニズムとして機能しない（ibid.：26）。このケースは同じ業界内で、同時に品質低下が存在しているときに発生しうる。各企業はライバル企業に自分の顧客を渡しながらも、別の企業から新たな顧客を獲得する。このような状況では、「退出」オプションは商品の質の低下に対して、経営者の気づきを促すことはなく、回復のメカニズムは機能しない。

　第二に、数多くの競合する企業の存在は顧客に対し、「隣の芝は青い」という永遠の妄想を抱かせ、顧客が商品やサービスに永遠に満足できない状況

を生み出すという点である。他社の商品やサービスにはもっとよいものがあるという錯覚を生みだすことになる（ibid.: 27）。合理的に見える競争にも無駄は多く、さらに競争は消費者の注意をはぐらかす危険性を持つ。

　介護の場合、その財源調達方式が税方式でも、社会保険方式でも、財源の規模で供給量が決まる。そのため介護サービスの供給量は不足しがちとなり、事業者にとっては、利用者が「退出」してもすぐにまた新たな利用者がみつかりやすく、「退出」モデルでは質回復のメカニズムは働きにくい。

　またペストフが指摘するように、対人社会サービスはサービス利用者とサービス提供者の相互関係のもとで両者が一定の共同生産を行っている（第8章）。たくさんの選択肢があっても、自分に合ったサービスを見つけるのはなかなか難しく、それに必要な時間と労力を考慮すれば、必ずしも効率的とはいえないのである。

「発言」オプション―その機能と限界

　「発言」オプションは、前述の「退出」のように不愉快な事態から逃避するのではなく、それを少しでも改善しようとする試みとして定義される。「発言」は、経営者に対する、直接の意見表明を通じて行われる。経済学では、商品の質が低下した場合、「退出」オプションが速やかに機能すればするほど、経済システムの機動性はよくなると考えられている。一方、「発言」は政治システムの基礎的な構造にある。政治学では、民主主義の機動性には、積極的で要求をはっきりと表す市民の必要性を議論してきた。

　「発言」オプションの限界は、次の2点に集約される。第一に、「発言」オプションは発展途上国において機能しやすく、選択肢の多い先進国での機能には限界がある。発展途上国では商品の選択肢がないため、「退出」オプションには期待できない（ibid.: 34）。多くの選択肢がある社会では、利用者は不満への意思表示として、「退出」オプションを選びやすい。完全独占の状況下、つまり顧客が確実に封じ込められている場合にのみ、「発言」オプションは効果的な回復メカニズムになりうる（ibid.: 45）が、先進国においてはこのような状況はもはや考えにくい。

第二に,「発言」オプションが顧客の抗議として過度に及ぶと,品質の回復を援助するよりもむしろ回復の妨害につながる (*ibid*.: 32)。不満を持つ顧客が「退出」より「発言」に流れるような状況であれば,一定のラインまでは,発言が品質の回復において有効に機能するが,過度になると「発言」オプションは逆機能となることが考えられる。

(3)　「ロイヤルティ」の可能性

「退出」オプションが持つ悩ましい構造

　選択肢が用意可能である先進国において,公共サービスの高品質を「発言」オプションだけに頼ることは不可能であるが,「退出」オプション自身も悩ましい構造を抱えている。

　質の低下に対して真っ先に「退出」する傾向があるのは,品質に最も敏感な顧客である。ハーシュマンは公立学校と私立学校の競争の例をあげる。仮に公立学校の教育の質に衰退があれば,品質指向の親たちは「退出」オプションを選択し,子どもを私立学校に転校させる。このことは公立学校にとって二重の打撃となる。顧客（利用者）としての児童を失うだけでなく,本来「発言」を通じて,質の向上のために力を発揮したはずの親たちを同時に失うことになるからである。　私立学校の選択肢という「退出」オプションの存在は,一人の子どもや親にその時点での満足を与える一方で,公立学校にとっては質が高まるどころか,ますます質を下げる効果をもたらす (*ibid*.: 51)。

　品質志向型の顧客の「退出」は,「発言」オプションの中心となりうる主体を失うことを意味する (*ibid*.: 50)。地域の安全性,まちの清潔さ,学校の教育レベルなどが悪化すれば,品質志向型の市民は,幾分高い家賃を払うことになったとしても,真っ先に転居するグループとなる。このことは,本来は質の改善に向けて「発言」行為を通じて,力を発揮しうる人材が流出してしまうことを意味する。

　さらに「退出」せずにその場に留まるのは,どちらかといえば,品質に鈍感な顧客である。品質が低下したときに「退出」を選択する顧客は,価格が

高いか安いかを気にせず,品質低下により敏感である。わかりやすく表現すれば,消費に余裕がある裕福な人ほど品質の低下に敏感であり「退出」を選択する。その逆に,消費に余裕がない人は「退出」を選択しないというよりは,「退出」できない。例えば居住するアパートの現状に不満があっても経済的に余裕がなければ,より良いアパートを見つけて「退出」することはできない。「退出」オプションと「発言」オプションが単に混ざった状態では,消費に余裕がある品質指向型顧客は高価な良質品に,消費に余裕がない価格志向型顧客は安価な劣悪品にという分離が起きる (*ibid.*: 47)。

　この現象は,競争が必ずしも全体の質の向上に貢献するとは限らず,個人の利益と社会の利益が簡単には一致しないことを示している。そしてこの構図は社会保障制度自体にもあてはまる。自分でサービスを購入できる人は市場を利用し,制度に残る人はサービスを購入する経済的余裕がない人となる。そうなれば制度のもとで提供されるサービスの質の低下は避けられない。

「ロイヤルティ」による「退出」と「発言」の共存可能性

　ここまでの議論では,「退出」オプションが全く封じられなければ,「発言」オプションの出番がないようにみえるが,先進諸国ではもはや「退出」オプションがない事態は考えにくい。そこでハーシュマンは「ロイヤルティ」の概念を用いる。「ロイヤルティ」の概念を使うことにより,「退出」と「発言」の共存可能性を説明できる (*ibid.*: 77)。

　「ロイヤルティ」とは (邦訳すれば「忠誠」であるが),組織に対する愛着と関連する。ハーシュマンは「良くても悪くても私たちの国」(*ibid.*: 78) という表現を使っている。「ロイヤルティ」は「発言」を活性化させ,もっとも質に敏感な顧客が「退出」しようとする性向を一定の範囲で留める機能を発揮する (*ibid.*: 79)。前述の議論では,質に敏感な顧客たちほど,質の低下に対して,真っ先に「退出」を選択することが指摘された。しかし,その人たちにもしその地域や組織への愛着「ロイヤルティ」があれば,内部から達成されうる改善や改革,つまり「発言」による回復に望みをかけて,より長く

第1章 政治経済の視点からみる高齢者介護とその特質

その場に留まる可能性がある（*ibid.*：79）。

　ハーシュマンは，このロイヤリスト（組織に愛着を持つ人）たちの「発言」が有効に機能するためには，むしろ「退出」オプションがあった方がよいとする。「退出」オプションがあることによって，「発言」がより有効に，強力に機能するというものである。これを「退出」のおどしと表現している（*ibid.*：82）。

　それでは人はどうすれば組織や社会に対して「ロイヤルティ」を持つことができるのだろうか。組織に参入するための高い納付金や退出に対する厳しい罰金は「ロイヤルティ」を引き起こす主要なしくみとなる（*ibid.*：103）。そして高い参入代価の支払いは支払い先への黙従をもたらすのではなく，逆に質に対する意識を強める（*ibid.*：106）。ハーシュマンのいう「ロイヤルティ」は，単に組織に対する愛着という感情を指しているだけではない。例えばスウェーデンをはじめ，北欧諸国の高い税金（特に地方所得税）（第5章）は，地域社会に対する「ロイヤルティ」を醸成する要素となっているとも考えられる。

「退出」しても完全には逃げ切れない

　ハーシュマン「退出」「発言」「ロイヤルティ」の概念を用いて，公共サービスの質の向上について，競争原理や市場力だけでは問題を解決できないことを説明しようとした。「退出」オプションがあれば，私たちは社会が抱える諸課題から逃げ切れると思いがちである。これに対しハーシュマンはそんなに単純な問題ではないことを示している。彼は学校の例をあげるが，自分の子どもを私立学校へ送りこむことにより，公的教育から逃げ去ることはできる。しかしそれでも，その社会で生きている以上，彼とその子どもの生活は公的教育の質によって何らかの影響を受けてしまうという意味では，完全に逃げ去ることはできない（*ibid.*：102）とする。

　経済学でいう公共財は，特定の地域社会，国家などの成員となっているすべての人によって消費される財と定義されており，誰もがその利益を享受できる。しかし同時に，その害も受けることにもなる。それを提供している組

37

織や地域社会から立ち去らない限り，それを消費することから逃げられない。地域社会を取り巻く諸課題から，自分だけが完全に逃げ切ることは不可能で，一見に逃げることができたようにみえても，少なからずその社会から影響を受けてしまうのである。

5 対人社会サービスとしての介護の特質

なぜ介護サービス供給と編成に公的関与が必要であるかを考える上で，市場における介護サービスの特徴をもう少し議論したい。ハーシュマンは対人社会サービスを個別に言及していないが，ペストフ（1998）がハーシュマン理論を対人社会サービスに応用した考察を行っている。

(1) 散発的サービスと継続的サービス

ペストフ（1998）は，対人社会サービスへの顧客の態度について，サービスの性質を散発性（sporadic），継続性（enduring）に分けて検討を加えている。サービスという商品の市場における特徴は，表1-2のように，散発的サービスと継続的サービスに分けて説明できる。散発的サービスは，レストラン，散髪，クリーニング，掃除サービス等，不定期に利用されるサービスを指す。これらはエスピン-アンデルセンが示す個人サービスの分類に近い。利用者は，味の悪いレストランや下手な散髪屋に二度と行くことはなく，次回は他の店を容易に選ぶことになる。市場メカニズムが機能し，悪いサービスは淘汰される。

これに対し，継続的サービスは，定期的にかつ継続的に提供されるサービスであり，身体的ニーズや社会的ニーズに基づいた対人社会サービスである。保育サービス，教育，医療，高齢者介護，障害者福祉などのサービスがこれに当たる。これらはエスピン-アンデルセンが示す社会サービスの分類に近い。この種のサービスは，利用者と提供者の間のより継続的な関係を必

表1-2 サービスの分類と市場における特徴

	散発的サービス	継続的サービス
分類	一般サービス	対人社会サービス
サービスの例	飲食サービス，散髪，クリーニングなど	保育サービス，教育，高齢者介護，障害者福祉など
継続性	なし（非継続的）	あり（継続的）
定期性	なし（不定期）	あり（定期的）
特質	1）利用者と提供者の間に相互関係は必要ない 2）利用者による選択が容易である	1）利用者と提供者の間に相互関係を必要とする 2）最低限の需要を満たすために（サービスが完全に無くならないようするために），提供者と利用者の安定的な関係の維持が必要
「退出」のコスト	簡単で，コストがかからない	極めて高い
不満の表明 （＝質回復のメカニズム）	「退出」オプション 市場解決メカニズム（競争）の機能により，悪質なサービスは淘汰される	「発言」オプション 市場解決メカニズムが機能しにくい

（出所）Pestoff（1998）より作成。

要とすると同時に，最低限のサービスの需要を満たすために，両者の安定的な関係が維持される必要もある。そのため，「退出」オプションが容易に機能しない。

(2)継続的サービスの特質―高い「退出」コスト

　継続的サービスでは顧客と提供者の間に安定的な関係が維持される必要がある。それゆえに，「退出」が容易でないという性質を併せ持つ。継続的サービスではサービスの変更，つまり「退出」には，代替サービスの存在を確認し，そのサービスが今よりも良質かを検討し，納得してから行動に移さなけ

ればならず，労力と時間がかかる。ペストフは，この一連のプロセスを新たなサービスを得るための必要コストとし，「退出」のコストと称している。

　ペストフは，継続的サービスにみられる「退出」コストの高さに注目する。第一に，継続的に提供される対人社会サービスである保育，学校教育，介護サービス等は他の商品に比べて，「退出」コストが極めて高い（Pestoff 1998：91）。子ども，高齢者，病人は，そのサービスに不満を持ったからといって，保育所，学校，病院を変えることは容易ではない。サービスを変えるためには，まずは代替サービスがあるかどうかを確認し，そのサービスが良いものかどうかを調べなければならない。その上で，労力と時間を費してまで変更する価値があるかどうかを検討し，納得してから行動に移すことになる。第二に，実際の費用に加えて「感情的費用」（emotional cost）がかかる（Pestoff 1998：92）。継続的サービスからの「退出」は本人や保護者にとって，これまで築いてきた人間関係を捨て，新たなサービスの利用とともに新たな人間関係を築かなくてはならない。新たな人間関係を築くには時間や労力がかかり，最悪の場合，新たな人間関係を築けないというリスクもある。第三に，継続的サービスにおいて，「退出」オプションが繰り返されることは，サービス提供者側にとっても，新たな人間関係を築かなくてはならないという点で効率的ではない（Pestoff 1998：93）。つまり散発的サービスでは「退出」が合理的であっても，継続的サービスにおいては「退出」は必ずしも合理的ではないということができる。

　ペストフのいう継続的サービスは，田尾（1995），宮垣（2003）によるヒューマンサービスと同義語ととらえることができそうである。田尾は，医療や保健，福祉など，「ヒトがヒトに対して対人的にサービスを提供する組織をヒューマンサービス組織」として定義している（田尾1995：9）。宮垣はヒューマンサービスについて，「医療，福祉，教育，相談などの，制度に関わらず，何らかの共通する特性を有する特定の領域を包括的に捉えた考え方」とする（宮垣2003：14）。宮垣は，サービスの特徴を「労働集約的」「接触的」「個別的」と示し（宮垣2003：15），さらにヒューマンサービスの定義に2つの特性，すなわち「相互関与性」と「不可逆性」をあげる。

「相互関与性」については，サービスを依頼すればそれが自動的に遂行されるわけではなく，それぞれの個別の問題解決に向けて，サービス利用者と提供者が主体的に参加しなければならないという特性を示している（宮垣2003：17）。また「不可逆性」については，医療，福祉，教育において，サービス提供者に対して利用者は圧倒的に弱い存在であるという前提に加え，その結果がうまくいかなかった場合や過ちを犯した場合の深刻さは重大という点（宮垣2003：17）を指摘する。

「退出」コストの視点から，ペストフは継続的サービスの供給において，過度の市場原理を盛り込むことに慎重である。福祉サービスの選択の自由に一定の制限が加えられるのは，「退出」のコストを抑える上でやむをえないことであり，そうでなければ，「退出」コストは利用者本人にはもちろん，社会全体のコストを上げることにつながっていく。

それゆえに，継続的サービスについては，その質の低下を抑制する上で，「発言」オプションが機能するシステムを考える必要がある。

(3) 介護サービス生産に「発言」メカニズムを組み込む

I. ワールグレン（Ingela Wahlgren）(1996) は介護事業者の法人別によるホームヘルプサービスの質の比較調査を行ない，何が良質のサービスであるかの統一基準は存在しないという結論を示した。介護サービスでは，サービス提供者と利用者は対話を通じて，良質のサービスとは何かを相互理解する。介護サービスの質は文章化したり，ロボットにプログラミングしたりできるものではなく，提供者と利用者が繰り返し相互に影響を与えながら，学習，再学習されて作られていくもの（Wahlgren 1996：25）とワールグレンは述べ，質の高い介護サービスを提供できる供給体として，マルチステイクホルダーの特徴を持つ協同組合組織の可能性を示唆した。

対人社会サービスが，その質を明確に定義できない性質を持つとすれば，利用者や提供者間の積極的で建設的な対話，つまり「発言」メカニズムが機能する環境が必要となる。例えば，単純なバウチャー制度は，顧客（利用者）

の「退出」を容易にし，市場反応をいっそう導入することになるので，顧客の「発言」反応を無視しがちになり，対人社会サービスに必要とされる提供者と利用者の対話を間接的に低下させる機能を併せ持つ（Pestoff 1998：15）。

　そこでペストフは介護サービスの共同生産（co-production）に着目する。共同生産は，利用者がサービスの生産に関与し，参加することである。例えば協同組合を含むソーシャルエンタープライズは，サービス事業者として提供者と利用者がサービスを共同生産するしくみをつくり出す。ペストフが実施した「保育サービスの多元化に関する調査（WECSS調査）」（1995）は，自分の子どもが通う保育所の運営に影響力を与えられる可能性が，親たちの保育所選びの基準になっているという結果が示された。ソーシャルエンタープライズには，「発言」メカニズムが内包されているということができる。またデンマークにみられる高齢者協議会（福島 2000）やスウェーデンでもほとんどの自治体に設置されている年金生活者委員会[3]はコミューン[4]の高齢者介護についての諮問機関であり，「発言」メカニズムのしかけとみなすこともできる。

　公的な介護サービス供給独占に市場原理を取り入れる試みは，一定の評価ができる。ハーシュマンの言葉を借りれば，「退出」オプションのおどしがあるからこそ，質を向上させるための「発言」の機能が有効となるからである。

6 スウェーデンにみる高齢者介護の供給と編成 ——「発言」「退出」「ロイヤルティ」による整理

　本節ではスウェーデンの高齢者介護の供給と編成の変遷について，ハーシュマンの「発言」「退出」「ロイヤルティ」の概念を用いて検討する。特にコミューン自治への「ロイヤルティ」はスウェーデンの高齢者介護を検証する上で重要な概念である。

(1)「発言」が機能していたスウェーデンモデル（戦後～1970年代）

　国際比較において，スウェーデンの高齢者介護は高い質の介護が税金により，また公務員によって提供されることが特徴とされてきた。また社会階層を問わず，すべての人たちが同じ種類のサービスを受けることができること，高所得者にも低所得者にも同じように高齢者介護が提供されるという普遍的給付が大きな特徴とされている。このことがスウェーデンの高齢者介護がユニバーサルモデル，あるいは普遍主義モデルと呼ばれる理由である。スウェーデンの高齢者介護においては，個人の購買力ではなくニーズに応じて給付され，税を通じた連帯による財源によって，また，民主的な運営によって供給されるべきという考え方は基本的に継続されている。

　スウェーデンの高齢者介護の歴史的変遷は本書の第2～4章で議論するが，スウェーデンでは高齢者介護は1918年貧困救済法の成立以降，一貫して基礎自治体であるコミューンを核とした税財源による公的サービスとして構築されてきた。戦前は質の高い老人ホームを目指し，戦後はホームヘルプを軸とした在宅介護システムを整備してきたが，1980年代中頃までのスウェーデンでは，ほぼすべての介護サービスを自治体直営で供給していた。スウェーデンのコミューンは戦後，二度にわたる大規模合併を通じて，介護をはじめ，保育，義務教育の供給主体として整備された。これらの社会サービスはコミューンによる供給独占の状態で，住民には民間サービスの選択肢はなかった。コミューン議会を核とする地方自治システムにおいて，住民の「発言」がサービスの質向上のメカニズムとして機能していた。

　「発言」は完全独占の状況下，つまり顧客に他の選択肢がない場合に，効果的なメカニズムになりうる (Hirshman 1970 : 45) が，まさにその状況であった。特にスウェーデンでは1960年代以降に女性の就業率が急速に高まり[5]，通常，強力な競合相手となる家族内福祉という選択肢もなかったといえる。またその結果として，「発言」オプションを行使しうる，サービスの質に敏感な住民が各地域に存在しはじめた。高福祉高負担の社会では住民は公的サービスの質に敏感になる。また基礎自治体を核とした福祉サービスの供給

とそれを決定する政治システムは透明度が高く，住民参加を促していた。また地方税重視の税体系は，住民に対して税負担とサービス給付の関係を見やすいものにしていた。

(2)「退出」オプションを採り入れたスウェーデンモデル（1990年代以降）

　1980年代終盤からスウェーデンではグローバル化の進行とともに，またニューパブリックマネジメント論の影響を受けて介護サービスの供給システムに「退出」オプションが登場する（第5章）。スウェーデンは1995年に EU に加盟したが，EU 指令はコミューンによる介護サービスの供給独占を認めず，サービス供給の多元化を求める方針を示した。その後，スウェーデンでは民間事業者による介護サービス供給は少しずつ増え，2010年にはホームヘルプサービス（総時間数）の19％，介護付き住宅（部屋数）の19％が民間事業者による供給となり，過去20年強の間に民間供給は総供給量の約2割を占めるようになった。ストックホルムでは約6割強の利用者が民間サービスを利用しており（2012年），特にストックホルム周辺のコミューンでは民間委託の勢いが加速している。

　「退出」オプションを機能させる手法にバウチャー制度がある。バウチャー制度はクーポン券や現金等の手段を通じて，要介護高齢者がサービスや事業者を選択するしくみである。日本の介護保険制度も，要介護度別の支給限度額の中で利用者がサービスを選ぶという点で，バウチャー制度の一種とする見方もある（丸尾2005：190）。スウェーデンでは2009年1月に「サービス選択自由化法」（Lag om valfrihetssystem：LOV）が施行され，この法律に基づきコミューンごとに運営する介護サービス選択自由化制度は一種のバウチャー制度と考えられている（第5章，第6章）。2012年にはスウェーデン国内の3分の2以上のコミューンで何らかの介護サービス選択制度が導入されると予測されている。

　バウチャー制度は選択の自由の考え方を具体化した新保守主義的な政策と捉えられることが多いが，フリードマンの時代と異なり，その内容や運用方

法は様々である。スウェーデンの介護サービスへの導入状況をみても，コミューン間の共通点は利用者がコミューン直営サービスか民間サービスのどちらかを選べることが条件とされているぐらいで，内容はコミューンごとに多様である（第6章）。対象をホームヘルプでも家事援助サービスのみに限定するコミューンがあれば，介護付き住宅も含めた全サービスとするコミューンもある。

　イギリスで推進されてきたパーソナル・バジェット（personal budget）は，サービス選択の自由化という点では，スウェーデンのサービス選択自由化制度よりさらに進んだものである。パーソナル・バジェットでは，サービスに要する費用が現金で支給され，その使途を受給者本人が決める。スウェーデンでも保守系政党の政治家には，パーソナル・バジェットの採用を提唱する人もある。スウェーデンのサービス選択自由化制度はバウチャー制度と呼ばれながらも，パーソナル・バジェットに比べれば，選択の自由の幅は小さく，制限的である。また日本の介護保険制度と比較しても，日本の制度が利用者と事業者の間で契約関係が結ばれているのに対し，スウェーデンではあくまでも措置制度の枠内での事業者の選択（希望の表明）であり，相対的にみれば市場的性格の色は薄い。

　さらに家事援助は自費購入へという流れもみられる。例えばスウェーデンでは2007年7月から家事サービスの労賃支払いに対する税額控除（RUT-avdrag，以下，家事労賃控除とする）が導入された（第5章）。自宅，サマーハウス，親の住む家において，掃除，洗濯調理，庭の手入れ，雪かき，子守り，介護の一部としての散歩，銀行や病院への付き添い，保育所への送り迎え等のサービスを民間事業者から購入した場合に家事労賃控除が適用され，半額で家事サービスを購入できる。年間5万クローナまでが控除の対象となる。政府が家事労賃控除を導入した目的は，リーマンショック以降の失業者増加への対応策であり，家事サービス分野を新たな産業として育て，雇用を増やすことであった。また結果として，家事サービスが新たな産業となれば，家事サービス分野で横行する無申告の労働が減少し，正規労働者として納税者を増やすことにもなる。特に移民の失業対策と考えられている。

家事労賃控除は，スウェーデンの高齢者介護にも影響を与えている。2010年では75歳以上高齢者の約5％が家事労賃控除を利用しており（Värfärd 2011：3-5），この数は少しずつ増えている。高所得の高齢者にとっては，コミューンのホームヘルプを利用するより，家事労賃控除を利用して家事サービスを購入する方が手続きが簡単で，融通もきき，料金も安いという事態が生まれている。ホームヘルプの家事援助サービスについては，家事労賃控除のもと，民間の家事サービスの購入（＝完全な市場化）への方向性を示すコミューンも現れてきた。

　このような背景にはグローバル化の中でEUの政策が影響し，近年の保守系政権の台頭などが理由としてあげられるが，老齢年金の給付が充実してきたことも大きな要因であり，サービスを購入できる高齢者層が現れたといえる。特に戦後生まれの女性高齢者には現役時代に就労していた人が増え，かつての高齢者に比べて年金受給額も多い。一般に年齢別の相対的貧困率を比較すると，多くの国で高齢者層の貧困率は高い傾向にあり，スウェーデンでも後期高齢者にはその傾向が少しみられる。しかし近年では高齢者の可処分所得は若年世代より高い（Lennartsson 2007：12）とされる。また65歳以上の老齢年金生活者の収入は1980年時点では国内の平均収入の86.8％であったが，2004年では93.4％にまで上昇している（表1-3）。また子どものない成人層の平均収入額と比較すれば，老齢年金生活者の収入はその85.4％にとどまっているが，「ひとり親」層に比べれば，老齢年金生活者は141.2％の収入を持っている。その意味でスウェーデンの高齢者層は必ずしも貧困層とはいえず，スウェーデン社会における貧困対策の関心は，むしろひとり親家庭に向けられている（Gustafsson et al. 2008：19）。

表1-3　65歳以上の年金生活者収入額（1980-2004年）

単位：％

	1980	1990	1995	2000	2004
対平均収入額	86.8	86.0	96.6	87.3	93.4
対子供のない成人の収入額	74.6	76.3	87.9	79.9	85.4
対ひとり親の収入額	104.2	117.9	131.0	127.5	141.2

（出所）Gustafsson et al. 2008：37より作成。

　1990年代初頭のスウェーデンは経済危機とそれに伴う財政難を経験したが，老齢年金生活者層は他のグループ（例えば，ひとり親家庭，20歳代の若者層等）に比べ，比較的，生活水準が守られてきたといわれる。一般に，健康，収入，社会的関係などの様々な比較指標において，高齢者層は他世代より低い数値を示すことが多い。しかしスウェーデンの場合はいくつかの指標について，高齢者層は他世代に比べて優位な数値を示しており，例えば経済的困窮の経験や暴力の対象となるケースは他世代に比べて少ない。相対的にみると，高齢者層は1990年代の行政改革の悪影響を受けず，特に経済生活の面では他の社会グループに比べて向上したとみなされている（Palme 2002：76）。

　近年，年金生活者となっている1940年代生まれは，1960年代以降の女性の就業率が高くなってきた時代を経験する世代で，女性高齢者も以前に比べて年金受給額が高くなってきている（斉藤2011：9）。エスピン-アンデルセンは高齢者が近年に獲得した経済的自立，つまり所得移転を通じて実現した高齢者が手にした所得は，市場で介護サービスを購入する購買力を高めるとしている（Esping-Andersen 1999：91）。戦前は救貧事業に頼らない高齢期の生活をという願いのもとで，年金制度の充実が図られてきたが，今では高齢者の所得が増え，高齢者の消費指向と自由選択指向は強まっている。

(3)コミューン自治と「ロイヤルティ」の存在

　ハーシュマンは「退出」オプションを一方的に批判的しているわけではな

く，逆に「退出」メカニズムが加わることにより商品やサービスの質が高まる可能性を示している。「発言」が機能するのは他に選択肢がない状態であり，そのような状況は先進国においては考えにくいからである。経済生活が豊かになり，また選択肢が増える社会になると「発言」メカニズムは機能しにくくなる。そこで重要となるのが「ロイヤルティ」の概念であり，組織に対する愛着や忠誠を示す概念である。その商品やサービスが気に入らず，別の選択肢を求めて，「退出」しようとした人でも，「ロイヤルティ」があれば「退出」の前に「発言」を通じて意思表明を行なおうとする。「退出」オプションが存在することが，むしろサービスや商品の質を高める上で効果をあげることにもなる（Hirshman 1983：100）。そこで，スウェーデンの人々にみられる「ロイヤルティ」について検証する。

税による連帯システムへの「ロイヤルティ」

　S．シュバルフォシュの（Stefan Svallfors）による福祉国家に対する意識調査は，1986年から2010年にわたり，およそ5年ごとに実施されてきた。この調査では，毎回，全国で約2000サンプルを抽出し，約60～75％の回答率を得ており，スウェーデンに住む人たちの『福祉国家に関する意識調査』(välfärdsstatsundersökningsarna）として国内外で多くの引用がなされている。2010年調査でも，スウェーデンの人たちの高齢者介護に対し公的システムへの期待が依然として高い結果が示された。

　図1-1，図1-2は高齢者介護，保育において，それぞれ望まれる供給主体に対する考えを示す。高齢者介護についての結果は，「国・コミューン」という回答が78％であり，保育の69％に比べて9％も高い数字となっている。高齢者介護は保育に比べて，公的な供給主体への期待が大きいことがわかる。

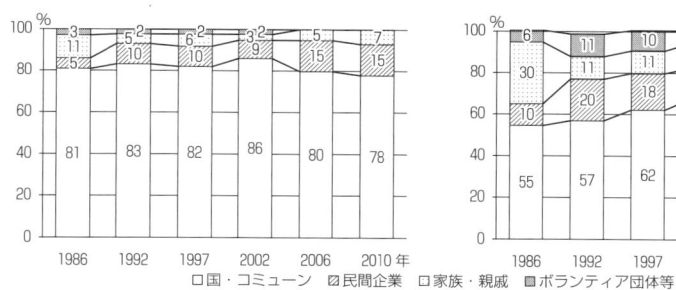

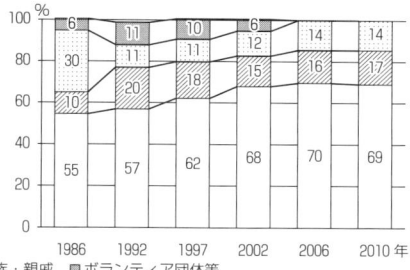

第1章　政治経済の視点からみる高齢者介護とその特質

図1-1　望まれる供給主体（高齢者介護）　　図1-2　望まれる供給主体（保育）

（出所）Svallfors 2011より作成。

　一方，高齢者介護だけをみると，「国・コミューン」への期待は過去24年にわたり高い数字となっているが，微減の傾向もみられる。同時に「民間企業」とする回答は15％で微増の結果が示された。民間事業者による介護サービス利用者が増え，民間事業者に対する抵抗が少なくなったこともその理由と考えられる。また民間事業者の中で，ボランティア団体などのサードセクターへの期待がほとんどないことも特徴の一つである。

　図1-3は，高齢者介護，保育，医療，教育の財源に対する考え方を示している。「以下の事業は，税と雇用税で運営されるべきである」という問いに対し，高齢者介護では78％の人が税による運営を支持している。1986年以降，今日に至るまで高い数字を維持し続けていることがわかる。ただし微減の傾向もみられる。

　さらに図1-4は，増税に関する考え方を示しているが，「以下の事業に使われるなら，より多くの税金を払ってもよい」という問いに対し，2010年では73％の人が高齢者介護に使うための増税を容認しており，2002年の数字に比べてその数は13％も増えている。

　図1-1，図1-2，図1-3では，税金で公的に運営する高齢者介護に対する「ロイヤルティ」は今なお強いものの，微減傾向もみられたが，図1-4をみると，税を財源とした介護システムへの信頼度は今なお高いということができる。

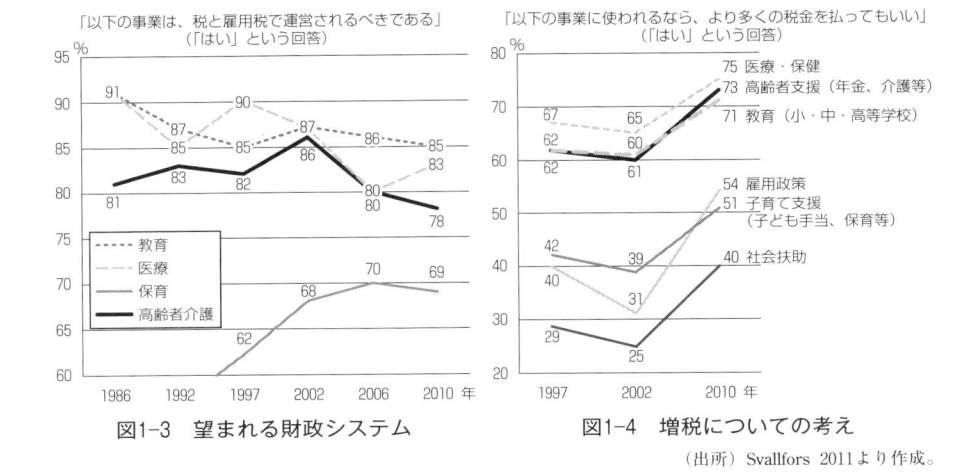

図1-3 望まれる財政システム（「以下の事業は、税と雇用税で運営されるべきである」「はい」という回答）

教育: 1986年85、1992年87、1997年90、2002年87、2006年86、2010年85
医療: 1986年91、1992年87、1997年85、2002年86、2006年80、2010年83
保育: 1997年62、2002年68、2006年70、2010年69
高齢者介護: 1986年81、1992年83、1997年82、2002年86、2006年80、2010年78

図1-4 増税についての考え（「以下の事業に使われるなら、より多くの税金を払ってもいい」「はい」という回答）

医療・保健: 1997年67、2002年65、2010年75
高齢者支援（年金、介護等）: 1997年62、2002年60、2010年73
教育（小・中・高等学校）: 1997年62、2002年61、2010年71
雇用政策: 1997年42、2002年39、2010年54
子育て支援（子ども手当、保育等）: 1997年40、2002年31、2010年51
社会扶助: 1997年29、2002年25、2010年40

（出所）Svallfors 2011より作成。

「ロイヤルティ」の基盤となるコミューン自治

1990年代以降，介護サービスに競争原理が浸透する中で，介護サービスの民間委託は増加しているが，税財源による介護サービス供給，また供給体としてのコミューンは今なお強く支持されている。多くのコミューンにおいて，介護サービスが完全な「退出」モデルに流されていない背景について，コミューン自治と「ロイヤルティ」の視点で考えてみたい。

スウェーデンは地方分権が進んだ国で，国は外交，防衛，経済政策，高等教育などを中心に，義務教育，福祉などの生活に身近な政策や事業はコミューンの権限に大きく任されている。1960年代以降，福祉国家の拡大とともに，スウェーデンでは義務教育，保育，介護サービスのニーズの増加に対応して，基礎自治体であるコミューンの基盤整備が行われた。自立した基礎自治体を築くために，戦後二度にわたる大規模市町村合併を経て，約2500市町村は合併されて290コミューンとなった。

社会サービス法（Socialtjänstlagen）は「コミューンは地域内に住む住民が必要な援助を受けることができるよう，その最終責任を負う」（同法2章2条）と定め，コミューンが介護を含め，福祉サービス給付についての自治体の最

終責任を明確に規定している。スウェーデンの地方自治システムは生活関連サービスの供給母体を目標に整備されてきた。

　コミューンの財政的な自立度は高く，財源の約7割はコミューン所得税による自主財源である。地方税率は所得の約30％で，約80％の住民は地方税のみを所得税として支払っている。所得税が身近なコミューンにおいて教育や福祉に使われるという点で，税金の使い途が理解しやすく，税金の使いみちも見えやすい。

　20世紀初頭から整備されてきたコミューン自治を基盤とした介護サービス供給に対して，スウェーデンの人たちの「ロイヤルティ」が根強いことは，シュバルフォシュの意識調査からも明らかである。この「ロイヤルティ」の存在によって，スウェーデンの高齢者介護システムは，準市場化という「退出」オプションを採り入れながらも，コミューン自治システムを通じた「発言」オプションが機能しているものと考えられる。

　5節では，スウェーデンにみる高齢者介護の供給について，ハーシュマンの「発言」「退出」「ロイヤルティ」の概念を用いて検討した。戦後から1970年代までのスウェーデンの高齢者介護はコミューンの供給独占により，「発言」が機能していたモデルであった。この時代にみられた介護サービスの普遍的給付の印象はあまりに強く，日本でもスウェーデンの高齢者介護というと今だにこの形態を前提に議論されることが多い。しかし1980年代中盤以降は，スウェーデン国内でも「退出」オプションを模索するコミューンが登場していた。その点からみれば，一般にスウェーデンモデルとして示されるコミューンの供給独占の形態はわずか20年強の歴史であり，もはやその後の時代の方が長くなりつつある。

　1990年代初頭の保守中道政権の時代には"選択の自由"の考え方が広がり，また官僚的な供給システムに対する批判からも，介護システムに「退出」オプションを採り入れるコミューンが徐々に増えていった。2000年代に入ってからは"選択の自由"の考え方が法律により制度化され，このことは言いかえれば，「退出」オプションが制度化されたともいえる。特に2007年の家事

労賃控除の導入と2009年のサービス選択自由化制度は象徴的である。

しかしスウェーデンの高齢者介護は「退出」オプションという市場解決の手法を採り入れながらも，「発言」オプションを見捨ててはいない。その背景には，スウェーデンの人々には，コミューン自治の長い歴史により醸成された自分の住む地域に対する「ロイヤルティ」があるためだと思われる。地方所得税中心の税体系，また生活関連サービスはコミューンの責任のもとで行うという地方分権システムは今でも揺らいでいない。

次章からスウェーデンにみる高齢者介護の供給と編成，そしてそのあり方を巡る議論を検討していくが，高齢者介護とそのシステムは130年あまりの間に，めまぐるしく変動してきたことがわかる。介護はそこに住む人たちの生活を支えるものであり，人々の生活形態や生活志向が変われば求める介護の姿も変わっていく。数年前の介護の常識が，今の介護の常識ではなくなることもある。またある国の介護の常識が，別の国の介護の常識ではないこともある。その意味では，介護はその社会と人々の生活を映し出す鏡のようである。

第 1 部

高齢者介護の歴史的整理

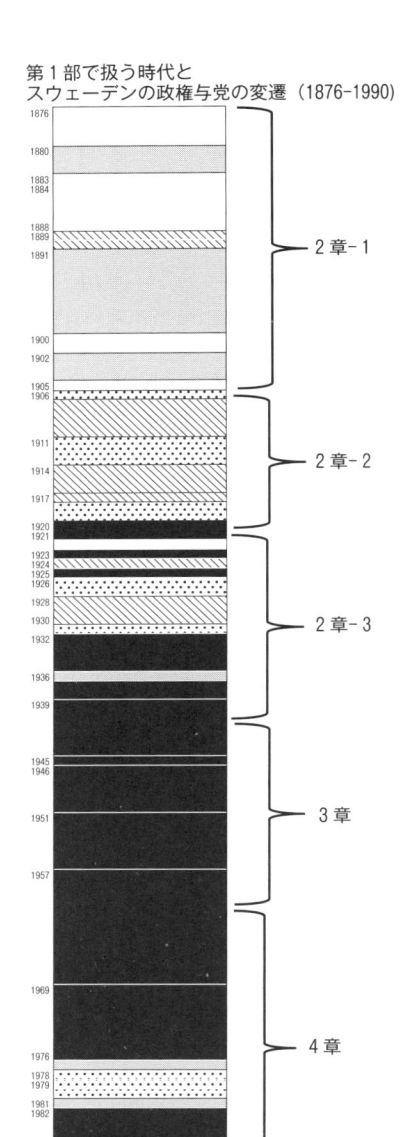

第1部で扱う時代と
スウェーデンの政権与党の変遷（1876-1990）

- 2章-1：1876-1905
- 2章-2：1905-1921
- 2章-3：1921-1932
- 3章：1932-1957
- 4章：1957-1990

凡例：
- ■：社会民主党政権
- ▨：穏健党（保守系）政権
- ▦：中央党（中道系）政権
- ⦙：国民党（中道系）政権
- □：無所属の首相

スウェーデンの首相と政権（1900-1990）

就任日	首相名	政権
1900/9/12	Fredrik von Otter	無所属
1902/7/5	Erik Gustaf Boström	中央党
1905/4/13	Johan Ramstedt	無所属
1905/8/2	Christian Lundeberg	右派党
1905/11/7	Karl Staaff	国民党
1906/5/29	Arvid Lindman	右派党
1911/10/7	Karl Staaff	国民党
1914/2/17	Hjalmar Hammarskjöld	右派党
1917/3/30	Carl Swartz	右派党
1917/10/19	Nils Edén	国民党・社会民主党連立
1920/3/10	Hjalmar Branting	社会民主党
1920/10/27	Louis De Geer	無所属
1921/2/23	Oscar von Sydow	無所属
1921/10/13	Hjalmar Branting	社会民主党
1923/4/19	Ernst Trygger	右派党
1924/10/18	Hjalmar Branting	社会民主党
1925/1/24	Rickard Sandler	社会民主党
1926/6/7	Carl Gustaf Ekman	自由党・国民党連立
1928/10/2	Arvid Lindman	右派党
1930/6/7	Carl Gustaf Ekman	自由党
1932/8/6	Felix Hamrin	自由党
1932/9/24	Per Albin Hansson	社会民主党
1936/6/19	Axel Pehrsson	農民同盟
1936/9/28	Per Albin Hansson	社会民主党・農民同盟連立
1939/12/13	Per Albin Hansson	社会民主党・農民同盟・国民党・右派党連立
1945/7/31	Per Albin Hansson	社会民主党
1946/10/11	Tage Erlander	社会民主党
1951/10/1	Tage Erlander	社会民主党・農民同盟連立
1957/10/31	Tage Erlander	社会民主党
1969/10/14	Olof Palme	社会民主党
1976/10/8	Thorbjörn Fälldin	中央党・穏健党・国民党連立
1978/10/18	Ola Ullsten	国民党
1979/10/12	Thorbjörn Fälldin	中央党・穏健党・国民党連立
1981/5/19	Thorbjörn Fälldin	中央党・国民党連立
1982/10/8	Olof Palme	社会民主党
1986/3/1	Ingvar Carlsson	社会民主党
1990/2/26	Ingvar Carlsson	社会民主党

（出所）Sveriges Regeringar under 1900-talet.
スウェーデン内閣府ホームページ（http://www.regeringen.se）より作成。

第 **2** 章

戦前の老人扶養とその論点

1 はじめに

　スウェーデン福祉国家は社会民主党の長期政権が大きく影響しているとされるが，それは1930年以降，あるいは戦後の特徴である。S.E. オルソン（Sven E. Olsson）は20世紀初頭のまだ比較的に農村人口の多かったスウェーデン社会に普遍主義の源流を見つけており，普遍的な社会政策が労働者階級と農民階層でつくられた点に注目している。1800年代終盤の社会政策的議論の中で特に明らかなのは，1913年の国民老齢年金保険制度であり，世界で初めての全市民を対象とした社会保険であった。

　本章はP.G. エデバルク（Per Gunnar Edebalk）の*Drömmen om ålderdomshemmet －Ålderringsvård och socialpolitik 1900-1952*（1991）（「老人ホームの夢—高齢者介護と社会政策1900-1952」）の記述に基づいて，19世紀終盤から20世紀半ばまでの老人扶養をめぐる議論をとりあげる。スウェーデンでは19世紀末に国民の4分の1にあたる約100万人が貧困を理由にアメリカに移住し，その結果，20世紀初頭にすでに高齢化率が8.5％という状況が生まれた。その中で援助を必要とする高齢者を誰が看るのかという問題が早々に浮上した。ビスマルクによる社会保険制度の影響を受けて，スウェーデンでは1913年に国民老齢年金保険制度を導入したが，これは労働者階級だけでなくすべての国民

55

を対象としていたという点では世界で初めてのものであった。ロシア革命をはじめ，各国で活発化する労働運動に対し，1989年に設立されたスウェーデン社会民主党[1]は暴力による革命ではなく穏健路線を選択した。それは工業化が遅れたスウェーデンの事情を反映している。スウェーデン社会民主党は農民階層をも巻き込んだ普遍的な福祉供給を目指すが，貧困救済事業をリードしていた福祉エリートが主張する更生主義の考え方との衝突も見られる。高齢者介護ではより良い老人ホームをつくることが目指されていたが，施設内での援助ニーズが異なる入居者が混在する状況が改善できないままであった。

2 1871年貧困救済令と村自治体[2]の取り組み

(1) 高齢化の要因となった移出民の増加

エデバルクは貧困状況にある高齢者のおかれている状況に対して，一般の人たちが関心を持つようになったのは20世紀に入った頃だという。高齢者の貧困救済事業は村自治体の仕事で，特に農村部の過疎地域の村自治体では大きな負担となっていた。貧困救済事業を見直し，村自治体の財政を維持するためにも，老齢年金の必要性が議論されるようになった。

スウェーデンでは高齢者介護への社会的関心が他国より早く始まったように見える。それは当時のスウェーデン社会の人口構造によるところが大きい。スウェーデンの高齢化率は1850年には4.8％，1900年には8.4％と急増し，この数字は他国と比べても高く，例えばドイツやイギリスの当時の高齢化率は4％程度であった（Edebalk 2010：67）。

スウェーデンの高齢化率を高めた要因は，慢性的な食糧不足による海外への人口流出が背景にある。当時のスウェーデンの人口は約350～500万人程度であったが，人口流出のピークといわれる1880年代には32万4,285人，1890年代には20万524人のスウェーデン人がアメリカに向かった（岡沢 1994：26，Hadenius 1990：9）。アメリカに移住したのは農作業を手伝う作男，小作農，

遺産を期待できない若者たちであり，食糧と仕事を求めての移住であった（Hadenius 1990：9）。

S. ハデニウス（Stig Hadenius）は19世紀末から20世紀初めの時期を，スウェーデン経済が離陸した時代としている（ibid.：8）。ヨーロッパの中でも貧しい農業国家にすぎなかったスウェーデンが近代国家に変容しつつあった頃で，この時代にスウェーデンの輸出市場で一定の役割を担っている企業，例えば，アセア，LMエリクソン，テトラ・ラバルなどの企業が創業している（ibid.：9）。またA. ノーベル（Alfred Bernhard Nobel）が1866年にダイナマイトを発明し，スウェーデンの産業に貢献した。農業分野でも19世紀前半に生産力を増強するための改革等が実施されており，19世紀末はスウェーデンの産業が最初の全盛期を迎えた時期である。しかし農業や工業の進歩は，出生率の上昇と死亡率の低下による人口の急増に対応できなかった（ibid.：10）。若者が移民として大量に国外に流出したことが，高齢化を早め，また高齢者の扶養や介護が社会問題となった（Edebalk 2010：67）。

(2)村自治体の貧困救済事業

1871年貧困救済令（1871 års Fattigvårdsförordning）は，当時のスウェーデンにおいて，唯一の社会福祉分野の法律であった。この法律は1860年代に成立していた（Edebalk 1991：5）。

貧困救済事業は村自治体にとって重要な事業の一つであった。当時，村自治体は全国で2500程度であったが，1871年貧困救済令では，貧困救済の実施方法は村自治体の自由裁量に任されていた。当時，貧困救済事業は居住地権を持つ住民を対象としており，村自治体の支出であったため，村自治体にとって救済対象者がどの村自治体の居住地権を持っているかは重要であった。貧困救済事業は，財政事情の悪い小さな村自治体には大きな負担となっていた。特に過疎地域ではひどい状態で，財政負担を避けようとして，村自治体の間では救済対象者の居住地権を巡る衝突が頻繁に起きていた（ibid.：6）。高齢の貧困者（fattighjon），特に介護を必要とする人に対する扱いはひど

いものであった。過疎の村自治体では救済対象者への対応として4つの形態がみられた (ibid.:6)。

1) 身元引受 (utackordering)：村に住む人が村自治体から少額の給付金を受けて貧困者の身元を引き受けることである。主に子どもが対象であったが、老衰で仕事ができなくなった高齢者が対象となることもあった。例えば身元引受に関する記述では、「小屋に住むことは認められるが衛生状態が悪く、家畜の方がよい世話を受けている」という村の医師の記録が残っている (ibid.:6)。

2) 競売 (bortauktionering)：村自治体が身元引受人を探すために貧困者を競売にかけ、最も安い価格を示した人がその貧困者を引き受けるしくみである。この慣行は「貧しい人が貧しい人を買う」と表現され、貧困者の買い手は小作人や人身売買で利益を上げようとしている人であることが多かった。その結果、引き取り先で貧困者が放置されている状況は明らかで、競売の手続きの内容も貧困者を侮辱するものであった (ibid.:6)。

3) 巡回介護 (rotegång)：特に貧しい、小さな村自治体で行われていたもので、身元引受や競売にかかる費用と手間を省くため、労働ができず、競売の対象にさえならない人を対象に行なわれた。その多くは介護を必要とする人たちで、対象者は当番に当たった人の家を定期的に巡回する。このしくみは20世紀に入る頃に廃止されたが、いくつかの地域ではその後も行なわれていた (ibid.:6-7)。

4) 施設 (anstalter)：貧困小屋 (fattigstugor)、貧困の家 (fattigthus)、貧困農園 (fattiggårdar) がこれにあたる。最も一般的だったのは、小さな貧困小屋であり、全国で3000ヶ所あったが、その主な役割は雨風をしのぐことであった。貧困の家は様々であったが、責任者もなく、共同で調理することもないのが普通だった。貧困の家については「無秩序な状態で、不潔で、恥ずべき状況であった」等の証言が残されている。大都市では例外的に大規模

な貧困救済施設もあり，身寄りのない高齢者，老衰の人，病人，視覚障害者，親のいない子どもたち，アルコール中毒の人等が一緒に収容されていた（ibid.：7）。

20世紀に入り，貧困救済事業の中では施設事業が最も発展していった。1874年には貧困救済事業受給者の14.5％が施設に入所していたが，1907年には19.1％になった。大都市では1000人を収容できる巨大施設が建設された。地方では，デンマークをモデルに，貧困農園が広まった。貧困農園には施設長がいて，入所者に農園で仕事を提供する形が可能であり，働ける人には労働義務が課せられた。村自治体の貧困救済事業責任者は，働かずに支援を受けるだけの人を減らせば，村自治体の支出を削減できるため貧困農園は有効と考えていた（ibid.：7）。

(3) 社会保険制度への関心

1871年貧困救済令は前述の通り，人道的な問題を抱えていたが，その改正に対する政治的関心は弱かった。国会では議員個人が提出した動議をきっかけに，例えば，貧困者の競売，貧困者の居住地権問題，村自治体の貧困救済事業に関する財政負担の不均衡が議論に取り上げられた。1899年，1901年，1905年に政府による実態調査が行なわれたものの，1871年貧困救済令の改正にはつながらなかった（ibid.：8）。

一方で，社会保険制度を導入し，住民の生計が安定すれば貧困救済事業の需要が減り，村自治体の支出を抑制できると考えられるようになった（ibid.：7）。スウェーデンでは1880年代頃から社会保険制度が徐々に検討されるようになった。ドイツで社会保険制度が始まったことによる影響もあったと推測できる。1891年疾病金庫法（1891 års sjukkasselag）では，疾病金庫の運営事務費に特別補助金を支給することになり，1901年傷害に対する雇用主の支払い義務に関する法（1901 års lag om arbtesgivares ersättningsplikt vid olycksfall）は社会保険制度として成立した。（ibid.：7-8）。

社会保険制度の議論は，当時，活発化しつつあった労働運動の影響を受けており，社会保険にはスティグマがなく，受給者の権利が尊重されると考えられた。また同時に貧困救済事業に対する嫌悪感が強く示されるようになった。

3 | 1918年貧困救済法とその成立に至るまで

　この間にはスウェーデンの介護政策を検討する上で2つの大きな出来事があった。一つは国民老齢年金保険制度（allmänna pensionsförsäkringen）（1913年）と1918年貧困救済法（Fattigvårdslagen）（1918年）の成立である。

　スウェーデンで初めて導入された国民老齢年金保険制度では，保険料で賄われる部分はドイツの影響，税金で賄われ所得調査を伴う年金付加金部分は，デンマークの影響を受けた制度設計となった。また賃金労働者だけでなく，全国民を対象とした点では世界初の包括的年金制度といえる。更生主義の考えから年金付加金部分を批判する立場があり，その一方で，救貧事業からの脱却という考えから年金付加金部分を支持する立場があり，両者の間で論争がみられたが，最終的には後者が勝利した。

　1918年貧困救済法は，貧困救済事業において村自治体に課す義務の領域を広げ，貧困救済事業対象者に異議申し立ての権利を認めた。また貧困救済事業対象者の財産に関する身元受入者による代理権は廃止され，競売や巡回介護は禁止された。最も重要な項目の一つは，法律により，村自治体には10年間（1929年1月1日まで）の間に何らかの貧困救済施設を持つことが義務付けられた（*ibid*.：20-21）ことである。

　この期間は市民階級のエリートで構成される"貧困救済事業をよくする人びと"（後述）と，少しずつ活発化してきた労働運動を背景に普通選挙を実現しようとする国会の多数派政党の間で，貧困救済事業をめぐる考え方の衝突がみられる。結果として，社会民主主義政党の勢いと考え方が大きく前進することとなった。

(1)"貧困救済事業をよくする人びと"と更生主義

　スウェーデンでは19世紀半ばから20世紀初頭にかけて，民衆運動（folk-rörelse）が活発になり，様々な社会問題が議論されるようになった。フリーチャーチ運動，禁酒運動，スポーツ普及運動，女性解放運動等であるが，労働組合運動も活発になる（Birgersson & Westerlståhl 1991：70-71）。
　貧困救済事業を巡る問題に取り組む全国レベルの組織も誕生した（Edebalk 1991：9）。社会事業中央連合会（CSA：Centralförbundet för Social Arbete）が1903年に設立され，この活動に関わる人たちは"貧困救済事業をよくする人びと"（fattigvårdsfolket）と呼ばれ，市民階級のエリートで構成されていた（ibid.：9）。社会事業中央連合会は民間の寄付金を受け，1904年に貧困救済事業の課題についての調査研究を実施し，その調査委員会には，同連合会会長のG.H. フォン・コック（G.H. von Kock）をはじめ，関連誌の発行者，ストックホルム市貧困救済事業査察官，セーデルテリエ市長らが調査委員会のメンバーとなった。この調査委員会は2年間，スウェーデンの貧困救済事業に関する研究を集中的に実施し，1906年末には報告書『貧困救済と国民保険』（Fattigvård och folkförsäkring）を発行した（ibid.：9）。
　調査委員会は，政府に対して最終的な貧困救済事業の改善提案を提出する前に，1906年10月にストックホルムで貧困救済会議（fattigvårdskongress）を開いた。約1000人の参加者があり，そのうち400人強が村自治体からの代表であった。貧困救済事業改革の必要性を確認したという点で，この会議は貧困救済事業の改善に向けた一つの動きとなった。この貧困救済会議をきっかけにスウェーデン貧困救済事業連合会（SFF：Svenska Fattigvårdsförbundet）が設立され，この組織は貧困救済事業の改革を目指した（ibid.：9）。
　調査委員会は，前年に続き，1907年に報告書『スウェーデンの貧困救済事業法改革の方向性』（Reformlinjer för svensk fattigvårdslagstiftning）を発行し，この調査委員会はそのままスウェーデン貧困救済事業連合会の作業部会となり，委員長兼部会長は引き続き，G.H. フォン・コックが担当した。この作業部会は"貧困救済事業をよくする人びと"が中核を担うことになった

(*ibid*.: 9)。

 この時期の"貧困救済事業をよくする人びと"の動きは活発であったが,このグループにはストックホルム周辺に住む経済的,文化的に指導的な階層の人たちが含まれており,彼らの社会的,政治的思想はソーシャルリベラル(social liberal)として表現された。1900年代初頭には,市民階級主導の社会改革が,「更生」(uppfostran)という言葉の中で語られ,例えば労働組合運動,消費者協同組合運動,疾病保険改善運動などは,労働者に対する教育的機能を果たしうるとされていた(*ibid*.: 9-10)。"貧困救済事業をよくする人びと"は貧困救済事業の改善問題において,教育や更生の理念が重要だと考えていた(*ibid*.: 10)。"貧困救済事業をよくする人びと"は貧困救済事業の改善を目指し,その根底では貧困者の権利を強化し,自治体の義務をより厳格に規定したいと考えていた。

 貧困救済事業では,どのケースにおいても個人に対するニーズ判定が行われる。1907年報告書は3つの視点を示しており(*ibid*.: 10),1)人間性尊重の姿勢,2)「正しい道」への更生,3)乱用を防ぐための社会保険の必要性を述べている。

1) 貧困援助事業は模範的でなくてはならず,人間性尊重の姿勢が見えるような事例を提供すべきである。従来の貧困救済事業は高齢者や援助を必要とする人たちをまるで動物扱いしており残忍であった(*ibid*.: 10)。

2) 貧困救済事業は対象者の社会に対する義務意識を育てるべきであり,厳格さをもって道から外れた人を更生する。貧困救済事業は,労働意欲がない,アルコール中毒,生計維持が困難な人たち等を「正しい道」に導くものである。例えば,貧困救済施設には労働を伴う施設や個人の能力を評価する手段も存在すべきである(*ibid*.: 10)。

3) 型にはまってしまい,成果のあがらない援助であってはならない。そのような援助は制度の乱用を招き,労働意欲や倹約に対しマイナス効果を与える。この考え方は貧困援助事業の個別性を強化する必要性を含んでいる

が，同時に社会保険制度とも関係する。つまり貧困救済事業を削減するためには，社会保険による土台をつくらなくてはならない。公的事業は自助に対する援助という原則を築いていくべきである（*ibid*.：10）。

(2)老人ホーム主義の考え方

　1910年頃には「老人ホーム」（Ålderdomshem）という語が徐々に一般的になってきた。"貧困救済事業をよくする人びと"は政策として老人ホーム主義（Ålderdomshemsidén）を示した。この考え方は1949年にイーヴァル・ロー＝ヨハンソン（I. Lo-Johansson）による老人ホーム批判（第3章）が登場するまでの約半世紀の間，スウェーデンの高齢者施策の中心的な考え方となった。

　老人ホーム主義の考え方では，貧困状態にある高齢者には老人ホームが必要であるとし，老人ホームは家庭的な雰囲気で，2～4人程度の小さな居屋が理想で，さらに浴室，療養室，食堂，快適な台所が必要であるというものだった。そして老人ホームは教育を受けた施設長のもとで，施設内の秩序と衛生状態が管理されることが必要であるとした（*ibid*.：13-14）。

　老人ホームの機能は，生計維持，住宅，介護であった。当時，貧しい高齢者は劣悪な住宅に住んでいることが多く，教育を受けた施設長と衛生的な施設が良いお世話のために必要とされた。老人ホーム主義においては，老人ホームは貧困の状態にある高齢者に対して，人間性が確実に尊重される避難所と考えられていた（*ibid*.：14）。

　スウェーデンにおいて自治体設立の老人ホームは1896年にヨーテボリ（Göteborg）で初めて開設された。当時の老人ホームは従来の貧困の家に比べて，「家庭的」くらいのコンセプトしか持たなかった（*ibid*.：13）。

　"貧困救済事業をよくする人びと"の活動は，貧困救済事業を明らかに良い方向に前進させた。彼らの初めの取り組みは施設介護の整備と普及であり，次に施設介護の中で入所者を援助ニーズ別で分けることであった。特に入所者を援助ニーズ別で分ける取り組みは大都市の大規模施設で始められた（*ibid*.：13）。さらに"貧困救済事業をよくする人びと"の活動は貧困の高齢

63

者だけでなく，精神疾患を持つ人，知的障害のある人が放置されている状態にも向けられるようになり，状況を改善するため，国立精神病院の設立要求を行うようになった。貧困の家で，精神疾患のある高齢者が暴行を受けたり，人里離れた病院に通院しなければならなかったり，身体障害のある入所者のことなども考えるようになった (*ibid*.: 13)。

市民啓発の視点から見ると，貧困救済事業をめぐる様々な活動は人道主義的な (medmänisklighet) 事例を作り出したとエデバルクは指摘する。これらの活動が援助を必要とする人たちに無関心で侮辱的な態度を示していた一般市民層に影響を与え，この問題に対する社会的な理解を深めた。老人ホーム主義の動きは，高齢者を望ましくない環境から保護するという共感をつくりだした (*ibid*.: 14)。

さらに老人ホーム主義は，民間のモデル的な事例に後押しされた。特に1890年代にはパウブレス・ホンテクス (pauvres honteux) と呼ばれる寄付金による民間施設が，約30ヶ所と数は少ないものの，存在していた。スウェーデン貧困救済事業連合会が発行するニュースはこれらの民間施設をとりあげ，積極的に評価した。その一つの理由はこれらの民間施設では入所者が自分の家具を持ち込むことができ，それぞれの部屋に特徴があり，老人ホーム主義の考え方を目に見える形にしていたことにある (*ibid*.: 14)。

(3) 国民老齢年金保険制度をめぐる議論

約30年にわたる調査と議論を経て，1913年スウェーデン国会は，原則として全国民を対象とする国民老齢年金保険の導入を決定した。スウェーデンにおける国民老齢年金保険の議論は，1884年国会で行なわれたS.A. ヘディン (S.A. Hedin) (国民党) の有名な動議に始まる。その動議を受けて，1884年国会は国民老齢年金保険制度の導入の方向性を示し，調査実施の提案を可決し，調査委員会を設置した。

スウェーデンの国民老齢年金保険制度は，国民全員を対象とした社会保険という点では世界初の制度である (*ibid*.: 15)。この国民老齢年金保険は2つ

の部分から構成される。一つは保険料で賄う年金（avgiftspension）部分であり，ドイツに考え方のルーツがある。ただしこの部分が機能するまでにはその後10年以上の時間を費している。もう一つは税財源で運営する所得調査を必要とする年金付加金（tilläggspension）である。年金付加金のしくみはデンマークをモデルにしており，デンマークではすでに同システムを1891年に導入していた。低所得の高齢者は年金付加金を受けることで貧困救済事業に頼らずにすむという考え方はスウェーデンの土壌に合っていた（*ibid*.：16）。この年金付加金部分は今でもスウェーデンの年金制度の特徴となっており，高齢者間の所得格差を是正する上も大きな役割を果たしている（斉藤 2011：12）。

　国民老齢年金保険制度を導入した目的は，高齢者を貧困救済事業の対象にしないようにすることであった。高齢者が年金受給権を持てば，1871年貧困救済令による低い条件の貧困救済事業給付に頼らずにすむ。またもう一つの目的は，村自治体の貧困援助事業にかかる財政負担を軽減することであり，特に自治体間の格差是正に貢献するものと考えられた（*ibid*.：16）。

　スウェーデンの国民老齢年金保険制度の発想はドイツのO. ビスマルク（Otto von Bismarck）の労働保険プログラムの影響を受けている。ドイツでは1883年に疾病保険法，1888年に障害・老齢保険法が成立したが，ドイツの労働保険プログラムの目的は革命的な労働運動の矛先を変えることであった（*ibid*.：14-15）。ドイツと異なり，ヨーロッパの中でも工業化が遅かったスウェーデンでは，工業労働者層の大きなグループがまだ存在せず，ドイツのように賃金労働者のみを対象とした社会保険制度にすることは困難と考えられた。当時のスウェーデンの産業構造ではまだ農民階層が支配的であり，政治的にも第二院[3]では農民階層の代表が多数派であった。農民階層は労働者階層だけを対象とした特別な援助形態の設置には全く関心を示さなかったが，村自治体の貧困救済事業の財政負担を軽減することには関心を持っていた（*ibid*.：14）。

　新たな政治状況として，参政権問題をめぐり，社会民主党が年金問題に積極的に関心を持つようになった。スウェーデン社会民主党は1889年に結党されたが，改良主義的思考を持つ政党で，暴力的な革命ではなく，議会を通し

た平和的な方法で労働者を取り巻く環境を改善しようとした（Hadenius 2000：11）。社会民主党は1905年に『効果的な国民保険』(effektiv folkförsäkring) という党プログラムを発表し，国会に動議を提出した。社会民主党は社会保険制度が特定階層の制度になることを避けたかったので，国民全体を対象とする保険の考え方を支持した。その結果，過疎地域の人たちでさえ，社会民主党の主張は高齢者を保護するものと前向きにとらえるようになった（Edebalk 1991：15）。

　年金制度に関する調査は，その後2回の失敗を経て，1907年に新たな調査委員会「老齢年金調査委員会」(ålderdomsförsäkringskommittén) が設置された。1907年には老齢年金調査委員会と貧困救済法改正検討委員会という，社会保障理念が異なる2つの調査委員会が存在したことになる。前者は老齢年金の充実で貧困救済事業をなくそうと主張し，後者は貧困救済事業の存続と改善を求めた。両調査委員会には連携が期待されたが，それはなく，貧困救済法の改正を求めた"貧困救済事業をよくする人びと"は国会での議論から疎外されていた（*ibid*.：15）。

　1912年11月の国会で，老齢年金調査委員会は老齢年金に関する提案を行った。この提案は有権者同盟[4]，自由党[5]，社会民主党に支持されたが，1920年に首相となる社会民主党党首 H. ブランティング（Hjalmar Branting）は老齢年金調査委員会のメンバーでもあった。レミス回答[6]の期間は例外的に短く，政府提案はその約4ヶ月後の1913年3月29日に提出され，同年5月21日に国会で可決された（*ibid*.：15）。

　ブランティングは社会民主党結党時のリーダーの一人であり，1920年にスウェーデン社会民主党が初めて単独政権に就いたときの首相である。岡沢憲芙（1994, 2009）はブランティングの思想と行動がその後の社会民主党の基本的性格を形成し，コンセンサス・ポリティクスと称される合意形成優先型の政権運用技法を確定したとしている（岡沢 1994：38, 岡沢 2009：58）。ブランティングは当時はごく限られた人たちにしか機会がなかった大学教育を受けており，大学教授の息子として恵まれた環境で育った。社会民主党のリーダーでありながら，プロレタリアートの経験はなかったが，その政治指導力

の資質と社会民主主義の思想に対する情熱があった (Hadenius 2000：11)。ブランティングは1896年に議会の第二院で自由党の候補者リストから当選している。ブランティングは1911年選挙で誕生した自由党内閣で首相となった K. スターフ（Karl Staaff）とはウプサラ大学の学友で，二人の所属する政党は異なるイデオロギーを持つが，議会内外で密に協力し合うことができ，共に普通選挙権と議院内閣制の実現のために活動した (*ibid.*：12, 15)。国民老齢年金保険制度の実現に向けて，国会内で保守系の有権者同盟，自由党，社会民主党の間で協力関係が可能であったのは，当時の社会民主党のリーダーの穏健路線と無関係ではない。

(4) 国民老齢年金保険制度への反論

　国会で各政党が国民老齢年金保険制度の準備に取り組む中，"貧困救済事業をよくする人びと"はこれをどのように考えたか。1906年の貧困救済会議において，G.H. フォン・コックは「貧困者の数を減らしたいと考えるのであれば国民老齢年金は王道である」と述べている (Edebalk 1991：16)。しかしながら老齢年金調査委員会の提案には"貧困救済事業をよくする人びと"が重点を置く更生の視点が含まれていなかったため，彼らは一般の世論，政府，国会の関連委員会，そして国会に影響を与えようと調査委員会の提案に激しく反発した。"貧困救済事業をよくする人びと"のメンバーとなっている国会議員は強く反論したが，国会の多数派に圧されていた。"貧困救済事業をよくする人びと"は保険料で構成される部分には異論はなかったが，年金付加金に対しては強く反対した。

　"貧困救済事業をよくする人びと"の国民老齢年金制度に対する論点は次のとおりである。

　第一の論点は"貧困救済事業をよくする人びと"の社会政策的な視点に含まれる，典型的な更生主義（uppfostringsideologi）の考え方であった。典型的な更生主義とは，貧困救済事業の対象者は社会に受け入れられるための振る舞いを学ぶべきという考え方である。"貧困救済事業をよくする人びと"に

よれば，年金付加金は働かなくても給付が受けられるために労働意欲を低下させ，貧しいほど給付が高くなるために倹約精神も低下するという（ibid.：17）。給付にふさわしくない人が年金給付を受けることになり，年金制度は人々を給付に慣れさせ，乱用にもつながると考えていたようにみえる。年金給付がふさわしくない人とは，アルコール中毒者や家族扶養を怠っている人，非社会的な振る舞いをしている人を指しているようであった（ibid.：16）。

　第二の論点はニーズ判定であり，"貧困救済事業をよくする人びと"は，援助はあくまでもニーズ判定を前提に行なわれるべきと考えていた。年金付加金は事前に現金給付が決まっているが，実際の援助ニーズは人により様々である。高齢者の中には自分で金銭を管理できない人もあり，その場合は現金給付より老人ホームの方がよい選択肢であり，重度の介護を必要とする高齢者にとって現金は役にたたないと考えた（ibid.：16-17）。

　第三の論点は，貧困救済事業と年金付加金の関係である。"貧困救済事業をよくする人びと"は年金付加金を貧困救済事業の一形態と捉えていた。年金の受給額が少なければ，多くの高齢者は貧困救済事業の対象になるため，異なる権利性のもとで二つの援助システムが並行することになる。二重の援助システムは，村自治体にとって二つの組織が必要となり，高齢者は二つの組織と交渉しなければならない。零細な村自治体での実施はとうてい困難であり，また判定能力がある人材を採用する事も困難と考えた（ibid.：17）。

　国民老齢年金の議論は約一年半にわたって続いた。老齢年金調査委員会による報告書は，スウェーデンで最初の大規模な社会政策上の法律の提案を含んでおり，スウェーデンの新たな社会政策の道を示した。村自治体による低水準の貧困救済事業しか存在しなかった時代に，国民老齢年金保険の議論は新たな社会政策の視点を持ち，その中に貧困救済事業を包含していた。老齢年金調査委員会の提案は，更生主義と老人ホーム主義を唱えた"貧困救済事業をよくする人びと"の活動領域を実質的に脅かすものであった（ibid.：18）。

　国民老齢年金保険制度の政府提案には"貧困救済事業をよくする人びと"のレミス回答の内容も示されていたが，論争には政治的に先手が打たれており，政党間では合意がなされていた。この政党間合意は1908年と1911年総選

挙において各政党の選挙公約であるマニフェストに示され，国民老齢年金保険制度を実現しようとする国会の多数派は一枚岩であった。"貧困救済事業をよくする人びと"は政府の調査委員会にも参加する機会はなく，コンタクトをとることもほとんどなかった (*ibid*.：18)。

　老齢年金調査委員会の報告書とその議論の中で，貧困救済事業は低い位置づけであり，"貧困救済事業をよくする人びと"が掲げていた貧困救済事業を改善するという活動目標は大きな打撃を受けた (*ibid*.：18)。老齢年金調査委員会は，国民老齢年金保険制度が導入すれば1907年の推計で約 8 万3000人の高齢者を貧困救済事業の対象者からはずすことができると試算した。個別のニーズ判定が適用される領域は小さくなり，「更生主義」という語はこの新たな社会政策では使われなくなった (*ibid*.：18)。

　急成長する労働運動は更生主義に反対の立場であった。社会民主主義の考え方には，貧困救済事業としての施設を廃止するべきという考え方もあった。これはイギリスの貧困救済法改正委員会の1909年マイノリティレポートに示された見解であり，スウェーデンでも注目された。このマイノリティレポートは，自治体の貧困救済理事会の仕事は，専門的な行政組織（例えば児童福祉，高齢者福祉等）に分割するべきとしている。スウェーデン社会民主党の国会議員で，大学教授であるG.ステフェン（Gustav Steffen）はこのマイノリティレポートの影響を受け，貧困救済事業の欠点は，援助が施しとして侮辱的な形態で与えられてきた点にあるとした。スウェーデンの社会民主党は社会保険制度は，緊急の必要性を未然に防ぐ予防機能がある (*ibid*.：18) と考えたのである。

　"貧困救済事業をよくする人びと"による国民老齢年金保険制度へ反論は，国会での法案可決を以って終了した。国会は1918年に，村自治体による年金付加金 (kommunala pensionstillägg) の導入も決定したが，"貧困救済事業をよくする人びと"の中核メンバーであるG.H.フォン・コック（当時は国会議員で関連委員会委員）はこれに対しても反論をしなかった。

　年金論争での敗北は"貧困救済事業をよくする人びと"にとって初めての挫折となった。彼らの関心領域であった貧困救済事業の改革は，戦争勃発を

通じて，さらに壁に突き当たることになった。例えば村自治体による失業者支援，徴兵を受けた家族の支援など，様々な援助形態が始まったものの，それらは貧困救済事業とは別の形で実施されるようになった。"貧困救済事業をよくする人びと"の一人であるE．パウリ（Ebba Pauli）は，「（この敗北は）スウェーデンの貧困救済事業が過去の罪（非人道的な質の悪い事業）を償っている」と表現し（ibid．：19），これまでの貧困救済事業があまりに悲惨であったために，国民がこれを支持しなかったと解釈した。

(5) 1918年貧困救済法

1918年貧困救済法は1871年貧困救済令の改正である。法改正を通じて，貧困救済事業における村自治体の義務領域が広がり，対象者による異議申し立ての権利が導入された。また，貧困救済事業の身元引受者による財産の代理権は廃止され，競売や巡回介護は禁止された。法改正で最も重要な項目の一つは，施設介護の整備が拡大され，村自治体は10年間（1929年1月1日まで）のうちに何らかの施設を持たなくてはならなくなったことである。

国会の貧困救済法策定委員会（Fattigvårdslagstiftningskommittén）は1915年に報告書を提出したが，社会事業中央連合会貧困救済事業調査委員会報告書『改革の方向性』（1907）（前述）とほぼ一致した内容の提案であった（ibid．：18-19）。"貧困救済事業をよくする人びと"は，貧困救済事業の改革を実現するために積極的に活動していた。貧困救済法策定委員会報告書が提出された1915年以降にも，第二回貧困救済会議を開催するなどの啓発活動を行い，政府提案が提出されるまで発言し続けた（ibid．：20）。

法律はほぼ貧困救済法策定委員会の提案どおりとなり，"貧困救済事業をよくする人びと"は目標を達成した。"貧困救済事業をよくする人びと"のG.H. フォン・コックは国会議員，社会福祉委員会委員として全過程に参加した。当時の国民党・社会民主党連立政権の市民大臣A．ショッテ（A. Schotte）(国民党)は，貧困救済事業をなくすための道筋を示す年金理事会（pensionstyrelsen）の提案，つまり年金付加金に賛同していた。しかし，貧困救済

事業が完全に必要なくなるまでには時間がかかるため，貧困救済法の必要性も認め，1871年貧困救済令になにか新たな変化，人権を尊重する内容を加える必要があると考えた。政党間でもこの判断に対してほとんど異論はなく，新法への政治的合意条件は整った（*ibid*.：20）。

新法の重要部分として，知的障害者のための就労の家（arbetshem）の改革があり，これらは広域自治体ランスティング[7]の事業とされるべきとされた。対応が難しいケースを分離させると同時に，村自治体の施設の水準を向上させる必要もあった。

村自治体が抱える貧困救済事業の財政負担の軽減のため，広域自治体ランスティングが慢性疾患医療（kronikervård）の費用負担の一部を担当することとなったが，国庫補助金は実現しなかった。重要な要求の中で実現したものの一つは，国による貧困救済事業査察官（fattigvårdsinspektör）制度の導入であり，初代貧困救済事業査察官には"貧困救済事業をよくする人びと"のG.H. フォン・コックが就任した（*ibid*.：21-22）。

村自治体の施設（老人ホームと呼ばれることも増えたが）には，例えば精神疾患や慢性疾患の患者のために特別室や特別棟の設置要求があった。若年者は2年以上入所できず，法律婚をしている夫だけが妻との同居を許され，その他の男女は別々の部屋が用意された（*ibid*.：21）。そこでG.H. フォン・コックは老人ホームの概念図を示し，老人ホームは家庭的であること，そのためには施設の定員は45人を超えてはいけないと主張した。2人用よりも大きな部屋には触れていないが，4分の1の部屋は（9平米程度の）個室であるべきと示した（*ibid*.：22）。

新法では，村自治体が貧困救済事業の担当責任（huvudmanskap）を持つことが明確になった。担当責任問題は，社会事業中央連合会・貧困救済事業調査委員会報告書『改革の方針』（1907）の中でも同様に示されている。小規模で財政基盤が弱い村自治体は貧困救済事業，特に施設整備ができず，多くの国会議員は広域自治体ランスティングが責任分担を持つ組織の選択肢と考えられたが具体化されなかった（*ibid*.：21）。

村自治体が貧困救済事業の担当責任者となった点にはいくつかの見方がで

きる。自治体再編と農村社会の中に根付いている地方自治の強い伝統が映し出される。社会政策的にみると，国民老齢年金保険制度は村自治体が担う貧困救済事業の財政負担を軽減し，また村自治体間格差を縮小させる。精神科医療が国の担当とされ，広域自治体ランスティングが村自治体と共に施設費用負担を担うことが法律で規定されたことで，施設問題が整理される可能性が生まれた。さらに近隣の自治体が共同で事業を行なうことができるようにするため，自治体連合に関する法(lag om kommunalförbund)が成立した(*ibid*.：21)。

4 戦間期（1920年代〜1930年代）

　1920年には社会民主党は初めて単独政権を樹立し，ブランティングが社会民主党初の首相となった。選挙で樹立された世界初の社会民主主義単独政権である（岡沢 1994：44）。岡沢はブランティング首相は「包摂の論理で政党内政治を統合し，「妥協の政治」で政党間コンセンサス範域を拡大して，政権担当能力を着実に蓄え込んだ」として，その政権奪取戦略をスウェーデン連合政治の原型として評価する。当時，社会民主党の議席占有率は42.2％で相対多数政党にすぎず，議会運営は社会民主党の合意形成能力にかかっていた。岡沢は，この時代の社会民主党の政権担当経験がスウェーデン政治の成熟につながったとしている（*ibid*.：44）。

　1920年代初頭のデフレーションの影響で建設コストが上昇し，社会状態も不安定になっていた（Edebalk 1991：26）。第一次大戦後のデフレ危機では工業生産が1913年レベルの25％減となり，スウェーデン経済は打撃を受けた(岡沢 1994：45)。地方の過疎地は，10年間にわたり，農産物の価格が下落し，農業経済も経済的困難に直面した。さらに1930年代初頭の世界大恐慌では失業者が急増し，1933年までに労働組合員の約4分の1が失業した(*ibid*.：45)。しかしスウェーデンは両大戦で中立を維持する中で，戦間期には一人当たりのGDP（国内総生産）は毎年，急成長を遂げた。

ブランティング首相は1925年に他界し、その後、社会民主党のリーダーを引き継いだのはP.A. ハンソン（Per Albin Hansson）である。1932年にハンソン首相のもとで社会民主党単独政権が始まる。岡沢（1994）はハンソン政権が抱えた課題は2つあり、一つは社会主義への不安と恐怖を解消し、スウェーデン社会民主党が政権担当能力を証明することと、世界恐慌の直撃を受けて悲惨な状況にあった労働者階級の生活を守ることだったとしている（ibid.: 47）。ブルーカラー労働組合総連合会[8]（LO）組合員の6人に1人が失業状態にあり、3～4人の子どもを持つ家庭の約4割が1Kの狭いアパートに住んでいた。当時、約18万7000人の失業者がいたという記録もあるが、ハンソン政権は1936年までには失業者を約2万1000人にまで減少させた。公共事業の拡大による雇用刺激策は成功し、社会民主党政権は国民の信頼を集め、その後、1976年までの44年間、社会民主党の長期政権が続くことになる。ハンソン首相は農民同盟からも支持を受け、「赤-緑連合」により数々の政策を進めていった。農民同盟は農産物価格の下落に苦しみ、ハンソン政権の経済政策に期待した（ibid.: 50）。

また中央組織での賃金交渉と平和的・協調的な労働市場の合意形成優先ムードは「サルチオバーデンの精神」と表現され、スウェーデンモデルの重要な構成要素とされるが、このきっかけとなる労使協約が結ばれたのが1938年のことである。失業者が大幅に縮小していた頃であり、ストックホルム郊外の保養地であるサルチオバーデンで、ブルーカラー労働組合総連合会（LO）とスウェーデン雇用者連合会[9]（SAF）の代表が団体交渉主義と労使関係を規定するルール作りを行った。1920年代から1930年代初頭にかけて労使紛争が絶えない時代が続いたが、スウェーデンの労働運動は最終的にストやロックアウトといった対決路線ではなく、労使協調路線を選択した（ibid.: 50）。

ハンソン首相は「国民の家」（folkhemmet）構想の提唱者である。「国民の家」構想はスウェーデンの社会保障の土台となったが、「良い家では、平等、心遣い、助け合いが行きわたっている。そしてより公平な社会は、現在、市民を特権が与えられた者と軽んじられた者に、優位に立つ者と従属的なものに、富める者と貧しい者、つまり財産のある者と貧窮した者、掠奪する者と

奪われる者に，分けているすべての社会的，経済的バリアの崩壊によって，到達することとなろう。しかしそれは，革命などの暴力によって実現するのではない。…労働者のみの『家』ではなく，すべての市民が平等で助け合う『家』が理想である」(「国民の家」構想（1928）より)（ハデニウス 2000：44, 藤井 2002：26）と述べられている。国民の家とは胎児から墓場までの人生のあらゆる段階で，国家が「良き父」として人々の要求や必要を包括的に規制，統制，調整する「家」の機能を演じる社会である（岡沢 2009：73）。

戦間期は，スウェーデン社会民主党の長期政権が始まった時期であり，戦後に発展するスウェーデンモデルのルーツを見ることができる。この間の高齢者政策をめぐる議論の中にもこのような社会的，政治的背景の強い影響をみることができる。

(1)老人ホームが抱えた2つの課題

1918年貧困救済法により1929年1月までの10年間で，村自治体は劣悪な老人ホームを改善し，その数も増やさなければならなかったが，計画はなかなか進まなかった。戦後のデフレにより悪化する経済状況のもとで，国の対応も遅く，村自治体の自発的な動きにも期待できなかった。さらに1920年代初頭には老人ホームの供給が不安定な状況になった。国民老齢年金保険制度の効果もはっきり見えず，精神科医療や慢性疾患医療の問題でも国と広域自治体ランスティングの役割分担が不明瞭なままであった（Edebalk 1991：26）。

老人ホームは2つの課題を抱えていた。国の財政事情の悪化が原因で，老人ホーム増設が遅れたこと，また老人ホーム内で援助ニーズが異なる人たちが混在する状態が続いたことである。

財政改革委員会（besparingskommittén）は1925年報告書で，老人ホーム建設の凍結期間の延長を提案した。村自治体連合会（landskommunernas förbund）理事会はこの提案を受入れ，1926年国会は老人ホーム建設の凍結を2年間（1931年1月1日まで）延長し，特別な事情については1934年1月1日まで延長することとした。その後1933年国会では老人ホーム増設問題は解決したと

結論づけられ，その頃にはどの村自治体もなんらかの老人ホームを持つようになっていた。老人ホームの建設と改築は1930年代初頭に集中的に行われた（*ibid*.：26）。

1938年には大都市を除き，1302町村（landsbygd）に1410ヶ所の老人ホームがあり，2408村自治体（landskommuner）のうち，1871村自治体は独自のあるいは共同の老人ホームを持ち，それがない自治体でも近隣自治体と利用契約を結んでいた。老人ホームの多くは小規模で，195ヶ所の老人ホームが10人かそれ以下の定員で，717ヶ所は11〜20人の定員であった（*ibid*.：26）。

老人ホームが抱えていたもう一つの課題は，援助ニーズが異なる入所者の混在状態であった。"貧困救済事業をよくする人びと"は1918年貧困救済法以前から，精神科医療と慢性疾患医療の実現は重要課題と考えていた。1927年国会は慢性疾患医療施設を運営する広域自治体ランスティング，村自治体，村自治体連合に対して国庫補助金を支給することを決定した。しかし老人ホームの入居者を対象とする慢性疾患医療については行政上の責任分担が明確でないことが大きな問題となった。またその部分の増築は戦間期には実現しなかった（*ibid*.：27）。

精神科医療では施設不足が問題であり，1928年国会でその増設が決定されたが実際には進まなかった。1935年にG.H. フォン・コックは社会大臣に文書を書き，精神科医療施設が不足し，老人ホームから精神科医療を必要とする人たちが移る場所がないことを指摘し，緊急対応の精神科医療の整備と精神科医療施設の増設を訴えた。G.H. フォン・コックは，村自治体が老人ホームに大きな投資をしているわりには，老人ホーム改革はうまくいっていないと考えていた（*ibid*.：27）。

また小規模老人ホームでは入所者の混在問題が深刻化していた。大規模施設では入所者を援助ニーズ別に分けることができるが，小規模の老人ホームではそれができない。零細自治体や小規模施設では有能な人材，特に施設長を採用する事も難しかった。様々な症状の入所者が混在してしまう状況では，慢性疾患や精神疾患のある入所者にも対応できる有能な人材が必要であった（*ibid*.：27）。

(2) 零細自治体の増加とその課題

　戦間期には零細自治体が抱える多くの課題は解決されず，人口増加，都市化による人口移動は問題をさらに深刻にした。1920年頃では約65％の人口は地方に住んでいたが，1940年では地方在住者は明らかに少数派となった。その結果，零細自治体の数は増え，村自治体の約半数が人口1000人未満となった（*ibid.*：27）。

　老人ホーム事業の運営を零細自治体の裁量にゆだねることが難しくなってきたため，G.H. フォン・コックはこれを村自治体の義務的事業とする提案を行った。1926年国会に提出した文書の中で，彼は村自治体に対し，自治体連合を結成するかあるいは近隣の村自治体が共同して貧困救済事業を立ちあげることを提案した。当時の社会大臣 J. ペッテション（Jakob Pettersson）（国民党）は，セーデルテリエ市長を務めた経験を持ち，"貧困救済事業をよくする人びと"の中心メンバーの一人であった。G.H. フォン・コックの提案は政府提案につながったが，先に決定された老人ホーム建設凍結の期間延長が引き合いに出され，国会で否決された。地方自治にとって国会の決定がどれだけ敏感であるかが示された（*ibid.*：28）。

　零細自治体は，他の社会政策でも問題を抱えており，ここでも G.H. フォン・コックは老人ホーム問題と同様に積極的に動いた。彼は失業保険調査委員会（arbetslöshetsförsäkringskommittén）の1928年報告書に新しい考え方を盛り込んだ。G.H. フォン・コックの考えは，福祉事業のユニットとして社会支援共同体（gemensamma understödssamhälle）を創設すれば，失業保険事業を村自治体の義務的事業とすることは，零細自治体に過重な財政負担をかけずに地方自治を堅持できるというものであった。これは福祉コミューン構想と考えることができる。社会支援共同体が担う事業には貧困救済事業，国民年金保険，失業者支援も含まれる。G.H. フォン・コックは失業者支援を実施するためには，村自治体の人口規模は最低でも2～3000人は必要と考えた。さらに村自治体の援助事業の統合を提案し，村自治体の各種委員会は支援委員会（understödsnämnd）あるいは社会福祉委員会（socialnämnd）という名称

の一組織に統合するべきとした（ibid.：28）。

　この報告書に基づき，村自治体の組織再編に関する調査委員会が立ち上がった。行政の組織編成の専門家の知識を集約した調査委員会の提案は1934年に提出され，調査委員会のメンバーでもあったG.H. フォン・コックによる社会支援共同体の考え方が採用された。しかしこの提案は村自治体から強力な反対を受け，国会で可決されなかった。（ibid.：28）。

　1930年頃には，国会において零細自治体は様々な点で批判の対象となった。例えば零細自治体は高齢者介護の実施が困難とされ，1928年国会動議の中では貧困救済事業共同体（fattigvårdssamhälle）として広域自治体ランスティングの機能が検討されるべきとされた。税平衡交付金準備委員会（skatteutjämningsberedningen）も1933年報告書で，広域自治体ランスティングが貧困救済施設の担当責任を持つべきと提案した。高齢者介護以外にも，多くの零細自治体で学校，警察，課税業務の運営能力に課題を抱え，村自治体再編の要請が公的文書や公的議論に登場するようになった（ibid.：28）。

　1930年代の急速な都市化と社会政策の進展により，村自治体への要求が一層高まり，零細自治体の抱える問題は次第に大きくなった。例えばより質の高い老人ホームが求められ，もう一つは徐々に分野化される社会政策を組織的に再編することが必要とされた。これらの問題を検討するために，1937／38年国会で調査委員会が設置され，この調査委員会は社会的保護調査委員会（socialvårdkommitten）と名付けられ（ibid.：29），1955年成立の社会援助法（Socialhjälplagen）の理念構築に貢献した。

(3) 老人ホーム入居者の手持ち金システム

　1913年国民老齢年金保険制度の設立背景には，高齢者に対し，貧困救済事業より安心で，より価値のある支援を提供するという目標があった。それでも1923年調査によれば，国民老齢年金保険制度が導入される前よりも貧困救済事業受給者は6万5000人も増えていた（ibid.：29）。

　1920年代から1930年代にかけては特に大都市で生活費が高騰し，多くの高

齢者が貧困救済事業に頼らざるをえない状況があった。1928年には貧困救済事業を受給する老齢年金生活者は都市部で約45％，農村部で約23％であった。国会は，生活費が高い地域に住む高齢者への年金給付額を高くする政策（dyrortsgraderar）を1935年と1937年に決定した。それでも都市部では農村部に比べ，貧困救済事業受給者の割合が相対的に高かった（ibid.: 29）。

また老人ホームにおける年金生活者の位置づけが問題となった。老人ホームや村自治体の貧困救済理事会（fattigvårdsstyrelse）は，入所者の老齢年金から必要経費を徴収する権限を有していた。1920年頃には老人ホーム入所者が手持ち金（fickpengar）として，自由になるお金をどのくらい認めるべきかという議論が頻繁になされた。年金の少ない高齢者は4ヶ月分の貧困救済事業給付を受ける代わりに年金付加金の受給資格を失った。老人ホーム入所者が年金の一部を手持ち金として自由に使えることに対しては，不公平を感じる人も多かった。1920年代初頭には一元的な政策もなく，手持ち金のしくみづくりも進まなかったが，何らかの手持ち金を保障することがむしろ公平な方法と考えられるようになった。スウェーデン貧困救済連合会は手持ち金システムの導入の議論において主導権を持ったが，同連合会が一元的な手持ち金システムに強い関心を持った理由は，この方法は老人ホーム入居者が年金給付を実感できるようにというものではなく，手持ち金システムが「効果的で簡単な制裁の形態となる」という点にあった（ibid.: 29-30）。手持ち金システムに更生主義的な考え方が存在していたことをみると，1920年代初頭の老人ホーム入所者の管理は相当に厳しかったことが想像できる。

(4) 自己負担利用の賄い付き住居の登場

老人ホーム入所は貧困救済事業であり，老人ホームは貧困状態にある高齢者の居場所であった。経済的に自立できる高齢者は原則として公的事業の対象にはならず，一定の所得がある階層には，私的な解決（例えば子どもによる扶養，家事使用人や介護人を自分で雇う，寄付金で運営する民間施設への入所等）や心地よい住宅の供給による解決が考えられた。しかし私的な解決策の可能

性は,農村からの都市部への人口移動が見られた戦間期に弱まった。子世帯と同居する高齢者の割合が減少し,また民間施設は量的に対応できなかった。施設待機者は増えたが,新たな施設の増設はみられなかった(*ibid*.:30)。

　医療や介護を必要とする高齢者で経済状態の良い人は,自己負担で入所する老人ホームを探すという,新たな傾向がみられるようになった。自己負担で入所する施設は,賄い付き住居(helinackordering)と呼ばれ,その入所者は貧困救済事業受給者とは区別され,権利制限(例えば参政権の喪失等)は受けなかった(*ibid*.:30)。

　賄い付き住居に空室がある時には,村自治体はそこを老人ホームとして借りあげることもできた。賄い付き住居の入居費は原則自己負担であったが,料金は交渉で決めることが多かった。年金の受給額で料金が変わることもあり,料金交渉の結果,子どもが一部の費用を負担することもあった。貧困救済事業の定義があいまいな時代だったこともあり,自己負担で払いきれないケースでは,その高齢者は貧困救済事業の受給者となった。老人ホームと自治体の貧困救済理事会にとって,賄い付き住居の存在は競争相手の登場を意味した。また貧困救済事業と一線を画した賄い付き住居が広まった結果,施設介護が新しい社会階層に開かれた。1930年代終盤には,国内の施設入居者の約17％が賄い付き住居利用者であった(*ibid*.:30)。

(5) 年金生活者ホームの登場

　年金生活者ホーム(pensinärshem)は高齢の貧困者に住宅を提供するもので,介護は行なわれていなかった。民間施設であるパウブレス・ホンテクス(前述)もその一例である(*ibid*.:31)。年金生活者ホームの対象は老齢年金受給者で,極端に古い住宅に住んでいたり,経済的理由で老人ホームを頼っている人たちであった。年金生活者ホームは次第に,国民老齢年金を補足するものと考えられるようになり,高齢者が良い住宅を安く借りられるよう支援するという村自治体の政策を促したともいえる(*ibid*.:31)。

　ヨーテボリコミューン議会は1918年に2ヶ所の年金生活者ホームの建設を

決定した。1920年代後半にはストックホルムコミューンにコミューン補助金による教区の家（församlingshem）が登場した。1930年代に入るとスウェーデンの都市部で年金生活者ホームへの関心が広まった（*ibid.*：31）。

　スウェーデンにおいて，国家主導の住宅政策は，1930年代初頭の失業対策に起源を持つ。住宅政策と失業対策は同じ目的を持つ政策と考えられ，住宅政策の対象者として優先順位が高いのは農業労働者，次いで子どもの多い低所得家庭，3番目に老齢年金受給者であった。1939年国会は住宅政策の一環として，年金生活者ホーム建設への国庫補助金の支給を全会一致で可決した。これらの住宅は良質のもので，家賃を安価にするために，入居者の支払い上限額を決め，年金生活で賄えるように設計された。年金生活者ホームは年金政策と住宅政策を組み合わせた政策として，郊外ではすでに広まりつつあった。これにより，老齢年金受給者も良い住宅水準を得ることができ，家賃が払えないという経済的理由で貧困救済事業に頼る必要はなくなった（*ibid.*：31）。

　年金生活者ホームは住宅に位置づけられ，施設色がなく，貧困救済事業からの脱出の第一歩とみなされている。年金生活者ホームには，建物内に管理人を置くなど，高齢者に対するなんらかの見守りの機能があった。より広い建物や住宅では，寮母（hemsyster）や看護師が配置されることもあった（*ibid.*：31）。

　低所得の高齢者が劣悪住宅に住み，体が弱くなり始めた時に自立生活が困難な時代には，老人ホームは高齢者の居場所として重要であった。年金生活者ホームの増設により，単なる居場所としての老人ホームの役割は減少し，それに伴い，老人ホームへの入所申請も減少した。（*ibid.*：32）。

　年金生活者ホーム建設への国庫補助金は，政治的には全会一致で導入されたが，スウェーデン貧困救済連合会は年金生活者ホームを厳しく批判した。スウェーデン貧困救済連合会は，老人ホームは貧困救済事業，年金生活者ホームは住宅政策というように，全く異なる体系で実施していることを問題とし，年金生活者ホームは社会政策の概念を統合したものとして，社会的保護調査委員会で援助課題として検討されるべきと考えていた（*ibid.*：32）。

第2章　戦前の老人扶養とその論点

(6)1940年頃の高齢者介護の枠組み

　1920年代のデフレーションによる経済危機とその後の農業の構造的危機，財政危機，高失業率により，社会政策は望みがない状況が続き，この経済停滞は1930年代まで続いた。その間に，雇用政策，住宅政策，小規模な社会保険制度改革，また人口政策等の新しい社会政策が始まった。1930年代の社会政策には量的なインパクトはないが，方向性に分岐がみられ，このことは貧困救済事業にも影響を与えた（*ibid*.：32）。

　第一に，貧困救済事業がより階層差がない形に変化し，各事業の名称変更もみられた。貧困救済事業査察官の名称として，社会支援（socialhjälp），社会的保護（socialvård），共同体による支援（samhällshjälp）という名称が考えられた（*ibid*.：32）。

　第二に，総合的な社会政策のシステムの中で，貧困救済事業の位置づけが確立した。1937年国会ではこの件について基本的な見直しを行ない，その結果，1918年貧困救済法は時代遅れとして，再度見直すこととなった。老人ホームを賄い付き住居へ移行するというのもその一例である。国会内の各調査委員会や社会的保護調査委員会は，貧困救済法の改正は，他の社会政策の検討と同時に実施することとした（*ibid*.：33）。

　1920年代から1930年代は，1918年貧困救済法成立に伴う同事業の改革の実施期となった。スウェーデン貧困救済連合会，特にG.H.フォン・コックは国の貧困救済事業査察官（1919～1938）を務め，貧困救済事業の改善に向けて活発に動いた。エデバルクは次の4点は1940年頃までに達成したとしている。

(1) すべての村自治体が老人ホームを所有するか，部分的に所有するようになった。これは1918年貧困救済法の成果であった（*ibid*.：33）。

(2) 老人ホームの概念が一般に普及した。かつての劣悪な環境の貧困小屋，貧困の家，貧困農園は解消した（*ibid*.：33）。

(3) 貧困救済事業による老人ホームが良質になった。その一方で，老人ホームは「ぜいたく」という批判も生まれた。小説家 K.G. オッシアンニルソン（Karl Gustav Ossiannilsson）はその立場のひとりであった。彼は小さな村でも「落ち度がない完璧な老人ホーム」を建てなくてはならず，「必ず装備される浴室，書斎」に立腹した。老人ホームは，多くの農村の一般納税者には望めないような羨ましい生活環境であった。老人ホームにおける個室の割合はさらに増え，戦争が始まった時期でも，貧困救済事業査察官は全体の3分の1は個室にするべきとした（*ibid*.: 33）。

(4) 自己負担利用の賄い付き住居は救貧的なイメージを払拭している点で高く評価された。G.H. フォン・コックは高齢者向け施設として並存する老人ホームのイメージアップをはかるという意味で，賄い付き住居が増えることに理解を示した（*ibid*.: 33）。

このように"貧困救済事業をよくする人びと"の目標は少しずつ実現してきたが，1940年頃には援助ニーズが異なる入所者の混在問題が顕在化した。社会的保護調査委員会が1938年に出した最初の報告書では，老人ホーム入所者の混在状況が示された。老人ホーム入所者全体の約14％に精神疾患があり，精神科医療が必要とされた。入所者の混在問題は，特に精神科医療に対する国の取り組み不足に起因していた。また老人ホーム入所者の約5％には慢性疾患があり，多くの人たちが長い期間，必要な医療を受けられずに寝たきりの状態であった。援助ニーズが異なる入所者が混在していることが老人ホームの快適さを台無しにしているといわれるようになった。しかし同時に，小規模ホームでは症状別に入所者を分離できないという事情もあった（*ibid*.: 34）。

小規模ホーム，零細自治体では別の深刻な問題も生じていた。特に過疎地域においては，有能な人材の採用が困難であった。労働条件は劣悪で，施設長（föreståndarinna）の仕事は「精神疾患の入所者の面倒をみて，大酒飲みの世話をし，牛の乳しぼること」として新聞の見出しに書かれるほどであった。

施設長採用への政府による支援はほとんどなかった。施設長の仕事は24時間労働のようなものであった。小規模ホームでは作業シフトの作成も難しく，労働市場に連動して労働条件を上げることもできず，休暇や休暇時の臨時職員も見つからなかった（ibid.：34）。

"貧困救済事業をよくする人びと"は貧困救済事業に対するスティグマをなくしたいと考えていたが，老齢年金や年金生活者ホームの議論の中でこの問題を扱うことは不可能であった。老人ホームは法的には貧困救済事業の施設であり，特別の指針と規則を持っていた。その意味で老人ホームは家とは言い難く，管理的な施設であった。特徴的な例として，害虫が発生するという理由で入所者は所持品を持ちこめなかった。数年後には自分の家具を無条件で持ち込めるようになったが，入所者の家具や所持品は衛生上，消毒された（ibid.：34-35）。

貧困救済事業へのスティグマにはさらに理由があった。貧困救済事業は，子と親の間の相互扶養義務を前提としており，原則として返済義務があった。そのため村自治体の貧困救済事業は，成人した子に対して，親が受ける貧困救済事業を辞退する権利を与えていた（ibid.：35）。

19世紀から20世紀初頭にかけての社会政策の進展には社会事業中央連合会とスウェーデン貧困救済連合会が大きな役割を果たしたが，前者は次策に官僚機構に統合され，後者は専門職団体として分化していく。社会庁（Socialstyrelsen）が1912年に設置され，社会事業中央連合会が担ってきた事業は社会庁に移行した。1919年には"貧困救済事業をよくする人びと"による相談事業は国の貧困救済事業査察官が担うようになった。貧困救済事業査察官は1920年に新設された社会福祉省（Socialdepartementet）に所属したが，1938年社会庁の帰属となった。（G.H. フォン・コックが貧困救済事業査察官を退職した時期と同じだった。）

スウェーデン貧困救済事業連合会は，かつては貧困救済事業の一部を担っていたが，1927年には独立した専門職団体となった。その後，2回の名称変更を経て，1944年にスウェーデン社会サービス従事者連合会（Sveriges socialtjänstemannaförbundet）となった（ibid.：35）。

5 戦前の老人扶養とその論点

　本章ではエデバルクの論文に基づき，スウェーデンにみられる戦前の老人扶養とその論点を整理してきた。スウェーデンの高齢者介護をみるとき，一般には戦後福祉国家によるシステムを分析することが多いが，介護システムの成り立ちやその原点は戦前の老人扶養をめぐる議論から説明可能なこともある。例えばスウェーデンの年金制度の一つの特徴である年金付加金は現制度においても，男女間や職業間の格差是正に貢献しているが，その議論は20世紀初頭にまでさかのぼる。そこでは高齢期の貧困をいかに解決するかが議論されていた。また全国民を対象にした世界で初めての老齢年金保険制度を始めた背景には，海外に移出民を出すほど貧しい国であったこと，移出民のために老親を介護する人手がなかったこと，工業化が遅れた農村社会であったために工業労働者だけの社会保障制度がつくりえなかったことなどが考えられ，いずれもスウェーデンの社会保障を理解する上で重要な視点である。

　20世紀初頭のスウェーデンにおける老人扶養をめぐる論点は，救貧か防貧かの選択にあったといえる。当時，全国的に高まりをみせた民衆運動を背景に，貧困救済事業を取り巻く諸問題を解決しようと最初に立ちあがったのは市民階級の福祉エリートたちであった。"貧困救済事業をよくする人びと"に象徴される福祉エリートらは老人ホーム主義の考え方を打ち出し，老人ホームの劣悪な生活環境を改善し，人間性が尊重される施設の増設を目指して，精力的に活動した。彼らの老人扶養や介護についての専門的な見識は高く，家庭的な老人ホームの必要性だけでなく，精神疾患や慢性疾患を持つ入居者に対する医療の必要性をも訴えた。ちょうどその頃，ドイツで始まった社会保険制度の影響を受けて，スウェーデンで老齢年金保険制度の導入に向けた議論が始まった。老齢年金の議論は主に政治主導で行なわれたが，年金給付により経済生活を安定させることで，多くの高齢者は貧困救済事業を受けずにすみ，自治体の財政負担を縮小できるという考え方に基づいていた。どちらも高齢期の貧困問題を解決しようとする政策であることに違いはない

が，前者は救貧的であり，後者は防貧的である。

　救貧的な考え方を軸とする福祉エリートたちは更生主義を主張し，貧困救済事業の受給者を「正しい道」に導く必要があるとし，入所者の生活を管理するという考え方を持っていた。金銭を管理できない人には老人ホームの方が望ましい選択肢であると考え，一方的に現金給付を行うしくみとして，年金付加金部分には強く反対した。

　一方，防貧的な考えを基本とする老齢年金保険制度は，世界的に高まっていく労働運動の潮流とともに，1908年，1911年の総選挙での争点となるなかで政治的合意が形成され，世界で初めての全国民を対象にした社会保険制度がスウェーデンに誕生する。

　1930年代にみられた老人ホーム入居者の手持ち金システムの導入についても，福祉エリートらはこのシステムは効果的で，老人ホーム入所者に対する簡単な制裁のシステムになるとして関心を持った。これに対して，社会民主党政権は，老人ホームに代わる高齢者の住宅として年金生活者ホームに注目しはじめる。年金生活者ホームは高齢者に対し，安くて質の高い住宅を提供し，年金受給額内で利用料金を支払ってもらうことを可能とするため，貧困救済事業のスティグマを払拭することができるとした。

　救貧か防貧かという社会保障制度の本質に関わる議論を約半世紀にわたり繰り返してきたことが，現在のスウェーデンの社会保障システムにつながっている。

第3章

老人ホーム主義から在宅介護主義への転換

1 はじめに

　本章では，P.G.エデバルク（Per Gunnar Edebalk）の *Hemmaboendeideologins genombrott - åldringsvård och socialpolitik 1945-1965*（「在宅生活主義の新機軸―高齢者介護と社会政策1945～1965年」）(1990) の記述に基づいて，終戦直後の高齢者介護の状況とそれをめぐる議論を整理する。この時期，高齢者介護はまだ"ヴォード"「保護」(vård) と呼ばれていた（Edebalk 1990：5）。

　この時期で注目すべき点は，福祉サービスの給付原則の変化であり，普遍的給付の理念が徐々に確立していく。資産調査を前提とした支援の原則から，全市民を対象とした普遍的なサービスの原則に変わっていく。資産や所得に関係なく，すべての市民に対し，医療，児童手当などが給付されることになった（岡沢 1994：61）のもこの時期である。エデバルクも，1945年頃のスウェーデンの高齢者介護はまだ選別主義的で制限的な社会政策であったが，戦後10年間が普遍的給付の出発点となっていることを指摘する (*ibid*.：4-5)。また，この時期に，社会政策において高齢者介護の優先順位が高まり，現在に続く高齢者介護の理念が生まれたとしている（Edebalk 1990：6）。

　1945年に第二次世界大戦が終結したとき，スウェーデンは政治，経済，社会の各面で安定しており，他のヨーロッパ諸国よりも良い状態にあった。ス

ウェーデンの産業は軍事物資優先にむけた体制になっていたが、戦後の準備を静かに進めていた上に、戦争に参加しなかった[1]ため、国内の生産システムが破壊されることもなかった (Hadenius 1990：58)。インフレーションと急速な経済成長を遂げ、1946年から1950年までの国内総生産（GDP）は年平均4.5％、1950年から1960年代には年平均3.5％、1960年代前半は年平均5％という伸びを示した（*ibid*.：58）。

　1945年7月にP.A.ハンソン（Per Albin Hansson）首相（社会民主党）は救国・挙国一致連合政権を解消し、社会民主単独政権を組織した。この内閣は両院で過半数を持つ政権で、戦争で中断された社会改革を実行することが課題とされた。ところが1946年10月にハンソン首相は急死し、その後「国民の父」と呼ばれるT. エランデル（Tage Erlander）が首相となり、1969年10月までの23年間、政権を担当することとなる。社会民主党の戦後プログラムは野党から厳しい攻撃を受けるが、岡沢（1994）はエランデル首相と国民党党首B. オリーン（Bertil Ohlin）の間の議会論争を通じてスウェーデン福祉国家が建設されていったと分析する（岡沢 1994：60-61）。社会民主党政権が安定しているように見える時期であるが、実は戦後の社会政策のあり方を巡り、国民党とのせめぎあいの時期でもあった。

　本章は大きく3つの柱で構成されている。第一に1947年基本方針（1947 års riktlinjer）であり、"貧困救済事業をよくする人びと"の世代交代に伴い、新たに"福祉エリート4人組"が理念的リーダーとなり、20世紀初頭から念願だった老人ホームの増設と改善を進める方針を推し進める（2節）。第二に1957年基本方針（1957 år riktlinjer）であり、高齢者政策において在宅介護主義を主流とし、老人ホームは困難事例を扱う場所と位置付けられる（4節）。第三に1964年基本方針（1964 år riktlinjer）であり、ホームヘルプへの国庫補助金が制度化され、在宅介護主義が本格的に始動する。老人ホームは前時代のものとされ、税均衡交付金の導入とともに老人ホーム建設への国庫補助金も廃止される（5節）。

　1950年代に入り、老人ホーム主義から在宅介護主義へ、政府が高齢者介護の方針を転換していく背景には、「脱施設主義」の広まりと大規模な社会政

策の新設に伴う財政問題があった。作家 I. ロー＝ヨハンソン（Ivar Lo-Johansson）の著作が高齢者介護のあり方論争の火付け役となった。「脱施設主義」と在宅介護主義を支持する世論と，単純すぎる発想として「脱施設主義」を批判する"福祉エリート4人組"との論争の中で，最終的に社会民主党政権は在宅介護主義を選択する。

エデバルクは，スウェーデンの高齢者介護が抱える財政問題の要因は，在宅介護主義の極端な運用にあると考えている（Edebalk 1990：6）。極端な在宅介護主義の結果，老人ホーム建設への補助金が廃止されたが（1965年），重度の介護を要する高齢者に対しては集合的な介護が効果的で効率的であることをほとんど考えてこなかったと指摘している。すべての高齢者が自宅にいたいと固執しているわけではなく，またホームヘルプも考えられているほど安くはない。重度の介護を要する高齢者が増え，介護職員の採用が難しくなる時代には，現代装備の老人ホームは集合的な住宅として魅力的な選択肢であり，かつ社会的にも安価であるとして（Edebalk 1991：2），エデバルクは老人ホームの価値に対する再考を促してきた。

2｜1947年基本方針——老人ホームの改善と増設

1947年の政府による基本方針は大きな意味を持つが，当時の社会民主党政権がこの方針を示した背景は1940年代後半の選挙結果が影響しているように思われる。

戦後の税負担が加速する中で，非社会主義勢力と実業界は「改良主義路線を放棄した社会民主党は国家社会主義を主張する政党に変身したのではないか」と社会民主党の計画経済路線を攻撃した。1946年の地方選挙では社会民主党が後退，国民党が躍進した。1948年の国政選挙でも国民党[2]は得票率を5.6％から22.8％にまで引き上げ，大躍進となった。社会民主党は46.1％の得票率を維持することができたものの得票率を減らした（岡沢 1994：63）。

エランデル首相（社会民主党）は内閣危機を逃れるために，「赤–緑連合」（農

民同盟[3]との連合）(1951年10月〜1957年10月までの6年間）を形成した。岡沢(1994)によればエランデル首相が「赤−緑連合」を選択した背景には，1948年選挙で社会民主党が後退したことと，反政府姿勢を強めている国民党に対する不安があった（*ibid*.：63-64）。工業化の進展とともに農村人口が流出したことは，農民同盟にとって党の運命を左右する事態を招いており，「赤−緑連合」への参加は，脱農村政党からの路線変更の口実を求めていた農民同盟にはまたとない機会でもあった（*ibid*.：64）。また社会民主党にとっても，「赤−緑連合」はマルクス主義と距離を置く上でよい条件となった。社会民主党政権は「赤−緑連合」によって多くの社会政策を法制化した（*ibid*.：64）。例えば，戦後の代表的な普遍型給付の社会政策として，所得調査を必要としない児童手当が導入され，1948年には16歳以下のすべての子どもを対象に支給されることとなった（Hadenius 1990：62）。

(1) 1940年頃の高齢者介護

1940年当時，公的な高齢者介護はまだ貧困救済事業と位置付けられており，1918年貧困救済法を根拠に，村自治体は老人ホームを運営していた。老人ホームは原則，介護と貧困救済事業を同時に必要とする人のためのものであり，貧困救済法には個人の自由に対する制限が規定されていた（Edebalk 1990：4）。

1945年には，スウェーデンに1386ヶ所の老人ホームがあり，一般の老人ホームには約3万人，精神疾患や知的障害，長期療養部門には約4000人の入所者がいた。これらの部署では適切な介護ができずに身体拘束が日常的に行なわれていた。老人ホームに併設する療養病棟は，貧困救済事業に連動しているとして嫌悪感が持たれていた（*ibid*.：4）。

老人ホームでは（違法な）拘束具の使用等がたくさんあったにも関わらず，老人ホームの役割に対する期待は続いていた。一般に，老人ホームは援助を必要とする高齢者の「家」としてのイメージが抱かれていたが，1945年頃までは老人ホームの不足状態に対し，政治的な関心は低かった（*ibid*.：4）。

老人ホームで援助ニーズが異なる入所者の混在は深刻な問題であった。約70％の老人ホームでは精神疾患のある人や長期療養者の介護を行なっており，特に精神疾患の患者への対応はほとんど困難であった。また老人ホーム入所者の10％強が若者や生活扶助を必要とする人たちであった。「このような人たちは近隣にとって扱いにくく邪魔」として記録されていた（*ibid*.：4）。

（2）社会的保護調査委員会の考え方—良質の老人ホームの集中整備

　1938年初めに国会に設置された社会的保護調査委員会（socialvårdskommittén）は，戦争終結後に，特別な社会政策の項目について複数の報告書を出した。同委員会は貧困救済法改正にも取り組み，1950年には『社会援助法（lag om socialhjälp m m）の施行に関する報告書』（SOU 1950-11）を取りまとめた。1940年から同委員会は『老人ホームでの介護内容についての実態調査』（SOU 1940-22）を行い，1946年には『老人ホームの改革に関する報告書』（SOU 1946-52）の中で提案も行っていた（*ibid*.：7）。老人ホームの改革は，精神疾患，知的障害，慢性疾患などの援助ニーズに応じた介護形態の構築が条件となるが，この時点では入所者の混在問題は除外されていた（*ibid*.：7）。

　1946年に国会は新たな国民年金法（施行は1948年）を決定した。この決定は社会的保護調査委員会が老人ホーム改革の提案の前提条件となった。法律に盛り込まれた最低所持金保証原則（minimistandardprincipen）は，高齢者は国民年金制度を通じて貧困救済の対象者でなくなることを想定した。また，老人ホームは従来のような貧困救済施設であってはならず，コミューンが特別法を通じて老人ホームの設置や運営の主たる責任を持つべきで，近い将来制定が予定されている社会援助法の対象からはずすべきという方針を示した。また老人ホームの自己負担分は国民年金の受給額より高額にすべきではないとした。老人ホームは原則，収入や支払い能力に関係せず，介護を必要とするすべての高齢者に開かれ，「貧困救済事業対象者」（understödstagare）に代り，「賄い付き住宅のゲスト」（helinackorderingsgäster）が暮らす場所になるべきとされた（*ibid*.：7）。

社会的保護調査委員会は，一般住宅の質が悪いために，高齢者が老人ホームを希望しているとし，高齢者のために良質な住宅の必要性を強調した。このことは年金生活者ホーム（pensionärshem）の廃止を意図していた。高齢者の住宅問題は1930年代から注目され，1939年には年金生活者ホームへの国庫補助金が始まった。年金生活者ホームの登場により，高齢者にとっては住宅の質が向上し，家賃も極めて安いものとなった（ibid.：8）。

　老人ホーム改革を重視する社会的保護調査委員会は年金生活者ホームに批判的だった。年金生活者ホームは老人ホームより住宅水準が高く，人気があったが，老人ホームを個室化し，援助ニーズが異なる入所者の混在問題を解決すれば，年金生活者ホームの希望者は激減するはずと社会的保護調査委員会は考えていた。年金生活者ホームの多くの入居者は遅かれ早かれ，虚弱で要介護の状態になるが，年金生活者ホームには介護がない。健康な高齢者は慣れ親しんだ自宅で暮らせばよいのであり，介護が必要になれば老人ホームに住むべきと同委員会は考えていた（ibid.：8）。

　ただし社会的保護調査委員会は，住宅不足が深刻で，多くの高齢者は劣悪な住宅に住んでいたので，年金生活者ホームは一定の期間は存在するとも考えており，このことは調査委員会も前年に実施した調査（SOU 1945-23）で把握していた。年金生活者ホームが新設の老人ホームに質的な水準を示したことは事実で，社会的保護調査委員会では老人ホームは年金生活者ホームより低い水準の設備であってはならず，居室は個室であるべきとした（ibid.：8）。

　社会的保護調査委員会は老人ホームの潜在的ニーズから，老人ホームを新設する場合，初めから現代的装備の施設を建設する必要性を示し，今後の高齢者の増加を見越して巨大な建設計画を提案した。老人ホーム建設を集中的に行うため，老人ホーム建設費へ国庫補助金を支給するべきとし，すでに国庫補助金の対象となっている年金生活者ホームと老人ホームに対する国庫補助金の給付基準は同じ条件を求め，コミューンが老人ホームに代えて年金生活者ホームを建てるようなことがないようにした。同委員会は年金生活者ホームで介護を行なうことを認めなかった（ibid.：8-9）。

第 3 章　老人ホーム主義から在宅介護主義への転換

(3) ムッレル社会大臣も老人ホーム整備に合意

　関連団体からのレミス回答は社会的保護調査委員会の答申を強力に後押しし，1947年に G. ムッレル（Gustav Möller）社会大臣は老人ホームを整備し設置するための政府提案を提出した。しかしムッレル社会大臣は社会的保護調査委員会が提案する老人ホーム法，つまり特別法の制定には言及しなかった。ムッレル社会大臣は，老人ホーム改革は社会援助法の提案と一緒に行なわれるべきと考え，政府が老人ホーム介護の方針を定めることが重要だとした（ibid.：9）。ムッレル社会大臣は，将来的に老人ホームの施設的な特徴を払拭し，家庭的な環境にすることは重要だとし，入居者は個室を確保できるべきだともしている（ibid.：9）。この時点ではムッレル社会大臣と社会的保護調査委員会の考え方はほぼ一致していた。

　ムッレル社会大臣は老人ホームの新築，改築，増築に対する国庫補助金は妥当であると考えていたが，その構造や規模についての計画や財政的な準備はしていなかった。それでも国会は老人ホーム建設への国庫補助金を可決し，1946年6月1日から給付が始まった（ibid.：9）。

　老人ホームの利用料金は所得や支払い能力に関わらず，すべての人が同じ金額であるべきとされた。ほとんどのレミス回答がこの考え方を支持した。しかしこのことをコミューンに対する拘束力を持つ法律にするかどうかは後で決めることとした。政府提案は国会で可決したが，高齢者介護の基本方針について異論は出されなかった（ibid.：9）。

(4) 社会的保護調査委員会の理念的リーダー"福祉エリート4人組"

　1947年基本方針は，主に官僚が社会政策の内容を議論し，影響を与えた例として特徴的であった（ibid.：11）。

　終戦直後には，高齢者介護は政治的課題とはならず，政治的な議論も一般的な議論もほとんど行なわれなかった。強力で明確に発言する団体も，世論もなかった。しかし高齢者介護で働く人たちは考えを持っており，1906年に

設立されたスウェーデン貧困救済事業連合会は，社会的保護関連の組織や関係者による組織で，戦前の貧困救済事業の向上のために活動を続けてきた。その後名称を「スウェーデン社会的保護連合会」（Sveriges socialvårdsförbundet. 以下，社会的保護連合会）と変更した。社会的保護連合会は，老人ホーム施設長（ålderdomshemsföreståndare）研修なども実施した。社会的保護連合会は高齢者介護の向上のために，入所者混在問題などを解決に向けて発言してきた（*ibid*.：12）。

社会庁と貧困救済事業査察官は，高齢者介護における最も多くの知識と情報を持っていたが，社会庁につながりの深い4人のエリートは"福祉エリート4人組"（socialvårdsestablissemanget）と呼ばれた。A. ベリイグレン（Ali Berggren）は貧困救済事業査察官を務め，1941年から社会庁局長を務めた。E. ベクセリウス（Ernst Bexelius）は1946年から社会庁主任，カール J. ヘイヤー（Karl J. Höjer）は1940年から1945年の間に社会庁臨時任命主任，その少し後には社会的保護連合会会長を務め，O. ワングソン（Otto Wangson）は国の貧困救済事業査察官を1938年から1940年に務め，その後，ストックホルム市で貧困救済事業査察官を務めた。さらにワングソンは社会サービス従事者連合（Socialtjänstmannaförbundet）の会長も務めた（*ibid*.：12）。

"福祉エリート4人組"は1947年基本方針において，理念的リーダーであり，理念プロデューサーであった。ベクセリウス，ヘイヤー，ワングソンは社会的保護調査委員会の委員で，ヘイヤーは老人ホーム報告書の作業部会の委員であった。

エデバルクはこの4人を熱意のある文筆家であり説明者であったと評価する。彼らは1947年基本方針が出される前も，出された後も，新たな良質の老人ホームを増やすために活発に動いた（*ibid*.：12）。

(5) 1947年基本方針の特徴―老人ホーム主義

この時期には高齢者介護において，政党間では意見の相違はなく，生活に足りる年金と快適な住宅水準が確保されれば，健康な高齢者は住み慣れた環

境に住み続けることができると考えられた。慢性疾患，精神疾患は医療で対処し，公的な高齢者介護を必要とする人たちには現代装備の老人ホームで介護と見守りが提供されるというように，「老人ホーム」の概念と位置付けが明確になった。老人ホーム建設計画が実現した時には，およそ10人に1人の高齢者が老人ホームに入所できると算定された（ibid.: 10）。

その一方で，1947年基本方針は，国の財政事情からみると実現可能性を欠いていた。当時，大きな予算を伴う社会制度として，国民年金，児童手当（1948年実施），医療保険（これは1950年実施と考えられていた）などが新設されることとなり，高齢者介護の政策的な優先順位は高くなかった。またコミューン再編が期待され（1940年代半ばには2300コミューンが存在し，その半分が人口1000人未満であった），社会的保護調査委員会の提案で，慢性疾患医療の担当責任を持つべき組織についての調査が行なわれることとなった（ibid.: 10）。

エデバルクは，1947年基本方針は，1918年貧困救済法の精神を引き継いでおり，志が高い政府方針としてこれを評価している。国民年金は貧困救済事業の受給者を減少させ，年金生活者ホームの存在は高齢者の住宅の質を高める要求につながった。またエデバルクは，1947年基本方針は老人ホームには利用料金を払って入所するという方向性を確認した点でも評価している。戦間期には，国民老齢年金保険制度により生活困窮者でない高齢者が登場し，その人たちは利用料金を支払って老人ホームに入所した。社会的保護調査委員会の調査では利用料金を払って入所する高齢者の比率は，1938年に約17％だったのに対し，1947年には約25％にまで増えたことを示した（ibid.: 11）。

1947年基本方針は，貧困救済事業のスティグマを解消し，老人ホームを経済的に自立した高齢者に対しても利用を拡げた点で，表向きは普遍的な社会政策のようにみえた。しかし専業主婦（hemmafru），家事手伝いの娘（hemmadötter），家事使用人（hembiträde）が自宅で高齢者の世話をしている状況は続いており，援助を受けられない人が老人ホームに入所するという現実もあった（ibid.: 10）。

3 │ 政府の方針転換―在宅介護主義へ

　財政事情により老人ホーム増設計画が進まないなか，老人ホーム主義は大きな打撃を受けることとなった。作家ロー＝ヨハンソンの著作が世論に大きな影響を与え，脱施設，在宅介護主義の考え方が急速に広まる。これまで高齢者介護の充実させるために奮闘してきた"福祉エリート４人組"はこの大きなうねりの中で反論を展開するが，ムッレル社会大臣は在宅介護主義への方針転換を明確に示すことになる。

(1) 老人ホームの増設は進まず

　1947年基本方針には老人ホームの巨大建設計画と現存の老人ホームの改築と改善要求が含まれていたが，計画は予定通りには進まなかった。1946年６月１日から1951年までに39ヶ所の老人ホームが新設され，13ヶ所の老人ホームが改築あるいは増築された（*ibid*.：13）。コミューン合併の準備で高齢者介護の枠組みがどうなるかも不明瞭，年金制度改革で施設ニーズがどう変わるかも不明瞭，慢性疾患医療や精神疾患医療への対応も不明瞭というように，計画の前提条件があまりにも不明瞭で，国庫補助金の規模も不明確なままであった（Edebalk 1991：46, Edebalk 1990：13）。1947年基本方針の実現を阻んだのは国の財政事情であった。1940年代終盤の老人ホーム増設ラッシュは1948年の改革停止につながった。国とコミューンの間に老人ホーム建設費の支出についての境界線問題があり，それを解決するために規則がつくられた。社会的保護連合会の1949年大会で，ムッレル社会大臣は老人ホーム建設計画の実施はいつ本格的に開始できるかいえない状況であると説明した（Edebalk 1991：46, Edebalk 1990：13）。

　1950年代を目前に国の財政事情の見通しは暗かった。1951年の長期ビジョン調査委員会は，厳しくかつ実効性のある財政改革の必要性を訴え，コミューン部門の需要は抑制されなければならないとした。疾病保険制度の導

第 3 章　老人ホーム主義から在宅介護主義への転換

入など，費用がかかる社会政策も予定されていた。現代装備のある老人ホーム建設にかかる費用もそのコストが意識されるようになり，個室を増やせば職員配置も増やさなくてはならず，現代的な装備と個室の配置は相対的に高く，運営コストもかかると考えられた (Edebalk 1991：46, Edebalk 1990：13)。

一方，1947年基本方針の実現に向かって前進した計画もあった。精神疾患医療の設置計画は1950年に採択され，1951年国会では広域行政体ランスティングが慢性疾患の担当責任を持つことが決定し，これらの決定は新しい老人ホームにとって，援助ニーズが異なる入所者の混在を解消する上で重要な前提条件となった。1952年のコミューン再編も実施が決まり，コミューンの規模が大きくなることで老人ホーム運営上の財政が安定するとともに，入所者の混在が解消される可能性が高まる。1950年に高齢者向けアパート (pensionärslägenhet) 対象の国庫補助金ができたが，これは社会的保護調査委員会の提案によるものであった。1950年に『老人ホーム建設への国庫補助金に関する調査報告書』(SOU 1950-22：22) もだされ，老人ホームと年金生活者ホームでの国庫補助金は同じ水準にするべきとされた (Edebalk 1990：14)。

(2) ロー＝ヨハンソンのキャンペーン─施設介護の否定

ロー＝ヨハンソンの老人ホーム批判は，福祉エリートらが中心に進めてきた老人ホーム主義を真っ向から否定し，政府の高齢者介護の方向性を転換させ，その後の在宅介護主義の道すじをつけることとなった。

1947年基本方針の採択の翌年，作家ロー＝ヨハンソンはスウェーデンの老人ホームを巡る取材旅行を始めた。彼の取材記事は1949年春に新聞『私たち』(Vi) と，同年秋に書籍『老い』(Ålderdom) として刊行された。1949年に老人ホームにまつわる4つの衝撃的な講話がラジオで放送され，ロー＝ヨハンソンはラジオ討論に参加した。1952年に出版された『スウェーデンの老い』(Ålderdoms-Sverige) はベストセラーとなった (Edebalk 1991：47, Edebalk 1990：14)。

戦後期には，ラジオの討論番組が一般的になり，選挙運動でも大きな役割

を果たすようになった。1950年末までには，より独立性を高めた様々なラジオ・ジャーナリズムが展開され，ラジオは日々の政治過程に積極的に参加するようになった（Hadenius 1990：71）。エデバルクは，ロー＝ヨハンソンの貢献は，高齢者介護のあり方について初めて公開論争を行なったこととしている。ロー＝ヨハンソンのルポは老人ホームに対する憤慨に満ちており，一般世論に強い影響を与えた。高齢者介護は一般の人たちを巻き込んだ公開論争のテーマとなり，福祉専門家の議論はもはや世論の中心に存在しなくなった（Edebalk 1991：47，Edebalk 1990：14）ようであった。

　ロー＝ヨハンソンは，老人ホームが置かれた実態を示すことで，スウェーデンの「国民の家」構想（第2章）の内部を批判的に描き出そうとした，とエデバルクは指摘する。一つめは援助ニーズが異なる入所者の混在状態，二つめは（法律の援助がない）強制入所，三つめは管理的な考え方，陰気な雰囲気，人の価値を踏みにじる対応があげられる（Edebalk 1991：47，Edebalk 1990：14）。ロー＝ヨハンソンにとって，老人ホームへの入所は高齢者から彼らの生活を引きはがすことを意味していた。ロー＝ヨハンソンは老人ホームそのものを強く否定し，老人ホーム改革などは彼の頭には全くなかった。ロー＝ヨハンソンが考える老後は自分の家で生活できることであり，そこに住む高齢者は援助や見守りを受けられることが重要であり，「介護施設（vårdhem）の代わりに在宅介護（hemvård）」が必要であると主張した。在宅介護の考え方は多くの高齢者の思いに応えるもので，在宅介護は施設介護より人間的であるという考え方は世論に強く支持された。そしてこの頃から，在宅介護は施設介護に比べてコストがかからないという議論も始まった（Edebalk 1991：48，Edebalk 1990：15）。

(3)福祉エリートによるロー＝ヨハンソン批判

　ロー＝ヨハンソンのキャンペーンが高齢者介護に激しい議論を巻き起こすなか，"福祉エリート4人組"はロー＝ヨハンソンへの批判を繰り返した。"福祉エリート4人組"の一人であるワングソンはロー＝ヨハンソンの著作

第3章　老人ホーム主義から在宅介護主義への転換

『老い』に対する批評で，次のように書いている。「自分の主張を示すために，作家はカメラの力に助けられている。このような手段を用いると，老人ホームに対する偏見が生まれてしまう。無気力，希望が持てない，死を待つだけ。この作家はこの著作でいくら稼いだのだろうか」。同じく"福祉エリート4人組"の一人であるヘイヤーは（ロー＝ヨハンソンの作品は）「グロテスクで，真実をねじ曲げている」と批判した。ロー＝ヨハンソンに最も対立したのは，同じく"福祉エリート4人組"のメンバーであるベクセリウスとベルグレンであり，社会庁の官僚であった（Edebalk 1991：52, Edebalk 1990：15）。

"福祉エリート4人組"は公開論争の過熱ぶりと，老人ホームを一方的に否定する姿勢を批判した。老人ホームの否定的なイメージを世論に植えつけてしまい，今後，どう職員を採用するのか，どう高齢者やその家族に応えていくのかが新たな深刻な課題になると"福祉エリート4人組"は考えた（Edebalk 1991：52, Edebalk 1990：15）。社会的保護連合会は老人ホーム施設長研修を請け負う中で，施設職員が他人のためにこれだけ忠実な仕事をしている現実を社会はどう考えるのか，と介護現場の立場を代弁した（Edebalk 1990：15）。

しかしロー＝ヨハンソンの著述や発言に対し，誰も完璧な反論はできなかった。老人ホームの劣悪な状況はすでに政府も承知していることであり，1947年基本方針でも古い老人ホームを排除している。ロー＝ヨハンソンは今の老人ホームもかつての「貧困の家」と変わっていないと主張する。ロー＝ヨハンソンに反論する人たちは，今の老人ホームはかつてと違って現代的に運営されていると主張する。"福祉エリート4人組"にとってみれば，施設介護が抱える問題は，国や広域自治体ランスティングの怠慢によるものであった。国が老人ホームに関心を示さないために入所者の混在問題が解決できていない状況を，ロー＝ヨハンソンはもっと理解すべきだと"福祉エリート4人組"は考えていた（Edebalk 1991：53）。また"福祉エリート4人組"は長年にわたり，老人ホーム介護を向上させるべく活動してきたが，彼らが一番恐れたのは，ロー＝ヨハンソンのキャンペーンを利用して，政府が老人ホームの改善をしない言い訳をつくることであった（ibid.：53）。

ロー＝ヨハンソンはホームヘルプが老人ホームに代わりうる介護サービスであることを主張した。しかし"福祉エリート4人組"ら反対派は，戦後の労働力不足の中で老人ホーム職員の採用さえも難しく，常勤職で必要数のホームヘルパーを確保するのは困難と考えた。1930年代から続く出生率の低下は労働力不足を深刻にしており，まずは老人ホームと医療ホームの職員を確保する事が先決と考えた。これはウプサラ（Uppsala）の経験（後述），つまりボランティアや時間給によるホームヘルプが注目される前の話である（Edebalk 1990：16）。

　ロー＝ヨハンソンの登場で，高齢者介護に対する注目度は大きく変わった。1950年国政選挙を前に，選挙のマニフェストの中で高齢者介護が注目されるようになった。国民党は選挙マニフェストに老人ホーム整備を主張し，社会民主党は高齢者介護の向上は重要であるが，まずは国の財政基盤を作る必要があるとした（Edebalk 1991：48, Edebalk 1990：16）。

(4)高齢者対応ホームヘルプの始まりとそのルーツ

　1950年国政選挙の前年には，高齢者介護の理念であった老人ホーム主義は大きく揺らぎ始めた。国の財政事情により1947年基本方針の実現が不可能となった時期に，ロー＝ヨハンソンのルポルタージュが高齢者介護の理念を問い始めた。この時期には高齢者の数が劇的に増え，高齢化問題はさらに深刻となった。1940年には67歳以上人口が50万3000人で，1950年には56万人になり，1949年の予測では1980年には92万人になるとされた（Edebalk 1991：47, Edebalk 1990：16）。社会民主党政権における社会政策の重鎮たちは，老人ホームとは別の選択肢として，ホームヘルプによる在宅介護に関心を示し始めた。

　スウェーデンにおける高齢者向けホームヘルプの始まりはウプサラの赤十字によって主導された。ウプサラでは主にボランティアによる援助を活動のベースとした高齢者のための支援組織を作ろうと考えていた。この活動の目的は，老人ホームへの入所時期を遅らせようとするもので，このホームヘル

第3章　老人ホーム主義から在宅介護主義への転換

プには掃除，食事サービス，訪問，医療補助（sjukvårdshjälp）が含まれていた。ウプサラで始まった高齢者向けホームヘルプは1950年に赤十字中央本部からの助成金と寄付で始まった。高齢者向けホームヘルプの需要はすぐに高まったが，専業主婦層からパートタイムや時間給職員を採用することができた。この事業は大きな関心を呼び，他のコミューンや他国からの視察が相続いた（Edebalk 1991：48, Edebalk 1990：17）。

　他のコミューンはウプサラに続き，ホームヘルプを試行したが，運営形態は様々であった。1951年にエレブロ（Örebro）ではコミューンの貧困救済事業理事会の直営で，ノルシェーピング（Norrköping）ではノルシェーピング女性理事会の運営で，ヘルシンボリ（Helsingborg）ではフレデリカブレーメル協会と赤十字の共同運営で，またストックホルム（Stockholm）ではコミューンの貧困救済事業委員会と女性ギルド協会の共同運営でホームヘルプ事業が始まった（Edebalk 1991：49, Edebalk 1990：17）。その後の展開は早く，1954年調査では，全国のコミューンの43％，都市部の83％で高齢者向けホームヘルプが実施されていた。ホームヘルプを実施するのに最も適していたのは人口密集地域であった。新しいホームヘルプ事業は，1）高齢者の高い満足感，2）老人ホームのニーズと需要の減少，3）（労働市場とは無関係の専業主婦層からの）ホームヘルパーの採用が容易，という3つの前向きな評価が示された（Edebalk 1990：17）。

　高齢者向けホームヘルプのアイデアの源流は，スウェーデンにみられたかつての地域活動にあった。教区（kyrkoförsamling）や信仰自由の集会（fria trossamfund）には，高齢者の救済活動をしてきたディアコニッサ[4]，スラムシスター[5]，または援助を必要とする家庭を訪問して手伝いをする人がいた（Edebalk 1991：49, Edebalk 1990：18）。

　スウェーデンには1920年代初頭から，赤十字や女性団体が運営する家庭支援ホームヘルプがあり，家庭の母親が病気や家事ができない場合に対応していた。1944年から家庭支援ホームヘルプに国庫補助金が支給されるようになり，コミューンがその運営責任を任された。家庭支援ホームヘルプで雇用された家庭支援婦（hemvårdarinna）は原則15ヶ月間の家庭支援婦教育を受ける

ことが要求された。家庭支援ホームヘルプは子どものいる家庭で援助を必要とする場合に利用されたが，1948年には一人暮らしの家庭，特に一人暮らし男性にも派遣されるようになった。しかし内容は，子どものいる家庭のニーズに対応した援助と同様であった（Edebalk 1991：49, Edebalk 1990：17）。

　この家庭支援ホームヘルプと1950年に始まった高齢者向けホームヘルプでは考え方が異なる。家庭支援ホームヘルプが短期的で短発であるのに比べ，高齢者向けホームヘルプは長期で継続的な援助が必要とされた。またホームヘルパーを家庭の主婦層から集めようとする発想はイギリスからのものである。イギリスでは戦時中，ボランティア団体によって，高齢者向けホームヘルプが始まったが，戦後，たくさんのスウェーデン人がイギリスに視察に出かけ，その内容を学んだ。ムッレル社会大臣とその秘書 P. ニューストロム（Per Nyström）はイギリスへの視察者から高齢者向けホームヘルプの話を聞き，ニューストロムはこの新たなアイデアをストックホルムコミューンの社会保護担当職員に紹介し，コミューン内でのモデル事業の実施を指示した。スウェーデンでも高齢者向けホームヘルプのパイオニアはイギリスと同様でボランティア団体（赤十字）であった（Edebalk 1990：18）。

(5)　"福祉エリート4人組"が抱いたホームヘルプ拡充への懸念

　社会的保護連合会が開催した1949年大会の討論で"福祉エリート4人組"は初めて高齢者向けホームヘルプの価値を認めた。しかし彼らにとって，ホームヘルプの議論は現実逃避の印象が強く，ホームヘルプで高齢者介護の問題を解決できるとは考えられなかった。教育を受けた家事支援婦を大量に確保するには限界があり，"福祉エリート4人組"の一人であるベリイグレンは高齢者向けホームヘルプの整備には注意深い検討が必要と考えた。彼らはホームヘルプを拡充することにより，高齢者介護の水準を引き上げるための社会資源となる優秀な人材を奪われかねないという懸念を抱いた（Edebalk 1991：53）。

　"福祉エリート4人組"は，ホームヘルプの実施は限定された範囲にとど

め，老人ホーム充実を優先にするべきと考えた。しかし高齢者向けホームヘルプがウプサラの積極的な取り組みをモデルに，国内に少しずつ広がっていくなかで，ベリイグレンも1951年社会庁レポートで，ウプサラ赤十字の取り組みは「価値のあるリーダーシップ」と記述し，その貢献を部分的に評価した。一方，貧困救済事業査察官は「組織化されたホームヘルプは将来の高齢者介護の一部を担うべきであるが相当な量が必要となる」とし（Edebalk 1990：19），高齢者向けホームヘルプ整備の可能性に対し，不安を示していた。

(6) ムッレル社会大臣の方針転換

1949／1950年の国会の議論では，高齢者介護についての政府の明確な方針は示されなかったが，1951／1952年は新たな政策の道筋が示され，それはムッレル社会大臣の辞職と連動していた（*ibid*.：19）。

1949年と同様に1951年にもメディア報道をきっかけに激しい議論が起きた。1951年にある老人ホームで「騙された」高齢女性についてのラジオ劇が放送された。"福祉エリート4人組"のワングソンは，このラジオ劇に対し「ロ＝ヨハンソンのパターンと同じで，老人ホームがナチスによるベルセン収容所（Belsen）のように描かれている」とコメントした。もう一つのラジオ劇「ボルネス地方の間奏曲」（Bollnäsintermezzot）にも同様の描写があり，ロー＝ヨハンソンは老人ホームの出入りを断られることもあった（*ibid*.：19）。

社会庁による老人ホーム調査では，雑居部屋を個室か二人部屋に改築した結果，1946年から1950年の間に老人ホームの利用者数が減少した。老人ホームの質は改善される方向にあったが，援助ニーズが異なる入所者の混在は未だ解消されないままであった。同調査では，老人ホーム入所者の約57％に精神疾患，慢性疾患，何らかの障害があることが示された。入所者混在問題がいつ解消されるかは見通しが立たなかった（*ibid*.：19）。

その中で，ムッレル社会大臣が突然，辞任し，高齢者介護の方針転換を示した。1951年10月21日のダーゲンスニイヘテル紙[6]一面の見出しは「グスタヴ・ムッレル：施設介護から高齢者を解放」というものであった。記事に掲

載されたムッレル社会大臣の主張は次のとおりである。「多くの高齢者が必要でもなく望んでもいないのに施設に措置されている。老人ホームへの申請は「いざというときだけ」に限り，その代わりに在宅介護を整備するべきである。ホームヘルプは老人ホームの整備に比べて相当に費用を抑えることができる」(ibid.: 19)。ムッレル社会大臣はウプサラで行われている高齢者向けホームヘルプの取り組みを評価し，さらにホームヘルプ普及に言及した。そして，ホームヘルパー養成については大げさに考える必要はなく，ホームヘルパーの採用は中年の母親（husmöder）層を対象にするべきだとした。その理由は中年の母親らはホームヘルパーが必要とする技術を日常生活の中から習得しているからだという (ibid.: 20)。ムッレル社会大臣の発言は社会民主党政権の在宅介護主義への方針転換を明確に示すものであった。

ムッレル社会大臣の発言で政府の公式見解が変化したことが明らかになり，高齢者向けホームヘルプ整備による在宅介護主義はさらに世論の支持を拡大した。社会省書記官 P. エッケルベリイ（Per Eckerberg）も1951年11月にコミューン連合会が開催した会議で，ムッレル社会大臣と同じ方針の発言を行なっており (ibid.: 20) 福祉エリートへも影響を与えた。

(7)後任のストレング社会大臣も在宅介護主義

ムッレル社会大臣の突然の辞任後，新たに社会大臣となった G. ストレング（Gunnar Sträng）はロー＝ヨハンソンの近しい友人であった。ストレング社会大臣は，高齢者向けの住宅を整備し，社会的に運営するホームヘルプを組織化し，ホームヘルパーの教育をおおげさに考えずに在宅介護を充実させることは社会的に費用がかからずにすむだけではなく，高齢者にも喜ばれると考えた (ibid.: 20)。ムッレル社会大臣とストレング社会大臣の方針転換は社会庁の高齢者介護行政にも大きな影響を与え，1952年に社会庁はコミューンに対して初めて，ホームヘルプに関する助言と指針を示した (ibid.: 20)。

国会の住宅集合化調査委員会（Bostadskollektiva kommittén）は1952年に調査報告書（SOU 1952-38：38）を提出し，従来から国庫補助を受けている家庭支

援ホームヘルプと新たに始まった高齢者向けホームヘルプという2つの異なるシステムを持つ理由がないとし，コミューンごとにホームヘルプの責任は一元化されるべきで，国庫補助金は一元化された給与支出に対して支給されるべきとした（ibid.: 20）。

　老人ホーム増設に向けた1947年基本方針と，ホームヘルプ整備に向けた新たな方針は正反対であり，コミューンを混乱させた。しかし，1947年基本方針ではコミューンには老人ホーム建設への補助金が約束されており，1952年5月に，ストレング社会大臣は高齢者介護に関する調査を開始し，入所者混在問題を解消するために，援助ニーズに合った介護形態についての基本方針を提案したいと考えた。その一方で，ホームヘルプを普及させる可能性として，年金生活者ホームを集合住宅として研究対象とするべきとした。ロー＝ヨハンソンは国会の調査委員会に招聘されたが辞退した（ibid.: 21）。

(8)ムッレル社会大臣の行動について

　ムッレル社会大臣は戦争終結直後の時代における社会政策で大きな役割を果たした大臣であった。ムッレル社会大臣は1947年基本方針で老人ホーム建設計画を含む政府提案に署名しておきながら，その4年後に方針を180度転換し，在宅介護主義という新たな理念の提唱者となった。

　これに対しエデバルクは，ムッレル社会大臣は方針を180度転換したわけではなく，もともと在宅介護主義に強い関心を抱いていたと分析する。エデバルクは，1947年基本方針が出された時には，ムッレル社会大臣が老人ホームと年金生活者ホームをめぐる論争等を通じて，すでに在宅介護主義に関心持っており，この方針転換は急なものではないとして，その根拠を3つ挙げている。第一にムッレル社会大臣自身はイギリスを自ら訪問し，ボランティア団体が運営する高齢者向けホームヘルプを視察している。第二にムッレル社会大臣の秘書を務めていたニューストレムがストックホルムコミューンに対し高齢者向けホームヘルプのモデル事業の実施を指示している。第三に1948年に国庫補助金の対象であった家庭支援ホームヘルプの給付対象を独居

者にまで拡大したことも，在宅介護主義の方向性を示した行動といえる (*ibid*.: 24)。

　さらにエデバルクはロー＝ヨハンソンの証言を示しており，ロー＝ヨハンソンはムッレル社会大臣から著作に共感する内容の手紙を受け取っていた。またムッレル社会大臣はロー＝ヨハンソンに私的に会っており，"福祉エリート4人組"がロー＝ヨハンソンを批判する中でも，ムッレル社会大臣自身が彼の著述を批判したことは一度もなかった (*ibid*.: 24)。

　エデバルクの分析では，ムッレル社会大臣は1947年基本方針について"福祉エリート4人組"ら福祉官僚らから強い説得を受けたとみている。コミューン関係者や"福祉エリート4人組"らにとって，戦後の老人ホーム整備は重要課題であった。1948年総選挙を目前にムッレル社会大臣は1947年基本方針に対する説得を受け，大臣自身も老人ホームに対する政府見解が社会民主党の選挙に不利にならないよう配慮したと推察している (*ibid*.: 24)。

　選挙対策以外に，社会政策通で知られたムッレル社会大臣が1947年基本方針でホームヘルプの可能性を全く取り上げなかった理由の一つとして，家庭支援ホームヘルプの存在をエデバルクは指摘する。家事支援婦は賃金が高く，過疎地では人材もなく，採用が困難であり，教育を受けた家事支援婦は戦後には特に人手不足となった。この点はムッレル社会大臣がホームヘルプの普及を考える上で最大の不安要素であったと考えられる。

　ウプサラ赤十字の高齢者向けホームヘルプの取り組みは，家庭支援ホームヘルプとは全く異なり，中年の専業主婦層が潜在的な労働資源として存在することを示した。またそのホームヘルプには十分な質が確保されており，高齢者にも人気があった。老人ホームとは別の新たな選択肢としてホームヘルプを利用しながら自宅で暮らすということがウプサラの経験により現実性を帯びてきたために，政府は在宅介護主義を打ち出したものとエデバルクは捉えている (*ibid*.: 25)。

(9)ホームヘルプを核とした在宅介護主義へ

　在宅介護主義への政府の方針転換を受けて，1947年基本方針の見直しは避けられなくなった。経済成長により様々な種類のサービス提供は可能となるが，高齢者自身の要望に対する配慮，また急速に進む都市化（老人ホームを望んだのは特に過疎地であったが）への配慮，働く女性の比率が高まり，老親のインフォーマルな介護の可能性は少なくなることへの配慮も必要となる。年金制度や住宅政策と同様に，社会政策における高齢者介護への期待は大きくなっていった（ibid.: 21）。

　1950年頃には財政問題で社会政策の見直しが迫られたが，優先順位が高かったのは医療保険の導入と失業保険の強化で，相対的に優先順位が低かった高齢者介護は少し待機しなければならなかった。そこにロー＝ヨハンソンの思想とイギリス発祥のボランティアによる高齢者向けホームヘルプの経験は絶妙なタイミングで登場した。イギリスの取り組みは戦争中に高齢者介護の財源不足の中で実施されたものであった（ibid.: 21-22）。

　この頃になると，高齢者介護は社会政策の議論として展開することになった。新聞や雑誌，書籍，ラジオの普及により，メディアを通じて，高齢者介護の問題がより広く知られ，世論に影響を与えるようになった（ibid.: 24）。

　高齢者介護の新しい理念では，ホームヘルプが高齢者介護の基盤となるべきとされた。コミューンにとっても，社会全体にとっても，ホームヘルプは施設介護よりも費用を抑えることができると考えられた。またホームヘルプを利用して自宅で生活することは，より人間的と考えられ，高齢者の要望に応えるものとされた。ホームヘルプ導入は，初めから老人ホームへの強制入所と結び付けられて議論され，少しの援助があれば自宅で暮らせるのに，なぜ無理やり老人ホームに入所させられるのかという論点からも支持された（ibid.: 22）

　ホームヘルプは費用がかからないとする議論は，中年の専業主婦が無償，あるいは時間給でホームヘルパーを担うことを前提としていたからであった。コミューンが行なったホームヘルパーの求人では「専業主婦で，少しの

収入に関心がある人,直接の雇用を望まない人」とされていた。また当時,1960年代に40～60歳代の女性人口の増加が予測されていた上に,高齢者介護の従事者は労働市場の他の産業の労働力とは競合せず,特別な教育も必要ないと考えられていた(*ibid.*:22)。

家事使用人(hembiträde)の数が減少し,家事使用人を雇っていた社会層にとって,高齢者向けホームヘルプは新たな選択肢となり,家庭内の仕事を時間単位で購入し,利用することもできた。その点でも高齢者向けホームヘルプは貧困救済事業の色彩を持たなかった。(*ibid.*:22)。

1950年頃には病床不足の問題を解消するために,地域看護師(distriktsköterska)による在宅医療(hemsjukvård)が始まった。比較的軽い治療を受けている患者を在宅で看護するために,初歩的な医療教育を受けた家庭奉仕員(hemsamarit)が在宅医療に加わった。さらに広域自治体ランスティングは病院で医療を受けられない長期的な慢性疾患患者に対し,在宅医療費補助を出すようになった(*ibid.*:22-23)。

在宅介護にはそれに適当な住宅が必要であり,高齢者を対象とした住宅改造助成金が注目された。在宅介護に不向きな住宅という理由で老人ホームへ入所させられるべきではないと考えられ,1952年国会の議論を経て,住宅改造事業が一段と強化された。特に水道,下水道と暖房設備等の完備が必要とされ,住宅改善のために国から無利子の貸付が始まり,これは実際には返済不要の助成金となった(*ibid.*:23)。

老人ホームは緊急時の選択肢として残すべきと考えられていたが,1952年国会では,1946年6月1日以降の老人ホーム建設費用に対する国庫補助金支給の政府公約が凍結された。この国庫補助金はコミューンの財政事情に基づいて金額が決まることになっていたが,どのケースでも補助基準額の10～50％が削減されたため,すでに老人ホームを新築したコミューン,1947年基本方針に基づき建設計画を立てたコミューンからは国に騙されたという不満が噴出した(*ibid.*:23)。過疎地のコミューンでは老人ホームの設備改善はより切実であった。また国庫補助金は老人ホームの運営費を対象にしなかったため,老人ホームの量的拡大向けたインセンティブは働かなかった(*ibid.*:

23-24)。

　国会の住宅集合化調査委員会は高齢者向けホームヘルプに対する国庫補助金を提案したが成功しなかった。国の財政事情と優先順位の高かった医療保険制度の導入に多額の費用がかかったためであるが，ホームヘルプはすでに積極的に展開されており，国庫補助金は不要というのが当時の公式見解であった（ibid. : 24）。

4 │ 1957年基本方針——老人ホームは困難事例に対応する施設

　1950年代の選挙結果が比較的安定していたにも関わらず，社会民主党政権は将来に確信を持てない状況であった。社会民主党は自らの政策が経済的にも社会的にもスウェーデンの社会構造を変容させ，その結果，社会民主党を支持する有権者が減少することに不安を感じていた。社会民主党の支持層はブルーカラー労働者であったが，社会の変容に伴い，国民党や右党を支持するホワイトカラー労働者が増えるからである（Hadenius 1990 : 73）。

　1951年に社会民主党は農民同盟と連立政権を築き，「赤－緑連合」を開始し，国会で安定した支持基盤を持つことを期待し，また農民同盟が国民党や右党と団結することを防いだ。農民同盟は政権側につくことで農業従事者を取り巻く環境を悪化させないことができると考えた（ibid. : 74）。

　1957年の所得連動型付加年金（ATP : Allmäntilläggspention，以下，付加年金とする）問題は大きな政党間対立を招き，ハデニウスは戦後最も激しく議論された社会政策の一つだとする（ibid. : 85）。年金改革問題は長い間，技術的な問題とみなされていたが，現行の基礎年金[7]が不十分であるという認識は世間に広まっていた。基礎年金は社会福祉の面からは最低限の生活を保障したが，ブルーカラー労働者の場合は退職後の生活水準は格段に低くなっていた。ホワイトカラー労働者の多くは現役時に賃金に比例した付加年金が受給できるよう雇用主と協約を結んでいたが，ブルーカラー労働者は退職後に基礎年金しか受け取っていなかった（ibid. : 86）。社会民主党が提案した付加年

金の導入に対し，右党と国民党は政府の影響力を増大させるものとして強く批判したため，最終的には政府は右党と国民党が主張した諮問的国民投票の実施を受け入れた。1957年10月に付加年金導入を問う国民投票が実施され，3つの選択肢[8]が示されたが，明確な結果とならず，年金問題は決着しなかった（ibid.：90）。

　国民投票後に農民同盟の閣僚は辞任し，「赤-緑連合」は解消した。エランデル首相（社会民主党）は付加年金問題を解決するために新たに組閣を行なった。当時，第一院では社会民主党が過半数議席を持っていたが，第二院は右党，国民党，中央党の野党が過半数を占め，ねじれ現象が起きていたため，付加年金導入は第二院で否決された。スウェーデンでは首相が解散権を行使することはほとんどないが，エランデル首相は国会を解散し，1958年6月に総選挙を実施することとした。労働運動は強制的な付加年金制度を強く要求しており，世論も付加年金制度の導入を目指す社会民主党を支持する方向に動いていた。選挙の結果，第二院の議席は116議席が社会民主系ブロック（社会民主党，共産党[9]），115議席が保守中道系ブロック（右党，国民党，中央党）となり，議長は社会民主党から任命されたため，両ブロックの票数は全く一致していた。最終評決で国民党議員T. ショーニング（Ture Köning）が投票を棄権し，最終的に付加年金制度は国会で可決された。ショーニングは国民党議員の中では数少ないブルーカラー労働者出身の議員であり，付加年金制度はブルーカラー労働者のためのもので反対できないとした（ibid.：92）。

　1950年代は戦後の社会政策をめぐり，社会民主主義系政党とブルジョワ系政党の激しい論戦の中で普遍主義型福祉国家への道筋がつくられていくプロセスをみることができる。

(1) 1950年代の高齢者介護

　1950年代も財源不足が継続していた。老齢年金生活者は1947年から1957年の10年間に12万6000人も増加し，介護サービスに対する要望は増える一方で

第3章　老人ホーム主義から在宅介護主義への転換

量的拡大は不十分であった。その後1970年まで年間約1万5000人ずつ高齢者数が増加し続けたが，社会政策の中での高齢者介護の優先順位は低かった（Edebalk　1990：26）。

　1950年代を通じてホームヘルプは拡大し，1957年末には全国1036コミューンのうち666コミューンでホームヘルプが存在し，利用者は3万9000人となった。ホームヘルプは長い移動距離と労働力不足により，過疎地域での普及が困難であった。ホームヘルプ事業は徐々にコミューン直営に移り変わり，ホームヘルプに従事するボランタリー組織もコミューンからの助成金を受けることが増えた（ibid.：26）。社会庁からの指導では，ホームヘルパーの採用は中年の専業主婦のグループをターゲットとし，パートタイム雇用が条件という方針が示された。ホームヘルパーをフルタイムで雇用するとコストがかかるとされたからであり，実際に高齢者向けホームヘルパーの時間給は，国庫補助制度のもとにある家庭支援婦の時間給の約60％にすぎなかった（ibid.：26）。

　年金生活者ホームの低水準は課題であり，1950年には良質の年金生活者アパートの普及にむけた国庫補助金の試行が始まった。年金生活者ホームや年金生活者アパートの誕生は一般的な住宅不足によるものであった。住宅不足は1950年代を通じて極めて深刻な問題であったが，相変わらず，年金生活者ホームの位置づけは不明確であった。在宅介護主義が定着すると，ホームヘルプは年金生活者ホームでもうまく機能すると考えられ，年金生活者ホームは次第に老人ホームより有力な選択肢となった。この考えは老人ホーム優先を示した1947年基本方針に反していた。年金生活者ホームにおけるホームヘルプ利用は広がり始めた。1950年代半ば頃には約2万5000人の年金生活者が年金生活者ホームで暮らしていた（ibid.：27）。

　1947年から1957年までの間に，新たに230ヶ所，約9500人分の老人ホームが新設された。社会的保護調査委員会は，老人ホームは特別法で規定されるべきとしていたが，1955年に社会援助法（Socialhjälplagen）が成立した時，老人ホームに関する規則は同法に暫定的に盛り込まれることになった（ibid.：27）。

　老人ホームにおける入所者の混在は従来からの問題であったが，老人ホームでは虚弱者，病弱者の比率が高まっていった。1950年代の医療は徐々に老

111

人医療を扱うようになったが，病床だけでなく，医師や看護師自体も不足していた。1955年に義務的な医療保険制度が始まり，新たな財源ができたことは，医療の供給増加に貢献した。1950年代には長期療養病床の数は約2倍に増加したが，質的にも量的にも満足できる状況ではなかった（*ibid.*：27）。

(2)「待機者の多い社会」

　高齢者介護の重要性に関する公的調査が始まり，1950年代半ばに報告書が出された。高齢者介護が関わる分野は，社会保険，住宅政策，保健医療政策，労働市場政策といった，多岐の分野にまたがっていた。異なる調査で高齢者介護が扱われていたため，高齢者介護調査委員会（Åldringsvårdutredningen）は総合的に把握する作業を加え，長期にわたる調査では厳しい財政事情下での高齢者介護の位置づけを検討した（*ibid.*：27-28）。調査結果は「待機者の多い社会」（kösamhället）と総括され，資源不足により，住宅や医療の待機者が増えている状況が示された（*ibid.*：28）。

　高齢者介護調査委員会は，異なる調査や委員会でばらばらな提言が行なわれ，混乱をきたしている点を指摘した。一例を示すと，高齢者介護調査委員会は年金生活者ホームに対する単発の国庫補助金を提案したが，住宅政策委員会（Bostadspolitiska utredningen）は経常の補助金と貸付金を提案した。最終的なとりまとめのための調査委員会は住宅改善の視点を強化することを提案し，高齢者介護調査委員会の提案は1957年基本方針に基づくというように，異なる提案が行なわれていた（*ibid.*：28）。

(3)老人ホームは困難事例に対応する施設

　高齢者介護調査委員会の報告書に対するレミス回答の後，1957年に高齢者介護の枠組みと課題を概観する内容の政府提案が出された。当時のJ. エリクソン（John Ericson）社会大臣（社会民主党）は，政府提案で高齢者介護への具体的な提言は行なわず，政府提案が新たな方向性を示すことはなかった

(*ibid*.：28)。高齢者介護は高齢者個人の尊厳と希望を尊重するために，高齢者ができる限り長く，自宅で自立生活ができなければならず，ホームヘルプ制度の創設が必要であることが政府提案の中でも強調された。しかしホームヘルプに対する国庫補助金は不要と考えられた（*ibid*.：28-29)。

老人ホームにおける入所者混在問題は，1947年基本方針から継続している問題であり，精神疾患医療，慢性疾患医療の医療資源を大量に増やすべきと考えられた（*ibid*.：29)。政府提案では老人ホームの役割として，困難事例への対応が強調されたが医療を必要とする高齢者を分離する規則は盛り込まれなかった。しかし意思確認ができないという理由で，精神疾患などの疾患のある人を強制的に老人ホームに入所させることは認めないとされた。老人ホームは将来的には，虚弱高齢者の介護が行なわれる場所となることを想定すべきであり，そこでは高齢者特有の身体的機能の低下や病気が関わってくる。それゆえに老人ホームには質の高い医療が準備されなくてはならないと考えられた（*ibid*.：29)。コミューンは地域ニーズを受けて，老人ホームの規模，装備，水準の問題を解決するために大きな自由裁量が与えられなければならず，老人ホームの利用料金もコミューンが決めるべきとされた。しかし利用料金は高齢者が年金で支払い可能な金額であるべきと考えられた(*ibid*.：29)。

1957年基本方針には老人ホームの法的規制に関する問題も含まれていた。1955年国会は暫定的措置として，新たな社会援助法の中に老人ホームの規制を盛り込んだ。老人ホームはコミューンに設置される新たな社会委員会（socialnämnd）の監督下におかれ，コミューンの高齢者介護の責任に一元化される。その結果，社会援助法は老人ホームの規定の内容も含むべきとされた。国会の社会的保護調査委員会は，老人ホームを社会援助法の枠外で特別法の対象とすることは，従来の貧困救済的な色彩を残してしまうと考えた(*ibid*.：29)。

(4) 1957年基本方針と高齢者介護の枠組み—在宅介護の公的整備の必要性

高齢者介護調査委員会の報告書と1957年基本方針は，高齢者介護に現代的

視点をもたらした。そこには新たな人間観があり，10年前には高齢者は保護対象(vårdobjekt)とみられていたが徐々に主体としてみられるようになった。つまり高齢者は可能な限り住みなれた環境で生活することができ，サービスや介護は選択の自由と個人の希望で管理できるという視点が強まった（ibid.：29-30)。

エデバルクは1957年基本方針において，在宅介護充実の必要性に対する理由づけが変更されたことを指摘する。1950年頃はホームヘルプを必要とする主な理由は老人ホームの不足であった。1950年代後半になり，コミューンは次第に住宅改修とホームヘルプ整備に動くようになり，老人ホームはコストがかかる選択肢と考えるようになった。高齢者介護において，かつては老人ホームが一番の選択肢であったが，1957年基本方針では在宅介護が一番の選択肢となり，従来とは全く異なる視点が示された（ibid.：30)。

ボランティアによるインフォーマルな介護活動の登場により，在宅介護主義という現代的な考え方が誕生したが，インフォーマルな介護の広がりは次第に限界となり，政府は在宅介護の公的整備が必要であることに気づき始めた。高齢者介護の議論の中では，社会の発展で都市化が進み，核家族化が進み，女性が仕事を持つようになったことが公的な在宅介護を必要とする理由として語られるようになった（ibid.：30)。

現代装備の老人ホームは個室や娯楽設備を備えており，1950年代には高齢者の人気を得た。国会で老人ホームの利用料金問題が議論されたが，コミューンが自由裁量で利用料金額を決めることができるよう，1947年基本方針の流れに反して利用料金の法制化はしないこととなった（ibid.：30)。

老人ホームにおける長期的な慢性疾患，精神疾患への対処は従来からの問題であったが，将来的に医療を増やすことにより解決できるとされた。この見解は1947年基本方針と同様であったが老人ホームの役割は原則からみて，全く別のものとなった。今後は在宅介護が増えていくので，老人ホームで介護を受ける人は高齢でより虚弱な人たちとなる。しかしこのことは医療と介護の境界問題を浮上させ，老人ホーム自体の役割がぼやけたものとなっていった。1947年基本方針に比べ，老人ホームの役割は窮屈なものとなったこ

第3章　老人ホーム主義から在宅介護主義への転換

とがより明確化した。1947年基本方針では，誰が老人ホームの利用者としてふさわしいかがはっきりせず，「賄い付き住宅」と「民宿のゲスト」という概念が貢献していた。社会省の上級官僚であったエッケルベリイは，1948年には将来の老人ホームは「年老いた人に普通に用意され，その人たちは何らかの援助を必要とするが，特別な病気にかかっていない」とすでに記述していた。老人ホームが継続的な見守りと介護を必要とする人たちに用意された場所とされたのは1957年基本方針であった。老人ホームに入所する前にまず在宅介護が試されるべきとされた（ibid.: 31）。

　在宅介護主義が定着する中で，老人ホームの役割についての見解は矛盾だらけであったが，ほとんど注目されなかった。利用者の要望や選択の自由に対する配慮は，在宅介護の優先度を強調するためのスローガンとなった。介護を必要とする高齢者が料金を払って賄い付きの老人ホームを利用することを想定しにくい状況をつくり出されたことに対して，エデバルクは在宅介護主義により選択の自由が制限されたと指摘する（ibid.: 31）。年金生活者ホームは1957年基本方針では明確には扱われていないが，高齢者の住宅問題は住宅政策委員会で引き続き検討された（ibid.: 31）。

　1947年基本方針では老人ホーム主義，1957年基本方針では在宅介護主義というように，両者は異なる理念を示しているが，共通点は財政的な裏付けがないことであった。高齢者介護調査委員会の調査では，高齢者の住宅の約25％で水道と下水道が整備されておらず，また別の調査では，長期療養病床の待機者が6000人も発生しており，待機者リストにある4分の1の人が病院で必要な医療を受ける前に亡くなっているという状況が報告されていた（ibid.: 31-32）。資源不足は特に住宅と医療において深刻であった。

5 在宅介護主義という政治的合意

　1959年初めの国会では，財政問題について政党間で激しい議論が展開された。保守中道系政党は歳入増加の見通しがないままで多くの政策が提案され

ているとして，社会民主党政権を批判した。右党のJ．ヤルマールソン（Jarl Hjalmarsson）党首は国会の憲法委員会において，ストレング財務大臣が財政赤字を前提とした予算を提出したことに対し，問責を要求した（Hadenius 1990：93）。1955年から1976年までの約20年間，影響力を持ち続けたストレング財務大臣は戦時中に存在した売上税の導入を考え，4％の売上税（後に付加価値税に転換）を導入した（ibid．：94）。ストレング財務大臣はムッレル社会大臣の辞任後，社会大臣を務めたことは前述のとおりである。また社会民主党政権にとって所得比例年金である付加年金制度の導入は，ホワイトカラーの有権者から新たな支持者を獲得する機会ともなった（ibid．：93）。

(1)特定補助金の簡素化

　保守派の右党は，1959年と1960年に老人ホーム建設への国庫補助金の廃止を要求した。右党の提案は国の支出削減を目指したもので，コミューンによる老人ホームの建設を停止させることがねらいであった（Edebalk 1990：33）。右党は第一子への児童手当の廃止や学校給食や教科書への歳出削減など，徹底的な歳出削減を求め，財政赤字は受け入れられないとした（Edebalk 1990：94）。

　しかし国の財政的な枠組みは1950年代終盤に発表されていたため，右党による老人ホーム建設への補助金批判は大きな問題にはならなかった。すでにこの国庫補助金自体が空洞化していて，すでに建設費の約15％にしか対応しないようになっていた。政府は事業の合理化を提案するための調査委員会を設置した（Edebalk 1990：33）。

　特定補助金をなくし，補助金システムを簡素化する改革の中で，家庭支援ホームヘルプへの国庫補助金は1960年に廃止された。国会では財政力の低いコミューンに対する補助金に配慮したが，老人ホームの水準を向上させるという右党の提案は同意されなかった（ibid．：33）。

　1960年春の国会では，高齢者介護について10件以上の動議が出され，内容は高齢者介護の不足を解消，介護事業増進の必要性に関する動議であり，高

齢者介護の需要と介護環境に関する調査を実施することとなった。1957年基本方針で示された課題も配慮され，1960年12月，社会政策調査委員会（Social-politiska kommittén）が調査を開始した（*ibid*.：33）。

(2) 社会政策委員会による高齢者介護実態調査

社会大臣 T. ニルソン（Torsten Nilsson）（社会民主党）は1958年5月に社会政策調査委員会を設置した。戦後の改革事業により特定補助金の一般補助金化が目指されたが，様々な小さなグループ，特に障害者のグループが被害を受ける可能性が委員会で指摘された。首相書記官の E. ミカネック（Ernst Michanek）が委員長を務めたが，彼は政党や労働市場の各種団体のなかでもリーダー的存在であった（*ibid*.：34）。これまでの委員会では，福祉エリートが主導権を持つ傾向にあったが，この頃から政治色のあるリーダーが主導権を持つようになってきた。

社会政策調査委員会による高齢者介護調査は2つの部分で構成された。ひとつは1963年に発表された高齢者介護の実態調査で，いくつかの詳細な調査と1960年の国民住宅調査を根拠にしていた（*ibid*.：34）。

高齢者介護調査は人口動態についての議論も引き起こした。社会政策調査委員会の調査では1960年の高齢化率は約10％であるが，1980年には14.5％になるとされ，特に後期高齢者の増加を指摘した。1960年代では80歳以上人口が毎年6000人ずつ増加し，85歳以上人口は1960年代の10年間で2倍になると報告した（*ibid*.：34）。

特に注目されるのは高齢者の住宅についての調査結果である。住宅改善と年金生活者ホーム増設にも関わらず，高齢者の17％（約13万人）の住宅は改善されないままで，このうち約85％が農村のものであった。また国内の高齢者向け住宅の半分が，高齢者のための適切な住宅として最低水準の質を確保できていないことが指摘された（*ibid*.：34）。

ホームヘルプの普及は早く，ホームヘルプを持たないコミューンは全国で26ヶ所だけであったが，農村地域ではホームヘルプの編成が困難で，地域間

の不均衡がみられた。

　老人ホームには約3万7000人の高齢者が住んでいたが，利用率は減少した。農村では老人ホームの利用者数が多く，大都市では少なかった。老人ホームが現代的な装備となり，質が高まったが，数は不足していた。入居者全体の約10％が不適当な入所と推定され，他の形態による介護(例えばナーシングホーム[10]への入所等)を受けるべきとみなされた。老人ホームの半分以上は1946年以降に建てられたものであったが，旧式の老人ホームが2万1000人分も残っており，1800年代に建てられたホームが2700人分，1900年から1919年に建てられたホームが5700人分あった。老人ホームの数が増えないものの，毎年3000人分の新たなホームが必要とされる状況であった（ibid.：35）。

　社会政策調査委員会は医療費支出に占める老人医療の割合が増加している傾向にも言及した。医療問題は重要課題で，他の調査委員会が扱っていた。1960年には全国に1万9000人分の長期療養病床（långvårdsplats）があったが，1万2500人分が不足しており，1970年には4万人分が必要と考えられた。

　この高齢者介護調査はテレビで大きな注目を集めた。新聞やラジオとともにテレビが世論に影響を与える新たなメディアとなってきた。高齢者介護が「危機」（kris），「スキャンダル」（skandal）として語られ，テレビで報じられたルポが国会論争に反響を与えた。テレビ報道が，政府に対して国会が大きな要求を出すきっかけをつくった（ibid.：35）。この傾向は本書の第8章にもとりあげる「カレマケア報道」のように，現在につながっている。

(3) 1964年の国会決議―ホームヘルプの集中整備補助金

　社会政策調査委員会は1964年に調査報告書『よりよい高齢者介護』（SOU 1964-5）を発表する前に，1963年末にS. アスプリング（Sven Aspling）社会大臣（社会民主党）に次の3つの主要な提案を行った（ibid.：35）。

1) 国による借入金制度の導入。最初の5年間は無利子，分割返済可能とし，1964年7月1日から，ナーシングホームの建設に割り当てる。ナーシング

ホームは技術も人材も充実し，家庭的な雰囲気であるべきとした。(*ibid.*：35)。

2) 住宅改善事業の強化。各コミューンは高齢者の住宅を詳細に調査し，住宅庁（Bostadsstyrelsen），レーン[11]住宅委員会はコミューンが住宅改善ローンを仲介できるようにする。年金生活者ホーム建設に対する国の貸付金制度も整備する。住宅不足が続いている状況を早急に解消することが国の役割であり，国が実施する住宅ローンは小さな家の建て替えにも適用されるべきとしている（*ibid.*：35）。

3) ホームヘルプの確実な組織化。コミューンは在宅介護を充実させるために，フルタイムあるいはパートタイムのホームヘルプチームをつくるべきである。ホームヘルプの集中整備のために，1964年7月1日より，コミューンのホームヘルプ支出の35％に対し国庫補助金を支給する（*ibid.*：35-36）。

1964年国会の決定はホームヘルプの急速な普及拡大にインセンティブを与えた。ナーシングホーム建設への貸付金により，5000人分の新たなナーシングホーム建設が計画され，合計で1万1500人分が整備されることとなった。ホームヘルプの利用者は2年間で12万9000人から16万人に増加し，10年後にはこの数字は倍以上になった（*ibid.*：36）。

ホームヘルプに対する集中整備補助金はコミューン間でも論争があり，家庭支援ホームヘルプへの国庫補助金が1960年に廃止されたばかりなのに，新たな補助金が導入される理由が問われた。1965年に国会はコミューンへの補助金システムが複雑であり，補助金システムの簡素化は緊急課題と考え，コミューン間の財政格差を調整するための税均衡交付金（skatteutjämningsbidrag）を導入し，同時にいくつかの特定補助金を廃止を決議した。この補助金改革で，老人ホーム改築と増築への国庫補助金も正式に廃止された（*ibid.*：36）。

(4) 政治的合意と高度経済成長

エデバルクは，1960年代初頭にみられた高齢者介護政策の集中的な実施は，

政治的にも経済的にも説明できるとしている。

　高齢者介護問題は，1947年，1957年，1964年の各基本方針の国会決議を通じて，関連の調査委員会，政府，政党，社会庁の間で高いレベルの政治的合意を達成した。戦争終結の当初は，高齢者介護政策は"福祉エリート4人組"によるリーダーシップが強かった。1950年頃から政党の動きが目立つようになるが，介護問題は相対的に優先順位が低かった。1950年代に大規模な社会政策が実施された後，高齢者介護はようやく深刻な社会問題の一つと見なされるようになり，重要な政策課題となった。エデバルクは，1960年春の国会での動議の集中は，各政党による秋の国政選挙に向けた準備の一部だったと考える（ibid.：36-37）。

　高齢者介護が優先的な政治的課題になると，高齢者介護の遅れによる諸課題が顕在化した。古く劣悪な住宅に住む10万人以上の高齢者，水準の低い老人ホーム，長期療養の待機者，質の低い介護サービスは，豊かな社会となったはずのスウェーデンに残る貧しいスウェーデンの象徴とされた。高齢者介護政策の遅れは社会政策調査委員会だけが注目していたわけではなく，他の調査委員会でも「深刻な不足」「膨大なニーズ」として語られた。人口問題の新たな危機を論ずる書籍も出版された（ibid.：37）。

　1960年代前半はスウェーデンの経済成長は年平均5％の伸びを示し，世界中が驚く高さで，「記録の年」となった。1940年代の若者層が労働市場に入り始めた頃であった（ibid.：37）。

(5)老人ホームは前時代的という位置づけに

　在宅介護主義を軸とした改革は，高齢者介護の考え方をより現代的にし，老人ホームの位置付けを大きく変えた。住宅とホームヘルプの整備は，「家庭的な」ナーシングホーム建設と集合住宅しての年金生活者ホームを発展させることを意味した。1947年方針では老人ホーム以外の集合住宅は否定されたが，1950年代を経て，1960年に受け入れられたことになる（ibid.：37-38）。

　所得比例年金である所得連動型付加年金制度の導入は，長期的にみると，

第3章　老人ホーム主義から在宅介護主義への転換

在宅介護にとって大きな意味を持つ。年金給付が多くなれば，高齢期の生活の可能性が広がり，住宅市場には競争が始まり，在宅介護サービスの需要にもつながる（ibid.：38）。

　エデバルクは，中央の政治的リーダーらの見地にはもはや老人ホームは存在していなかったと考える。ホームヘルプへの特定補助金の導入と同時に老人ホーム建設への特定補助金が廃止された。1960年代の世論は，「脱施設化」（avinstitutionalisering）という国際的潮流に影響を受けた。イギリスの社会学者 P. タウンセンド（P. Townsend）が1962年に出版した著作は老人ホームの悲惨な状況を描いたものであったが，論点は13年前のロー＝ヨハンソンと同じであった。終戦直後のイギリスはホームヘルプの先進国と考えられていたが，高齢者介護では老人ホームがまだ重点化されていた（ibid.：38）。

　コミューンは高齢者介護の責任を担っていたが，常に国の考え方と同じではなかった。コミューン連合会[12]は社会政策調査委員会の報告書に対して，ホームヘルプを利用して自宅で生活することは基本であるが，在宅介護と施設介護の配置のバランスはコミューン自身が決めるべきだと発言した。そのため1964年基本方針には，高齢者介護におけるコミューンの自由裁量が尊重され，国の一方的な管理ではないという趣旨が含まれていた。人口密集地のコミューン（tätortskommun）と過疎地のコミューン（glesbygdskommun）では，在宅介護主義による効率性の前提条件が全く異なっていた。過疎地のコミューンでは在宅介護に要する労働力を集めることは困難であり，移動距離が長く，特にスウェーデン北部では冬季にホームヘルプを稼働させることは危険である（ibid.：38）。

　1960年頃には老人ホームは多くの点で古い介護形態とみなされるようになり，1960年代初頭には老人ホームを長期療養を可能とするナーシングホームに移行させるという考え方がでてきた。ナーシングホームは広域行政体ランスティングの権限で運営されるが，疾患のない高齢者は自宅や年金生活者ホームで在宅介護を受けるべきとされた。社会政策調査委員会の実態調査では，多数のコミューンが老人ホームは前時代的なものと位置付けていた（ibid.：38）。

6 社会政策としての高齢者介護

　ホームヘルプは貧困救済事業のイメージを払拭し，普遍的給付の象徴とされ，1960年代を通じて全国に普及し，拡大していく。一方，エデバルクの問題意識には，脱施設主義キャンペーンの勢いを受けて政党間では高齢者介護についての政治的合意が形成されたが，高齢者介護のサービス編成のあり方や適正コストについての議論がほとんどなされなかった点を指摘する。その結果が，その後1980年代にみられた社会的入院の増加などの問題を招いたとする。

(1) 普遍的給付としてのホームヘルプ

　エデバルクは，普遍型福祉国家の高齢者介護の特徴は，他の社会サービスと同様に2つの条件が満たされなければならないと考える。第一にすべての市民がサービスを利用できる権利を持ち，そのことは個人の経済的条件から独立していることである。第二にサービスが量的にも質的にも充実していることである（*ibid*.：40）。

　1947年基本方針は普遍的な社会政策を表現しており，現代装備の老人ホームは見守りと介護を必要とする高齢者のための施設と位置付けた。そして老人ホームの質の向上のために，年金生活者ホームや市民階級の間で人気のあった民間の老人ホーム（ペンションあるいは「パウブレス・ホンテクスの家」（前述））という比較可能な選択肢の存在が重要とした。この方針は1918年基本方針に比べて，志は高かったものの，新たな福祉国家の方向性とは異なっていた（*ibid*.：40）。

　高齢者介護における普遍型福祉国家の特徴は，1950年代初頭に見られるようになる。介護が必要になった時に，政治リーダーや福祉官僚があるべき介護サービスを決めるのではなく，それを利用する当事者本人の意思や消費者としてのサービス選択の可能性が重視されるようになった。老人ホームの不

足が理由で始まったホームヘルプは当事者による選択を動機づけ，急速に普及した（*ibid*.：41）。

年金や医療の社会保険制度では，収入無関係の原則（inkomstbortfallsprincipen）が強化されていくが，これは経済成長を背景に中流階級の存在感が拡大した結果ともいえる。この原則は個人の事情に配慮しており，病気や高齢が原因で，生活条件が大きく変わらないですむようになった（*ibid*.：41）。

普遍型社会政策の枠組みでは，社会サービスは貧困救済事業の性格を持たない。戦後に誕生した現代装備の老人ホームは貧困救済事業の性格を払拭したが，1955年の社会援助法の成立に伴い貧困救済法が廃止されたにも関わらず，老人ホームには貧困救済事業の特徴が残っていた。古い老人ホームが大きな比率を占めており，老人ホームには管理方針と厳しい規則があった。これは利用料金問題の中にも存在する。1947年基本方針では，老人ホームの利用料金は所得に関わらず一律にすることが示されたが，そのようにはならず，応能負担が続いた（*ibid*.：41）。エデバルクは，応能負担が継続されたことで，老人ホームに対するスティグマが残ってしまったことを指摘している。

一方，高齢者向けホームヘルプは新しく生まれたサービスであり，貧困救済事業の性格を持たなかった。それは事業を始めた赤十字が高齢者に対して日常生活の中で普通に向き合っていたからである。実際には差異化された料金形態を導入したコミューンもある。裕福な階層はホームヘルプを不足する家事使用人の代替とみなした。ホームヘルプはそれぞれの高齢者にとって魅力的なサービスだったことで急速に普及し，高齢者介護の充実に貢献した（*ibid*.：42）。

(2)ホームヘルプは安く，老人ホームは高いという神話

1960年頃までは高齢者介護は社会政策の中で優先順位が低かったが，その後，在宅介護主義という大きな政治的合意の中で，高齢者介護は政治的に存在感を築いていった（*ibid*.：42）。

老人ホームの位置づけの議論で，利用者による消費選択の自由 (fria konsumtionsvalet) という考え方が高まり，1957年基本方針では，高齢者介護は高齢者本人の自由な消費選択により供給されるべきとされた (*ibid*.: 42)。エデバルクがここで指摘するのは，表向きは選択の自由といいながら，政府は「高齢者が老人ホームを選ばない可能性」(*ibid*.: 42) をつくり出したいと考えていたのが真相だとする。ホームヘルプが導入された頃の議論では，「本人の希望」という言葉がよく使われた (*ibid*.: 42)。

　1964年の老人ホーム建設への補助金廃止の決定は，結果として，高齢者に対し老人ホームを選ばせないようにしたとエデバルクはいう。ホームヘルプを利用して自宅で暮らすケースが増えたと同時に，建設補助金の廃止でコミューンが老人ホームを新設し運営する動機は弱まった。ナーシングホームは医療機関と位置付けられていたため，利用料金が比較的安かった。老人ホームかナーシングホームのどちらを選ぶかという時，利用者はナーシングホームを選ぶようになった (*ibid*.: 42)。

　利用者による選択の自由といいつつ，実際には中央政府のコントロールで老人ホームはその選択肢から外されたとエデバルクは考える。高齢者本人の希望に対応するためには，異なる形態の介護サービスの調整は必要ないという方針で進められていくこととなった。このことは1980年代初頭に，高齢者介護にかかるコストが必要以上に高くなるという深刻な問題を引き起こすこととなった (*ibid*.: 43)。国庫補助金により，コミューンにとっての整備費用や高齢者本人にとっての介護サービスの利用料金は安かったが，コスト意識を持つことができず，社会全体ではコスト高となっていた。認知症や重度の介護を必要とする高齢者の居場所がないことが社会的入院の要因となった。高いレベルの機能障害がある場合，ホームヘルプやナーシングホームより，老人ホームの方が社会経済的に安く，高齢者にとっても魅力的な選択肢となる (*ibid*.: 43)。

　ロー＝ヨハンソンの脱施設介護のキャンペーンへの反論として，財政論では介護を必要とする高齢者が地域に分散すると介護者移動に費用がかかる上，高齢者の住む住宅には現代装備がなく介護が難しいという意見もあっ

た。老人ホーム介護は在宅介護にくらべ，少ない職員で対応できる側面もある。しかし当時は，このような意見は農村の立場を代弁するようであり (*ibid*.: 43) 受け入れられなかった。在宅介護主義はホームヘルプがコスト安であることを一方的に主張したが，この主張は専業主婦による安い労働力を前提条件にしており，大都市では専業主婦層がボランティアか時間給のホームヘルパーとして働いていた状況を背景としている (*ibid*.: 43)。

　ホームヘルプは介護費用を抑制するという考え方は普遍型福祉国家の発展期に引き継がれていくが，1960年代にホームヘルプが急速に拡大した時にも，ホームヘルプの効率性が十分に検討されたわけではなかった。そのような中で，1964年基本方針に続き，動議が出され，国庫補助金により，在宅介護の大幅拡充を即時行うべきとされた。「自宅で高齢者の世話をする上で適切な能力を持つ専業の母親が大量に必要」(*ibid*.: 44) という事態となった。1960年代に導入されたホームヘルプ拡大路線の結果，ホームヘルプは徐々に労働市場に頼るようになった。ホームヘルパーの新規採用は労働市場で他分野との競争になった。重度の介護を必要とする高齢者に対して自宅で介護を提供するためには，ホームヘルパーに新たな教育と資格が必要となった。1970年代には，時間単位のホームヘルプコストは急激に上昇していく (*ibid*.: 44)。

　新たなサービスの創設期ではその効果や効率性への配慮を見逃しがちである。エデバルクは，1980年代初頭にようやく高齢者介護が行政化段階 (förvaltningsfas) に達したと考えており，介護サービスの需給バランスやコスト意識がでてきたという。それまでは"ホームヘルプは安く，老人ホームは高い"という考え方が神話となっていて，その真偽は議論されてこなかった (*ibid*.: 44)。

第4章

福祉国家の拡大とホームヘルプの編成

1 はじめに

　1960年代にはスウェーデンの工業生産は年平均6.5％の伸びを示し、「黄金の60年代」と呼ばれる高度成長期を迎えた。失業率は低く、所得は着実に増え、社会保障制度も充実した（岡沢 1994：72）。スウェーデンの工業化は遅れて始まったが、第二次世界大戦後は戦争で疲弊した先進工業国家に原材料や工業製品、生産装置を提供して、一人当たりのGNPでアメリカに挑戦できる数少ない国となった（*ibid*.：80）。

　1946年にP.A. ハンソン首相（Per Albin Hansson）（社会民主党）が心臓発作で急死した後、T. エランデル（Tage Erlander）（社会民主党）が首相となったが、エランデル政権は1969年10月まで23年間もの長い間、政権を担当した。特に1960年代前半には、社会民主党は共産党を合わせると議会での過半数を持っており、エランデル首相のいう「強い社会（公的セクター）」を拡大するのに力を発揮した（Hadenius 1990：111）。

　1970年代にはスウェーデンは低成長の時代に突入する。社会民主党によるリーダーシップで拡大した公的セクターと強力な所得移転政策は、不況になると批判の対象となり、公的支出の伸びがGNP成長率をはるかに超えている状況は強く批判された（岡沢 1994：145-146）。スウェーデンの公的セクター

の規模は大きく，1985年時点で労働力の31％を雇用し，GNPに占める歳出の比率が65.4％に達していた（1960年約33％，1970年45％，1975年50％）(*ibid*.：146)。社会民主党政権は1976年選挙で44年ぶりに政権を失った。

P.G. エデバルク（Per Gunnar Edebalk）は，高齢者介護は福祉国家の発展を分析する上で興味深い題材となる（Edebalk 1990：5）というが，経済的に，政治的に安定した1960年代のスウェーデン福祉国家の拡大期に，また1970年代の経済低成長期に，高齢者介護はどう議論され，どう展開していったのか。またどのような特徴を指摘することができるのか。

本章ではまず2節でスウェーデンにおける高齢者介護の概念を整理する。スウェーデン，デンマーク，ノルウェーで使われる'オムソーリ'（omsorg）（本書では「介護」と邦訳する）の概念はこの時代に生まれた。3節ではホームヘルプの量的な変容や利用者の特徴を統計を用いて整理する。4節ではホームヘルパーの変容として，「家庭の母親」資格の延長にあったホームヘルパーが自立した専門職に変容していく過程を整理しながら，近年のホームヘルパーの置かれている状況を統計的にまとめ，今日の課題をあげる。5節ではホームヘルプが「伝統的モデル」(1960年代)，「ベルトコンベア風モデル」(1970年代)，「小グループモデル」(1980年代以降)と編成されていく過程の中で，その背景にある目的や考え方を検討する。6節は本章の結論として，日本のホームヘルプの発展過程との比較を通じて，スウェーデンのホームヘルプの特徴を明確にする。

本章は（特に5節）主にM. セベヘリ（Marta Szebehely）*Vardagens organisering. Om vårdbiträde och gamla i hemtjänsten*（1995）(「日常生活の編成─ホームヘルプにおける介護職と高齢者について」) に基づいてまとめている。またホームヘルパーを含む医療介護分野の現業職員で構成されるコミュナール労組[1]でのヒアリング調査（2002）で得た内容も使用している。

2 スウェーデンにおける高齢者介護の概念

(1) スウェーデンの'オムソーリ'

　スウェーデンでは高齢者介護を'エルドレオムソーリ'（äldreomsorg）という。高齢者介護の分野で'オムソーリ'（omsorg）という語が使用されるようになったのは1970年代以降といわれるが，セベヘリ（1998）は類義語と比較しながら，オムソーリという語の概念を説明している。オムソーリという語は「いたむ」（sörja）という語に類似し，「～を援助する，面倒をみる」（sörja för），「～に同情する，～に気がつく」（sörja med）という意味があり，介護という実働の側面と感情的な側面の二面性を持つ（Szebehely 1996：22, Wærness 1983：18）。オムソーリという語はこの他にも「入念，几帳面」（omtanke），「心遣い，配慮」（granhet），「大切にする」（aktsamhet）という意味があるが，セベヘリはオムソーリを３つの意味に整理している。第一に，オムソーリは感情を持つ人間によって営まれる，入念な（noggrannhet），心遣いのある（omtanke）実際の働きであり，第二に，オムソーリは混在する関係者の間の関係性が問われる概念であり，第三に，オムソーリは働きとともに質が問われる概念である（Szebehely 1996：22）。

　オムソーリの類義語に，'オルドリングスヴォード[2]'（åldringsvård）という語があり，1960年代までは高齢者介護という意味で一般的に用いられていた。オムソーリの概念との違いは'ヴォード'（vård）は語源的に「保護，保護者」という意味を持つ。ヴォードは対象者を保護し守るが中立的な概念であり，保護対象者への感情は問わない。またオムソーリに比べて医療的な意味合いが強い。さらにヴォードの概念には，受け手の状態が元に戻る，回復するという意味がある。高齢者を若返らせることはできないし，介護を必要とする高齢者が完全に自立した状態に戻ることもなかなか考えにくい。K. ウェルネス（Kari Wærnes）のオムソーリ概念（Wærnes 1983：30）でも，オムソーリの対象となる高齢者は状態が回復するというよりは，むしろ，その状態に留

まるか，悪化することを前提に議論を展開している（後述）。

それでは'サービス'（service）という語はどうだろうか。サービスという語はラテン語の「仕える，奉公する」（servire），「奴隷」（servus）という語に由来する（Szebehely 1996：23）。前述のヴォードの概念では医療者，ヴォードする側（vårdare）が強い立場であるのに対し，サービスでは利用者の立場が強い（ibid.：23）。サービスの概念では，利用者がサービス内容を決めることが条件で，個人の要求や希望が出発点になる。そのために他の人がサービスの必要性や適切な援助を評価することはない。ホームヘルプの一部はサービスと考えられるが，ホームヘルプは要介護認定を要するため，すべてをサービスと考えることはできない。ヴォードとサービスはホームヘルプの一部として使われうるが，すべてを包括する概念ではない（ibid.：23）。

さらに'ヘルプ'（hjälp）はどうだろうか。ヘルプには「救助，援助」（bistånd），「救出，救援」（undsättning），「軽減，緩和」（lindring），「安堵，息抜き」（lättnad），「慰め，救い」（tröst）の意味がある。オムソーリに比べ，ヘルプの概念では質や関係性が言及されない。ヘルプは入念な場合もあれば，簡素な場合もありうる。ヴォード，サービスを含むオムソーリよりも，ヘルプは広範な意味を持つ（ibid.：24）。

ホームヘルパーの仕事を考えると，語源的意味でのオムソーリの仕事に限られることはなく，また語源的意味でのヴォードとサービスに限られることもない。しかし常にヘルプは存在する（図4-1）。

オムソーリは理念を持つ単語（Szebehely 1996：24）とされるが，オムソーリは弱者を保護する意味あいが強いヴォードと，利用者の権利性が強調されるサービスとも異なり，提供者と利用者の関係性が重視される概念とされている。オムソーリは英語で'ケア'（care）と訳されるが，厳密にはケアとも異なる。ケアという語は動物やモノにも使われるが，オムソーリという語は人間同士の行為にしか使われない。

日本の高齢者介護で考えると，介護保険制度以降，専門職から受ける介護は「介護サービス」という語が一般化している。かつての措置制度と異なり，介護保険制度では提供者と利用者による契約に基づいてサービスが提供され

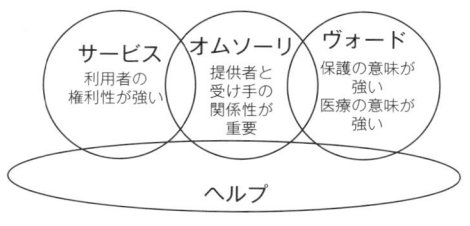

第4章　福祉国家の拡大とホームヘルプの編成

```
        サービス     オムソーリ     ヴォード
       利用者の    提供者と     保護の意味が
       権利性が強い  受け手の     強い
                関係性が     医療の意味が
                重要       強い
                 ヘルプ
```

図4-1　介護職員／ホームヘルパーの仕事

るため，利用者の権利性が高まったことは事実である。本書ではオムソーリを「介護」を邦訳しているが，オムソーリに相当する日本語訳は厳密には見当たらない。

(2)オムソーリの合理性

　ウェルネスの *Omsorgsrationalitet*（1983）（「オムソーリの合理性」）は北欧諸国の高齢者介護研究に大きな影響を与えた。ウェルネスはオムソーリの仕事（omsorgsarbete）とパーソナルサービス（personlig service）の違いを示すとともに，オムソーリの仕事においては担い手と受け手の相互関係が重要であることを指摘し，1980年代にすでに始まりつつあったホームヘルプの合理化路線を批判した。

　オムソーリの仕事とパーソナルサービスでは，行為の内容が同じ場合（例えば調理）もある。ウェルネスは，オムソーリが自立生活が困難な状態の人を対象にしていることを明確に示し，オムソーリとパーソナルサービスでは担い手と受け手の関係性が異なることを説明している。ウェルネスは，同じ行為であっても受け手が自分ではできない場合はオムソーリであり，自分でもできる場合はパーソナルサービスとした。

　オムソーリは少なくとも担い手と受け手の両者の関係の上に成り立つものであり，担い手はその受け手に対して愛情と尊重の意を示す。また担い手にとって，受け手が介護を必要としていることはオムソーリの条件であり，受け手が苦しんでいたり，快適な状態でない場合，担い手には少しでもそれを

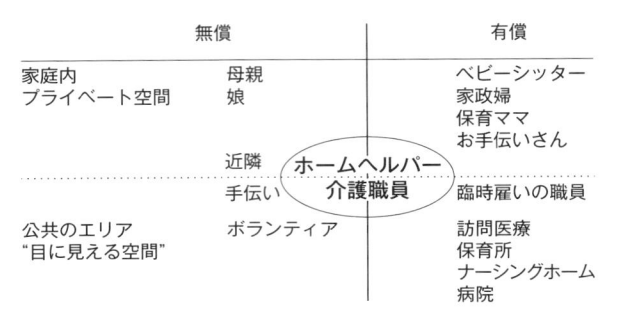

	無償		有償
家庭内 プライベート空間	母親 娘		ベビーシッター 家政婦 保育ママ お手伝いさん
	近隣 手伝い	ホームヘルパー 介護職員	臨時雇いの職員
公共のエリア "目に見える空間"	ボランティア		訪問医療 保育所 ナーシングホーム 病院

図4-2　オムソーリの担い手と介護職員／ホームヘルパー
(出所) Wærness 1996：206

軽減したいと願う気持ちが生まれる (Wærness 1996：207)。

　オムソーリは高齢者介護だけでなく，対象者別に3つのタイプに分類できる。第一に，受け手の成長に結び付くオムソーリで，この種類に入るのは教員と生徒，保育職員と子どもの間のオムソーリ (保育：barnomsorg) である (ibid.：207)。第二に，受け手の状態を維持する，悪化を防ぐことと結びつくオムソーリで，障害のある人を対象とするオムソーリ (障害者援助：handikappomsorg) はこの種類に含まれる。第三に，受け手の衰弱や状態の退化に特徴づけられるもので，高齢者や終末期を迎える人をめぐるオムソーリ (高齢者介護：äldreomsorg) がこの分類の典型である。オムソーリは，小さな子どもや病人，障害のある人，高齢者を対象とする。一方，パーソナルサービスは，自立生活が可能な人，成人した子どもに対して提供されるものである (ibid.：207)。

　図4-2は家庭内と家庭外にいるオムソーリの担い手と介護職員／ホームヘルパーの位置を示している。家庭内のオムソーリには無償労働と有償労働があり，家庭内の無償労働は母親や娘等の女性が担っていることが多い。場合によっては，ベビーシッターや家政婦を雇うことを通じて，家庭内のオムソーリが有償労働化される場合もある。公共空間でも無償労働と有償労働のオムソーリがあり，無償のボランティア活動もあるが，多くは有償で保育士，看護師などの専門職が担っている。

第4章　福祉国家の拡大とホームヘルプの編成

　ウェルネスは介護職員とホームヘルパーをマトリクスの中央に位置付けている。つまり，介護職員やホームヘルパーは歴史が短い専門職であるため，位置づけがあいまいで不安定であることを示すと同時に，逆にその可能性も示している。この状況は次節以降のホームヘルプの発展の歴史をみるとより明らかとなる。例えば1950年代のホームヘルパーはボランティアの性格が強く，利用者を誕生日パーティーに招待するなど，決められた仕事以外のオムソーリを自発的に提供していたのである（4節）。

　1980年代に注目されたウェルネスのオムソーリ論は20年以上も経て再び注目されている。それは高齢者介護にみられる官僚化と市場化への問題提起として捉えられるからである。高齢化が進む国ではどこでも，家庭内のオムソーリを部分的に外部化してきた。家族の負担を軽減する上で，医療費の高騰を抑制する上で，労働力を確保する上で，オムソーリの外部化は合理的な選択であった。その一方で，オムソーリは専門職が担うことが増え，行政による管理の対象になった。オムソーリに直接関わっていない第三者が要介護認定を通じて，オムソーリの内容，時間を決めることになった。本来，オムソーリは担い手と受け手の相互関係の上に成り立つもので，提供者の一方的な事情やタイムスケジュールに左右されるものではなかった。

　オムソーリは商品生産の製造過程のように，技術を通じた合理化や効率化ができない。しかし1980年代以降，政府はオムソーリに経営論理を採り入れ，合理化や効率化をはかろうとしてきた。オムソーリの時間も30分単位等に細切れになり，仕事の内容も「犬の散歩は禁止」「庭の手入れは禁止」等，詳細に規定される。この構造はオムソーリの質にも影響する。オムソーリの質は，担い手と受け手の関係性の中でつくられてきた。「してあげたい」という純粋な自発的感情から生まれるオムソーリが全く認められないとすれば，担い手にとってオムソーリのやりがいは減少する。1分1秒の節約を求めて，細かな制約をつくっていくことが，本当にオムソーリの合理化につながるのか。「合理性」（rationalitet）という語は，一般に経済合理性の意味で使われることが多く，行為が無駄なく，能率的に行われるという意味で解釈される。しかしウェルネスが問いかけるオムソーリの「合理性」は，道理にかなっ

133

ているかを問うものであり,当事者同士の関係性から遠ざかっていくオムソーリについて,その本質は何かを問うている。

3 ホームヘルプの急速な拡大

　オムソーリの概念は,福祉国家の展開とともに拡大したホームヘルプの編成過程で生まれてきた。1950年以前には全く存在しなかった高齢者向けホームヘルプが,1950年代初頭の脱施設論争とボランティアによるホームヘルプの人気上昇をきっかけに政府の関心と結びつき,急速に拡大していく。特に1964年に特定補助金が導入されてからの広がりは,普遍主義型福祉国家の展開における象徴的な現象の一つとしてみることができる。また戦前からの老人ホーム主義は脱施設論争で敗北したかにみえたが,長期療養病床（後述）,サービスハウス[3]（後述）を合わせた数でみると,介護を必要とする高齢者の居住場所全体としては増加していた。セベヘリ（1995）は在宅介護が脱施設化に対応するために拡大したというよりは,経済状況が極めて良好な時代にホームヘルプが急拡大したという見方が妥当としている。つまり,福祉国家の拡大期においては,施設整備に代わってホームヘルプが整備されたというよりは,「施設」介護も「在宅」介護も共に拡大したといえる。

(1)在宅介護も施設介護も共に増加

　1950年代に始まったホームヘルプは急速に拡大し,1963年には全国に1万9000人のホームヘルパーが存在した（Szebehely 1995：29）。1964年にはホームヘルプに国から特定補助金が支給されるようになり,その結果,1970年にはホームヘルパーの数は8万人にまで増加した。ホームヘルプの総供給時間は,国庫補助金が始まった直後の1965年には2000万時間,1980年には5000万時間,1990年には1億時間と増えていった（*ibid.*：29）。
　利用者数でみると,1954年には4万人,1960年には8万人,1970年には25

第4章　福祉国家の拡大とホームヘルプの編成

図4-3　ホームヘルプの利用者数の推移
（65歳以上1000人あたり）

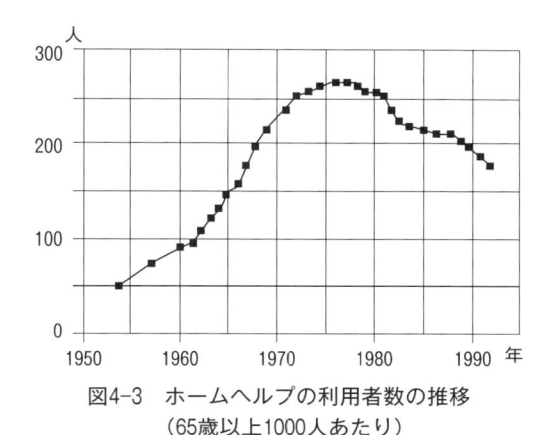

（出所）Szebehely 1995：30
（原出所）SOU 1964. 5：SCB SM social hemhjälp 1971-1993 samt SCB statistisk årsbok 1957-1994（befolknings-uppgifter）．

万人がホームヘルプを使用しており，歴史上，利用者数が最も多かった年は1978年の35万人であった。その後，ホームヘルプの総供給時間は伸びたが，利用者数は減少し，1992年には27万人にまで減少した（ibid.：29）。高齢化の進行とともにホームヘルプの提供時間数は増えている。つまり利用者数の減少は，重度の介護を必要とする高齢者にサービス提供が重点化されてきたことを意味する。図4-3は65歳以上1000人あたりのホームヘルプ利用者数を示すが，1978年に利用者数が最大であったことがわかる。

　図4-4は老人ホーム（ålderdomshem），長期療養病床（långvård）とナーシングホーム（sjukhem），サービスハウス（servicehus）利用者数の推移を示す。老人ホームの利用者数は1970年代中盤から減少し始めた。長期療養病床とナーシングホームの利用者数は1980年代に増加したが1992年のエーデル改革[4]以降は減少する。施設ケアと在宅ケアの境界にサービスハウス（後述）がある。サービスハウス利用者は公式統計では施設利用者数に含まれないが，セベヘリはサービスハウスは高齢者住宅のカテゴリーに入りうるとしている。サービスハウスの利用者数は1970年以降に増加しているが，このこと

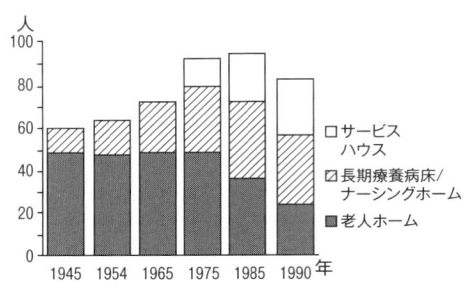

図4-4　老人ホーム・長期療養病床・サービスハウス利用者数の推移（65歳以上1000人あたり）

（出所）Szebehely 1995：30
（原出所）SOU 1964：5, 1977：98, 1985：31, 1987：21；
　　　　 Socialstyresen & SCB 1993b samt
　　　　 SCB statistisk årsbok 1952-1992（befolknings-uppgifter）．

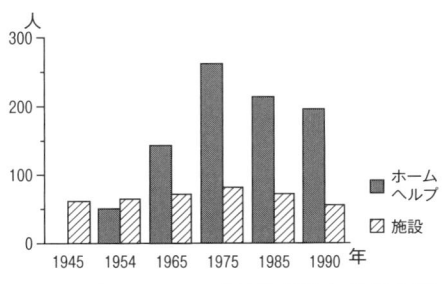

図4-5　ホームヘルプ利用者数と施設利用者の推移　（65歳以上1000人あたり）

（出所）Szebehely 1995：31
（原出所）図4-3と図4-4に同じ

は何らかの介護機能を持つ住宅が増加したことを意味している。この視点で見ると，1950年代に老人ホーム主義から在宅介護主義へと政策理念が変わったとはいえ，その後の30年間で集合的な居住施設の利用者は増加したことになる（*ibid*.：30）。

　図4-5はホームヘルプ利用者数と施設利用者数（老人ホームと長期療養病床入居者の合計）の推移を示すが，高齢化率の上昇とともに増加し1985年以降は減少に転じている点で両者は似ている。1954年にはホームヘルプは施設介護と同程度の利用であったが，1965年にホームヘルプ利用者数は急激に増加し，施設介護利用者数の約2倍になった。1975年には約3倍になっている。施設に比べてホームヘルプが短期間でいかに急増したかがわかる（*ibid*.：30）。また1945年にはホームヘルプが存在していなかったこともわかる。

　日本では1985年頃からスウェーデンのホームヘルプへの関心が高まり，日本のホームヘルプ整備の遅れからその利用者数の多さを注目するようになるが，スウェーデンにおけるホームヘルプ利用者数の最盛期は1978年であった。1978年にはスウェーデンでは65歳以上の3割近くがホームヘルプを利用して

いたという状況は，北欧諸国以外の他国では考えにくい。

1960年代と1970年代はホームヘルプだけでなく，すべての公的な高齢者介護が増加した時期であった。「施設介護から在宅介護へ」という政府のスローガンがあったが，結果としては「施設介護も在宅介護も」増えた。1975年以降は「施設介護も在宅介護も利用者数減少」となった（*ibid.*：30-32）。

1982年には65歳から79歳までの高齢者の6人に1人がホームヘルプか長期療養病床か老人ホームのいずれかを利用していたが，1992年には10人に1人である。1982年には80歳以上の3人に2人が施設かホームヘルプを利用していたが，1992年には半分に減少している（*ibid.*：33）。

(2) ホームヘルプの量的拡大

1950年代初頭にホームヘルプが始まった当初は，ホームヘルプはまず施設入所を必要とする高齢者に提供されるべきとされた。そしてホームヘルプが拡大する過程で，軽度の援助を必要とする高齢者も対象にするようになった。セベヘリは「脱施設化への回答として，在宅介護システムの構築が行われたというよりは，社会的に経済状況が極めて良好な時代にホームヘルプが発展したという方が適当」と指摘する（*ibid.*：34）。

ホームヘルプの利用者は医療や生活扶助を必要としない人たちで，日常生活に不自由があるという理由でホームヘルプを利用していた。ホームヘルプの普及は高齢者介護につきまとってきた貧困救済事業のイメージを一気に払拭し，社会階層を問わずに人気の高いサービスとなった（*ibid.*：37）。福祉国家の拡大期には，ホームヘルプは高齢者という大きな社会グループが利用するサービスと位置づけられた（*ibid.*：34）。

図4-6は，ストックホルムコミューン（Stockholms kommun）におけるホームヘルプ利用者の利用時間別割合を示している。1960年，ホームヘルプ事業がさほど拡大していない時期には，利用時間の多い高齢者が多く，利用者の6割が週6時間以上のサービスを利用していた。事業が拡大するにつれ，利用時間が少ない人たちの割合が増えた。1980年代には週6時間以上のサービ

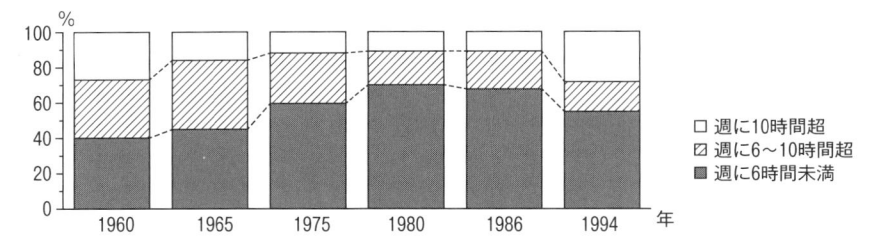

図4-6　ストックホルムコミューンにおけるホームヘルプ利用者の利用時間別割合
　　　　（65歳以上1000人あたり）

（出所）Szebehely 1995：34
（原出所）Uppgifter for 1960-1980 fran verksamhetsberättelser for hemtjänsten i Stockholm（uppgift för 1970 saknas）. Uppgifter för 1986 och 1994 från sociltjänstens lopande månadsstatitik framtagna av Leif Ballinder resp Karl-Erik Dunder vid Stockholms Socialtjänst（personlig kommunication）. Uppgifterna for 1994 gäller oktober, for övriga ar december.

スを利用する人は利用者の4割程度まで減少し，逆に利用時間の少ない人が増えた（ibid.：35）。1970年代半ばから1980年代にかけては軽度者のホームヘルプ利用が拡大し，1980年代半ば頃から，ホームヘルプは徐々に，重度者の利用にシフトしていったことがわかる。

　ホームヘルプの利用時間が多い高齢者が増えてきたのは，おそらく施設数の減少によるものと考えられる。かつては施設で介護を受けていた利用者層が在宅で生活し，ホームヘルプは重度の介護を要する高齢者に集中させる傾向となり，少量のホームヘルプを必要とする人たちはサービスを受けにくくなった。介護サービス判定の基準が厳しくなり，ホームヘルプ事業の全盛期の特徴，つまり利用時間が少ない高齢者が数多く存在するという特徴が徐々に弱まってきた（ibid.：35）。

(3)ホームヘルプ利用者の特徴とその変化

　セベヘリ（1995）はホームヘルプの利用を社会階層により分析している。
　ホームヘルプ利用者は男性より女性に多い。1993年では利用者の64％が女性である。ホームヘルプ利用者に女性が多いのは，女性の方が男性よりも寿命が長く，高齢の一人暮らしが多いからである。ホームヘルプはもともと一

人暮らしの高齢者を対象にしたサービスであったが，1990年で一人暮らし高齢者の28%がホームヘルプを利用しており，同居者がいる場合は5％で利用率は低い。夫の介護が重度化し，認知症状があっても，妻はホームヘルプを利用しないケースが多い（*ibid*.：36）。

　ホームヘルプ利用と利用者の性別や出身国等の関係にはほとんど関心が払われてこなかったが，セベヘリ（1995）はホームヘルプの供給量の変化が特定の社会階層に影響を与えることを指摘している。1980年代以降，ホームヘルプが重度の介護を要する高齢者に重点化されるようになったことは，男性高齢者よりも女性高齢者に影響した。一人暮らしの女性高齢者で，少量の家事援助を利用していた人たちの数は1980／1981年に比べ，1988／1989年には減少した。しかし男性高齢者には大きな影響はみられなかった。またホームヘルプの全体量が縮小すると女性利用者の比率が高まるが，それはホームヘルプの対象が後期高齢者に集中するようになり，後期高齢者には一人暮らしの女性高齢者が多いからである（*ibid*.：36）。

　1970年代中盤のストックホルムでは，ホームヘルプは高齢者の高所得層で一般的なサービスとなった。1980年代初頭にはブルーカラー層とホワイトカラー層の間ではホームヘルプ利用の広がりはほぼ同じ程度であった。1980年代終盤にはコミューンからの定期的な援助(特にホームヘルプ)を受けるのは，むしろブルーカラー層よりホワイトカラー層や事業家層でより多くなっていた。ブルーカラー層はホワイトカラー層よりも健康状態が悪く，施設利用の傾向があったことが理由と考えられる（*ibid*.：37）。

　1980年代には，家事援助を必要とする機能障害のある高齢者の中でも低学歴者の間で，ホームヘルプの利用が減少した。同じ条件で高学歴の高齢者は従来と同量のサービスが維持されていた。1980／81年にはホームヘルプは高学歴者より低学歴者の間での利用が多かったが，1980年代終盤には低学歴者より高学歴者の利用が多くなった。セベヘリは，高齢者介護政策の転換期，つまりホームヘルプが重度者に重点化されるようになった結果，権利やサービス利用について多くの知識や情報を持つ人（例えば高学歴者等）がサービスを得やすくなったことを指摘している。ホームヘルプの供給量が限られてく

ると，高齢者本人の介護ニーズよりも担当者の説明能力や利用者の情報量が影響すると分析した（*ibid.*：37）。

　ホームヘルプには年齢制限はないが，高齢者向けで始まったという歴史的経緯から，高齢者向けのサービスと考えられてきた傾向がある。1960年代終盤では利用者の90％が高齢者であった。しかし若者層を対象とする施設ケア（精神疾患，薬物乱用者対象）の地域移行に伴い，若年層のホームヘルプ利用もみられるようになった（*ibid.*：35）。

　ホームヘルプ利用と高齢者の間の関係にも変化がみられる。ホームヘルプが始まった頃は，ホームヘルパーは貧しい高齢者のもとでの仕事が多く，ほとんどのホームヘルパーはコミューンに雇用されていた。しかしホームヘルパーは高所得層の高齢者の介護することも増え，また私費でホームヘルプを購入する高齢者も現れた（*ibid.*：37）。

4 ホームヘルプの変容
── 「家庭の母親」の兼業職から自立した専門職へ

　第3章3節で示したように，スウェーデンにおいて高齢者向けホームヘルプは，1950年に主婦によるボランティアで始まり，その後も「家庭の母親」資格が重要とされ，特に教育機会も提供されずに，時間給で行なわれてきた。その後，1970年代以降には，ホームヘルパーは専門職としてその地位を確立していくことになる。本節ではホームヘルプの変容とその背景を整理する。

(1) 主婦役割の延長としてのホームヘルプ

　1950年にウプサラ赤十字は，時間給で家庭の母親たちを雇い，高齢者を対象としたホームヘルプを始めた。この時に政府は公的な高齢者介護の担い手として"家庭の主婦たち"（hemmafruar）の存在に気付いた（Edebalk 1990：22）。それまで政府は労働力不足の現状からは高齢者向けホームヘルプは整備できないと考えていた（*ibid.*：58）。赤十字の活動の成功を見て，政府は「中年以

上の結婚した女性やかつて結婚していた女性層の"潜在的労働力"」(ibid.: 58)で介護の人手不足が解消できると考え始めた。

　初期のホームヘルプの運営組織は、ボランタリー組織である理念団体[5]によって高齢者向けホームヘルプが組織化されるケース、貧困救済事業と共同で実施されるケース、初めからコミューンの事業として始まったケース等、様々であった（ibid.: 58）。特に家庭の主婦たちは理念団体を通じて採用されることが多かった。時間給で雇用され、1日に数時間の仕事をし、特別な教育を受けることは必要とされなかった。ストックホルムコミューン貧困援助局長 H. ダールストロム（Helge Dahlström）は「"普通の主婦の知識"（vanligt husmorsvett）、人を助けたいという高潔な思いがホームヘルプにとって重要かつ適切である」と表現した。(ibid.: 58)

　1951年にストックホルムでは、コミューン貧困援助委員会（fattigvårdsnämnden）と市民団体の女性ギルド協同組合（Kooperativa Kvinnogillet）が、「老人へのホームヘルプ」（Hemtjänst åt gamla）という組織の設立し、ホームヘルプを始めた。ホームヘルプの財源はコミューン貧困援助委員会から支出し、職員採用は女性ギルド協同組合を通じて行なわれた。「最も適当な労働力は中高年の母親層に存在するように思われる。その層の女性たちであれば家庭内で手のかかることが少なく、就学前の子供を看る必要もなく、家の外で数時間を費やすことができる。そしてこの層は収入が低いことにあまり関心がない。（後略）」という当時の典型的な考えのもとでホームヘルパーの採用は行なわれていた。ホームヘルパーの賃金は非常に低く、当時、労働市場では労働力不足が生じていたが、他の産業の労働者とは競合しなかった（ibid.: 59）。

　その1年後に、ストックホルムコミューン貧困援助委員会ではホームヘルパーの賃金増額が議論された。コミューン貧困援助局長ダールストロムは、家事労働は1時間当たり2クローナ30エーレとすることを提案した。ホームヘルパーの賃金は、このような形で初めて、労働市場での価格に相当するものとして位置付けられた（ibid.: 59）。

　ホームヘルパーは女性市民団体との協働で、特に社会的に意欲的な女性を

採用することが期待された。初期の頃のホームヘルパーたちは決められた勤務時間や仕事を超えて働いた。例えば，ホームヘルパーは高齢者を病院に連れていき，互いに誕生日を伝えあい，週末には彼らを自宅に招いたりしている。担当していた高齢者が入院した時には，ホームヘルパーはプライベートでお見舞いにいくこともよくあった（*ibid.*: 59）。

コミューン貧困援助局長ダールストロムは「高齢者向けホームヘルプは理想的な仕事であり，働き手のやりがいをうまく引き出している」とし，多くの報告書が，ホームヘルプ事業は高齢者に役立っているだけでなく，ホームヘルパー自身にもよい状況を生み出していることを強調している。ストックホルムコミューンのホームヘルプ事業組織「老人へのホームヘルプ」の初代責任者であったL. クレイネルト（Linnea Kleinert）は1951年に「高齢者向けホームヘルプには二重の機能がある。高齢者が見守りと援助を受けるだけでなく，シングルマザーに仕事を提供している」と記している（*ibid.*: 59-60）。

1960年代に入ってからも社会意識の高い母親たちのグループは，ホームヘルパー採用において重要であった。1965年のストックホルムコミューンのホームヘルパーの求人広告では，「家事に熟練し，高齢者のお世話に関心のある人。"社会事業"に関われる上に，少しのお小遣いにもなります」とあり（*ibid.*: 60），セベヘリは，当時のホームヘルパーは政治家や行政，マスメディア，そして女性たち自身からも確立した職業として見なされていなかったとしている（*ibid.*: 60）。

スウェーデンでは高齢者向けホームヘルプが始まる前に，コミューン直営によるホームヘルプが存在し，家庭支援ホームヘルプ事業と呼ばれていた。これも初めは1920年代に市民活動団体の主導で組織化されたが，家庭支援婦の仕事は，子育て期の家庭の家事援助で，母親が子どもの世話や家事ができない状態の時に利用された。1940年代に家庭支援ホームヘルプ事業はコミューン事業になり，家庭支援婦はフルタイムで常勤雇用のコミューン職員として，休暇手当等も支給されるようになった。1944年には家庭支援ホームヘルプ事業は国庫補助金の対象となり，同時に家庭支援婦は約15ヶ月間の教育を必要とするようになった（*ibid.*: 60）。

家庭支援婦と高齢者向けホームヘルパーでは，仕事内容は似ていたが労働条件が明らかに異なる。『家庭支援ホームヘルプ事業への国庫補助金に関する調査報告書』（SOU 1943-15：51）では，他人の家で働く仕事はあまり魅力的ではないので「家庭支援婦に対しては，その仕事がより魅力的な仕事や事務仕事と競争できる水準の給与支給と雇用条件を整備することは不可欠」とされた（ibid.：60）。

このように従来から存在したコミューン直営の家庭支援婦と新たに登場した高齢者向けホームヘルパーは，雇用条件，教育，給料体系が全く異なっていた。家庭支援婦は自立した職業と見なされたが，高齢者向けヘルパーはボランタリーな性格を持つ主婦の兼業職と考えられていた（ibid.：60）。セベヘリは，高齢者向けヘルパーを家庭の主婦役割の延長と表現している。主婦規範がホームヘルプの形成を特徴づけており，ホームヘルプはフルタイムで働きたい女性，生涯を通じた仕事を考える女性には好まれず，また一つの職業として確立するまでにも時間がかかった（ibid.：62）。

(2) 職業としてのホームヘルプ

セベヘリは，ホームヘルプの仕事が"自立していない職業"として始まったことは，ホームヘルプ全体の歴史からみて，この事業を特徴づけているとする。今日でも，ホームヘルパーは最も賃金の安い職業の一つであり，女性で占められている職業である。統計でみると1967年にはホームヘルパーとして働く男性は全体のわずか0.5％であり，20年後の1987年になっても3％に達していなかった（ibid.：61）。

1970年代半ば頃までは，ホームヘルパーは時間給職員であった。1975年に初めて「ホームヘルパー労使協約」（Samaritavtalet）が結ばれ，常勤雇用が始まった。その後，時間給職員の数は急速に減少し，1970年代終盤には，ホームヘルパーも他の職業と同等の労働条件を得るようになった。労働方針，仕事の仕方，職場内の研修，労働時間等を議論するようになったため，間接労働の時間，つまり利用者のもとで直接介護の仕事をしない時間が増えた。1970

年にはホームヘルパーの間接労働の時間は全労働時間の3％程度であったが，1987年には34％にまで増加した（*ibid*.：61）。

ホームヘルパーの労働時間もこの時期に増えた。1965年にはホームヘルパーの平均労働時間はフルタイム職員の3分の1であったが，1980年には半分，1989年には3分の2になり，フルタイム職員の比率も急激に伸びた。1973年にはフルタイム雇用のホームヘルパーは全体の0.4％だったが，1989年には19.0％となった。しかし1989年に全職業を通じてフルタイムで働く女性は58％であったこと比べると，ホームヘルパーのフルタイム雇用は低い状態であった。また1960年代から1970年代には，ホームヘルパーが自分の家族や親族を介護するために雇われている[6]こともあったが，その数は1973年には23％，1986年には7％に減少した（*ibid*.：61）。

労働条件の向上によりホームヘルパーという職業に若者が関心を持つようになった。初期のホームヘルパー採用は子育てを終えた中高年の専業主婦をターゲットにしていたため，ストックホルムコミューンでは1960年時点のホームヘルパーの57％が50歳以上であり，1970年まで同様の状態が続いた。ところが1970年代に入り若い人材の採用もみられ，50歳以上のホームヘルパーは1980年に36％，1988年に26％と減少した（*ibid*.：61-62）。

教育を受けたホームヘルパーの比率も増えた。事業が始まった当初は，ホームヘルパーには教育は必要ないとされ，中高年女性の家庭の主婦としての能力が期待された。家庭の主婦としての経験こそが，ホームヘルプの仕事に重要だと考えられていたが，ホームヘルパーの仕事内容がより専門化する中で教育機会がつくられるようになった（5節）。1973年にはホームヘルパーの25％がホームヘルプに関するなんらかの教育を受けており，1986年にはその数はホームヘルパーのほぼ半数になった（*ibid*.：62）。

ホームヘルパーの採用難と離職率の高さは，ホームヘルプ事業が常に抱えてきた課題である。ストックホルムコミューンでは，1955年にホームヘルパーの数は300人に増えたが，1000人の新規採用があったことからみると700人が辞めたことになる。当時の事業責任者はホームヘルパーの離職率が高い要因は家庭の主婦を対象としている採用方針にあるとし，「ホームヘルパーの大

多数は結婚していて家庭がある。家族が病気になれば世話がいるし，仕事の前にしなければならないことが別にある」と説明した（*ibid*.：62）。

セベヘリは，30年たっても社会庁はホームヘルパーの離職率が高い要因について同じ説明を繰り返していると指摘する。1986年から1987年までに，スウェーデンでは約6000人のホームヘルパーが増えたが，同年に実はその4倍の職員が採用されていたことをみれば，1万8000人が離職したことを意味する（*ibid*.：62）。

(3) ホームヘルパーの現状（2000年代）

2006年11月現在で，コミューンの介護部門（民間事業者を除く）で雇用する職員数は25万6300人であった（SKL 2008：72）。スウェーデンの労働市場は性別により明確に分かれているという特徴がしばしば指摘される。スウェーデンで最も大きな職業グループの一つが，医療介護分野であるが，このグループは女性職員で占められている。その一方で，機械オペレーター，倉庫業務アシスタント等の分野では男性職員が8割以上を占めている（LO 2007：9）。

図4-7で明らかなように，副看護師（undersköterska），介護職員（vårdbiträde）では92%，介護職員，障害者支援のパーソナルアシスタントでは従事者の85%を女性が占めている。介護職員における男性の比率は微増の傾向にあり，1995年の5.9%から，2006年には9.6%に増加した（SKL 2007：76）。

介護職員の中で，外国出身者の比率が高まっているのも近年の特徴である。外国出身の介護職員は1995年には約9%であったが，2006年には13.5%にまで増加した。また出身国は北欧やEU諸国以外の人の数が増えてきている（*ibid*.：73）。この現象は，介護職員不足のために海外から労働力を輸入するという，いわゆる外国人労働者が増えているということではない。スウェーデン国内の外国出身者人口が増加してきたことと，在住外国人の中で，介護職員になる人が増えてきたことを意味している。

図4-8は，ブルーカラー労働者の平均賃金を100とした場合の各分野の賃金水準とその職業における女性就労者比率の相関関係を示している。職場にお

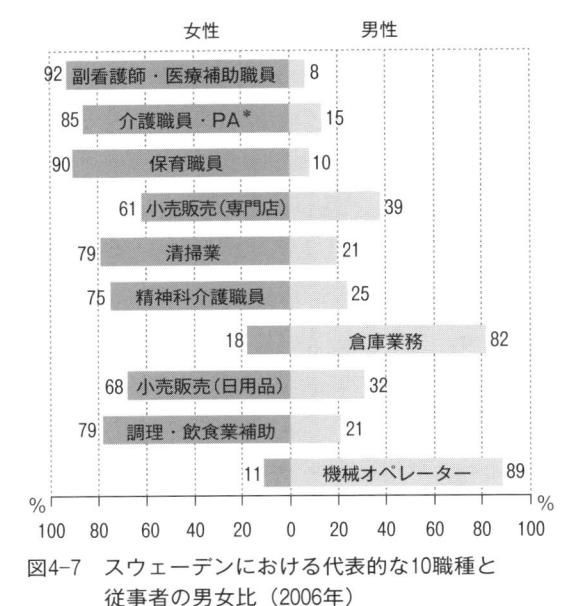

図4-7 スウェーデンにおける代表的な10職種と従事者の男女比（2006年）

（女性／男性）
- 副看護師・医療補助職員 92／8
- 介護職員・PA* 85／15
- 保育職員 90／10
- 小売販売（専門店） 61／39
- 清掃業 79／21
- 精神科介護職員 75／25
- 倉庫業務 18／82
- 小売販売（日用品） 68／32
- 調理・飲食業補助 79／21
- 機械オペレーター 11／89

（出所）LO 2007：10　　＊は障害者対象パーソナルアシスタント

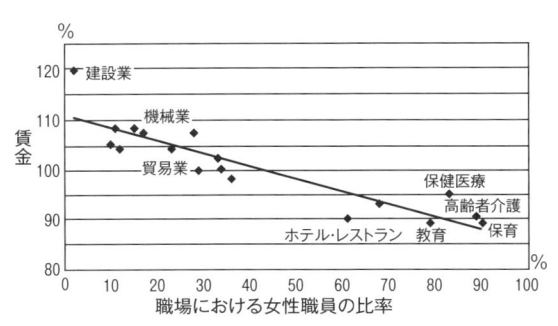

図4-8 分野別と女性就労者比率の関係（ブルーカラー労働者の平均賃金＝100）

（出所）Handels 2008

ける女性就労者比率が低い「建設業」や「製造業」では賃金が高く，女性就労者比率が高い「保育」「高齢者介護」「教育」等の分野で賃金が低くなっている。副看護師の標準給与は月額1万8600クローナ，介護職員は月額1万7800クローナである（SKL 2008：75）。

介護分野では伝統的にパートタイム就労の比率が高く，介護の分野におけるフルタイム雇用は2000年には39.0％だったが，2006年には46.5％にまで増加した（ibid.：48）。しかしコミューン職員全体に占めるフルタイム雇用の比率は68.0％であることと，介護分野のフルタイム雇用の比率は低い。

表4-1は分野別のパートタイム就労比率を示している。スウェーデン国内の女性パートタイム就労者の4割強が医療介護の分野に集中している。

表4-1 性別／分野別のパートタイム就労者比率の推移（％）

	分野	1990	1994	1998	2002
女性	医療介護	41.2	43.9	43.9	42.6
	小売業・通信	17.2	16.9	17.2	18.2
	製造業	9.9	7.7	7.5	5.8
	教育・研究	9.8	8.6	7.9	8.6
	文化	7.7	9.0	10.3	10.1
	金融	6.4	7.5	7.7	9.5
	行政事務	4.5	3.4	3.0	3.5
	農林漁業	2.1	2.1	1.5	1.1
	建設業	1.2	0.9	1.0	0.7
	合計	100.0	100.0	100.0	100.0
男性	製造業	25.2	19.8	19.8	15.9
	小売業・通信	20.8	21.6	22.2	23.3
	文化	11.5	13.3	13.9	13.6
	医療介護	11.1	9.0	10.7	10.8
	金融	8.4	11.2	12.5	16.9
	教育・研究	8.2	7.3	6.6	7.2
	農林漁業	6.1	7.5	5.8	4.0
	行政事務	4.3	4.5	4.1	3.8
	建設業	4.2	5.7	4.4	4.5
	合計	100.0	100.0	100.0	100.0

（出所）Nyberg 2003：22

男性パートタイム就労者は女性ほどの偏りはなく，医療介護分野では１割強であり，この数字は1990年代からあまり変わっていない。パートタイム就労が医療介護分野，特に女性に集中していることがわかる。ただし近年の傾向として，小売業などの民間部門でパートタイム就労が増えてきている（Nyberg 2003：22-23）。

さらに表4-2は，全体の20％を超える職員がパートタイム就労である職場の割合を示している。「高齢者のホームヘルプ」では，20％を超える職員がパートタイム就労となっている職場が55.8％で半数を超えている。続いて「百貨店，小売業」となるが，いずれも女性職員の多い職場である。

非正規雇用には期限を区切って雇用される期限付き雇用（visstidsanställd），

表4-2 20%を超える職員がパートタイム就労である職場数の割合（%）

	1997	2002	変化
高齢者のホームヘルプ	62.3	55.8	−6.5
百貨店，小売店	51.0	53.7	2.7
社会福祉事務所，グループホーム	41.4	38.8	−2.6
保健・医療	39.3	33.0	−6.3
レストラン・ホテル	37.5	36.3	−1.2
特殊小売業	34.2	37.7	3.5
レクリエーション・文化・スポーツ	33.2	29.4	−3.8
家事サービス	31.8	33.6	1.8
保育所・学堂保育	31.0	31.9	0.9
各種団体・宗教団体	26.8	24.7	−2.1
郵便・電話	23.9	19.5	−4.4
繊維業	23.7	17.9	−5.8
教育	23.4	20.7	−2.7
農業	22.8	20.5	−2.3
ビジネス	22.4	28.3	5.9
その他の企業サービス	21.1	21.9	0.8
合計	23.2	21.8	−1.4

（出所）Nyberg 2003：25

プロジェクト雇用（projektanställd），代替職員（vikarie）がある。図4-9は，期限付き雇用の推移を示す。ブルーカラー労働者とホワイトカラー労働者との比較では，ブルーカラー労働者に期限付き雇用の比率が高いことがわかる。ホワイトカラー労働者では期限付き雇用は1割程度であるが，ブルーカラー労働者では2割となっており，ホワイトカラー労働者の倍である。さらにブルーカラー労働者の中でも，医療，介護，教育・研究分野の職員に，期限付き雇用が多いことがわかる（SKL 2008：75）。

表4-3は，コミューンにおける時間給職員（timavlönade）数の推移を示すが，時間給職員の数は増加傾向にあり，1990年代以降は10万人前後で推移している。時間給職員の労働条件も労使協約で決められるが，各種休暇の取得については正規雇用の職員に比べて保障が不十分であることが指摘されている。

医療介護の分野で深刻な課題は，疾病休暇の取得率が高いことである。2006

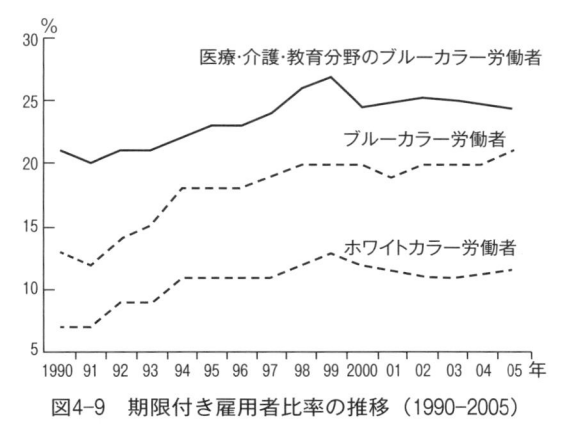

第4章　福祉国家の拡大とホームヘルプの編成

図4-9　期限付き雇用者比率の推移（1990-2005）
（出所）Kommunal 2008

表4-3　コミューンにおける時間給職員数の推移（1990-2007）　　（人）

	1990	1994	1997	2001	2002	2003	2004	2005	2006	2007
職員数	84,000	92,000	102,000	95,633	100,211	98,395	103,078	103,771	104,036	102,809

（出所）Gustafsson 1996：326, Kommunal Arbetaren 2006-05-10より作成。

年11月現在で，疾病休暇や他の休業を取得しているコミューン職員（ブルーカラー労働者）は3万5000人である。

　図4-10は，疾病休暇取得者の割合を示す。1997年から2002年にかけては疾病休暇取得者が急激に増加した。ホワイトカラー労働者に比べて，ブルーカラー労働者の疾病休暇取得率が高く，ブルーカラー労働者の中でも，医療，介護，教育分野に取得率が高いことがわかる。疾病休暇取得者は，コミューン職員全体では4.8％であるのに対し，介護職員では6.5％と高くなっている（*ibid*.：75）。

　コミュナール労組は，フルタイム職員よりパートタイム職員に疾病休暇取得者が多いと分析している。パートタイム職員は決して労働量が少ないわけではなく，自宅に戻ってからも子どもの世話などの仕事をしている。またパートタイム職員は一番忙しい時間帯に雇用されるのが普通なので，労働強

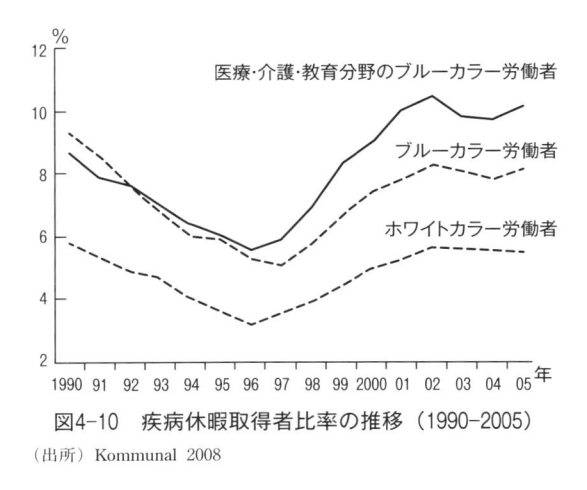

図4-10 疾病休暇取得者比率の推移（1990-2005）
（出所）Kommunal 2008

化がなされていることも多い。医療と福祉分野全体でみると，保育より高齢者介護の分野の職員に疾病休暇取得率が高い。保育の分野の人員削減はあまりみられないが，高齢者介護は人員削減の対象になりやすいことがその要因の一つと考えられている。また保育の仕事に比べて，介護の仕事は労働の時間帯が幅広く，また週末に休みをとれないことも多い。2002年以降，疾病休暇取得に歯止めがかかっているようにみえるが，依然，高い数字が続いている（コミュナール労組ヒアリング）[7]。

5 ホームヘルプの編成 ―「伝統的モデル」「ベルトコンベア風モデル」「小グループモデル」

　セベヘリ（1995）は1950年代から1980年代にかけてのホームヘルプの編成を３つのモデルで捉え，説明している。セベヘリはホームヘルプの拡大と再編は，国の経済事情に大きく影響されてきたことを指摘しているが，経済状態が極めて良好だった1960年代までの編成を「伝統的モデル」（den traditionella modellen），その後の1970年代の経済低成長期の編成を「ベルトコンベア風モデル」（den löpandebands-lika modellen），1980年代の公的セクターの膨張が批判対象となる時代の編成を「小グループモデル」（den självstyrande smågrupps-modellen）としてその特徴を分析している。1960年代までの議論はホームヘルプの供給をどう増やすかが主要な論点であるが，財政問題がでてくる1970年代以降にサービス編成の議論が始まることがわかる。

(1)「伝統的モデル」の時代（1950-1960年代）

　社会庁（Socialstyrelsen）がホームヘルプに関する省庁令（hemhjälpsdirektiv）を初めて出したのは1952年であり，これはホームヘルプについての国レベルの初めての目標設定である（Szebehely 1995：63）。この省庁令は計5頁で書かれた短い文書であるが，コミューンに対し，高齢者の自宅で生活支援を行なう体制を整備させる上で必要な，ごく一般的な内容を指示している。ホームヘルプは幅広い事業と位置付け，「週に数回にわたり，在宅医療と家事援助，激励のための訪問を行なうことは，高齢者の生活の快適さと生活感覚を刺激する」(ibid.：64）とした。ホームヘルプ事業の対象は援助を必要とする高齢者で「老齢による困難，苦痛，病気があり，日常生活に必要なことや自身の衛生管理を自分ですることに不安を感じる人」としている。ホームヘルプは特に一人暮らしの高齢者を対象とし，ホームヘルパーは無職の女性で「家事に豊富な経験を持つ専業主婦」(ibid.：64）から採用されるべきと表現されている。文書には，ホームヘルパー対象の教育や勤務指針の必要性はとりあげられていない。1950年代，1960年代にホームヘルプ事業は拡大するが，その組織や方向性はほとんど議論されなかった（ibid.：64）。

　1964年からコミューンのホームヘルプ事業に特定補助金が支給されるようになったが，これもホームヘルプ事業のあり方などの議論を広めることにはならなかった。セベヘリはこの状況について「ホームヘルプに対する政府の考えが無配慮に積極的であった」と表現している（ibid.：64，傍点は筆者）。

　政府はコミューンに対しホームヘルプ利用に向けて積極的なPRをするように指示した。ホームヘルプ事業への特定補助金の導入は，監督官庁である社会庁の助言と指針が定型化されたことを意味する。ホームヘルプ事業の方向性は1952年当初（前述）と同様であったが，「励ましの訪問」の色彩はやや抑え気味になり，より実際的な仕事内容が詳細に伝えられるようになった。「掃除，ベッドメイク，寝巻の手入れ，窓ふき，床掃除，階段掃除，ガデローブの衛生管理，毎週の洗濯，調理，その他の家事。時々には在宅医療，衣服のつくろい，身体介護の援助が必要とされる。ホームヘルパーは高齢者

を散歩に連れて出たり，ものごとを実施したり，高齢者を援助したり，元気づけたりすることができる」(ibid.: 64)。これをみると，掃除等の家事援助が上位にあるが，高齢者とのコンタクトも強調されている。「多くの高齢者や障害者にとって，家事援助を受けることと同様に，話すことができる誰かとの定期的なコンタクトは極めて重要である。そのために，利用者とホームヘルパーはお互いに関係が良いことが大切で，ホームヘルプの入れ替えは頻繁にあってはならない」。その結果，職場では「その仕事に適した職員が選ばれる」ことと「最も適切なホームヘルプ」を提供することで，利用者とホームヘルパーの間でよい関係を築くことの必要性が強調された (ibid.: 64)。

社会庁は，高齢者が増え，住宅環境もよくなり，家計の状況も良くなり，自宅で暮らす人が増えるため，ホームヘルプ利用者が今後一層増えていくことを予測したが，ホームヘルプ利用者に関する議論はほとんどしていなかった。関連文書には医療や精神疾患に関する専門用語もほとんど使われず，高齢者がどうあるべきか，高齢者にどう対処するかを研究するような専門家集団もなかった (ibid.: 65)。

ホームヘルプは施設介護に比べて，費用のかからない介護の選択肢と考えられていた。特に家庭の主婦をホームヘルパーに採用したことは給与や教育に費用をかけないことを意味していた。また訪問先での仕事内容はホームヘルパーの自由裁量に任されていたので，職場の管理体制にもコストがかからない。時間単位給付 (tidsstyrning) という仕事の管理方法で，ホームヘルパーに対しては高齢者を援助する時間だけがあらかじめ決められている。ホームヘルパーと高齢者の間の援助内容は相談して決めることになっていたが，事実上，利用者である高齢者がホームヘルパーの上司のようなものだった (ibid.: 65)。

当時の社会庁の文書の中には，ホームヘルプの仕事を管理する管理職の仕事についての記載はなく，管理職の主な仕事は，高齢者とホームヘルパーをうまく組み合わせることであった。管理職に対する教育の必要性も議論されないままで，管理職は組み合わせの調整に多くの時間を使っていた。1960年代半ば頃には，ホームヘルプの管理職はコミューンの事務職が担当するのが

一般的であった (*ibid*.: 65)。

　ストックホルムコミューンの記録では、ホームヘルプにおいては壮大な事業拡大が行なわれたにも関わらず、初めの20年間はホームヘルパーの労働形態にほとんど変化がなかったとしている。ホームヘルパーは個別に仕事をしており、孤独な仕事という特徴があった。仕事内容はほとんど管理されていないが、このことは同時に、困難が生じた場合でも援助や助言が受けられないことを意味していた。100人規模のホームヘルパーが集まり、懇親会が盛大に行われることもあったが、上司とホームヘルパーの関係づくり、あるいはホームヘルパーを組織化するという動きは見られなかった (*ibid*.: 63)。

(2)「ベルトコンベア風モデル」の登場（1970年代）―効率化と合理化の要請

　サービスハウスは、介護を必要とする高齢者のための集合住宅である。バリアフリー設計で、建物内にデイサービス、ホームヘルプステーション、カフェなどが配置され、コミューンによっては若い家族世帯も居住することが可能な場合もある。また通常は買い物が便利なように、ショッピングセンターの近くに建てられていることが多い。

　サービスハウスはホームヘルプの合理化を意図して誕生した。1950年代、1960年代の行政記録には、ホームヘルプに関する財政的な制限はほとんどみられず、ホームヘルプを巡る財政的な議論が公式文書に登場したのは1970年代初頭で、事業責任者らはホームヘルプの急速な拡大に驚き、コスト増と人手不足を背景にホームヘルプの合理化を検討するようになった。1972年にコミューン連合会[8]もホームヘルプが自動的に増えている現象に不安を示した。コミューンはホームヘルプへの特定補助金が理由でホームヘルプのコスト増に気づかずにいた面があり、コミューン連合会は「ホームヘルプ事業に対する国の指導が量的にも質的にも適切でない」とし、ホームヘルプに対する国の指導が必要であるとした (*ibid*.: 68-69)。

　そこで財政の議論と共に、利用者の尊厳を議論し、ホームヘルプの一部を補完し代替する場所として、デイサービスを併設した集合的事業が提案され

た。デイサービスを併設する集合的サービスの例は，足のケア，入浴，食事サービス，体操，趣味の活動等である。この時期に建設が始まったサービスハウスは，これらの集合的サービス提供の重要拠点であり，入居者とその周辺に住む高齢者をサービスの対象とした。社会庁もサービスハウスは高齢者の自宅でありながら総合的な援助を受けられる上に，財政的にも合理的な選択肢であるとした（*ibid*.：69）。「自宅で生活する多くの高齢者は今日，ホームヘルプを多く必要とするようになった。そのような人たちの一部がサービスハウスに入居すれば今ほど人手がかからずにすむ。合理化による利益があることは間違いない」（*ibid*.：69）と社会庁は説明している。

　1970年代の政策資料の多くは，個人重視の伝統的なホームヘルプに対して，サービスハウスは合理的な労働形態であることを宣伝しており，集合的事業がキーコンセプトである。高齢者の自宅に物や食事を届けるサービスやデイサービスの整備，サービスハウスの建設は同時に行なわれ，ホームヘルプの時間短縮が目指された。そのためにホームヘルプの仕事を個人宅の外に出し，その受け皿として大規模で集合的に運営する形式が実行された。合理化の必要性から，集合的なサービスが指向されるようになり，職場において管理職によるリーダーシップが必要と考えられるようになった。ホームヘルプを含む社会サービスにおける管理職向けの大学教育は1977年に始まった(Gynnerstedt 1993：69，Szebehely 1995：69)。

　1970年代初頭には，1964年に導入されたホームヘルプへの特定補助金の給付規則は，支給条件を高齢者宅における個人を対象とした援助に限っていたために時代遅れと考えられるようになった。サービスハウスで行われる事業やその他の集合的サービスの実施，職場に指導的役割の管理職を配置する事は特定補助金の支給対象にならず，コミューンの持ち出しになっていた(Szebehely 1995：69)。特定補助金の支給条件がホームヘルプの合理化を妨げているとして，多くのコミューンから批判が出された結果，1975年に特定補助金改正が行われ，足のケア，入浴サービス，配食サービス，職員指導などの集合的サービスに従事する職員も支給対象となった。さらに高度な管理体制で行われる集合的な事業（例えばサービスハウスやデイサービス）も国庫補助金の対象に拡

大された (*ibid*.: 70)。

1973年にストックホルムコミューンが行った女性職員対象の労働環境調査の結果を受けて,ストックホルムではホームヘルパーの労働条件改善への要求が行なわれた。1970年代のホームヘルプ改革では,例えば時間給職員の比率を減らすこと,ホームヘルパーが上司や同僚の助言を受ける機会を増やすことが目指された。ホームヘルプの合理化を通じて,1960年代のような急激なコスト増を抑えることができれば,高齢者数が増加してもこれまでと同じ水準の介護を維持できると考えられた。ストックホルムコミューン議会では,人手を省くするための仕事の合理化が議論され,ホームヘルプの再編とサービスハウスの建設が検討された。1971年にホームヘルプ再編の方策として,ホームヘルプの集合化(hemtjänstkoncentrat)と呼ばれる方法が試行された。この名称は要介護高齢者が密集している地域で発案されたことに由来するが,年金生活者用アパートが集中する地域で実施された (*ibid*.: 70)。

ストックホルムコミューン社会福祉部は,伝統的モデルのままでは,ホームヘルプを合理的に運営できないと考えた。伝統的モデルの典型的特徴であったホームヘルプの時間単位給付を見直し,仕事内容による給付(uppgiftsstyrt)が導入された。仕事内容による給付では,ホームヘルパーが高齢者宅に滞在するのは予め計画された仕事が終了するまでで,食品の買い物等は1週間単位で行うことになった(*ibid*.: 70)。セベヘリはこの時期のホームヘルプの編成を少し皮肉の意を込めて,介護サービスの大量生産を目指した「ベルトコンベア風モデル」と名付けている。

(3)「小グループモデル」の登場(1980年代)—専門職化と職員の働きがい

介護サービスの集合化と管理職の配置よる合理化といった1970年代の政策の方向性は1980年代も継続されていく。1970年代終盤には,ホームヘルプの社会教育的方向性(socialpedagogiska inriktning)という考え方が登場した(*ibid*.: 74)。ホームヘルプの社会教育的方向性とは,高齢者の残存能力を引き出す自立生活支援への方向性と考えられる。

1978年にコミューン連合会，ランスティング連合会[9]，スウェーデン医療福祉合理化研究所[10]，社会庁は，合同で高齢者介護をめぐる6つの報告書を発行した。報告書は各地のコミューンやランスティングが実施する高齢者介護の課題を扱っている。報告書のうち，直接，ホームヘルプに関係する報告書2冊には，ホームヘルプの新しい方向性について，利用者に対する社会教育と生活の活性化の必要性が明確に示されている。また報告書には家事援助に関する記述はほとんどなく，ホームヘルプの仕事はより専門的な仕事とされ，個人宅で家事援助をすることと切り離されている。「ホームヘルパーの役割は，法律に規定される仕事の範囲でより向上されるべきである。コンタクトをとり，環境をよくし，情報提供を行い，より抜きの機能を持ち合わせた，社会教育的な方向性（自立生活支援の方向性）を持つソーシャルワークが開発されるべきである」というように，1950年代，1960年代の報告書に使われていた日常用語は，ソーシャルワークで使用される専門用語に置きかえられた（$ibid.$：74）。

　また仕事の活性化という視点は新しいもので，職員にとってホームヘルプの仕事がより魅力的になることが期待された。1979年の社会庁報告書『1980年代に向けての社会的なホームヘルプ』（Social hemhjälp inför 1980-talet）には「ホームヘルパーを採用し維持することが困難な理由は，仕事内容が掃除やそれに類する作業に偏っているからである。高齢者向けホームヘルプをより魅力的な仕事にするためには仕事内容を変え，高齢者の自立生活支援のための援助，高齢者の生活の活性化や社会的リハビリを仕事内容の基本にして，掃除，調理，買い物やそれに類する作業を縮小しなくてはならない」（$ibid.$：75）と記されている。この文書では，ホームヘルプの理念は動機づけや生活の活性化であるとし，高齢者自身が自分で作業できるように仕向けることが重要であることが強調されている。例えば「掃除はホームヘルプ全体の中に含まれる。掃除を生活訓練と考え，動機づけや生活の活性化の目標として捉えるべき」とするものである（$ibid.$：75）。

　1980年代には，高齢者の自立生活支援や生活の活性化という新たな方針による介護サービスを提供する上で，ホームヘルパーには新たな知識が求めら

第4章　福祉国家の拡大とホームヘルプの編成

れるため，関係官庁はホームヘルパーの教育レベルを向上させるべきと考えるようになった（ibid.：75）。ホームヘルプには，専門教育を通じた新たな規範と価値観が期待された。

セベヘリは公式なホームヘルパー教育が始まったことについて，かつてのインフォーマルな資格がフォーマル化されたと表現している。かつてホームヘルパーに求められた家庭の母親としての資格（husmorskvalifikation）は，教育に基づく資格に変わった（ibid.：75）。社会庁は報告書の中で「採用がうまくいかない理由は，ホームヘルパーの職業としての社会的地位が低いことにある。ホームヘルパー教育の向上は職業の社会的地位を向上させることにつながる」としている（ibid.：75）。この方針転換を受けて1980年代には若い女性層がホームヘルパーに採用される現象が現れた。セベヘリは，政府はホームヘルパーの仕事を向上させるために教育が必要というより，教育レベルを上げて仕事の魅力を向上させることで人材不足を解消したいと考えていた点を指摘している（ibid.：75）。

1970年代終盤からホームヘルプには，法律に規定された仕事（lagarbetet）が強調されるようになった。スウェーデン医療合理化研究所の調査報告書『在宅医療―社会的なホームヘルプ』（Sjukvård i hemmet - social hemtjänst）では地区ホームヘルプ主任[11]を管理職とした小グループモデルの方向性が示され，「地区ホームヘルプ主任はホームヘルパーの小グループの中で仕事を適切に分担し，利用者個人のニーズに合わせて様々な介護サービスをコーディネートする」とした。また同報告書はホームヘルパーが「週や時間単位の中で，「必要なこと」を「処方する」というシステムを廃止する」こと，時間単位給付の廃止を提案し，必要な介護内容に基づく介護計画の必要性を示した。

同報告書はまた時間単位給付のホームヘルプから小グループモデルのホームヘルプに移行したコミューンの事例を示し，「ナッカコミューン（Nacka kommun）では，ホームヘルプに小グループモデルを導入し，時間単位給付のホームヘルプを廃止した。（中略）その結果，職員の能力を活かすことができ，これまでより多くの介護サービスが提供できるようになった」とこれ

を評価した。

　時間単位給付のホームヘルプは廃止すべきという勧告が多くの報告書に書かれ，コミューン職員の発言やホームヘルパー育成の教材などにも小グループモデルの視点が現れるようになった。小グループモデルは，目標を設定した援助への移行を可能にする手法と考えられた（ibid.：76）。

　介護内容を優先とした集合的ホームヘルプ，つまり小グループモデルに移行したことは，利用料金の変化にもつながった。1950年代，1960年代，1970年代は，ホームヘルプの利用料金は時間単位，つまり利用時間に応じた支払い体系であった。しかしすべての高齢者が利用料金を払っていたのではなく，多くのコミューンで低所得者は無料だった。1980年代に入り，料金体系は利用時間単位ではなく，要介護状態が加味されるようになった。1981年にコミューン連合会は，「1974年の提案で時間単位の料金設定を求めたが，1981年には法律で規定された仕事と介護内容に基づく設定を原則とし，要介護度を加味した料金制を提案する」とし，時間単位の料金制から月単位の料金制への移行を要求した（ibid.：77）。

　ストックホルムコミューンは1980年代終盤にホームヘルプに新しい料金体系を採り入れたが，その目的はホームヘルプが提供する仕事に対して柔軟に対応することであった。これまでの時間単位給付を廃止し，実際の援助時間は介護サービス判定員と利用者の間で決め，利用者とホームヘルパーの間の衝突を避けるようした。ホームヘルプの組織運営は柔軟性が高まったが，利用者にとっては融通がきかなくなったという指摘もある（ibid.：77）。利用者にとっては，時間単位のホームヘルプの方が柔軟な対応を受けることができ，例えば，与えられた時間内であればホームヘルパーとの相談でサービス内容を容易に変更できた。しかし新たなしくみでは，組織にとっては決められたサービスを行なえばよいので，時間短縮などの合理化が可能となる。利用者にとっては提供されるサービスが予め決められることになり，以前に比べて柔軟性が減少したことになる。

(4) 高齢者の自立生活支援と「小グループモデル」によるホームヘルプ

　1970年代前半に，ストックホルムコミューンでは，コスト上昇を抑えながらも，より多くの高齢者がホームヘルプを受けられるように，一人当たりのホームヘルプの利用時間を短くするという方法が提唱された。1980年代にもコスト削減の議論が続き，そこではホームヘルプの利用には優先順位が必要であるとし，重度の介護を必要とする高齢者の優先順位が高いことが強調されるようになった（*ibid*.：77）。

　ストックホルムコミューン社会福祉委員会[12]は「サービス判定の基準を厳格にするための監視が必要」と考えた。コミューンは地区ホームヘルプ主任に対し，ホームヘルプを申請する人の介護サービス判定には，「近親者の援助可能性」を配慮しうるかどうかを含め，入念な調査のもとで判定するべきと指示した。ホームヘルプの給付基準を厳格にすることは高齢者にも好ましいこととされ，同時にホームヘルプの理念が問われるようになった（*ibid*.：77）。ストックホルムコミューン社会福祉委員会は「より厳格なサービス判定はコミューンの財政事情に配慮するだけのためではない。高齢者自身ができる限り「自分のことは自分でする」という能力を維持することは，本人にとって重要なことであり，実際に援助が必要になった時に社会サービスで安心感を得ることができる」とし，ホームヘルプの理念は自立生活支援という色彩が強くなっていった（*ibid*.：77）。

　ホームヘルプの運営組織は1980年代にも大きな変化が見られた。ストックホルムコミューンでは多くのホームヘルパーが地区単位で配置されるようになり，1980年代半ばにはコミューン全域でこの形態をとるようになった。1984年に地区ホームヘルプ主任が初めて福祉事務所からホームヘルプの拠点となる地区事務所に分散して配置されることになり，1989年には地区ホームヘルプ主任の半数以上が地区事務所に配置された。このような組織再編の中で，1984年には小グループモデルによる地区単位ホームヘルプのモデル事業が始まった（*ibid*.：77）。

　ところが1988年には地区単位でのホームヘルプの組織化には調整が必要と

なった。その理由は採用難と離職によるホームヘルパー不足であり，このことはホームヘルプ事業に大きな影響を与えた。ホームヘルパー自身の働きがいを考え，ストックホルムコミューン社会福祉部は「地区単位にホームヘルプの仕事を組織化し，地区ごとに仕事の責任を大きく任せる」ことを提案した。3〜4人のホームヘルパーが一定数の利用者の介護について共同で責任を持つという方式であった。ホームヘルパーは自分たちで日程を決め，援助内容は地区ホームヘルプ主任の指針のもとで利用者と一緒に決めることにした（*ibid*.：78）。

　この一連のホームヘルプ組織再編の目的は，ホームヘルプの時間単位給付を廃止することであった。ホームヘルパーが高齢者にとって効果的な介護計画をつくるためには時間単位給付は廃止されるべきで，時間単位給付はホームヘルパー自身の仕事に対するやりがいと責任感を持ちにくくする。小グループモデルのホームヘルプは，ホームヘルパーという専門職の判断に基づき，集合的な働き方をつくり，目標設定のあるホームヘルプと働きがいのある仕事づくりの条件をつくるとした（*ibid*.：78）。

　ホームヘルパーは'ヘムサマリット'（hemsamarit）と呼ばれていたが，1980年前後から公式文書の中で'ヴォードビトレーデ'（vårdbiträde）という語が使われるようになった。ヘムサマリットの語源は聖書にある'善きサマリア人'であり，隣人を愛せよというキリスト教の精神にあるともいわれている。名称の変化は，ホームヘルプが家庭の主婦の兼業の仕事から一つの専門的な職種になったこと，またホームヘルプの内容で家事援助が少なくなったことの両方を含んでいる。ホームヘルパーの仕事に対するモチベーションを高めるための方策は1970年代にすでに議論されていたが，1980年代には実行に移されるようになった。家事援助の仕事に代わって利用者の自立生活支援とリハビリが期待され，そうなれば人手が今ほど必要でなくなり，高齢者自身の健康状態や幸福感が向上し，ホームヘルパー自身の仕事に対するモチベーションが高まると考えられた。この新たな方向性を実現するために，ホームヘルパーの常勤職員化が進み，ホームヘルパーはフルタイム労働の形態になった（*ibid*.：78）。

ヘムサマリットからヴォードビトレーデへの展開は、ホームヘルプの社会的な定着と専門職への転換を象徴している。しかしホームヘルプにはパートタイム就労が多く、低賃金労働で、女性が担う仕事という状況は変わらず、離職率、疾病休暇取得率や労災発生率が他の職業と比較して高い状況は続いていた。1950年代から1970年代のヘムサマリットと比較して、1980年代から1990年代に登場したヴォードビトレーデは年齢が若く、パートタイム就労でも労働時間は以前より長くなり、公式な専門教育を受けている人が増え、常勤雇用も増えた。また労働時間のなかで直接の介護に携わる以外の時間が増えたことも大きな変化である (ibid.: 63)。

ストックホルムコミューンが小グループモデルによるホームヘルプを始めた背景に二つの不安があったと考えられる。一つは、1970年代にサービスハウスの建設整備が思うように進まず、増加し続けるホームヘルプの需要にコミューン財政が立ち行かなくなるという不安があった。もう一つは、ホームヘルプが他の職業と比べ、労働条件が悪く、社会的地位も低く、そのために十分な人手が確保できないという不安であった (ibid.: 79)。

小グループモデルによるホームヘルプは、この2つの課題を解決するために考え出された。ホームヘルプの合理化（時間単位の援助から、仕事単位の援助への移行を通じて、ホームヘルパーが同時に複数の高齢者を援助する等)、そして援助の中でホームヘルパーの裁量を増やすことで、ホームヘルプという仕事の魅力を高め、その結果として採用難が解決されることを期待した(ibid.: 79)。

1970年代初頭に議論されたホームヘルプの合理化は、サービスハウス等の集合住宅や地区単位での'ホームヘルプの集合化' (hemtjänstkoncentraten) であった。大量生産を求めたベルトコンベア風モデルでは、ホームヘルプの標準化を図りながら合理化を進めてきたが、一般住宅でのホームヘルプには十分に適用できなかった。サービスハウス等の集合住宅に比べ、一般住宅で提供されるホームヘルプの合理化は難しく、管理職である地区ホームヘルプ主任の居場所とホームヘルパーが実際に仕事をする場所が地理的に離れており、管理の目も届きにくい。またサービスハウスのような集合住宅に比べ、自宅は全くのプライベート空間であり、行政による完全な管理は困難であっ

た（*ibid*.: 79）。

6 日本のホームヘルプの編成過程との比較

　表4-4は本章で整理してきたスウェーデンにおける高齢者向けホームヘルプの編成過程を示す。スウェーデンのホームヘルプの供給と編成の特徴をより明らかにするために，給付の対象者，働き手であるホームヘルパー，供給と編成を担う行政の3点から，日本のホームヘルプとの比較を行なう。

　図4-11は日本におけるホームヘルプ数の推移を示す。日本では高齢者向けのホームヘルプが国の制度として始まったのは1962年であるが，その利用には所得制限等があり，すべての高齢者が利用できたわけではなく，貧困救済的施策の時期が長かった。量的な拡大が行われ，介護の外部化が始まったのは1990年代に入ってからであり，1989年の高齢者保健福祉推進10カ年戦略（以下，ゴールドプラン）で，ホームヘルプが在宅福祉3本柱の一つに位置付けられてから，ようやく本格的な整備が始まった。さらに2000年に介護保険制度が始まってからはその数は急速に伸びていく。

(1) ホームヘルプの給付対象者

　図4-11と表4-5からも明らかなように，日本では利用においての所得制限が厳しい時代が長く続いた。所得税課税世帯が利用できるようになったのは1982年老人家庭奉仕員要綱改定以降である。同要綱改定では，制度上，所得税課税世帯でも1時間580円の有料でホームヘルプを利用できるようになったが，老人家庭奉仕員の数が足りず，一般家庭での利用は困難であった。ゴールドプランをきっかけに利用条件は緩和されるが，サービス量不足の状態は改善されなかった。介護保険制度の導入で，行政による措置制度から，利用者と事業者の契約制度に移行し，要介護（要支援）状態であることが認定されれば，要介護度別に設定される支給限度額内でのホームヘルプ（訪問介護）

第4章　福祉国家の拡大とホームヘルプの編成

表4-4　スウェーデンにおける高齢者向けホームヘルプの変遷

年	仕事内容と特徴	根拠	雇用・資格	給付対象者	働き手の呼称
1950	ウプサラ赤十字が初めての高齢者向けホームヘルプを実施	—	ボランティア団体，ボランティア団体とコミューンの共同運営など組織は様々。	老齢による困難，苦痛，病気があり，日常生活に必要なことや自身の衛生管理を自分でする ことに不安を感じる人。特にひとり暮らし高齢者。	ヘムサマリット（hemsamarit）※家庭奉仕員
1952	「週に数回，在宅医療，家事援助，激励訪問を行う」（社会庁）（国レベルの初めての指示。一般的な指示のみ。）	省庁令（1952年）			
1964	「掃除，ベッドメイク，寝巻の手入れ，窓ふき，床掃除，階段掃除，ガデロープの衛生管理，洗濯や調理等の家事。在宅医療，衣服のつくろい，身体介護が必要なこともある。散歩，高齢者の元気づけ，話相手」（社会庁）「ヘルパーは頻繁に入れ替わりがあってはならない」（社会庁）（内容が具体化。高齢者とのコンタクトが強調されるようになる）	ホームヘルプ特定補助金（1964年）	家庭の母親としての資格＋高潔な思いに期待。時間給制で，労働組合等に組織化されていなかった。		
1975	集合的サービスの従事者（足のケア，入浴サービス，食事サービス，職員指導等）も特定補助金の対象に。（合理化を目的に集合的サービスの普及に配慮）	特定補助金の対象拡大（1975年）	初めて労使協約による賃金決定（1975年）で常勤雇用が始まる		
1979	「社会教育的（自立生活支援）の方向性を持つソーシャルワークが開発されるべき」（医療福祉合理化研究所）「ホームヘルプの仕事は高齢者の自立生活支援，社会的リハビリに力を入れ，家事援助に関する作業は少なくする。掃除は社会的訓練と位置付け，生活の活性化の目標とする」（社会庁）（ホームヘルパー採用難への配慮＝自立生活支援）「地区ホームヘルプ主任はチームの中で仕事を適切に分担し，利用者のニーズに合わせてサービスを調整する」（ホームヘルプ管理職の役割を強調）	医療福祉合理化研究所報告書『在宅医療―社会的なホームヘルプ』（1978年）社会庁報告書『1980年代に向けての社会的なホームヘルプ』（1979年）	管理職養成のための大学教育が始まる（1977年）。若い女性の採用が増える（1960年50歳以上57%→1988年50歳以上26%）フルタイム雇用が増える（1973年0.4%→1989年58%）教育を受けた人が増える（1973年25%→1986年50%）	時間単位給付から内容による給付へサービス判定が厳格に。近親者の援助可能性も考慮する（ストックホルム）。	1980年前後よりヴォードビトレーデ（vårdbiträde）※介護士／ホームヘルパー
1980以降	個別支援計画のホームヘルプ，「小グループモデル」の実施。間接的な労働も増える（書類作成，労働組合活動等）。ホームヘルプの時間単位給付は廃止（1980年代終盤）。				

※家庭支援婦（hemvårdarinna）は1920年代に始まり，1944年に特定補助金の対象となり，約15ヶ月間の教育が行われていた。その後もコミューン常勤職員として存在していたが，1965年に税均衡交付金の導入により特定補助金が廃止されてからはほとんどみられなくなった。

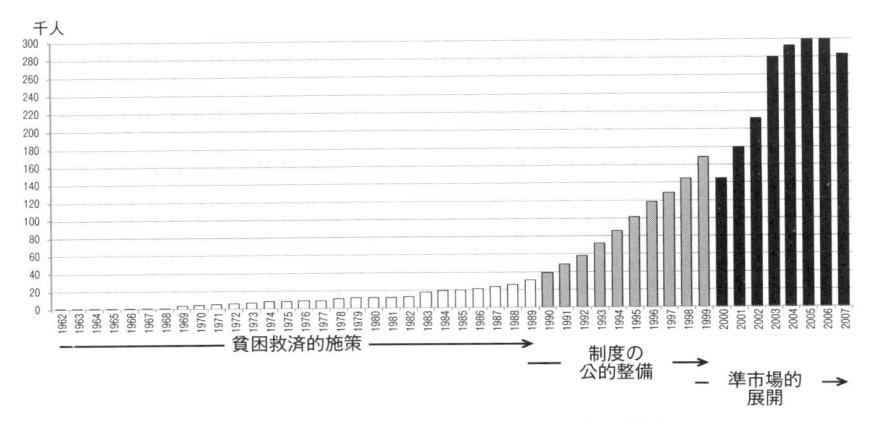

図4-11 日本におけるホームヘルパー数の推移

(出所) Saito (2010)
(原出所) 森 (1974), 北場 2001：237, 厚生労働省統計より作成。
注：2000年以降は統計手法が変わっているため，直接比較できない。

は原則として，誰でも1割自己負担で利用できるようになった。

　所得制限が厳しかった日本に比べ，スウェーデンのホームヘルプ給付には歴史を通じて所得制限は全くみられない。スウェーデンでは，ホームヘルプが始まった当初には，老人ホームへ入所を必要とする高齢者が優先とされたが，1950年代の在宅介護主義への方針転換とともに，高齢者に人気のサービスとなり，特に戦前は家事使用人を雇っていた高所得者層の利用も増えた。また高齢者向けホームヘルプは貧困救済事業の色彩を払拭しており，1970年代半ばには65歳以上の約3割がホームヘルプを利用するという程にまで拡大した。その後，介護施設の削減傾向に伴い，ホームヘルプは重度の介護を必要とする高齢者に重点化されていく。

(2)ホームヘルパーの仕事

　日本の高齢者向けホームヘルプもボランティアや自治体による独自の取り組みにより始まったが，その広がりは限定的であった。国による「老人家庭

第4章 福祉国家の拡大とホームヘルプの編成

表4-5 日本におけるホームヘルプ（高齢者対象）の変遷（1） ―家庭奉仕員の時代―

年	仕事内容と特徴	根拠	雇用・資格	対象者	呼称
1952	1956年家庭養護婦派遣事業（長野県） 1958年臨時家政婦派遣制度（大阪市） 1959年家庭奉仕員制度（布施市） 1960年家庭奉仕員制度（名古屋市，神戸市，秩父市）	―	主に自治体による自主的取り組み （長野県上田市ではボランティアによる取り組みも）	地域により様々。児童のいる家庭を対象するケースもあった。	地域により様々
1962	「1）家事，介護に関すること，①食事の世話，②被服の洗濯，補修，③住居などの掃除，整頓整理，④身の回りの世話，⑤その他の用務。2）相談，助言に関すること，①生活，身上に関する相談，助言，②その他，必要な相談，助言」 「家庭奉仕員には慈善の気持ちが必要」厚生白書（1962年）	家庭奉仕員事業（厚生省） cf. 2都県13市，248人で2246世帯に派遣（1962年）	高齢者対象 東京都＋5大都市に配置，奉仕員1人当たり11700円 ※大阪市の取り組みがそのまま正式な国庫補助事業へ	1）老衰，心身の障害，傷病等の理由により，日常生活に支障をきたしている老人の属する要保護老人世帯。 2）老人家庭奉仕員を派遣する要保護老人世帯総数の中に占める被保護老人世帯の割合はおおむね50％とする。（自己負担なし）	老人家庭奉仕員
1963	「ホームヘルパーには日常生活の相談係として，高齢者と会話をする役割がある」（厚生白書1969年）	老人福祉法（1963年）		身体上，精神上の障害があって日常生活を営むのに支障がある老人の家庭	
1970		「ねたきり」老人家庭奉仕員事業運営要綱 ※1970年に老人家庭奉仕員事業と統合	老人家庭奉仕員は常勤が原則。やむをえない事情がある場合は非常勤も可。年1回以上の研修。	65歳以上で常に臥床している低所得（世帯の生計中心者が所得税非課税）の者で，日常生活に人手を要し，家族以外の者に介護されているか，または家族が病弱であるため，介護が著しく困難である者。	
1972		介護人派遣事業 ※1982年に老人家庭奉仕員事業と統合	老人クラブ会員，近隣主婦を市町村に登録し，必要に応じて臨時に雇用。	一時的な疾病などにより日常生活を営むのに支障があるおおむね65歳以上の低所得の一人暮らし老人。	
1982	「ホームヘルパーは身体的にも，精神的にも健康であり，高齢者介護に熱意と理解を持ち，家事，介護，相談の能力と経験が求められる」（老人家庭奉仕員要綱8条／1982年）	老人家庭奉仕員要綱の改定	「勤務形態は原則として常勤」が削除され，パート化や登録制が開始。 「採用時に70時間研修」（「登録家庭奉仕員制度」（1982年），社会福祉士・介護福祉士），「採用時に360時間の研修」（1987年）	「所得税非課税世帯のおおむね65歳以上の寝たきり老人等」で派遣回数は週当たり延18時間を上限に増やすことが可能に。 所得税課税世帯に対しても有料（1時間580円）で提供可能に。	

※1960年家庭奉仕員制度（児童福祉，母子衛生）が始まったが本格的には制度化されなかった。1976年に老人，身体障害者・心身障害児家庭奉仕員制度が統合。

表4-5　日本におけるホームヘルプ（高齢者対象）の変遷（２）
　　　　―ホームヘルパー・訪問介護員―

年	仕事内容と特徴	根拠	雇用・資格	給付対象者	呼称
1989	在宅介護3本柱（ホームヘルプ・デイサービス・ショートステイ）として位置づける。	高齢者保健福祉推進10ヵ年戦略（ゴールドプラン）		65歳以上の寝たきり高齢者。所得に応じた自己負担。	ホームヘルパー
1990	「身体の介護に関すること」「家事に関すること」「相談・助言」の3区分に。	福祉八法の改正(1990年)「ホームヘルパー派遣事業」	段階的研修システム（3級40時間，2級90時間，1級360時間）(1990年) 研修制度は3級50時間，2級130時間，1級は2級修了者がさらに130時間(1994年)。		
		国庫補助金は人件費補助方式から事業費補助方式へ(1998年)	1990年代半ば頃から，24時間対応巡回型ホームヘルプのモデル事業	課税世帯のホームヘルプは1時間当たり上限900円に（1994年）。	
2000	身体介護中心型：食事，排泄，入浴の介助など利用者の身体に直接触れて行う介助等が中心 生活援助中心型：掃除，洗濯，調理などの日常生活の援助が中心。 通院等乗降介助：通院等のため，訪問介護員等が運転する車両への乗車または降車の介助，乗車前若しくは降車後の屋内外における移動等の介助または通院先若しくは外出先での受診等の手続き，移動等の介助。 ※数回の改正を経ているため，記述は近年のもの。	介護保険法		65歳以上で介護が必要と認定された被保険者。（40～64歳の人で加齢に伴う疾病で介護が必要な場合も対象） 要介護度別に決められた支給限度額内のサービス利用は本人1割負担。（超える分は全額自己負担。） 低所得者対応は別途あり（高額介護サービス費，介護扶助）。	訪問介護員
2006	「介護予防訪問介護」の開始 「介護予防（身体上又は精神上の障害があるために入浴，排せつ，食事等の日常生活における基本的な動作の全部若しくは一部について常時介護を要し，又は日常生活を営むのに支障がある状態の軽減又は悪化の防止をいう。）を目的とする」	介護保険法改正(2005) 介護保険法第8条の2第2項	2008年からヘルパー3級資格は介護報酬で評価しない サービス提供責任者は介護福祉士かヘルパー1級有資格者に限定。	※介護予防訪問介護の対象者は「要支援者であって，居宅において支援を受けるもの」(2006年以降)	

奉仕員事業」(1962年) ではその従事者は「老人家庭奉仕員」という名称が付けられた。家庭奉仕員の仕事は「食事の世話」「洗濯」「掃除」の順で挙げられており，当初は家事援助中心のサービスであったことがうかがえる。家庭奉仕員

表4-6　ホームヘルパー数の比較　(人)

	1969年	1971年	1973年
スウェーデン	19,200 —	63,238 (800)	65,700 (825)
日本	5,900 —	6,300 (8)	7,060 (9)

(出所) Saito (2010)
(原出所) 森 (1974) より作成
( ) 内は人口10万人当たりのホームヘルパーの数。

には‘慈善の気持ち’が必要であり，‘日常生活の相談係’の役割があるとされており，介護を必要とする高齢者の心理面のサポートも期待されていた (Saito 2010：63-67)。1989年のゴールドプランでは，ホームヘルパーの仕事は「身体の介護に関すること」「家事に関すること」「相談・助言」の3区分になり，身体介護に重点が置かれるようになった。介護保険制度では，ホームヘルパーは「訪問介護員」という名称になり，仕事内容は法律で規定され，変更もされているが，近年では「身体介護中心型」，「生活介護中心型」「通院等乗降介助」等に分類される。2005年法改正では「介護予防訪問介護」というカテゴリーも登場した。介護保険制度では，ホームヘルパーの仕事から「相談・助言」という項目がなくなった。

　仕事内容の変化に伴い，日本ではホームヘルパーの教育に力が注がれる。1982年には70時間，1987年には360時間の採用時研修が導入され，1990年にはホームヘルパーの資格制度が始まる。ホームヘルパーの教育時間が長いことは他国と比較して日本の特徴でもある。

　日本のホームヘルパーの勤務形態は1982年の老人家庭奉仕員要綱改定で，パートや登録制が開始されたが，それまでは常勤雇用が原則とされていた。ヨーロッパ諸国に比べて，日本のホームヘルパーの数が少ないのは常勤原則があったためともいわれる (森 1974：47)。表4-6は1970年代前後のホームヘルパー数をスウェーデンと日本で比較したものである。これは常勤と非常勤を混ぜた数字であるため，単純に比較できないが，両国には歴然とした差がみられる。また日本ではホームヘルプと競合する存在として家政婦と専業主

婦の存在があったこともホームヘルパー数が伸びなかった理由として指摘できる（Saito 2010：47-48）。日本のホームヘルプで市民活動を母体とするボランティアが活躍したのは1980年代中盤以降で，介護サービス不足を背景にボランティアが担う家事援助や配食サービスなどが活発になり，住民参加型サービスなどとも呼ばれた。

　スウェーデンでは，ホームヘルパーの雇用において常勤原則が存在したことはない。1950年代初頭に社会民主党政権が，ホームヘルプによる在宅介護主義に方針転換をした背景には，ウプサラ赤十字のボランティアによるホームヘルプが成功していたことにあり，潜在労働力として，中年の母親をボランティアあるいは時間給で安く，ホームヘルパーとして活用できると考えたからであった（第3章）。またホームヘルプは家庭での母親役割の延長線上にあると考えられていたため，特別な職業教育は必要ないと考えられた。ホームヘルプに関わる中年女性たちは社会的な意識も高く，ホームヘルプは高齢者に喜ばれただけではなく，この女性たちにも充実感を与えていた。一方で主婦の兼業という位置付けが強く，生涯続けられる仕事を探す女性には関心を持たれなかった。

　1960年代には特定補助金（1964）によりホームヘルプが急拡大するが，ホームヘルプの仕事は「掃除，ベッドメイク，寝巻の手入れ，窓ふき，掃除」（社会庁通達）というように家事援助が先に記述されており，当時のホームヘルプは家事援助が中心であったことが推測できる。また当時はナーシングホームの建設が進み（図4-4），身体介護を必要とする高齢者は施設介護を利用することもできたので，ホームヘルプには家事援助への期待が多かったとも推測できる。

　女性の就業率が高まる中で[13]，低賃金のままでホームヘルパーを集めることは次第に困難となる。1975年には初めての労使交渉が行なわれ，ようやくホームヘルパーの常勤雇用が始まった。従来は50歳代女性が中心だったホームヘルプの職場で若者が働くようになり，次第に安定した専門職となっていく。この頃から'ヘムサマリット'（家庭奉仕員）と呼ばれていたホームヘルパーは，'ヴォードビトレーデ'（介護士）と呼ばれるようになる。またホー

第4章　福祉国家の拡大とホームヘルプの編成

ムヘルパー派遣は時間単位で行なわれ，仕事はホームヘルパーと利用者が話し合って決めていたが，介護計画が重視されるようになり，あらかじめ仕事内容が決まっている状態となった。1977年に社会福祉分野の管理職を養成するための大学教育が始まり，ホームヘルプの分野でも地区ホームヘルプ主任という新たな職種が生まれる。地区ホームヘルプ主任は担当地区に住む要介護高齢者の介護サービス判定と介護計画作成を行ない，またホームヘルプ組織の運営責任を持つ。地区ホームヘルプ主任は1990年代に供給多元化が進む中で姿を消すことになるが，それまではスウェーデンの在宅介護の要として存在した。

ホームヘルパーの労働条件は少しずつ改善されてきたものの，他の職業との比較ではまだまだ労働条件が悪い，とコミュナール労組は指摘する。ホームヘルパーは賃金が低く，パートタイム雇用や期限付き雇用が多く，健康を害している人も多く（＝疾病休暇の取得率が高い），労働条件を上げるための活動は現在も続いている[14]。

日本とスウェーデンの比較で一番大きな違いはホームヘルパーという職業の歴史の長さである。一般の要介護高齢者を対象するようになったという点で日本のホームヘルプの始まりを1989年と考えれば，スウェーデンは約2倍の歴史の長さである。しかしそれでも，ホームヘルプという職業の歴史は医師や看護師に比べて短いことは事実である。

(3)行政とホームヘルプの編成

図4-11からも明らかなように，日本のホームヘルプは1990年頃までは量が少なく，まずは供給量をどうするかの議論から始まった。ゴールドプランは，日本で初めて政府が介護サービスの整備における数値目標を示した計画であり，ホームヘルパーは2000年まで全国で10万人に増やすとされた。その後，新プランを通じて整備の目標値は上方修正されるが，量的拡大が当時の最大の目標であった。1990年代半ば頃から先進自治体で，厚生省のモデル事業として24時間対応巡回型ホームヘルプの試行がなされ，市町村レベルでのホー

169

ムヘルプ組織の編成についての議論も始まりつつあった。ホームヘルプ事業への国庫補助金が、人件費補助方式から事業費方式になり、ホームヘルプのサービス提供時間単位の給付に代わるが、これは介護保険制度の導入を前提とした改正であった。介護保険制度ではホームヘルプの時間当たり単価が設定されている。表4-5からも明らかなように、日本のホームヘルプは厚生労働省が方針を決めてきた。ホームヘルプの供給や編成は厚生労働省の補助事業で始まり、全国に普及することになった。

スウェーデンにおいても1960年代から1970年代では中央政府に主導権があったようにみえる。1964年に始まったホームヘルプの国庫補助金はコミューンのホームヘルプ事業支出の30％をカバーし、全国的な普及に大きく貢献した。しかし1970年代以降、ホームヘルプ利用があまりに膨張した結果、政府はその再編を通じてホームヘルプの合理化を迫られた。また財政難による事業の合理化が求められる中で、個別対応から集合的サービスの考え方が生まれ、ベルトコンベア風モデルや小グループモデルといった新たなホームヘルプの編成を通じて合理化と効率化を試みた。事業合理化の工夫は、政府が予めモデルを示すのではなくコミューンの裁量で行なわれている。

ホームヘルパーはいつの時代も（1950年代のボランティア団体が運営していた時代を除く）採用難と離職率の高さという問題を抱えており、ホームヘルパーの働きがいのためにもホームヘルプ組織の再編と新たなヘルパー教育が検討されてきた。1980年代頃には、ホームヘルプの理念として高齢者の自立生活支援を強調したのは政府であった。

介護サービスは「コスト病」（第1章）の構造を常に抱えている。「コスト病」とは、（医療、介護、教育など）生産性の向上を見込みにくい分野でも、その業種を維持するために人件費は上昇させざるをえず、その結果、総事業費が上がってしまうという現象である。生産性が低いという理由で賃金を抑えれば、その仕事に就く人がいなくなり、その事業が存続できない。スウェーデンでも1970年以降はホームヘルプは財政問題、ヘルパーの採用難、事業の「コスト病」の三重苦を抱えながら、ホームヘルプの再編を繰り返してきたことがわかる。

第 2 部

供給多元化と介護ガバナンス

第2部で扱う時代と
スウェーデンの政権与党の変遷（1990-2014現在）

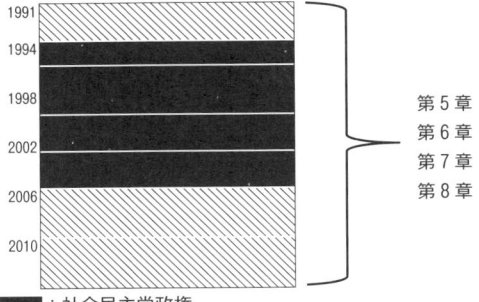

```
1991 ┤▨▨▨▨▨▨▨▨▨▨▨▨▨▨▨┐
1994 ┤██████████████████│  第5章
1998 ┤██████████████████├  第6章
2002 ┤██████████████████│  第7章
2006 ┤▨▨▨▨▨▨▨▨▨▨▨▨▨▨▨│  第8章
2010 ┤▨▨▨▨▨▨▨▨▨▨▨▨▨▨▨┘
```

■ ：社会民主党政権
▨ ：穏健党を中心とした保守中道連立政権
※年号は首相が交代した年を示す。

スウェーデンの首相と政権（1991-）

就任日	首相名	政権
1991/10/4	Carl Bildt	穏健党・国民党・中央党・キリスト教民主党連立
1994/10/7	Ingvar Carlsson	社会民主党
1996/3/22	Göran Persson	社会民主党
1998/10	Göran Persson	社会民主党
2002/10	Göran Persson	社会民主党
2006/10/6	Fredrik Reinfeldt	穏健党・国民党・中央党・キリスト教民主党連立
2010/10	Fredrik Reinfeldt	穏健党・国民党・中央党・キリスト教民主党連立

（出所）Sveriges Regeringar under 1900-talet.
スウェーデン内閣府ホームページ（http://www.regeringen.se）より作成。

第5章

介護サービス供給多元化と国の政策

1 はじめに

　持続可能な社会保障制度の構築は，高齢化が進む先進諸国が抱える共通の課題である。第4章ではホームヘルプが全国的に急拡大した後に，財政事情により，組織再編を通じたホームヘルプの合理化が議論され，実施されてきた過程を整理した。本章ではさらなる合理化の手段として，介護サービスの民間委託が増加する過程をみていく。

　社会民主主義福祉国家レジームに分類される国々では，包括的な社会権が保障され，福祉サービスは資産調査や所得調査を不要とする普遍的給付が基本である。スウェーデンをはじめ，スカンジナビア諸国では社会民主党による政権運営が政策に大きな影響を与え，基礎自治体であるコミューンが介護や保育を独占的に生産し，供給してきた。スウェーデンの社会福祉の基本法である社会サービス法（1982）は，社会民主主義レジームの福祉供給の特徴をよく表している。社会サービス法は枠組み法とも呼ばれ，福祉サービスの運営の詳細やそのシステムの決定は，コミューンの判断に大きく任せている。

　1980年代以降，福祉ミックス論やニューパブリックマネジメント論が広まることにより，世界的にも福祉サービスの民営化，市場化が推し進められた。

イギリスのコミュニティケア改革(1992)，ドイツの介護保険制度導入(1994)，また日本の介護保険制度（2000）も，介護サービス市場への民間参入を期待するものであった。スウェーデンも，特に都市部における介護サービスの供給形態が大きく変わってきている。

1985年国政選挙の頃から保守系政党の支持率が高まりをみせた。高い税負担と非効率な公的セクターが批判の対象となり，保守系の穏健党[1]は医療や福祉を民営化し，競争原理を取り入れて効率化を目指すべきと主張した（Hadenius 2000：139）。一方，社会民主党は医療や福祉は受け手の社会的地位，経済力，居住地域で格差があってはならず，現場職員にとっても良好な労働条件を保障する必要があると考えた。福祉の場合はとくに受け手と担い手の力関係は対等であるべきで，担い手が職務としての責任感を持つことは重要とした（Hadenius 2000：139）。これは第4章2節で述べたオムソーリの考え方にも通じる。社会民主党が医療と福祉を公的セクターで運営してきたのはこれらの理由からであり，社会民主党は営利企業もボランティア団体も福祉の中心的な担い手にはなりえないと考えてきた（ibid.：139）。

1985年国政選挙では社会民主党は左共産党[2]とともに国会では過半数を維持したが，国民党が5.9%から14.2%へ得票率を飛躍的に伸ばした。ハデニウスは1985年選挙の結果をみて，新自由主義思想が以前よりはるかに多くの支持を集め，世論が右方向に傾いているにも関わらず，スウェーデンでは社会民主主義ブロックが多数派になったことに驚きを示している（ibid.：142）。穏健党やスウェーデン企業の幹部は，イギリスのM. サッチャー（Margaret Thatsher）首相やアメリカのR. レーガン（Ronald Reagan）大統領による規制緩和，減税，公的セクターの縮小と民営化の思想的影響を強く受けた（ibid.：142）。

1991年国政選挙では保守中道4党連立政権（穏健党，国民党，中央党，キリスト教民主党）が誕生した（1991-1994）。しかしこの政権は少数与党政権であり，法案を成立させるためには社会民主党，左党，新民主党の合意を得なければならず，国会では社会民主党が37.7%の得票率でこれまで通り第一党の地位を維持していた。穏健党党首のC. ビルト（Carl Bildt）が首相となり，

第5章　介護サービス供給多元化と国の政策

減税，規制緩和，社会保障給付の改革などを主張した。

　新政権の政策軸は『スウェーデンの新しい出発』[3]という名称の政策案に基づいている。要点は1)EC（現EU）加盟[4]の申請，2)税負担の軽減，3)公的セクターの縮小と公的支出の抑制，4)福祉部門の民営化を進め，選択の自由の原則を導入，5)私的所有と私的貯蓄の強化，6)産業発展のための安定したエネルギー供給[5]等である（岡沢 1994：201-202）。それでも1994年選挙では，社会民主党が再び政権に戻り，党首のI. カールソン（Ingvar Carlsson）が首相となり，G. パーション（Göran Persson）を財務大臣に任命する。ハデニウスは，この選挙結果は，過去3年間の保守中道政権による路線変更に対する有権者の不満が表れた結果と分析している（Hadenius 2000：169）。1995年秋にカールソン首相が個人的な理由で首相を辞任した後，パーション財相が首相となる。しかしパーション首相の方針はかつての社会民主党路線に戻るというよりは，厳格な経済政策，EU加盟を通じてヨーロッパ諸国との経済関係をより深めながら，失業問題などに取り組んでいくものであった（*ibid*.：170）。

　1990年代初頭の保守中道連立政権とEU加盟はスウェーデンの介護保障政策にも大きな影響を与えてきた。EU指令により，スウェーデンにおいても公的セクターによる介護市場の独占状態は認められなくなった。介護サービス市場への参入を希望する事業者があれば，入札による公共購売等を通じて，その参入を認めていかざるをえない。その結果，介護サービスの民間委託が進み，全国ではわずか9％程度であったが，ストックホルムを含む三大都市では約3割の介護サービスが民間事業者により供給される状況になった（2003）。民間事業者による介護サービスは量としてみれば他国に比べても極めて少ないものであったが，コミューンが一元的に介護サービスを供給してきた戦後スウェーデンの歴史から見れば，大きな変化であった。

　介護政策の国際比較研究では，介護サービスの供給多元化が急速に進むという似たような傾向を指摘できるが，その一方で，介護政策には各国が経験してきた政治的，文化的な特徴が根強く残っているともいえる。

　本章では，1990年代から2000年代にかけてのスウェーデンの高齢者介護の

動向を国の政策を中心に整理分析する。まず2節ではO. ペッテション（Olof Petersson）が示す地方分権の分析モデルとして用いられる「砂時計モデル」と「花びんモデル」により，介護政策にみられる国と地方の関係を検証する。3節では1990年代のスウェーデンにおける介護サービスの民営化の解釈についてL.J. ルンドクヴィスト（L.J. Lundkvist）の整理をもとに検討する。4節では社会庁報告書をベースに，1990年代を通じて介護サービスの供給多元化がどのように議論され，進行したかをみていく。5節では2000年代の高齢者介護の動向と政府による供給多元化の対応を検証する。低所得者対策と平等指向の理念に基づく社会民主党政権による介護マックスタクサの導入，市場化路線の政策である保守中道系政権によるサービス選択自由化法と家事労賃控除を整理し，グローバル化と市場化の中での介護サービス編成の変容を検討する。

2　国と地方の関係

(1)「砂時計モデル」の地方分権

　スウェーデンの社会保障制度における国と地方の関係をみると，まず基礎自治体であるコミューン[6]が介護と福祉，広域自治体であるランスティング[7]が保健医療，国が年金を担当しており，それぞれの運営責任の分担が明確である。介護，福祉については社会サービス法（Socialtjänstlagen）(1982)，保健医療については保健医療法（Hälso- och sjukvårdslagen）(1982)を通じて，国はその枠組みを規定している。例えば社会サービス法は「コミューンは地域内に住む住民が必要な援助を受けられるようにその最終責任を負う」（同法2章2条）として，コミューンに対し介護サービス提供の最終責任を課しているが，どのようなサービス（サービスの種類）を，どのように（供給体制），いくらで（自己負担額）で提供するかはコミューンに任されている。
　スウェーデンでは，国は外交，防衛，経済政策などを中心に，義務教育と

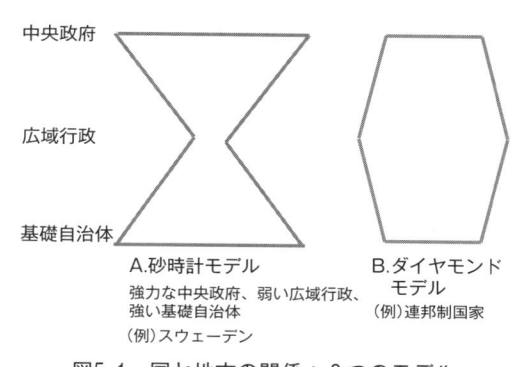

第5章　介護サービス供給多元化と国の政策

図5-1　国と地方の関係：2つのモデル

A.砂時計モデル
強力な中央政府、弱い広域行政、強い基礎自治体
（例）スウェーデン

B.ダイヤモンドモデル
（例）連邦制国家

（出所）Petersson 2006：68

福祉事業はコミューンと呼ばれる基礎自治体の権限で行われている。国と基礎自治体の担当領域が明確に区別され，両者が対等であるという点で「砂時計モデル」の地方分権と呼ばれることもある（Petersson 2006：68）。スウェーデンの地方自治システムは三層構造であるが，広域行政体ランスティングは主に医療のみを担当で責任領域が相対的に小さく，そのため図5-1に示すような砂時計の形となる。連邦制国家では州政府がより大きな権限を持つため「ダイヤモンドモデル」であり，地方分権でも異なるタイプがある（ibid.：68）。

　第二次世界大戦後に，スウェーデンでは義務教育，保育，介護サービスのニーズの増加に対応して，コミューン再編が行なわれた。財政的にも，能力的にも自立した基礎自治体を整備するため，二度にわたる大規模市町村合併が行なわれ，約2500市町村を290コミューンに合併した。戦後，スウェーデンの地方自治システムは生活関連サービスの供給母体を目標に整備されてきた。全国に290コミューン（2012年6月現在）があり，標準規模は1万6000人である。コミューン再編は1930年代頃からの課題であり，福祉事業の実施を主体とする「社会支援共同体」構想があったが，村自治体の反対で実現しなかった（第2章）。その意味ではコミューン再編は四半世紀かかって実現した大改革であったといえる。

　またスウェーデンの税体系は地方所得税を中心としており，コミューン財

源の約 7 割が地方所得税による自主財源である。国に対する所得税は約 2 割の高所得者のみが支払い，8 割の市民は直接税としては地方所得税のみを支払っている。地方所得税率はランスティング税と合わせて，個人所得の約30％にあたる。コミューン歳出の 6 割が義務教育，介護，福祉に，ランスティング歳出の 9 割が医療に使われるため，納税者にとっては税金の使いみちが見えやすい。コミューン法（Kommunallagen）により地方自治体には課税権と起債権が認められ，地方自治の視点から見れば，補助金に依存せず，地域ニーズにあった施策を実施できるしくみといえる。

(2) 1990年代以降の「花びんモデル」と介護政策の動向

1990年代半ば以降のスウェーデンにおける国と地方関係を，O. ペッテションは「花びんモデル」と称して，図5-2に示す 5 点で説明している。国境を越えた国際機関であるEUの影響が強まり（①），そのために相対的に中央政府の権限が弱まり（②），他のヨーロッパ諸国の影響から地域開発の面で広域自治体レギオン（region）[8]が注目されるようになった（③）。基礎自治体であるコミューンも担当領域である福祉や義務教育に関する事業を民間に委託する機会が増え，その結果，直営事業が減少している（④）。ストックホルム等の大都市では自治体区委員会（stadsdelsnämnd）（⑤）（後述）が導入されている（Petersson 2001：68）。

次に「花びんモデル」が示す動向を介護政策にあてはめて検討する。まずスウェーデンは1995年にEUに加盟したが，EU指令はスウェーデンの介護政策に大きな影響を与えている。コミューンによる介護サービスの一元的な供給はスウェーデンの介護政策の大きな特徴であったが，EU指令は競争システムの導入によるサービス供給の多元化を求めた。つまり民間委託，市場化の要請は国内の政策論争を越えたところにあり，その意味ではEUの存在は政府の権限を制約する。また国内では1991年コミューン法改正によりコミューン内の自由な組織編成が可能となった。さらに1994年には一括補助金が導入され，使途限定の国庫補助金は原則廃止となった。コミューンにとっ

第5章　介護サービス供給多元化と国の政策

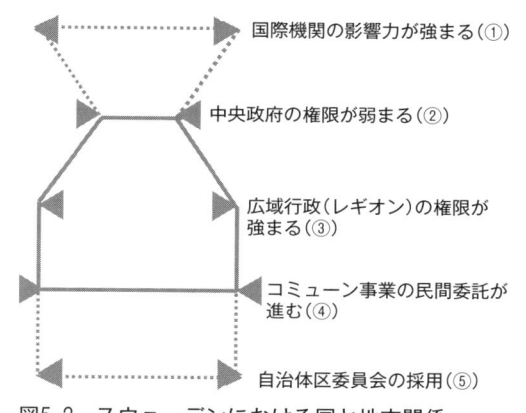

図5-2　スウェーデンにおける国と地方関係
（1990年代以降の傾向）：花びんモデル

- 国際機関の影響力が強まる（①）
- 中央政府の権限が弱まる（②）
- 広域行政（レギオン）の権限が強まる（③）
- コミューン事業の民間委託が進む（④）
- 自治体区委員会の採用（⑤）

（出所）Petersson 1998：69 ※数字は加筆

ては組織再編や予算編成の自由度が増すことになり，これらの自治体改革は介護システムの多様化の出発点となっている。

　1990年代初頭まで，ほとんどのコミューンではホームヘルプの小グループモデルの普及により在宅介護区域が設置され，そこに配置された地区ホームヘルプ主任（hemtjänstassistent）が地区内の介護サービスの提供責任と要介護者へのサービス内容を決定する権限を併せ持っていた（第4章）。ところが1990年代中盤以降，ニューパブリックマネジメント論の影響を受けたコミューンの組織再編のなかで，介護サービス判定（行政決定）と要介護者へのサービス提供（介護サービス事業）を組織的に分離する，「介護サービス判定分離型」を採用するコミューンが増加した。1994年にはわずか40コミューン（全体の14％）であったが，1999年には170コミューン（全体の58.8％）に増え，2012年現在ではほとんどのコミューンが「介護サービス判定分離型」を採用している。

　さらに1992年のエーデル改革（高齢者医療福祉改革）（後述）は，ランスティング（保健医療の担当）とコミューン（介護の担当）の境界線を引き直す改革であった。具体的にはランスティングの責任領域であったナーシングホーム

179

と訪問看護[9]がコミューンに移譲された。約5万人の医療関係職員および関連施設とそれに伴う財源がランスティングからコミューンに移譲された点でランスティングの責任領域は縮小された。「花びんモデル」では広域行政が拡大していることが指摘されている（図5-2）が，それは広域自治体レギオンの登場を意味するもので，広域自治体ランスティング自体の権限は縮小されたといえる。

　コミューンは高齢者介護の責任を一元的に担うことになり，コミューンの権限はさらに拡大したかのようにみえるが，「花びんモデル」ではコミューンの権限が弱まる傾向を示している。その理由はコミューンが多くの事業を民間に委託するようになったからである（ibid.: 68）。前述の「介護サービス判定分離型」組織の採用は，民間事業者への事業委託を促した。民間委託の内容は，当初は清掃や給食などの介護サービスの周辺事業に限定されていたが，介護付き住宅，ホームヘルプ地区の運営委託に広がり，サービス選択自由化制度（第6章）の導入にまで進んできた。

　また1990年代終盤にはストックホルムコミューンをはじめ，比較的大きなコミューンが自治体区委員会制度を導入し（第6章），ストックホルムコミューンでは5〜6万人単位の自治体区委員会に介護サービスの運営責任とサービスの質の管理を移譲するようになった。

3 ｜ スウェーデンにおける民営化の捉え方（1990年代）

　準市場（quasi-market）は措置制度と市場経済の中間に位置する社会保障メカニズムと考える場合や，混合経済からみた公的サービスのあり方として説明する場合等もある。坏（2008）は，準市場は福祉国家の市場化の一環として捉えうるが，その理解は一様ではないとしている。準市場の捉え方についてはJ. ルグラン（Julian Le Grand）の初期の研究を引用されることが多く，ルグランは準市場ではサービスを自費で購入することはなく，国が費用を賄うとともにバウチャーなどを通じて利用者の選択の自由を促すものとする

(坪 2008：83)。準市場は，人々の購買力の違いから生じる不平等を回避するような形で公共サービスを提供するしくみである。さらに坪は，日本の社会福祉基礎構造改革と介護保険制度にも準市場的な展開を認めることができるとする（ibid．：83）。スウェーデンのサービス選択自由化制度も準市場的政策と呼ばれている（Szebehely 2011）。日本の介護保険制度とスウェーデンのサービス選択自由化制度（後述）は，表面上は似ているが，市場化のレベルは日本の方がはるかに高い（第9章）。それを同一に準市場と呼ぶことには注釈を要するが，本書では準市場を措置制度と市場経済の中間に位置する社会保障メカニズムという幅広い概念でとらえることとする。

1990年代初頭のスウェーデンでみられた高齢者福祉に関する議論では「民営化」(privatisering) という，広い概念の用語が使われることが多かった。しかし1990年代終盤頃からは「競争の導入」(konkurrensutsättning) という用語が使われるようになってきた。これは公的セクターが担ってきた介護サービスを民間セクターに引き渡すというものではなく，福祉多元主義の考え方で，事業者間の競争を促すという意味合いを強調する。スウェーデン国内での介護サービスにおける「民営化」の概念整理が一歩進んだ結果であった。

スウェーデンにおける民営化の概念整理は，L.J. ルンドクヴィスト（Lennart J. Lundquist）(2001) に詳しい。ルンドクヴィストは，新自由主義の提唱者であるM. フリードマン（Milton Friedman），公共選択理論の創始者とされるJ. M. ブキャナン（James McGill Buchanan）らを引用しながら，民営化の意義について，「公的セクターの仕事は，課税である。商品やサービス生産を民間事業者への委託することで，公的セクターを縮小できる。これまでの公的サービスを競争市場にさらすことにより，市民は選択の自由と，経済的なメリットを享受できる。民営化には選択の自由を拡大するための制度改革を必要とするが，これによって公的セクターに潜在する創造力をも引き出し，高い水準の行政を行うこともできる」(Lundqvist 2001：252) と述べている。

民営化のメリットとしては一般に，生産性や効率性の向上，選択の自由の拡大などがあげられる。その一方で，民間セクターは利益主導になりがちで，市民の基本的人権に関わる福祉サービスには不向きという一般的な批判があ

る。これに対し，ルンドクヴィストは「民営化は，民主主義，管理監督，共同決定，保証，機会均等の価値観と正反対のように思われている。しかし医療，介護，教育等の分野で規制があれば，民主的な運営や管理が可能というわけでもない。適切なサービス水準を保証するためには，管理監督が必要であり，医療，介護，教育等のサービスには行政の責任が必要である。行政が公的権力を行使することによって，どのようなケースが民営化に適するのかを判断することができる」(*ibid*.：254) と述べている。ルンドクヴィストの考え方は「財政運営と規制監督はあくまでも公的セクター（特にコミューンの責任）で行ない，サービス生産については競争を導入する」というもので，この考え方は1990年代のスウェーデンの高齢者介護の分野では少しずつ浸透していた。

　ルンドクヴィストのモデル（図5-3）はシンプルであるが，民営化の概念を整理する上ではわかりやすい。公的セクターと民間セクターの役割分担に関しては，少なくとも8通りのパターンが考えられる。民営化の議論においては，規制・監督，財政運営，サービス生産という3つの段階を基準とし，どの部分の民営化なのかを明確にしなくてはならない。

　スウェーデンの高齢者介護にみられる多元化は，図5-3の太線で囲った部分の議論で，特に「サービス生産」の部分で民間部門の参入と競争を促そうというものであった。

　圷（2008）は「自立／就労支援」の促進や強化，「契約化」や「応益負担」も市場化の一環とみなすことができ，橋本内閣以降に構造改革として進められた一連の「規制緩和」「民営化」「分権化」，近年における民間企業の経営手法の導入を企図した行政改革としての「市場化テスト」「PFI」「指定管理者制度」なども福祉国家の市場化に位置付けられるとする（圷 2008：83）。この視点で見ると，1990年代のスウェーデンで議論された介護サービスの民営化は，コミューンによるサービスの供給独占を廃し，利用者に民間サービスの選択肢を提供するということに過ぎず，市場化という点では小さな一歩にすぎない。しかしスウェーデンの歴史からみると民間セクター，特に民間企業による介護サービス供給の始まりは衝撃的な出来事だったと思われる。

第5章　介護サービス供給多元化と国の政策

<機能>	<役割分担>							
規制・監督	公的セクター				民間セクター			
財政運営	公的セクター		民間セクター		公的セクター		民間セクター	
サービス生産	公的セクター	民間セクター	公的セクター	民間セクター	公的セクター	民間セクター	公的セクター	民間セクター

図5-3　公的セクター・民間セクターの役割分担みられるパターン
(出所) Lundqvist 2001：257に網がけと矢印を加筆。

　さらに社会庁報告書(1999)(後述)は民間委託の手法として,「場所買い[10]」,「公共購買(入札)方式[11]」,「サービス選択自由化制度[12]」を区別整理した点で評価されている。それまではこれらの手法は「民営化」(privatization)という1つの単語で表現されており,混在していた。表5-1に介護サービスの民間委託にみられる3つのパターンを示す。社会庁はサービス供給の多元化を進める上で,「公共購買(入札)方式」と「サービス選択自由化制度」という事業者間競争が働くシステムの必要性を提唱している。ただし区別整理したといっても,コミューンごとで運用が異なるために厳格な定義はされていない。

4　介護サービス供給多元化の進行

　B. エングストレム (Bo Engström) とL. ヨハンソン (Lennart Johansson) が1999年に作成した社会庁調査報告書『高齢者介護への競争の導入と契約委託』(Konkurrensutsättning och entreprenader inom äldreomsorg) (以下,社会庁報告書(1999))は1990年代の高齢者介護の多元化の進行状況を知る上で重要な資料である。介護サービスの民間委託に関する全国的な動向は,1990年代終盤にようやく把握されるようになった。それまではコミューンによる取り組みがあまりにまちまちで,かつ変更も多く,全国的に集計する枠組みも不明確であった。介護サービスの民間委託の状況を初めて全国的に把握した報告書として,同報告書の持つ意味は大きい。表5-2は社会庁報告書(1999)による1990年代の高齢者介護サービスの民間委託の動向を示す。

表5-1　介護サービス民間委託の３つのパターン

場所買い	コミューンが外部のサービスを購入する (例：他のコミューンや民間の介護付き住宅の居室を一定期間，費用を払って借り受ける)
サービス公共購買（入札）	コミューン直営サービスと民間サービスを競争させる (例：入札による契約委託)
サービス選択自由化制度	利用者に事業者の選択を委ね，事業者間競争を促す (例：バウチャー制度)

(出所) Socialstyrelsen 1999：18より作成。

　社会庁報告書（1999）は「1990年代のスウェーデンの高齢者福祉における二大組織改革をあげれば，一つはエーデル改革，もう一つはコミューンにおける介護サービス判定分離型組織の増加といえないだろうか。後者の改革については，これまでに研究や評価も少なく，静かに進行してきた」として，1990年代の高齢者医療介護改革の中心となったエーデル改革（後述）の他に，これまで目に見えにくかったが，着実に進行してきたもう一つの大変革があったことを指摘している。この大変革とは，介護サービス判定の導入に伴うコミューンの高齢者介護組織の再編であり，この組織再編はニューパブリックマネジメント論の影響を受けたもので，介護サービスの民間委託を大きく促進させた。この組織再編は高齢者に対する介護サービス判定（行政権の執行）部門と介護サービス生産部門を明確に分離する作業であった。

　日本やドイツの介護保険制度では，要介護認定（保険者）とサービス生産（事業者）は両機能は明確に分離されている。また日本もドイツも非営利民間事業者（日本の場合は多くが社会福祉法人，ドイツの場合は多くが福祉系の６系統の社団）が主に介護サービスの生産を担ってきたため，措置制度のもとでも両機能は分離されていた。1980年代にみられたスウェーデンの小グループモデル（第４章）では，小規模な介護エリアに配置された地区ホームヘルプ主任が一人で介護サービス判定とサービス生産の両機能を担ってきた。介護サービス判定部門と介護サービス生産部門を組織的に分離するコミューンは1995年には全体の14.0％，1999年に58.8％，2003年に81.7％と着実に増加してきた（表5-3）。両部門を明確に分離することは，介護サービスを競争を前

第5章　介護サービス供給多元化と国の政策

表5-2：社会庁報告書（1999）の要点整理

内　容
(1) 民間事業者による介護サービスを利用する高齢者は増加。
(2) 「介護サービス判定分離型」の組織を採用するコミューンが，4倍強に増加。
(3) 「介護サービス判定員」が登場し，「地区介護サービス主任」の名称が消えた。
(4) 民営化のパターンは3つ。①「場所買い」②「公共購買（入札を通じた契約委託）」③「サービス選択自由化制度」。
(5) ①「場所買い」は全国的に浸透しているが競争がなく，質の管理など，責任の所在もあいまい。
(6) ②「公共購買（入札を通じた契約委託）」は都市部で増加しており，コミューンの入札制度が洗練されてきた。
(7) ③「サービス選択自由化制度」の導入はまだ極小，しかし今後，増加の兆しがある。
(8) 委託内容が，ホームヘルプ地区の運営など，より介護サービスの核心部へ。
(9) 委託契約の期間は3〜5年が一般的。再契約が多く，事業者の交代は少ない。
(10) 民間事業者は大規模化し，9件の大規模民間事業者が委託総費用の70％を占めている。
(11) 民営化の進行は3期に分かれる。 　①「前時代」②「契約委託の急増期」③「コミューン直営サービスと民間サービスの混在期」
(12) ①「前時代」は80年代以前で，コミューン直営サービスが介護サービス市場を独占していた。
(13) ②「契約委託の急増期」は90年代前半で，イデオロギー論争が多く，急増に伴う混乱もみられた。
(14) ③「公・民混在期」は90年代後半，制度的な環境がより整い，イデオロギー論争は減少。

（出所）Socialstyrelsen（1999）より作成。

提とした民間委託を行う上で必要な組織構造であり，このようなコミューン内部の組織改革が介護サービスの民間委託に拍車をかけることになった。

1990年代のスウェーデンでは，介護サービスの民間委託をどう捉え，どのように競争原理を導入していったのか。まずはその始まりとも言えるエーデル改革について述べ，社会庁報告書（1999）に基づき，1990代前半と後半の2つの時期にわけて整理する。

(1) エーデル改革―高齢者介護の再編として

エーデル改革は1992年1月に実施された高齢者医療介護改革で，広域自治体ランスティングが従来，老人医療として担当していた訪問看護とナーシングホーム（長期療養病床を含む）の権限をコミューンに移譲し，コミューンの

表5-3 「介護サービス判定分離型」を採用するコミューンの数

1995年	1999年	2003年
40コミューン (14.0%)	170コミューン (58.8%)	237コミューン (81.7%)

（出所）Socialstyrelsen 1999：22, 2004：12より作成。

もとで高齢者介護を一元化した(図5-4)。専門家の間では1980年代初頭にホームヘルプの合理化の議論が始まった頃からこの改革が議論されていたが、国会では約3年半の審議を経て1990年に可決した。歴史を振り返ると、戦前は老人ホームに援助ニーズが異なる入所者が混在する状態が続いていたことが大きな課題であったが、戦後、広域自治体ランスティングが慢性疾患や精神疾患に対応するためにナーシングホームを建設し、入所者混在問題の解決の方向性が示された。慢性疾患や精神疾患は再びコミューンの責任領域となったことになる。

　エーデル改革が行なわれた背景にある事情は次の3つに要約される。第一に、後期高齢者の増加[13]により老人医療費の高騰が深刻化した。ナーシングホーム（長期療養病床を含む）はすでに総医療費支出の約2割を占めており対応策が迫られた。第二に、認知症高齢者の介護問題である。1980年代にグループホーム[14]の効果が明らかとなったが、その建設が進まなかった。認知症高齢者の介護は広域自治体ランスティング（医療）の責任か、コミューン（介護）の責任かがあいまいで、コミューンは認知症高齢者を広域自治体ランスティングの病院に送り込んだ。治療が困難で完治が望めない高齢者を入院させる傾向が続いたため、病院には社会的入院が増加し、医療財政が圧迫された。また高齢者も自己負担が安いという理由[15]で、ナーシングホームを好む傾向もみられた。戦前から入所者の混在を解消するために議論を重ね、支援ニーズに合わせた複数の種類の施設ができたが、後期高齢者の増加により、明確な区別を行なうことが技術的に難しくなってきた。第三に、従来から課題であった看護師や介護職員の採用難である。コミューンが運営するホームヘルプ区域とランスティングが運営する訪問看護区域は重なっていることも多く、両者の連携により、合理的な運営が目指された。

エーデル改革の具体的な内容は以下の通りである。第一に、ランスティングの担当する老人医療に勤務していた医師以外の５万人の職員（看護師、副看護師、作業療法士、理学療法士、ケースワーカー、医療補助職員、地域看護師等）がコミューンの雇用となった。第二に、図5-4に示すように、ランスティングの責任領域であった訪問看護[16]とナーシングホーム（長期療養病床を含む）がコミューンの責任領域となった。具体的にはナーシングホーム約490ヶ所（約３万1000人分）、認知症高齢者対象グループホーム約400ヶ所（約3000人分）、認知症高齢者対象デイケア約200ヶ所の運営がランスティングからコミューンに移譲されたことになり、入所判定を必要とする高齢者向けの住宅は「介護付き住宅」（särskild boende）と総称されるようになった。第三に、コミューンに対し社会的入院費支払い責任が課された。医師が治療終了を通告した後、コミューンが適切な受け入れ準備ができずに入院期間が延長される場合、その間の入院費用はコミューンがランスティングに支払うことになった。緊急病棟は１日1800クローナ、老人病棟は１日1300クローナである。第四に、これらの改革に伴う財源がランスティングからコミューンに移譲された。税均衡交付金、地方所得税におけるランスティングとコミューンの配分比率の見直しでコミューンは３億7000万クローナの増収となり、グループホーム新設に対する建設補助金が５年間で20億クローナ、ナーシングホームの個室化に対し５年間で10億クローナがコミューンに支給されることとなった。

　P.G. エデバルク（Per Gunnar Edebalk）は、1950年代から続いてきた在宅介護主義に対し、ホームヘルプによる在宅介護が一番安上がりというのは神話であるとし、後期高齢者の増加に合わせて介護付き住宅整備の必要性を訴えた。エデバルクは1986年に建てられたルンド（Lunds kommun）にあるモルテンスルンド老人ホーム[17]をケースに、この老人ホーム入居者60人（ほとんどが80歳以上）がすべて自宅でホームヘルプを利用して生活した場合にかかるコストを試算し、後期高齢者に対してはホームヘルプによる在宅介護は老人ホーム介護より30％もコストが高いことを示した（Edebalk 1987）。後期高齢者層には要介護度が高い人が多く、ホームヘルプの必要回数が多いため、

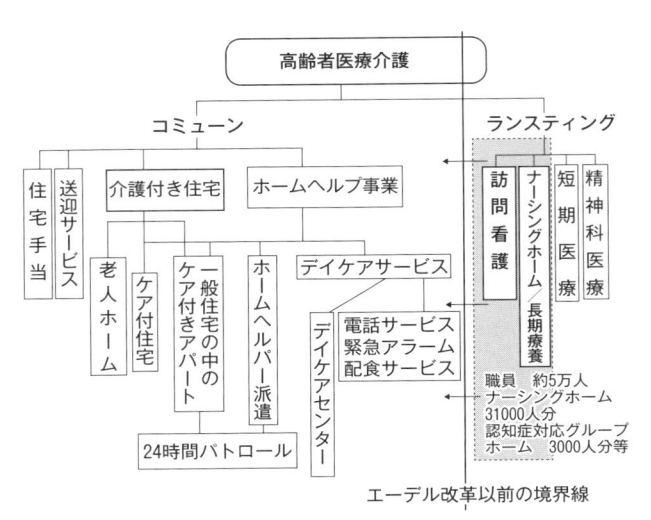

図5-4 エーデル改革(高齢者医療介護改革)の概要

(出所)斉藤 1994:153
(原出所)Johansson 1992:90

集合住宅の方が移動コストを省くことができ、コスト安である。介護職員の人手確保のためにも老人ホームは有効で、労災の発生率も少なく、職員の離職率も低いと主張した(Edebalk 1987)。後期高齢者増加という新たな局面を迎え、戦後否定され続けてきた老人ホームも一部では見直されるようになった[18]。

エーデル改革は後期高齢者の増加、国と自治体の財政難、担い手の人手不足といった状況が要請した介護システムの再編と考えることができる。

(2)民間委託の急増期(1990年代初頭)とその背景

スウェーデンが1995年にEUに加盟国して以降、スウェーデン国内の諸政策はEU政策の影響を強く受けるようになった。その一つが公共購買法(LOU, Lagen om offentlig upphandling)改正である。1994年に同法が改正され、公的機関による民間サービスや作業の購入はほとんどすべてが同法の規制の対象

となった(Gustafsson & Svensson 1999 : 87)。

　公共購買法は，公的機関が商品やサービスを購入する行為に対してルールを示すものである。ルール作りができれば，その商品やサービスの国内市場を作ることができ，さらにEU諸国間での取引が容易になれば，競争が増え，商品やサービスの価格は安くなり，質も高まるという考え方が根底にある。公共購買法は入札専門委員会（NOU, Nämnden för offentlig upphandling）を設置し，同委員会では公共購買に関する情報提供や調査研究，助言等を行っている(*ibid.* : 88)。

　公共購買法の改正により，コミューンが介護サービス供給を独占する状態が原則として認められなくなった。サービス提供を望む事業者があれば，コミューンは入札等を通じて，市場参入の可能性を提供しなくてはならない。公共購買法の改正が行なわれたことで，介護サービスは公的供給であるべきか，民間供給であるべきか，という二者択一のイデオロギー論争はあまり意味を持たなくなった。1995年に第一次パーション社会民主党政権のI. サーレン（Ingela Thalén）社会大臣は，政府調査委員会「公民協働検討委員会」を立ち上げ，医療介護サービスの公的供給と民間供給のあり方についての検討を行った。2年間の調査および検討の後，委員会は「ランスティングの医療事業のうち，外来診療の少なくとも25％に競争を導入する」という提案を出した。この提案に対しては賛否が分かれたが，社会民主党政権が医療分野への競争導入を承認していることがわかる。

　1990年代初頭に入り，民間委託は急速に展開し，1993年の高齢者・障害者向け介護サービス支出を比べると，2000年には民間供給が占める割合は約3倍に増加した。介護サービスの民間委託が増加した背景は，主に次の3点から説明されている。

　第一に，ビルト保守政権による民営化イデオロギーの影響である。1991年総選挙でスウェーデンには保守中道連立政権が誕生し，その後，同政権が3年間続き，この間に全国的に保守系与党のコミューン議会が増えた。特に保守系与党のコミューンでは介護サービスの民間委託が加速し，また保守系与党のコミューン以外でも，多くのコミューンで介護サービスの民間委託が検

討された（第6章）。

　第二に，公共サービスの効率化に対する要求である。1990年代初頭には公的セクターによるサービス生産の独占状態は，競争がなく非効率で，生産性も低く，利用者の選択の自由も妨げているとされた。また，各種世論調査でも，公共サービスに対する市民の不満が蔓延していることが示された。この時期には，公共サービスの効率化や民営化の議論が，政治的イデオロギーと結びついていた。

　第三に，エーデル改革（1992）の影響である。エーデル改革は高齢者医療福祉改革であるが，それまでランスティングの権限であった老人医療（訪問看護，ナーシングホーム等の長期療養）をコミューンに権限を移行した。同改革によって高齢者介護と長期療養の責任がコミューンに一元化された。また社会的入院の費用負担義務がコミューンに課せられることになり，これまで介護に力を入れていなかったコミューンは，グループホーム等の介護付き住宅の不足を解消するために他団体や他自治体から不足分を購入する等の措置をとらなければならなかった。

　しかし民間委託が進む中でも，財政運営は公的責任という方針が示され続けていた。例えば当時の保守中道連立政権が示した新方針でも，競争原理を導入し，経費削減と効率化を求めるが，公的な財政システムは継続するというものであった。「国家はすべての市民に対して，失業，疾病，老齢化，障害への対応を通じて，基本的な安心を保障する責任を果たさなければならない。将来にわたり，これらの事業は公共の財政支出により十分に考えていかなくてはならない。しかし，公共サービスの生産自体を公的セクターが行うべきとは必ずしもいえない。公的な管理と財政を維持しながら，その一方で，民間，協同組合，公的セクターによる自由なサービス生産が可能である」というのが新方針の内容であった。サービス供給では民間委託を進めて，事業者間競争を導入するが，公的財政システムは維持するという政府方針が保守中道連立政権においても明確に示されていた。

(3) 民間サービスの定着（1990年代中盤以降）

　1990年代前半の民間委託の急増は，イデオロギー論争の盛り上がりの結末として，次第に批判の対象となった。大学や研究機関からは，民間委託がより進んでいる保守系政党が与党であるコミューンより，民間委託に慎重な社会民主党が与党であるコミューンの方が財政的にうまく機能しているという結果の調査報告がなされた。民間委託が必ずしも財政再建につながっていないという指摘である。

　1995年の社会庁報告書では，民間事業者に委託した介護サービスについて，コミューンは事業評価やフォローアップをほとんど行っていないという深刻な事態が報告され，公共購売におけるコミューンの入札技術の未熟さを指摘した。イデオロギー論争に終止符を打ち，財政面や専門的な見地から，効果的な入札を行うことが，理想的な競争状態をつくりだす上で重要と認識されるようになった。

　入札の技術や事業評価が不十分という批判に対処するため，コミューン連合会はガイドブックを発行し，研修を行う等して，コミューン議員や職員向けに，入札技術や民間委託の手法についての助言や情報提供を行うようになった。

　多くのコミューンで，介護事業の契約委託に際し，入札制度が取り入れられるようになった。1996年の社会庁報告書では，高齢者介護サービスの民間委託に関して，肯定的な評価がなされている。「公共購買（入札）制度」の導入は，経費節減につながり，事業者間競争によりコミューン直営サービスにも効率性をもたらす可能性を指摘している。新たな課題として，入札の件数が増えており，その対応の必要性をあげている。

　コミューン連合会2002年調査『高齢者福祉のマネジメント』（Äldreomsorgens-styrning）に基づき，全国のコミューンの取組み例を整理すると以下のようになる。

　第一に，全体の90％強にあたる数のコミューンで，介護サービスの民間委託が実施されているが，総供給量ではコミューン直営サービスが依然として

独占的である。民間委託を行う104コミューンのうち，約半数の50コミューンは1件の民間事業者，19コミューンは2件，15コミューンは3件，20コミューンは4件以上の民間事業者と契約を結んでいる。10件以上の民間事業者と契約を結んでいるコミューンはストックホルム，マルメ（Malmö），ヨーテボリ（Göteborg），ベステルオス（Västerås），ナッカ（Nacka）のみである。

第二に，報告された310の民間事業者のうち，254が株式会社（aktiebolag），11が協同組合（kooperativ），45が理念団体（ideella organisationer）や財団法人（stiftelse）等であり，民間事業者の内訳では株式会社が圧倒的に多い。

第三に，民間委託を行うコミューンのうち，78コミューンは公共購買（入札）制度を実施している。一方，34コミューンでは別の方法をとっている。入札を採用する78コミューンのうち50コミューンではコミューン直営事業は入札に参加せず，28コミューンではコミューン直営事業も入札に参加している。つまり，入札の方法もコミューンによって様々である。調査に回答したコミューンのうち100コミューン以上が，別にコメントを寄せている。定型の質問では回答しきれないほど，コミューンの取り組みは多様化している。

第四に，53コミューンにおいて，介護サービス判定を簡素化して介護サービスを利用できるしくみを開発している。コミューンの介護サービス判定を受けずに，直接，事業者から利用できるサービスの種類はコミューンによって様々であり，レスパイトケアや掃除サービス等から，一般のホームヘルプに至るまである。介護サービス判定を簡素化する取り組みはサービス直接利用システムとされ，リンシェーピング（Linköping）コミューンで始まったことから「リンシェーピングモデル」（第6章）と呼ばれ，多くのコミューンに注目された。リンシェーピングモデルは2002年には注目を集めていたが，これを導入しようとするコミューンの数は減少した。

(4) サービス選択自由化制度

第五に，「サービス選択自由化制度」を導入するコミューンも登場した。サービス選択自由化制度とは介護サービス判定で介護サービスが必要と判定

された高齢者が自分でサービス事業者を選択するしくみで，利用者のサービスに対する影響力を強め，事業者間の競争によってサービスの質を向上させようとするものである（2008年に法制化，2009年より実施。詳細は第6章）。サービス選択自由化制度はコミューンによりしくみも様々で厳密な定義が難しい。エデバルクの定義は，サービス選択自由化制度とは利用者が少なくとも2つのサービス事業者から1つを選択できる制度で，1つはコミューン直営サービスで，他は民間事業者であることを条件とする（Edebalk 2005：82）。

　社会庁調査（2003）によれば，スウェーデン国内でサービス選択自由化制度を導入しているコミューンは10コミューンで，全体の約3％である。サービス選択自由化制度を導入しているコミューンは，ストックホルム，ソルナ（Solna），ダンデリュード（Damderyd），イェルフェラ（Järfälla），ナッカ，テューレソ（Tyresö），シグツーナ（Sigtuna），ベネシュボリ（Vänersborg），ヘーガネス（Höganäs），シェブデ（Skövde）である。ただしテューレソでは，掃除，洗濯，買い物サービスに限定しており，またイェルフェラでもガイドヘルプとショートステイに限定している。2003年調査ではサービス選択自由化制度を導入するコミューンの数は1999年調査以降も増えていなかった。サービス選択自由化制度を導入しているコミューンの多くがストックホルム近郊の比較的裕福なコミューンで，保守系政党が強い地域となっている（第6章）。

　サービス選択自由化制度は公共購買（入札）制度に比べて，利用者の事業者選択の自由が強調されたシステムといえる。デンマークでは2003年に全国規模で，介護サービスにサービス選択自由化制度が導入された。これは2002年に誕生した保守系政権の影響と分析されている。スウェーデンでも当時から，保守系政権が誕生すれば，全国規模で，高齢者介護にサービス選択自由化制度が導入される可能性は十分に考えられていた。国民党党首L. レイヨンボリ（Lars Leijonborg）のリーダーシップにより，保守中道系4党の政策プログラムは，高齢者介護において利用者の選択の自由を拡大する方針を盛り込んでいる（SvD 2005. 5. 11）。2006年9月の総選挙で保守中道政権が発足し，当時の予測通り，2008年にサービス選択自由化制度は法制化され，2009年に施行された。

当初，サービス選択自由化制度は取り組むコミューンが少なかったこともあり，利用者にとって制度を理解することが難しいとされた。また同制度ではサービス事業者を選択するために十分な情報を入手することが必要となるが，情報入手や選択の判断が，利用者本人の健康状態や本人が置かれている立場に影響を受ける可能性が高い。高齢者がどれだけ事業者選びに積極的かという点では，利用者の2～3割は介護サービス判定員の援助や関与がなければ事業者を選べないことが明らかとなっている（Edebalk 2005：84）。健康状態がよくない高齢者がサービス事業者を選択する際に，介護サービス判定員が重要な役割を果たしていることは明らかであるが，本人の選択の自由を保障するためにどのような支援が可能であるかについてはまだ検討が十分でない。

　エデバルク（2002）はスウェーデン国内のコミューンで採用されているサービス選択自由化制度の特徴をおおまかに次の4点に整理している。

　第一の特徴は，民間サービスを選択しているのは新規利用者に多い。スウェーデンでは，介護サービスのサービス選択自由化制度は歴史が短く，以前からのサービス利用者は馴染みのあるコミューン直営サービスに対する利用指向が強い。しかし新規利用者はコミューン直営サービスに対するこだわりは少なく，将来的には民間サービスの利用意向は伸びていくものと考えられる。

　第二の特徴は，高齢者より障害者の方が事業者選択に積極的である。障害者を対象とするパーソナルアシスタントではより個人的趣向に選択の基準がおかれるためである。その一方で，高齢者は地理的な近さや知人からの勧めが選択の基準となることが多い。

　第三の特徴は，サービス選択自由化制度における事業者選択の可能性は，地理的条件でかなり異なる。たとえ制度があっても，人口密集地域の外に住む利用者にとっては事業者の選択可能性は低くなる。過疎地域では事業者の数は少なく（あるいは存在せず），制度はあっても選択できないケースが発生している。

　第四の特徴は，一度利用した事業者を変更する利用者は極めて少ない。

サービス選択自由化制度は事業者を容易に変更できるしくみであるが，ホームヘルプの利用者で事業者を変更する人は10％程度である。利用者にとって事業者の変更は，大きな負担と不安を伴う。利用者は介護職員を頼りにしており，できるだけ不満をいわないという行動がみられる。障害者についてもパーソナルアシスタントの変更はさほどみられないが，その理由はパーソナルアシスタントの不足が要因と考えられる。

5　中央政府の影響力
―介護マックスタクサの導入とサービス選択自由化法

　前述の「花びんモデル」をみると，EU 政策の影響を受ける中で，中央政府の影響力は相対的に弱まったという指摘もできるが，北欧諸国の中では中央集権的特徴が強いといわれるスウェーデン（Petersson 2006：25）では中央政府の政策の影響は今なお大きいということもできる。2000年代に実施された3つの特徴的な政策として，介護マックスタクサ（利用者負担上限額）の導入，サービス選択自由化法の施行，家事労賃控除の導入をみても，コミューンの裁量が拡大しながらも，政権与党の政策理念は介護システムの方向性に一定の影響を与えていることは明らかである。低所得者対策としての介護マックスタクサの導入には社会民主主義政党，サービス選択自由化法の施行と家事労賃控除の導入には保守系政党の民営化，市場化路線という政権政党の理念が明確に表れている。

(1) 高齢者介護サービスと障害者福祉サービスの動向にみられる違い

　スウェーデンにおける高齢者介護への支出は，戦後を通じて，高齢化率の上昇とともに伸び続けてきたが，2000年から2009年の間に初めて支出の減少がみられた。
　表5-4は，高齢者介護と障害者福祉（LSS法[19]対象）の主要指標の推移を示す。2000年と2009年を比較すると，障害者福祉サービスの支出は370億クロー

表5-4 高齢者介護サービスと障害者福祉サービス(LSS法対象)の推移
(2000年,2009年)

	2000年	2009年	変化の割合
65歳以上高齢者			
―ホームヘルプ利用数(人)	125,300	148,400	＋18%
―介護付き住宅入居者数(人)	118,300	95,400	－19%
―両者の合計(人)	243,600	243,800	＋/－0%
―高齢者介護サービス総支出(10億クローナ)	95.3	89.6	－6%
65歳未満の障害者(LSS法対象者)			
―ホームヘルプ利用数(人)	14,500	20,400	＋41%
―介護付き住宅入居者数(社会サービス法)(人)	5,500	4,400	－20%
―障害者福祉サービス利用者数(LSS法)(人)	42,400	55,600	＋31%
―パーソナルアシスタンス(LASS)利用者数(人)	9,700	13,800	＋42%
―障害者福祉サービス利用者数の合計(人)	72,100	94,200	＋31%
―障害者福祉サービス総支出(10億クローナ)	37.0	61.3	＋66%

(出所) Szebehely 2011：219

ナから613億クローナに243億クローナも増加(66%増)した。その一方で,この10年間に80歳以上人口が9％も増えているにもかかわらず,高齢者介護は953億クローナから896億クローナとなり57億クローナの減少(6％減)がみられた。

　M.セベヘリ(Marta Szebehely)は2000年代にみられる高齢者介護の動向が障害者福祉と全く異なる点を指摘している(Szebehely 2011：217-218)。スウェーデンでは知的障害や重度の障害のある人たちは,権利法であるLSS法の対象になる。高齢者介護は社会サービス法の対象であるが,同法は枠組み法という性格を持ち,給付水準や利用料金の決定権がコミューンにあるため,その内容はコミューンの財政事情に左右されがちである。表5-4でも明らかなように,ほぼすべての数字が増えている障害者福祉でも社会サービス法対象の介護付き住宅の入居者数だけは20%の減少がみられる。

　高齢者介護サービス全体の利用者数はほとんど変わっていないが,介護付き住宅入居者は11万8,300人から9万5400人に2万2,900人減少(19%減)し

たのに対し，ホームヘルプ利用者は12万5,300人から14万8,400人に2万3,100人増加（18％増）した（ibid.：220）。介護付き住宅の入居者約2万人強が在宅でのホームヘルプ利用者に移ったようにもみえ，在宅介護主義が続いていても，施設もホームヘルプも利用者数が共に増えていた1960年代と1970年代とは内容が異なる。

障害者福祉では，LSS法によるサービスの利用者は4万2,400人から5万5,600人に増加した。支出の増加率（66％）に比べ，利用者数の増加率（31％）が低いのは，1人当たりの利用時間（あるいは利用量）が多いことを意味する。例えばパーソナルアシスタンスの利用時間は，10年間で，週89時間から111時間（1人当たり平均）に増えている（Szebehely 2011：220）。パーソナルアシスタンスはホームヘルプとは違う性質のものであるが，ホームヘルプの平均利用時間は週7時間であり，以前はここまで大きな違いはみられなかった（ibid.：220）。

(2)民間事業者参入の動向

表5-5は高齢者介護サービスにおける民間事業者によるサービス供給比率の推移を示す。2010年ではホームヘルプと介護付き住宅の19％が民間事業者により供給されている。ホームヘルプでは10年間に民間事業者による供給が2.7倍も増加したことがわかる。

コミューン直営サービスによるホームヘルプの供給は全国の80％近くを占めているが，ストックホルムを含む周辺の8コミューンとリンシェーピングコミューン，ラホルム（Laholm）コミューンではホームヘルプの半分以上は民間事業者による（ibid.：229）。興味深いのはスウェーデンの二大都市での違いで，ストックホルムコミューンではホームヘルプの65％が民間事業者による供給であるのに対し，ヨーテボリコミューンではすべてがコミューン直営である（ibid.：229）。これらはコミューン与党による政策の違いが影響していると推測されるが，都市部で民間事業者の参入が多い傾向はみられても，すべての大都市が同じ傾向とはいえない。

表5-5　高齢者介護サービスにおける民間供給率の推移
　　　　（2000年，2010年）

	2000年	2010年	変化の割合
―ホームヘルプ*	7 %	19%	+ 12%
―介護付き住宅**	12%	19%	+ 7 %

（出所）Szebehely 2011：224
* ホームヘルプ総供給時間における民間事業者の供給率
**介護付住宅総部屋数のうち民間事業者の供給率

　2008年公共購買法（2007：1091）は介護サービス市場への民間参入の動向に大きく影響している。同法の目的は，公的セクターにサービスを売りたいと考えるすべての事業者に対して，同じ条件で競争できる可能性を提供する事である。原則として国外の事業者を含むすべての事業者に対し，平等な競争条件を提供することをあげている（Konkurensverket 2010：9）。この法律は公共事業に関するEU指令（2004／18）を基本に策定されたが，EU内の商品やサービスの自由な移動を促進させ，EU内市場を完成させる上で重要な取り組みと位置付けられており（*ibid*.：6），数回にわたり改正が行われてきた。

　民間の介護事業者数は，1999年には全国で120事業者であったが，2002年には310事業者に増え，2010年には400事業者を超えている（Socialstyrelsen 2010：37）。また民間事業者の9割が営利事業者であり，理念団体，協同組合を含む経済的団体などの営利を主たる目的としない事業者は1割程度と少ない。また大企業による寡占化も進み，在宅介護の分野では，アテンドケア社，カレマケア社，アレリス社，フェレナデケア社の4大企業が供給シェアの大部分を占めている。2008年ではアテンド社とカレマケア社が民間サービス供給部分の半分以上を占め，両者ですでに高齢者介護サービス供給全体の6〜7％を占めていると思われる（*ibid*.：13）。

　アテンドケア社はスウェーデンで最大手の介護サービス企業であるが，職員数は1.2万人（フルタイム換算で7,000人）で，フィンランド，デンマークでも事業を展開している83コミューンで98件の介護付き住宅，67件のホームヘルプ事業の契約を持つ（*ibid*.：14）。2番目の大手介護サービス企業であるカ

レマケア社は69コミューンで介護付き住宅149件，ホームヘルプ5000人分を提供している。職員は9,700人（フルタイム換算で4,300人）が高齢者介護で働いている。(ibid.：14)。介護企業雇用者連合会[20]は，2012年には介護サービス（税金による運営分）の25％は民間事業者の供給になることを予測している(ibid.：15)。

両社は毎年のように順調に売り上げを伸ばしてきたが，2005年に海外のベンチャー投資企業に買収された経緯を持つ。2011年秋に起きたカレマケア社が受託する介護付き住宅で起きた一連の介護関連の事故や税金対策は，介護サービス企業の倫理が問われるきっかけをつくった（第7章）。

(3) 介護マックスタクサの導入（2002年）—社会民主党政権の政策

第二次パーション社会民主党政権は2002年に「介護マックスタクサ」(max-taxa)（利用者負担上限額）を導入したが，これは介護政策におけるスウェーデンの国と地方の関係を示す事例として象徴的である。1990年代後半に財政事情から介護サービスの利用料値上げを行うコミューンが増加し，低所得者間でサービスの利用控えがみられるようになった。これに歯止めをかけるため，政府は全国一律の利用者負担上限額である介護マックスタクサを設定し，コミューンが利用者から徴収できる料金の上限額を1,760クローナとして，社会サービス法に規定した。また介護サービス利用者の手元には4,967クローナ（65歳以上一人暮らし）が残されなくてはならないという最低所持金も保証した。コミューンの自由裁量に国が規制を加えた一例といえる。

最低所持金の保証については，戦前にみられた老人ホーム入所者の手持ち金の議論にそのルーツをみることができる。老人ホームに入所しても年金の受け取りを実感できることが今日でも必要と考えられている。

(4) サービス選択自由化法の施行（2009年）—保守中道連立政権の政策

2009年サービス選択自由化法（LOV：Lagen om valfrihetssystem）(2008：962)

の施行は，第一次 F. ラインフェルト（Fredrik Reinfeldt）保守中道連立政権（2006–2010）による介護サービスの民営化と市場化を加速させる政策の一環である。サービス選択自由化法は，利用者がコミューン直営サービスと民間サービスの選択肢を保障されなければならないとする法律である。サービス選択自由化制度は，利用者自身のサービス選択の幅を広げることにより，利用者のサービスに対する影響力を強め，事業者間の競争を促し，サービスの質を向上させようとするものである。スウェーデンではコミューンごとに導入方法が多様で定義が難しい。エデバルクは，高齢者介護におけるサービス選択自由化制度はバウチャーシステムの一種であり，利用者が少なくとも2つのサービス事業者から1つを選択できる制度で，1つはコミューン直営サービスで，他は民間事業者によるサービスであることを条件とするとしており，関係諸機関の報告書等ではこの定義が一般化している。

全国で最初に高齢者介護にサービス選択自由制度を導入したのはナッカコミューンで，1990年代初頭からナッカでは小学校，保育所にも導入している。1993年時点で，高齢者介護に何らかのサービス選択自由化制度を採用していたコミューンは，テービュ（Täby），ヴァクスホルム（Vaxholm），ダンデリュード，ナッカの4ヶ所であった。2003年には10ヶ所に増えたものの，いずれもストックホルム近郊の財政的に豊かで，保守系政党が強いコミューンでの導入に留まり，全国的な広がりはなかった。

高齢者介護におけるサービス選択自由化制度は1990年代にもいくつかのコミューンで採用されていたが，なかなか普及しなかったため，保守系連立政権による法制化で導入の推進を目指している。現行法では制度導入自体はコミューンの自主的な判断に任されている。2010年末までに同制度の導入を計画するコミューンには，制度推進に向けた特定助成金（総額30億クローナ）が支給され，社会サービス法の対象となる高齢者介護と障害者福祉の分野では2億8千万クローナが配分された。全290コミューンのうち212コミューン（73.1％）がこの助成金を受けた結果，2010年10月時点でサービス選択自由制度導入を決定したコミューンは153コミューンであった（導入済みの68コミューンを含む）（Socialstyrelsen 2010：7）。全国で23.4％のコミューンが介護サービ

スにサービス選択自由制度を導入したことになる。

　サービス選択自由化法が施行された当時は，全コミューンのうち半数以上がサービス選択自由制度を導入すると思われていたが，予想より少なく，2010年の政府予算案では「2014年までに全コミューンが民間事業者の選択可能な制度を導入するべきであり，そうでなければ法律を強化する」としており（Szebehely 2011：221），今後，法律が強化されることも考えられる。

　スウェーデン国内のコミューンで導入されているホームヘルプのサービス選択自由化制度は実に多様である。2008年のスウェーデン自治体連合会による調査では，家事援助（service）のみを対象にするコミューンが全体の18%，家事援助と身体介護（omvårdnad）を対象としたコミューンは13%，身体介護と医療の一部に導入したコミューンは２%，家事援助＋身体介護＋医療の一部に導入したコミューンは67%であった（SKL 2009：1）。

　表5-6はサービス選択自由化制度の中で利用者が選択可能な事業者の数を示す。ストックホルムの自治体区（第６章）では７〜59事業者，ナッカでも50事業者であったが，サービス選択自由化制度を導入した39コミューン全体の約８割が10事業所以下の選択肢となっている（SKL 2010：20）。

　コミューンが事業者に支払う介護報酬（ersättning）の設定もコミューンごとで異なり，実際に提供したサービス時間に対して介護報酬を支払うコミューンが60%で最も多く，介護サービス判定による認定時間分をそのまま支払うコミューンが35%，サービス内容に応じて支払うコミューンが５%であった。民間事業者に対して間接税分や事務経費などを上乗せして払うケースや，人口密度の高い地域と低い地域，またサービス時間帯に差をつけるケースなどのバリエーションがある（SKL 2009：2）。日中のホームヘルプサービス１時間あたりの介護報酬単価はコミューンにより，家事援助で166〜337クローナ，　身体介護で235〜340クローナまでの広がりがある（SKL 2009：2）。

　「サービス選択自由化法特定助成金最終報告書」（Socialstyrelsen 2010）は，サービス選択自由化制度により零細事業者の参入が可能になったとしている。しかし介護サービス全体をみると大企業による寡占化は前述のとおり進行している。サービス選択自由化制度の長所は，公共購買（入札）制度と異

表5-6　サービス選択自由化制度で利用者が選択可能な事業者の数（2009年）

事業者数	5事業者以下	6～10事業者	11～15事業者	16～20事業者	20事業者以上
コミューン数	10	10	3	2	9

注）回答があった34コミューンの内訳
（出所）SKL（2010）

なり，価格競争に終始せずにすむ点である。一定の価格のもとで質を競い合うことをねらっているが，コミューンごとにシステムが異なるために簡単にその効果を測定することはできず，総合的な評価は行なわれていない。

(5) 家事労賃控除の導入（2007年）　―保守中道連立政権の政策

　第一次ラインフェルト保守中道連立政権は，2007年7月より家事サービスの労賃支払いに対する税額控除（RUT-avdrag[21]，以下，家事労賃控除とする），2008年12月には家の補修サービスの労賃に対する税額控除（ROT-avdrag[22]，以下，補修労賃控除とする）を導入した。家事労賃控除と補修労賃控除は，2009年7月1日からは利用者による申告手続きが不要となり，事業者側で手続きをする請求書モデル（fakturamodellen）となった。この請求書モデルでは利用者はその作業にかかった労賃の半額を事業者に支払い，事業者は残りの半額を税務署に請求する。利用者にとっては申告の手間が省けることとなった。

　政府は家事労賃控除と補修労賃控除を導入した理由を2つあげており，第一に無申告の労働（svartarbetet）をなくし，正規労働とすること，第二に建設部門の仕事を増やし，失業問題の解決に貢献することとしている（Regeringskansliet 2009：1）。

　家事労賃控除は，自宅，サマーハウス，親の住む家において，掃除，洗濯，調理，庭の手入れ，雪かき，子守り，介護の一部としての散歩や銀行病院への付き添い等，子守りの一部としての保育所への送り迎えなどのサービスを利用した際に適用される。また対象となるのは労賃であり，移動に係る費用や材料費などは控除の対象にならない。納税義務のある18歳以上のすべての市民が利用でき，年最高5万クローナまでの控除が可能である（2012年）。

第 5 章　介護サービス供給多元化と国の政策

　家事労賃控除は，スウェーデンの高齢者介護に影響し始めている。家事労賃控除の利用者は増えており，2009年には18万人が総額7億5千万クローナ，2010年には32万6千人が総額13億7千万クローナの控除を受け，前年比の2倍弱の伸びとなった。家事労賃控除を使用している世帯は全世帯の3.5％（2010年）で，子どもが2人いる夫婦世帯に最も広がっており，次いで，65才以上の単身女性と続く。年齢別にみると，75歳以上の利用が最も多く，75歳以上高齢者の約5％が家事労賃控除を利用している（2010年）（Välfärd 2011：3-5）。

　家事労賃控除の導入は民間の介護事業者（特に清掃サービス）の市場参入を後押ししている。家事や介護を提供する民間事業者には，付加サービス（tilläggstjänst）の提供が奨励されている。付加サービスとは介護サービス判定を超えるサービスのことを指し，全額負担で購入することができるが，付加サービスの購入にも家事労賃控除が適用される。付加サービスの販売はコミューン直営事業所には認められていない。このことはコミューン直営事業所にとって競争上は不利になるが，「コミューンが付加サービスを販売することは，競争上，小規模事業者が不利になり，サービス選択自由化法と2007年施行の家事サービスに関する税額控除に関する法の趣旨も否定してしまう」と法律は企業活動をバックアップしている（Szebehely 2011：222）。介護サービス判定枠で利用する介護サービスの自己負担は所得に応じて決まる。高所得者には介護サービス判定を受けずに，家事労賃控除を利用してサービスを購入する方が安いケースもあり，コミューンによっては，介護を必要とする高齢者に対して，この制度の利用を奨励している（Kommunal 2011：21）。

　本章では1990年代から2000年代にかけて，介護サービスの供給多元化が全国的にどのように進行し，政府はどのような政策をとってきたかを検証した。次章では現地調査を踏まえてさらに各コミューンの状況について見ていくこととする。

第 **6** 章

供給多元化とコミューンの介護ガバナンス

1 はじめに

　本章では2000年以降に実施した現地調査[1)]の結果を踏まえて，スウェーデン国内のコミューンが実際にどのように介護サービスの供給多元化を進めてきたかを検証する。次の3つの調査を扱うこととする。
　まず（Ⅰ）「コミューンにおける介護サービス民間供給に関する調査（2003年）—既存データによる分析」では，スウェーデン社会庁（Socialstyrelsen）とスウェーデン統計局（Statistiska Centralbyrå）が公開しているデータベースを用いて，全国290コミューンの関連統計を抽出し，コミューンの特徴と介護サービスの民間供給率，介護サービス利用率，介護サービスコストの関係を分析する。分析結果では，民間供給率の高さと介護サービスコストには関係がみられなかった。スウェーデンの地方分権とコミューン自治のしくみから，またスウェーデンモデルの特徴である中央労使協定よる賃金決定のしくみを用いて，2003年時点のスウェーデンにおける介護サービス多元化の特徴を説明する。
　次に（Ⅱ）「コミューンにおける介護ガバナンスに関する調査（2000～2003年）—ヒアリング調査結果の分析」では，（Ⅰ）で抽出した12コミューンのうち7コミューンを対象に実施したヒアリング調査と入手した現地資料か

ら，各コミューンが介護サービス供給多元化をどのように受けとめ，どのように介護システムを再編しているかを示し，その動向を分析する。

最後に（Ⅲ）「高齢者介護におけるサービス選択自由化制度の運用状況の比較調査（2012年）—ストックホルムとヴェクショーの事例から」では，サービス選択自由化法（2009年）が施行されてからのコミューンの対応について，ストックホルムコミューンとヴェクショーコミューンを例にあげ，両コミューンの制度運用の違いを比較検討し，法制化された後もコミューンごとで異なる制度運用が存在している状況を示す。

調査（Ⅰ）（Ⅱ）は2000年代前半，（Ⅲ）は2009年以降の状況を示している。調査に時差が生じているが，これは海外における単身調査の限界である。その一方で，スウェーデンにおけるコミューンの介護サービス供給について，多元化の視点から，約10年間にわたる動向を継続的に把握することが可能となった。2000年代前半はコミューンにおいて多様な制度が事情に合わせて模索されていたが，約10年間の中で供給多文化のしくみと方向性が明確になっていったことがわかる。

（Ⅰ）コミューンにおける介護サービス民間供給に関する調査（2003年）—既存データによる分析

1 調査概要

(1)目的

介護サービス供給の多元化について，全国的な動向は政府や関連機関の各種調査により明らかにされており（詳細第5章），介護サービスの民営化の議論では，介護サービスを民間委託することでコスト削減が可能といわれる。

そこで本調査の目的は，第一にスウェーデンに存在する290コミューンの

間で，介護サービスの民間供給率，介護サービス利用率，介護サービスコストがどれだけ違うのかを明らかにすることであり，第二にコミューンの特徴がその違いに関係しているかを明らかにすることである。この作業を通じて，民間供給を進めるコミューンが介護サービスのコスト削減に成功しているのか，また民間供給の増加は介護サービス給付抑制にも影響しているのかなどの推測が可能となる。

(2)方法

290コミューンの間で介護サービスの民間供給率，介護サービス利用率，介護サービスコストがどれだけ違うのか，さらにコミューンの特徴がその違いに関係しているかを明らかにするために，SPSSを使って，スウェーデンで公開されている公式データによる変数間の相関分析を行い，さらに関係がみられる変数について重回帰分析を行なった。

コミューンの特徴を示す指標として，「高齢化率」，「人口密度」，「住民の年収」を選び，これらを独立変数として用いた。「高齢化率」はコミューンの人口動態を示す指標として用いるが，一般に，高齢化率が高ければ，高齢者介護に多くの費用がかかると推測される。ここではより多くの介護が必要と推測される75歳以上高齢者の人口比率を用いた。「人口密度」は行政サービスのコストをみるための指標として用いるが，一般に人口密度が低いコミューンでは行政サービスのコストが高くつくといわれ，特に移動コストがかかるホームヘルプのコストに影響すると推測される。「住民の年収」はコミューンの住民の民間サービスの購買力を示す指標になりうるとともに，コミューンの財政力を示す指標でもある。

また従属変数には，介護サービスの「民間供給率」，「介護付き住宅利用率（65歳以上）」，「ホームヘルプ利用率（65歳以上）」，「介護付き住宅コスト（利用者年間一人当たり）」，「ホームヘルプコスト（利用者年間一人当たり）」を設定し，「高齢化率」，「人口密度」，「住民の年収」，さらに「民間供給率」との関係を検証することとした。

使用したデータは次のとおりである。「高齢化率」,「人口密度」はスウェーデン統計局の公式データベース（http://www.scb.se）を使用し,「高齢化率」は「地域別, 年齢別, 性別による人口統計2002年～2012年（各年11月1日時点）」(Folkmängden den 1 november efter region, ålder och kön. År 2002-2012) のデータ,「人口密度」は「地域別, 性別による人口密度（1平方キロあたり）統計2002年～2012年」(Befolkningstäthet (invånare per kvadratkilometer), folkmängd och landareal efter region och kön. År 1991-2012) のデータを使用した。

　介護サービスの「民間供給率」はスウェーデン統計局発行の『スウェーデン・コミューン年鑑2005』(Års bok för Sveriges kommuner 2005) にある「コミューンの事業費（一人当たり事業費とコミューンによる公共購買の比率）2003年高齢者・障害者福祉サービス全事業費における公共購買支出の比率」(Kommunernas kostnader för vissa verksamheter, kr per invånare, samt hur stor del som utgör köpt verksamhet. Vissa inkomstslag i procent av externa inkomster 2003. Köp av verksamhet som andel av verksamhets kostnader. Äldre och funktionshidrade.) を使用した。

　「介護付き住宅利用率（65歳以上）」,「ホームヘルプ利用率（65歳以上）」,「介護付き住宅コスト（利用者年間一人当たり）」,「ホームヘルプコスト（利用者年間一人当たり）」はスウェーデン社会庁のデータは「社会サービスの比較2003年版」(2004) (Jämförelsetal för socialtjänsten 2003) に掲載されている「社会サービスのコスト」(Kostnadsmått inom socialtjänsten) のデータを使用した。

表6-1 記述統計量

	度数	最小値	最大値	平均値	標準偏差
民間供給率	290	0.0	60.0	8.2	8.70
介護付き住宅利用率	282	3.5	13.1	7.3	1.58
ホームヘルプ利用率	289	4.2	16.4	7.8	1.71
介護付き住宅コスト	276	251	682	459	72.6
ホームヘルプコスト	286	75	491	211	60.4
高齢化率	290	3.4	15.5	9.9	2.29
人口密度	290	0.3	4057.8	125.3	420.26
住民の年収	290	17.3	37.0	20.2	2.47

(注) 民間供給率：介護サービス年間支出に占める民間事業者が提供する介護サービスの割合（障害者福祉サービスも含む）
　　介護付き住宅利用率：65歳以上高齢者で介護付き住宅に住む人の割合
　　ホームヘルプ利用率：65歳以上高齢者でホームヘルプを利用する人の割合
　　介護付き住宅コスト：介護付き住宅利用者1人当たりにかかる1年間の費用（千クローナ）
　　ホームヘルプコスト：ホームヘルプ利用者1人当たりにかかる1年間の費用（千クローナ）
　　高齢化率：コミューン人口に占める75歳以上人口の割合
　　人口密度：1平方キロあたり面積の人口
　　住民の年収：コミューン在住者の年収（中央値）（万クローナ）
　　すべて2003年の数字である。

2 分析結果

(1) 各変数にみる最小値，最大値，平均値の特徴

　表6-1は各データの記述統計量を示す。スウェーデンには全国に290コミューンがある（2003年）。「高齢化率（75歳以上）」「人口密度」「住民の年収」「民間供給率」は全290コミューンのデータが揃っているが，介護サービス関係のデータには欠損値があった。これは社会庁が各コミューンからデータを集めるプロセスで回収できなかった等の理由が考えられる。
　「高齢化率（75歳以上）」は全国平均で9.9％，最も低いコミューンは3.4％

(ホーボ Håbo kommun)，最も高齢化率の高いコミューンは15.5％（ドロテア Dorotea kommun）であった。ホーボはストックホルム近郊のコミューンで，ドロテアはスウェーデン北部の南ラップランド地方に位置する人口約2900人の過疎自治体である。290コミューンの高齢化率の順位をみると，ストックホルム近郊では高齢化率が低く，スウェーデン北部の過疎自治体で高齢化率が高くなっている。

「人口密度」は最も低いコミューンで0.3人／平方キロで（アリエプログ Arjeplogs kommun），最も高いコミューンで4057.8人／平方キロ（ストックホルム Stockholms kommun）であった。アリエプログはスウェーデン北部の過疎自治体である。ストックホルムはスウェーデンの首都である。北部のコミューンにおいて人口密度が低い傾向にあるが，都市の周辺に人口密度が低いコミューンがある場合もみられる。

「住民の年収（中央値）」は最も低いコミューンで172,977クローナ（ヘグスビイ Högsby kommun），最も高いコミューンは369,537クローナ（ダンデリュード Danderyds kommun）であった。ヘグスビイはスウェーデン南部のスモーランド地方に位置し，ダンデリュードはストックホルム近郊の裕福な自治体である。全国290コミューンの住民年収の順位は，高齢化率の順位と傾向が類似しており，ストックホルム近郊や都市型コミューンの住民の年収が高く，スウェーデン北部等の過疎地域の住民の年収は低い。

介護サービスの「民間供給率」は全国平均で8.2％，民間供給が全く行われていないコミューン（トシュオス Torsås kommun）から，民間供給率が60％を占めるコミューン（ソルナ Solna kommun）まで大きな開きがみられた。スウェーデン北部等の過疎地域では民間供給率が低い傾向にあり，都市部で民間供給率が高い傾向にある。民間供給率が50％を超えるのは，ダンデリュードとソルナのみであった。

「介護付き住宅利用率」は全国平均で7.3％，利用率が最も低いコミューンは3.5％（ウップランズブロー Upplands-Bro kommun），利用率が最も高いコミューンは13.1％（ノルショー Norsjö kommun）であった。ウップランズブローはストックホルム近郊に位置し，ノルショーはスウェーデン内陸部のヴェス

テルボッテン県に位置し人口約4500人の過疎自治体である。人口密度が低い，過疎の自治体では，ホームヘルプの移動距離がかかるため，介護付き住宅の利用率が高いことが推測できるが，首都ストックホルムの介護付き住宅の利用率は9.7％で相対的に高いことをみると，都市部でも介護付き住宅の利用率が高いケースもある。高齢になると便利な中心部で暮らしたいという人も多く，ストックホルム郊外から中心部へ移り住む人があることも推測される。

「ホームヘルプ利用率」は全国平均で7.8％，利用率が最も低いコミューンは4.2％（セヴシェ Sävsjö kommun），利用率が最も高いコミューンは16.4％（ラグンダ Ragunda kommun）であった。セヴシェはスウェーデン南部のスモーランドに位置し，ラグンダはスウェーデン北部のイェムトランド県に位置する。ホームヘルプ利用率の特徴はこの数字からは推測することは難しい。

「介護付き住宅コスト」では，最も安いコミューンが251,000クローナ（ホーボ Håbo kommun）で，最も高いコミューンが682,000クローナ（ウップランズヴェスヴィ Upplands Väsby kommun）であった。ホーボは前述のとおり，高齢化率が最も高いコミューンで北部の過疎地域にあり，ウップランズヴェスヴィはストックホルム近郊のコミューンである。過疎地域でコストが安く，都市部でコストが高い傾向は人件費が関係していることが推測される。

「ホームヘルプコスト」では，最も安いコミューンは75,000クローナ（エーケレ Ekerö kommun）で，最も高いコミューンが491,000クローナ（フェルゲルンダ Färgelunda kommun）であった。エーケレはストックホルム近郊のコミューンであり，フェルゲルンダはベーネルン湖と西海岸の間に位置する自治体で，南北400キロ，東西に200キロの広大な面積に人口約7000人という人口密度が低いコミューンである。スウェーデン北部の人口密度が低いコミューンでは，ホームヘルプコストが高いことが推測できる。

(2) 相関関係

表6-2をみると，まず「高齢化率」「人口密度」「住民の年収」に関連がみ

表6-2 相関係数

	民間供給率	介護付き住宅利用率	ホームヘルプ利用率	介護付き住宅コスト	ホームヘルプコスト	高齢化率	人口密度	住民の年収
民間供給率	1							
介護付き住宅利用	−.19**	1						
ホームヘルプ利用率	−.03	−.05	1					
介護付き住宅コスト	.08	−.50**	.11	1				
ホームヘルプコスト	−.17**	−.12*	−.36**	−.10	1			
高齢化率	−.43**	.39**	.27**	−.09	.03	1		
人口密度	.58**	−.03	.13*	.06	−.12*	−.20**	1	
住民の年収	.64**	−.27**	−.16**	.12	−.08	−.58**	.42**	1

（注1）**：1％水準で有意．*：5％水準で有意．
（注2）N = 275．欠損値のあるコミューン（Ekerö, Tierp, Älvkarleby, Finspång, Eksjö, Emmaboda, Mörbylånga, Höör, Bollebygd, Lerum, Öckerö, Ljusdal, Sorsele, Jokkmokk, Luleå）は除外した．

表6-3 「民間供給率」「介護付き住宅利用率」「ホームヘルプ利用率」を従属変数とする重回帰分析

	民間供給率	介護付き住宅利用率	ホームヘルプ利用率
定数	−17.78**	5.96**	7.27**
高齢化率	−.43*	.23**	.20**
人口密度	.01**	.00	.00**
住民年収	1.45**	−.05	−.08
民間供給率		−.01	.01
R^2	.54	.16	.12
調整済み R^2	.53	.15	.10

（注1）値は非標準化偏回帰係数．**：1％水準で有意．*：5％水準で有意．
（注2）N = 275．欠損値のあるコミューン（Ekerö, Tierp, Älvkarleby, Finspång, Eksjö, Emmaboda, Mörbylånga, Höör, Bollebygd, Lerum, Öckerö, Ljusdal, Sorsele, Jokkmokk, Luleå）は分析から除いた（リストワイズ法）。

られる。「人口密度」と「高齢化率」には負の相関関係（１％水準で有意）がみられ，人口密度が低いコミューンでは高齢化率が高い。「高齢化率」と「住民の年収」には負の相関関係（１％水準で有意）がみられ，高齢化率が高いコミューンほど住民の年収は低い。「人口密度」と「住民の年収」には正の相関関係（１％水準で有意）がみられ，人口密度が高いコミューンでは住民の年収も高い。

　次に５つの従属変数に対して，「高齢化率」，「人口密度」，「住民の年収」というコミューンの特徴が関係しているか，またどの程度の影響を与えているかをみる。

　介護サービスの「民間供給率」と，「高齢化率」，「人口密度」，「住民の年収」との間にはいずれも相関関係（１％水準で有意）がみられる。重回帰分析（表6-3）を試みたところ，「民間供給率」に対して，投入した３つの変数（「高齢化率」「人口密度」「住民の年収」）は有意に影響を与えている。つまり高齢化率が高いコミューンでは民間供給率は低く，人口密度が高いコミューン，住民の年収が高いコミューンでは民間供給率が高いということができる。

　次に介護サービス利用との関係をみる。「介護付き住宅利用率」に対しては，「高齢化率」，「住民の年収」はいずれも相関関係（１％水準で有意）がみられる。重回帰分析（表6-3）を試みたところ，「介護付き住宅利用率」に対して，「高齢化率」のみが有意に影響を与えている。つまり，高齢化率の高いコミューンで介護付き住宅利用率は高いということができる。

　また「ホームヘルプ利用率」と「人口密度」にも相関関係（１％水準で有意）がみられる。重回帰分析（表6-3）を試みたところ，「ホームヘルプ利用率」に対して，投入した４つの変数（「高齢化率（75歳以上）」「人口密度」「住民の年収」「民間供給率」）を投入したが，「高齢化率」，「人口密度」のみが１％水準で有意となった。つまりホームヘルプ利用率は，人口密度が高いコミューンで高く，人口密度が低いコミューンで低くなっている。

　さらに介護サービスのコストとの関係をみる。「ホームヘルプコスト」には「人口密度」とのみ関連（５％水準で有意）がみられたが，「介護付き住宅

コスト」にはどの変数とも関連はみられなかった。重回帰分析（表6-3）を試みたものの，モデルは有意に成立しなかった。このことは民間供給の多いコミューンが介護サービスのコスト削限に成功しているとはいえないことを示唆している[2]。

(3)結果のまとめ

本分析の目的は，第一にスウェーデンに存在する290コミューンの間で，介護サービスの民間供給率，介護サービス利用率，介護サービスコストがどれだけ違うのかを明らかにすることであり，第二にコミューンの特徴がその違いに関係しているかを明らかにすることであった。290コミューンの間で，介護サービス利用率や介護サービスコストにかなりの違いがみられることが明らかになった。さらに既存の統計データからその要因を明らかにすることを試みたところ，様々な事情が複合してコミューン間に違いを生み出していることが示唆された。

他の説明要因として，コミューンの政治情勢（地方分権によるコミューン自治），介護職員の労働条件の決定システム（中央労使協定のしくみ），介護職員賃金の地域差などの事情が推測できる。

3 民間供給率が高い要因の検討—保守系与党の影響

介護サービスをコミューン直営で行うべきか，民間事業者への委託を進めるかは，1990年代初頭から一つの大きな政策論争であった。そこでコミューン議会における政治勢力に焦点をあてて，民間供給率を高めている要因を検討することとする。

国政における社会民主党の長期政権はスウェーデンの政治にみられる大きな特徴であるが，コミューン議会の与党は国政と必ずしも連動してきたわけではない。社会民主党政権下でも，コミューン議会では保守系与党が固定し

ていたコミューンはいくつも存在する。

　図6-1は，1979年から2002年選挙までの各選挙で誕生した社会民主系与党のコミューン数，保守系与党のコミューン数等を示している。国政選挙の結果にかかわらず，保守系与党のコミューンと社会民主系与党のコミューンが存在することがわかる。また保守中道連立与党が大敗した1994年を除けば，およそ3割以上は保守系与党のコミューンが存在していることになる。

　国政選挙の結果とコミューン議会与党の数は連動している面もある。例えば，保守中道連立政権となった1991年には，スウェーデン国内の60％のコミューンが保守系与党となった。スウェーデンでは国政選挙と地方選挙（ランスティング議会，コミューン議会）は4年に1回，同日（9月第3日曜日）に実施される（ただし1994年以前は，総選挙は3年に1回）。

　また1980年代以降，環境党や地方政党などの小政党が台頭し，キャスティングボートを握ることもあり，議会運営が不安定になっているコミューンも増えている。2002年には22％のコミューンにおいて小政党がキャスティングボートを持ち，7％で多数派が明確でない状態になっている。コミューン議会選挙では4％条項（国政では得票率が4％に満たない政党は議席を持つことができない）の適用がなく，小政党が誕生しやすい。

　そこでいくつかのコミューンを抽出して，民間供給率の推移とコミューン与党の関係をみる。コミューン抽出にあたっては，人口規模，高齢化率，地域性（大都市，過疎地域）等が幅広く抽出できるように配慮しつつ，サービス供給の多元化に積極的なコミューンとそうでないコミューンを取り上げることとした。その結果，人口規模としては大きなコミューンが多く，また都市部（特にストックホルム県[3]）のコミューンを多く抽出することとなった。抽出したコミューンは，ダンデリュード，ナッカ，ストックホルム，ソルナ，テービュ（以上はストックホルム県），トローサ（セーデルマンランド県），リンシェーピング（オステルヨートランド県），ヴェクショー（クロノベリー県），ヘルシンボリ，ルンド，マルメ（スコーネ県），オステルスンド（イェムトランド県）の12コミューンである。

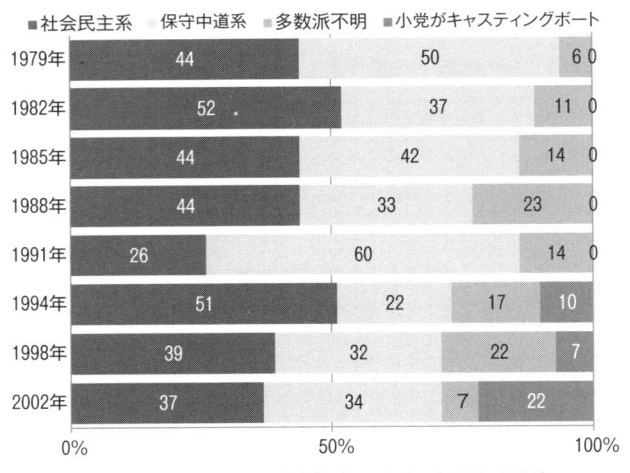

図6-1 コミューン議会与党の分布（1979-2002）

（凡例）■社会民主系　保守中道系　多数派不明　■小党がキャスティングボート

年	社会民主系	保守中道系	多数派不明	小党がキャスティングボート
1979年	44	50	6	0
1982年	52	37	11	0
1985年	44	42	14	0
1988年	44	33	23	0
1991年	26	60	14	0
1994年	51	22	17	10
1998年	39	32	22	7
2002年	37	34	7	22

（出所）スウェーデン統計局データより作成。

(1)抽出したコミューンの概要

抽出した各コミューンの基本情報と「サービス選択自由化制度」採用の有無を中心に整理する。（ヒアリングで得た情報も含まれている。情報はすべて2003年時点の情報である。）図6-2は調査対象コミューンを地図上に示す。

①ストックホルムコミューン　Stockholm（ストックホルム県）

スウェーデンの首都で，コミューン分類では「大都市型」（storstäder[4]）の一つに分類される。人口761,761人，高齢化率15.1%（2003）。1990年代以降，議会の多数派政党は選挙毎に交代している。もともと社会民主系ブロックが強かったが，1990年代以降は保守系政党が躍進している。

1990年代終盤に介護サービス査察官制度を導入し，介護サービス査察官が介護付き住宅やホームヘルプを査察し，査察結果は毎年公表されている。またほぼ同時期に，高齢者オンブズマン制度も導入され，高齢者やその家族の意見や苦情を受付けるしくみを創設した。

表6-4 抽出した12コミューンの人口動態，都市分類，地理的位置（2003）

	人口（人）	人口密度(人)	都市分類	地理的位置	高齢化率*(％)
ストックホルム	761,721	4,059.0	大都市	首都	9.0
マルメ	267,171	3,051.0	大都市	南部	9.7
リンシェーピング	136,231	94.9	中都市	中部	8.5
ヘルシンボリ	120,154	346.9	中都市	南部	9.5
ルンド	100,995	234.8	中都市	南部	6.7
ナッカ	77,470	808.6	郊外型	首都圏	6.5
ベクショー	75,848	45.3	中都市	中部	6.5
テービュ	60,168	994.0	郊外型	首都圏	6.8
ソルナ	59,098	3,051.0	郊外型	首都圏	10.3
オステルスンド	58,361	26.3	中都市	北部	9.2
ダンデリュード	29,884	1,130.9	郊外型	首都圏	10.2
トローサ	10,565	49.9	小規模	首都圏	7.1

（出所）スウェーデン統計局公式データベースより作成。
*高齢化率は75歳以上人口の占める割合。

2000年にホームヘルプ，2002年に介護付き住宅に「サービス選択自由化制度」を導入した。

②マルメコミューン　Malmö（スコーネ県レギオン）

「大都市型」（storstäder）。人口26万7,171人，高齢化率17.5％（2003）。最もヨーロッパ大陸に近いという地理的事情，また歴史的に労働者階級が多い地域であり，財政力が弱い。議会では，伝統的に社会民主党が強いが，1991年に保守系ブロックが与党となった。

保守系ブロックが与党となった4年間に，介護付き住宅の約40％を民間事業者に委託するという大胆な改革を実施したが，与党が交代した後はその反動で民間委託の量は減少している。保守系政党は1990年代初頭から「サービス選択自由化制度」の採用を提唱しているが，採用されなかった。

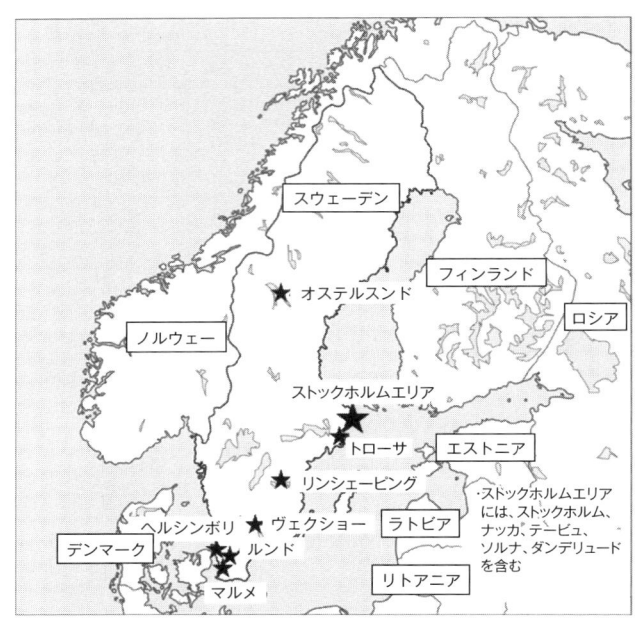

図6-2　調査対象コミューンの位置

③リンシェーピングコミューン　Linköping（オステルヨートランド県）

「都市型」（större städer）。人口136,231人，高齢化率16.0%（2003）。議会の状況はやや複雑で，保守系ブロックと社会民主系ブロックの力が拮抗しており，2002年9月訪問の時点では，社会民主党は中央党との協力関係が強い状況であった。

リンシェーピングは，75歳以上の高齢者は介護サービス判定を受けずにホームヘルプを利用できる。これは「サービス直接利用システム」（serviceavtal）と呼ばれ，多くのコミューンの関心を集めている。「サービス選択自由化制度」は採用していない。

④ヘルシンボリコミューン　Helsingborg（スコーネ県レギオン）

「都市型」（större städer）。人口12万154人，高齢化率17.9%（2003）。伝統的

には社会民主党が強いが，1979年と1991年選挙では保守系政党が与党となった。議会では1991年選挙以降，地域政党[5]が目立つようになり，1998年選挙では年金生活者党（Pensionärspartiet）という地域政党が6議席を占めた。その結果，年金生活者党がキャスティングボートを握ることとなった。2000年5月のコミューン議会で社会民主系ブロックは年金生活者党の支持を得て，介護サービスの民間委託をすべて打ち切り，すべての介護サービスをコミューン直営に戻すこととなった（2002年選挙前）。「サービス選択自由化制度」は採用していない。

⑤ルンドコミューン　Lund（スコーネ県レギオン）

「都市型」（större städer）。人口10万995人，高齢化率12.7％（2003）。大学都市のため若年人口が多く，高齢化率が低い。議会は歴史的に保守系ブロックと社会民主系ブロックの勢力が拮抗しており，選挙毎に与党が入れ替わっている。

ルンドでは2002年6月に，保守系与党のもとで，ホームヘルプにおける「サービス選択自由化制度」が導入されたが，同年9月選挙で社会民主党が与党になった結果，「サービス選択自由化制度」は一旦，廃止された。

⑥ナッカコミューン　Nacka（ストックホルム県）

「郊外型」（forortskommuner）。人口77,440人，高齢化率12.8％（2003）。議会は伝統的に保守系政党が強い。

1992年からホームヘルプに，2001年からは介護付き住宅にも「サービス選択自由化制度」を導入している。また足のケアには介護サービス判定が不要である。ナッカは高齢者福祉の分野だけでなく，義務教育や保育の分野においても「サービス選択自由化制度」を早くから導入しており，「サービス選択自由化制度」においてスウェーデンで最も多くの経験を持つコミューンである。「サービス選択自由化制度」を導入したコミューンあるいは導入を検討しているコミューンはナッカの取り組みを参考にしていることが多い。

⑦ヴェクショーコミューン　Växjö（クロノベリー県）

「都市型」(större städer)。人口75,848人，高齢化率16.0%（2003）。歴史的には保守系ブロックが強い地域であったが．1988年選挙以降，1991年選挙を除き，社会民主党が与党となっている。議会において，社会民主系ブロックが拡大した要因は，左党の議席数が増えたことによる。

都市部のコミューンでありながら，民間委託にはとても慎重である。2000年に介護付住宅オステルゴーデンの2階部分をISSケア株式会社に委託した。その後，2002年に1階部分のコミューン直営サービスと業績を比較した結果，コミューン直営サービスの方が効率的にも，サービスの質の面でも優れているという結果が出され，ISSケア株式会社の契約更新はならなかった。「サービス選択自由化制度」は採用されていない。

⑧テービュコミューン　Täby（ストックホルム県）

「郊外型」(forortskommuner)。人口60,168人，高齢化率14.6%（2003）。ダンデリュード，ナッカ同様に，歴史的に保守系政党が強い地域である。2002年選挙により，議会は保守系4党が49議席を獲得し，全61議席中の8割を占めている。

ホームヘルプではすでに1993年9月から「サービス選択自由化制度」を導入しており，2001年6月に介護付き住宅にも同制度が導入された。また2005年2月に新たなに高齢者オンブズマン制度を開始した。

⑨ソルナコミューン　Solna（ストックホルム県）

「郊外型」(forortskommuner)。人口59,098人，高齢化率17.2%（2003）。伝統的に保守系政党が強いが，近隣のダンデリュードやナッカに比べ，社会民主系ブロックの力もあり，1988年には社会民主党が多数派を獲得している。

同コミューンでは1997年に介護付き住宅ポールヘムスゴーデンで虐待事件が起き，同事件がサーラ条項（高齢者虐待通報義務）制定のきっかけとなった。2002年3月から，質とフォローアップを実施する特別部門を設置し，社会サービス部門（医療部門を除く）の質に関する課題をフォローアップしている。

また1990年代終盤に，高齢者オンブズマンを導入した。2002年にはホームヘルプに，2003年には介護付き住宅にサービス選択自由化制度を導入した。

⑩オステルスンドコミューン　Östersund（イェムトランド県）

「都市型」(större städer)。今回調査の対象としたコミューンの中では最も北部に位置し，人口減少が問題となっているイェムトランド県の中心都市である。多くのコミューンが保守系政党に与党を譲った1991年選挙においても，社会民主系ブロックが多数派であった。また保守系ブロックの中では，中央党の議席数が多いという特徴がある。

オステルスンドが位置するイェムトランドは伝統的に，協同組合の文化が根付いている地域であり，全国の中でも高齢者協同組合の活動例が多く報告されている（第8章）。「サービス選択自由化制度」は採用されていない。

⑪ダンデリュードコミューン　Danderyd（ストックホルム県）

「郊外型」(forortskommuner)。人口29,884人，高齢化率17.9％（2003）。コミューン財政力は全国トップで，住民一人当たり年額250,500クローネの納税額は，全国平均の143,500クローネに比べてその1.75倍にもなる。伝統的に保守系政党が強く，1998年選挙では議会の45議席中24議席を穏健党だけで獲得した。

1992年からホームヘルプに，2002年から介護付き住宅に「サービス選択自由化制度」を採用している。

⑫トローサコミューン　Trosa（セーデルマンランド県）

「小規模型」(övriga, mindre)。人口10,565人，高齢化率14.4％（2003）。1980年代終盤にできた新しいコミューンである。コミューン議会の与党は選挙毎に変わっている。

2002年1月よりホームヘルプに「サービス選択自由化制度」を導入している。2002年8月に訪問した折には，3つのホームヘルプ事業者（コミューン直営を含む）があり，高齢者はその中から事業者を選択するということだっ

た。2002年9月選挙で社会民主党が与党となり，その結果，「サービス選択自由化制度」はわずか9ヶ月で廃止となった。

(2) 抽出したコミューンにおける介護サービス民間供給率

表6-5は各コミューンの介護サービスの民間供給率（利用額ベース）を示すが，コミューンによって違いが大きいことがわかる。抽出したコミューンはサンプリングの事情から，全体的に介護サービスの民間供給率は高い。

最も民間供給率が高いコミューンは，ソルナで介護サービスの60％が民間供給である。次いでダンデリュード52％，ナッカ42％と続くが，いずれもストックホルム近郊のコミューンである。「サービス選択自由化制度」を採用しているコミューンもストックホルム近郊に集中している。

表6-5　介護サービスにおける民間供給率（％）：利用額ベース

	1998	1999	2000	2001	2002	2003	サービス選択自由化制度
全国平均	8	12	12	12	13	12	―
ストックホルム	27	29	32	35	37	36	2000年導入
マルメ	30	27	23	24	19	17	なし
リンシェーピング	23	25	25	29	31	33	なし
ヘルシンボリ	28	28	24	20	14	10	なし
ルンド	13	12	10	11	9	9	2002年導入*
ナッカ	28	36	34	34	41	42	1992年導入
ヴェクショー	8	7	7	8	8	7	なし
テービュ	43	41	39	35	36	35	2001年導入
ソルナ	26	26	25	39	52	60	2002年導入
オステルスンド	12	12	12	12	15	17	なし
ダンデリュード	52	50	48	50	50	52	1992年導入
トローサ	13	14	25	22	17	16	2002年導入*

（出所）SCB.2005. Årsbok för svenska kommuner 2005より作成。
数値には高齢者介護サービスの他に障害者福祉サービスも含まれる。少量であるが他のコミューンやランスティングから購入したサービスも含まれる。*ルンドとトローサでは2002年9月の選挙で社会民主党が与党となり，制度は一旦，廃止された。

第6章　供給多元化とコミューンの介護ガバナンス

図6-3　介護サービスの民間供給率の推移
（1998-2003）

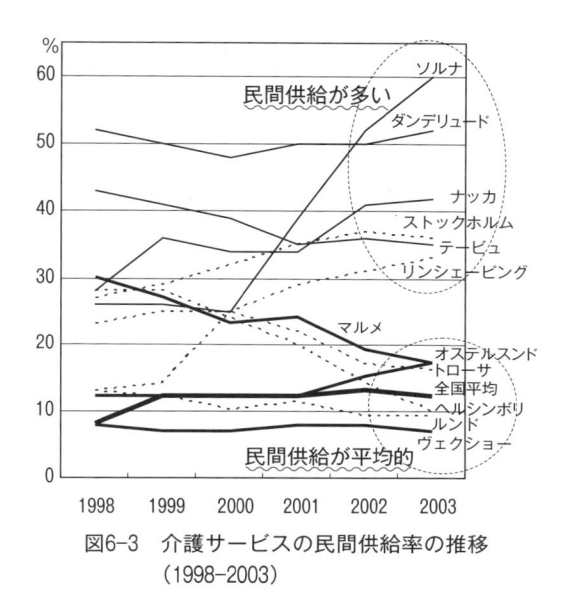

　一方，民間供給率が低いコミューンは，ヴェクショー7％，ルンド9％，ヘルシンボリ10％であった。

　図6-3は，1998年から2003年にかけての各コミューンの民間供給率の動向を示す。短期間での急増を示しているのがソルナで，2000年に25％だった民間供給率が2003年には60％となった。またマルメ，ヘルシンボリ，トローサでは減少傾向にあり，マルメでは1998年には30％であった民間供給率が，2003年にはマルメで17％に減少した。このように民間供給率の推移はコミューンでばらつきがあることがわかる。

　コミューンの介護政策を考えるとき，1991年にスウェーデンでは保守中道連立政権が誕生し，同時にコミューン議会の60％が保守系与党となったことは注目される点である。後述のヒアリング調査でも明らかとなるが，この間に多くのコミューンで介護サービスの民間委託が着実に進められた。

　表6-6は抽出したコミューンにおける議会与党の変化を示す。表6-6からわかることは「サービス選択自由化制度」を導入しているナッカ，ダンデリュード，テービュ，ソルナでは，国政選挙の結果に関わらず，コミューン

223

表6-6 各コミューン議会の与党（1979-2002）

	分類	1979	1982	1985	1988	1991	1994	1998	2002
国会		保守	保守	社民	社民	保守	社民	社民	社民
ストックホルム	拮抗型	社民	社民	社民	社民	保守	社民	保守	社民
マルメ	社民型	社民	社民	社民	社民	保守	社民	社民	社民
リンシェーピング	不安定	保守	保守	保守	社民	保守	社民	社民	社民
ヘルシンボリ	不安定	保守	社民	社民	社民	保守	社民	社民	社民
ルンド	拮抗型	保守	社民	保守	社民	保守	社民	保守	社民
ナッカ	保守型	保守	保守	保守	保守	保守	保守	保守	保守
ベクショー	社民型	保守	保守	保守	社民	保守	社民	社民	社民
テービュ	保守型	保守	保守	保守	保守	保守	保守	保守	保守
ソルナ	保守型	保守	保守	保守	社民	保守	社民	保守	保守
オステルスンド	社民型	社民	社民	社民	社民	社民	社民	社民	社民
ダンデリュード	保守型	保守	保守	保守	保守	保守	保守	保守	保守
トローサ	拮抗型	—	—	—	—	保守	社民	保守	社民

(出所) スウェーデン統計局資料より作成。分類は筆者。
社民型：伝統的に社会民主党が強い。
保守型：伝統的に保守系政党が強い。
拮抗型：社会民主党ブロックと保守系政党ブロックの勢力が拮抗している。
不安定型：少数政党の影響を受けている。

議会は保守系与党が固定している。またストックホルムでは，「サービス選択自由化制度」の導入が決定されたのはコミューン議会が保守系与党の時である。ソルナでは2000年に急激に民間供給率を伸ばしている（図6-3）が，これは1998年選挙で保守系の穏健党が大躍進をしたことが影響したものと推測される。

民間委託の見直しを続けているマルメは歴史的には社会民主党が強いコミューンであるが，1991年選挙で保守系ブロックが与党になった折に，急激な民間委託が行われ，その後，混乱を招いた。社会民主党が与党に戻ってから，民間委託による効果がみられない事業はコミューン直営に戻している。

ルンドでは選挙毎に保守系ブロックと社会民主党で政権交代を繰り返しているが，2002年6月に導入されていた「サービス選択自由化制度」も同年9

月の選挙で社会民主党が与党になり，急遽，廃止となった。

ヘルシンボリでは地域政党である年金生活者党が1998年選挙で6議席を獲得し，政権が不安定な状況になった。介護サービスでは，年金生活者党が社会民主系ブロックに賛成し，民間委託を次々と見直していった経緯がある。

ヴェクショーでは安定した社会民主党政権が続いてきたが，それを大きく支えてきたのが左党である。その政治的背景から介護サービスの民間委託には慎重な立場をとってきた。

以上のように，高齢者介護における「サービス選択自由化制度」の導入や，民間委託の増減は，コミューン議会における社会民主系ブロックと保守系ブロックの勢力，与党の方針，またキャスティングボートを握る地域政党の存在が大きく左右している。このことはヒアリング調査からも明らかである。

住民の年収が高いコミューンでは保守系与党が歴史的に強く，このことも，民間供給率を高める要因と推測できる。1980年代終盤から穏健党を代表とする保守系ブロックは，介護サービスの民間委託の方針を政策として掲げてきた。介護サービスの民間供給の状況は，国の政策以上にコミューン議会与党の影響を受けていると考えられる。

図6-4は抽出したコミューンにおける住民の年収と介護サービスの民間供給率の関係を示すが，正の相関（相関係数は0.661，5％水準で有意）を示している。ダンデリュードは全国で最も住民の平均年収が高いコミューンであり，テービュ，ナッカもストックホルム郊外に位置し，住民の平均年収は相対的に高い。全国的に見て所得が高い住民層が住むコミューンは保守系政党が強く，そこでは相対的に介護サービスの民間供給率が高い。

(3) 結果

社会民主党長期政権のイメージが強いスウェーデンであるが，コミューン議会において保守系与党が続いてきた地域がある。特にストックホルム郊外で高所得者層が相対的に多く住むコミューンでは，国会の政権交代とは関係なく，コミューン議会の与党は伝統的に保守中道系政党が固定していること

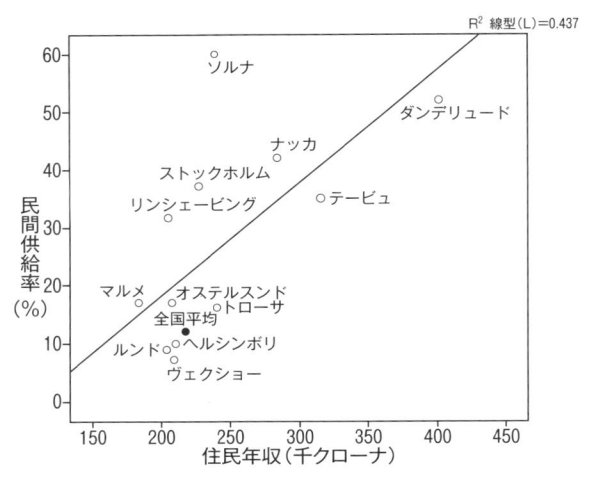

図6-4 住民の平均年収と介護サービスの民間供給率

が多い。民間供給率の高さもコミューンレベルでの保守系政党の政策が影響しているものと考えられる。また民間委託が進んでいるコミューンのうち、リンシェーピング除くコミューンにおいて、保守系政党が推し進める「サービス選択自由化制度」が導入されている。

4 中央労使交渉システムと連帯賃金制度 ——介護コストを下げにくい要因

　統計を用いた分析結果では民間供給と介護サービス利用や効率化（コスト削減）との間には関連はみられなかった。民間供給が多く、「サービス利用者選択制度」に積極的なコミューンが、高齢者介護において必ずしもコスト削減を実現しているという状況は見られなかった。

　コミューン直営サービスの民間委託の大きな目的は介護サービス合理化である。しかし民間委託による介護サービスのコスト削減は容易でない。なぜコミューンが介護サービスの民間委託を進めてもコスト削減に有効でないのか。この点についてスウェーデンの連帯賃金制度を用いて検討する。

(1) 中央労使交渉システムと連帯賃金制度

戦後のスウェーデン福祉国家を支えたのは、スウェーデンモデルの最も象徴的な特徴である安定した労使関係だった。1938年のサルトショーバーデン協約で労使間には協調関係が生まれ、それまで紛争が続いた労使関係は大きく変わり、両者の関係はO．ルイン（Olof Ruin）のいう協調的な労働市場のモデルとして知られるようになった（宮本 2001：102）。

1956年からスウェーデン雇用者連合[6]（SAF：Sveriges Arbetsgivare Förbundet）と、ブルーカラー労働組合総連合会（LO：Landsorganisation）による中央労使交渉システムが始まり、そこで全国的な賃金と労働条件の決定が行なわれるようになった[7]。スウェーデンの労働組合の組織率は世界的に見ても高く、ブルーカラー労働者の85％、ホワイトカラー労働者の79％、労働者全体では81％が労働組合に所属している（2002年）。中央労使交渉システムは、このような労働組合の高い組織率で支えられてきたところが大きい。また中央労使交渉システムは連帯賃金制度を結びついており、連帯賃金制度では利潤率を問わず各産業部門、企業をとおして同一労働同一賃金を実現してきた。

(2) スウェーデンの介護サービスにみられる民間委託の特徴

スウェーデンにおける高齢者介護サービスの民間委託では、新たな入札による公共購売で介護付き住宅の委託先が変わっても、経営者と責任者（施設長等）が入れ替わるだけで介護職員はそのまま職場に残るのが一般的である。そのため、同じ介護職員が入札の結果次第で、ある時期は民間職員であるが、ある時期にはコミューン職員となる場合がある。事業契約が終了しても職員が解雇されないことは、労使協約で決められており、スウェーデンでは入札等で契約事業者が替わっても介護職員が総入れ替えになることはまずない。サービスの継続性は、高齢者介護サービスの質を測る上での重要な指標の一つであり、介護職員が継続的に雇用されることは利用者やその家族の安心感にもつながる。ただし施設長の交替が現場に与える影響は大きいことも事実

表6-7 介護職員の平均賃金（1999年秋）月額

(単位 クローナ)

	コミューン事業とランスティング事業	民間事業者
女性	15800	15800
男性	15900	16500
合計	15800	16000

(出所) Kommunal 2002：60

である。

　民間事業者の介護職員になると，労働条件はどのように変わるのか。表6-7に示すように，介護職員では，民間事業者と公的セクターの間で賃金差はほとんどない（1999年）。コミュナール労組の分析では，民間事業者の賃金がやや高いが，その理由は民間事業者が都市部に多く，都市部は他地域に比べて賃金が高いことが数字に反映されていためである。一方で民間事業者の職員は，年齢が若い職員が相対的に多いという点からみると，民間職員の賃金がやや高いといえるかもしれない（Kommunal 2002：60）。

　しかし両セクターの介護職員の労働条件をより正確に比較するためには，残業手当等を含め，賃金全体に影響を与えている他の条件も考慮しなければならない。例えば，休暇取得，各種事情による休業や年金等の条件である。福利厚生の方が実質賃金以上に重要と考えると，公的セクターの職員の方が条件にやや恵まれているが，ほとんど差はない（ibid.：60）。

　労働条件に公民の差がない理由について，スウェーデンの地方公務員制度，賃金を含めた労働条件の決定システムの3点から説明できる。

　第一に，スウェーデンには日本の地方公務員法に相当する法律はなく，地方公務員は特別な地位にない。1990年代に介護分野で民間職員の比率が高まったとはいえ，スウェーデンにおける介護職員の約85％は依然としてコミューン職員である（2002年）。1990年代初頭には民間職員はわずか4％であり，ほとんどの介護職員が自治体職員だった。そもそも介護以外でも，スウェーデンでは，地方公務員（自治体職員）と民間職員の地位や労働条件にはほとんど差がない。スウェーデンの公務員法は，国家公務員と地方公務員

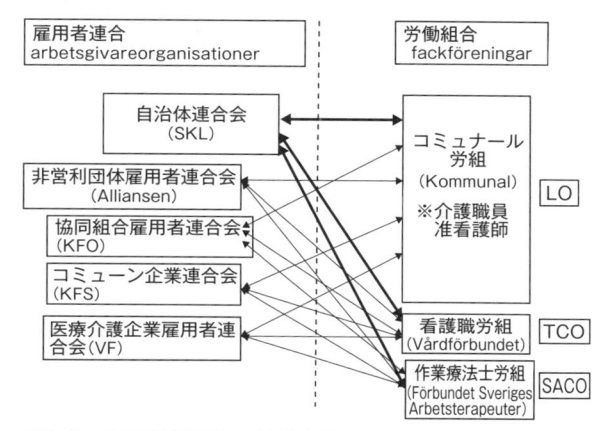

第6章　供給多元化とコミューンの介護ガバナンス

図6-5　介護関係職員の労働条件の決定システム
　　　－中央労使交渉システム

（出所）コミュナール労組ヒアリング（2002）に基づき作成．
LO：ブルーカラー労組連合，TCO：ホワイトカラー労働組合中央組織，
SACO：大卒者労働組合連合　※太線が基本となる協定

を含め，公的セクターで働く職員すべてに適用されるが，1960年代以降，公務員の制限をできるだけ少なくする方向で改正されてきた．ごく一部の例外を除き，地方公務員も民間企業・団体の労働者と同じ労働関係の法律の適用を受ける．例えば1960年代以前には，地方公務員のストライキ権は法的に認められなかったが，現在では認められている．

　第二に，賃金を含めた労働条件の決定システムで，介護職員の賃金，勤務時間等の労働条件は，民間と同様で，事業者連合と労働組合間の労使協定により決定される．図6-5は，介護関連職員の労働条件の決定システムを表している．雇用者連合は，法人種別に組織化されており，公務員か民間事業者かの区別は明確である（後述）．一方，労働組合は職種別に組織化されており，組合員は公務員か民間職員かは問われない．つまり介護職員や副看護師等の現業職員は公務員でも民間職員でも，コミュナール労組の組合員となる．看護職は看護職労組，作業療法士は作業療法士労組の組合員となるが，これも組合員には公的セクターの勤務か民間勤務かは問われない．賃金を含む労働条件の決定は，民間企業・団体と同様に，中央の労使交渉による中央

229

労使協定を基準に，自治体ごとの労使交渉で詳細が決定される。

　第三に，労使交渉では労働者側のコミュナール労組，看護職労組，作業療法士労組と雇用者側の自治体連合会[8]間の交渉が中心的役割を果たす（図中の太線）。高齢者福祉関連職員の労働条件の決定のプロセスでは，まず雇用者側のコミューンの全国連合組織である自治体連合会と，労働者側の全国連合組織であるコミュナール労組，看護職労組，作業療法士労組等との間で中央レベルでの労使交渉が行なわれ，中央労使協定が結ばれる。この中央労使協定をもとに，各コミューンや民間事業者はそれぞれの職員が組織する各労働組合と労使交渉を行ない，賃金や休暇を含めた労働条件の詳細を決定する。職場単位の労使協定は中央労使協定の条件を下回ることはない。コミュナール労組によれば，コミュナール労組はまず自治体連合会との間で中央労使協定を締結し，その結果に基づいて，他の雇用者連合会との中央労使協定を結ぶ。このプロセスの中では，民間事業者に勤める介護職員の労働条件が，公的セクターの介護職員に比べて悪くなることはない[9]。

(3)介護医療分野の雇用者連合会

　介護医療分野の雇用者連合会を整理すると，表6-8のとおりである。雇用者連合会の大きな役割は労働組合と労使交渉を行ない，職員の賃金や労働条件を決めることである。

スウェーデン自治体連合会

　スウェーデン自治体連合会（SKL：Sveriges Kommuner och Landsting）はコミューンおよびランスティング職員の雇用者団体である。全国290コミューンと18ランスティング，2レギオンが会員である（2005年5月現在）。2005年1月からコミューン連合会（Svenska kommunförbundet）とランスティング連合会（Landstingförbundet）が合併して，スウェーデン自治体連合会となった。

　スウェーデン自治体連合会は毎年，「コミューン職員統計」（Kommunal Personal）を発行しているが，2002年度のコミューン職員は全国で65万2000

表6-8 介護医療分野の雇用者連合会

雇用者連合の名称	加盟事業者数	加盟事業者の種類	介護医療分野での被用者数と比率(2005)	
スウェーデン自治体連合会(SKL)	310事業者	290コミューン＋18ランスティング＋2レギオン	231,500人(注1)	85%公
非営利団体雇用者連合会(Alliansen)	133事業者	スポーツ普及活動団体、教会関係団体、国民高等学校等	2,510人	15%民
協同組合雇用者連合会(KFO)	2300事業者(注2)	協同組合、理念団体、市民活動団体等	85,000人(注2)	
コミューン企業連合会(KFS)	500事業者	コミューン企業	若干	
医療介護企業雇用者連合会(VF)	1800事業者(注3)	主に営利法人	40,000人(注3)	

(出所) 各団体ホームページより作成。
注1) コミューン連合会とランスティング連合会が合併する前の2002年の数字であり、ランスティング職員の数は含まれない。
注2) 保育や学校職員等の数も含まれている。
注3) 歯科診療所や緊急医療などの職員も含まれている。
注4) 被用者の公民比率については、コミュナール労組のヒアリング（2002年）による。

人である。これは前年度に比べて9000人、1.4％の増加であった。この数はスウェーデン全就労者の約20％にあたる (Svenska kommunförbundet 2003：8)。コミューン職員の構成は図6-6に示すとおりで、医療介護の分野の職員の占める割合が最も多く23万1500人で全体の36％にあたる。大きなコミューンでは30以上の労使交渉が行われる (Gustafsson 1997：35)。

非営利団体雇用者連合会

非営利団体雇用者連合会(Alliansen：Arbetsgivaralliansen)は、スポーツ団体、ボランタリー活動団体、生涯教育分野、医療介護分野で事業を展開する約1800事業者が加盟している。理事会は、スウェーデンサッカー協会、国民高等学校、スウェーデン全国スポーツ協会、さらに教会関係の代表者で構成されている。福祉部門の会員をみると、救世軍社会福祉事業部やブレッケ・デイアコニー会など教会関係の団体が多い。

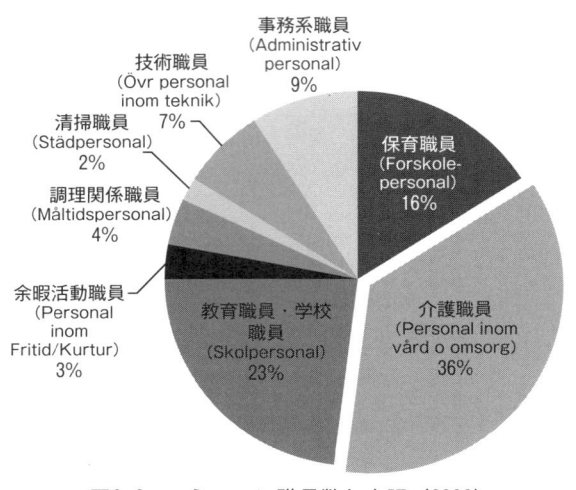

図6-6 コミューン職員数と内訳（2002）
（出所）Kommunal Personal（2002）より作成。

　非営利団体雇用者連合会に加盟する約1800団体の内訳（2005年）は，多い順にスポーツ普及活動団体が1102団体（被雇用者5719人），ボランタリー活動団体が342団体（被雇用者2053人），介護医療部門133団体（被雇用者2510人），教育部門127団体（被雇用者4115人），サービス部門4団体（被雇用者2814人）となっており，被用者数の合計は約1万人である（2005年5月14日現在http://www.arbetsgivaralliansen.se）

　会員の構成をみると，18世紀終盤から19世紀にかけて広がったスウェーデンの伝統的は民衆運動や教会を母体とする団体が中心となっている。

協同組合雇用者連合

　協同組合雇用者連合（KFO：Kooperation Förhandlingsorganisation）は1943年に創立された雇用者組合で，協同組合事業者，理念団体事業者，市民活動団体事業者が加盟する。

　協同組合事業者連合はブルーカラー労働組合総連合会（LO），ホワイトカラー労働組合中央組織（TCO），大卒者労働組合総連合（SACO）を通じて，

それぞれの労働組合と約400の労使協約を結んでいる。協同組合事業者連合には2300事業者が加盟しており，そこに働く職員は8万5000人を超える。加盟する事業者の事業分野は，販売，保健福祉，学校，保育所，工業等で，理念団体や市民活動団体による事業であり，最も多いのが保健福祉，学校，保育所の分野で2300事業者のうち，これらが1200事業者を占めている。(2005年5月14日現在 http://www.kfo.se)

コミューン企業連合会

コミューン企業連合会（KFS：Kommunala Företagens Samorganisation）は，コミューン企業の事業者連合で，1988年に創立された。加盟する事業者は全国にあるコミューンやランスティングが所有する企業であり，また一部の民間企業も加盟している。創立当初の加盟事業者は約50であったが，2004年には約500事業者が加盟するまでに急成長を遂げた。これはコミューンやランスティングが直営事業をコミューン企業として行う事業に移すことが増えていったからである。(2005年5月14日現在 http://www.kfs.net)

医療介護企業雇用者連合会

医療介護企業雇用者連合会（VF：Vård företagarena）は，介護医療分野の民間事業者の雇用者組織である。約1800事業者が加盟しており，そこで働く職員は約3万9000人である。加盟事業者の事業は，歯科診療所，地区診療所，家庭医診療所，精神・身体障害者の特別住宅，青少年保護施設，児童養護ホーム，LSSおよびLASSによるパーソナルアシスタント，高齢者介護における特別住宅，認知症高齢者グループホーム，ショートステイ，ホームヘルプ等である。ケアパートナースウェーデン株式会社（Care Partner Sverige AB），カレマケア株式会社（Carema Vård & Omsorg AB）（第7章），ソフィアホーム株式会社（Sophiahemmet AB）等，介護医療分野の営利法人が主に加盟している。(2005年5月14日現在 http://www.vardforetagarna.se)

(4) 介護サービスの総事業費を削減しにくい構造

　図6-7は，介護サービス総事業費が抑制された場合の事業者の対応を示している。高齢介護の事業費はほとんどが人件費であるため，おおまかにみれば，職員の賃金と職員数を掛けたものが総事業費と考えられる。スウェーデンの場合，事業委託費が抑制されても，職員の賃金は中央労使交渉で決定されるため削減することはできない。そこで介護付き住宅の場合，職員の配置基準がないスウェーデンでは，事業者は職員数を削減しようとする。しかし職員配置を少なくすることは，介護サービスの質の低下に直結することになり，なかなか実施することはできない。

　本章で使用しているデータは2003年のものであり，まだ委託側のコミューンも，また受託側の事業者も職員配置の削減にはふみきっていなかったものと思われる。近年では民間事業者が受託する介護付き住宅は職員配置がコミューン直営に比べて1割程度低いという調査があり (Szebehely 2012：245)，職員配置を減らす事業者が存在するようになった。カレマケア報道（第7章）をみても，職員配置が少ないことが高齢者虐待や事故の要因となっている。また良識ある事業者は，あまりに過酷な価格競争になれば質の確保が不可能と判断し，入札に参加せず，事業を断念することもある。2000年代初頭に期待された協同組合型事業所の数が減少しているのも価格志向の入札が影響しているものと考えられる。

第6章 供給多元化とコミューンの介護ガバナンス

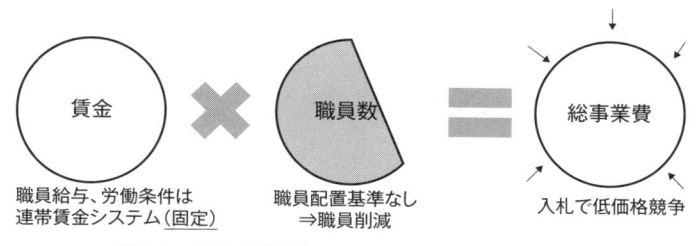

図6-7 総事業費が抑制された場合に受ける影響

（Ⅱ）コミューンにおける介護ガバナンスに関する調査（2000〜2003年）
　　—ヒアリング調査結果の分析

1 調査概要

(1)目的

　調査（Ⅰ）では，スウェーデンの290コミューンのデータ分析を行なった結果，介護サービスの民間委託が介護サービスコストの削減に成功しているとはいえないことが明らかとなった。その一方で，コミューンにおける住民の政治的選択が民間委託の進行やサービス選択自由化制度の導入に影響していることが推測される。調査（Ⅱ）では，ヒアリング調査を通じて，コミューンが介護サービスの民間委託を進め「サービス選択自由化制度」を目指す動機や考え方をより具体的に検討する。

(2)方法

　先に抽出した12コミューンのうち7コミューン（表6-9）においてヒアリング調査を行なった。調査対象としたコミューンには，2000〜2002年の間に

一度以上の訪問を行い，資料収集とヒアリング調査を実施した。ヒアリング対象は，高齢者介護に関連する委員会に所属するコミューン議員，コミューン高齢者介護部担当者，介護付き住宅の事業責任者などである。ルンド大学A．グスタフソン教授，P.G．エデバルク教授，社会庁I．ワールグレン研究員の助言と協力により，ヒアリング協力者を得ることができた。ヒアリングは各協力者に対し，およそ1時間程度，各コミューンの介護サービス供給の多元化の状況について自由に話していただいた。本節ではその内容を調査結果としてまとめている。

(3)内容

統計からは介護サービスの民間供給率をみることはできるが，どのようなシステムで民間委託が行なわれているかを明らかにすることはできない。「サービス選択自由化制度」をとりいれているコミューンもあれば，公共購買（入札）を行なっているコミューンもある。介護サービス供給の多元化は，競争の導入により，サービスの質の向上と適正な価格による運営を目指すものである。この目標を達成するために自治体や事業者はどのような考えに基づき，どのような取り組みをしているのかを明らかにする。

本ヒアリング調査は2000年代初頭に実施したものであり，2012年現在の状況については，ヴェクショー以外の追跡調査は行なっていない。2009年にサービス選択自由化法が施行された影響により，調査対象コミューンのほとんどで「サービス選択自由化制度」が始まっており（表6-9），2000年初頭とは全く状況が変わっていることが考えられる。ヴェクショーコミューンについては2000年初頭（2節）と2012年の調査（3節）を行っているが，10年間で介護システムが大きく変わったコミューンの一例である。

表6-9 ヒアリング調査を実施したコミューン

	特徴	調査対象コミューン	ヒアリング協力者	訪問時期	サービス選択自由化制度導入の有無（2012年）
多元化に積極的な自治体	サービス選択自由化制度	ナッカ	介護サービス判定員（行政・専門職）	2002年9月	○
	サービス直接契約システム	リンシェーピング	モデル事業担当職員（行政・事務職）	2002年6月	○
	小さい自治体のサービス選択自由化制度	トローサ	介護サービス判定員（行政・専門職）	2002年6月	○
政権交代で多元化への施策が揺れ動いた自治体	政権交代後にコミューン直営に交替	マルメ	担当委員会委員（政治・議会議員）	2002年3月	×
	政権交代でサービス選択自由化制度廃止	ルンド	モデル事業担当職員（行政・事務職）担当委員会委員（政治・議会議員）	2002年3月	○
	少数政党がキャスティングボート	ヘルシンボリ	担当委員会委員長（政治・議会議員）	2002年3月	○
	コミューン直営サービス重視	ヴェクショー	モデル事業担当職員（行政・事務職）	2002年3月	○

2 調査結果

(1)「サービス選択自由化制度」のモデル―ナッカコミューン

　ナッカはスウェーデン国内で初めてサービス選択自由化制度を導入したコミューンである。1982年に足のケア，1992年にはすでにホームヘルプにサービス選択自由化制度を導入していた。ナッカで初めてサービス選択自由化制度が議論されたのは1976年のことで，2つの保護者グループが協同組合方式で保育所を開設したいと申し出たことがきっかけとなった。当時はコミュー

ン直営サービス以外のサービスを利用する場合は全額自己負担であった。もともとは自分たちの望むサービスをコミューンの直営サービスと同等に使えるようにという発想で始められたのが、サービス選択自由化制度であった。

ナッカにおけるサービス選択自由化制度の導入の目的は4点にまとめられており、1)権限を現場におろすこと、2)財政運営とサービス生産を分離させること、3)現場レベルで事業の責任を持つこと、4)官僚主義の弊害を取り除くこと、であった。

またナッカコミューンの行政改革計画「ナッカの長所」（FÖRDEL NACKA）（2002年）は、改革（FÖrändring）、分権化（DEcentralisering）、主導（Ledning）の3つの単語の頭文字をとって名づけられたが、その中で9つの方針が述べられている。1)政治家とコミューン職員の役割分担について基本原則を確立する、2)市場化の導入（内部では価格評価、外部では料金設定）、3)管理部門とサービス部門を切り離す、4)平らな組織とする、5)管理職の能力向上、6)バランス、7)コミューン住民を消費者と考える（行動調査の必要性、選択の自由、多様性と特徴ある事業）8)分権化、9)目標設定と枠組みの設定である。

ホームヘルプがサービス選択自由化制度で運営されており、利用者は、民間事業者を選択できるが、ナッカでも約4分の3の利用者がコミューン直営のホームヘルプを選択していた（2000年）。2000年の秋からは、小中学校にサービス選択自由化制度が導入され、4割強の児童は民間事業者が運営する保育所に通っている。

ナッカでは1992年にホームヘルプにサービス選択自由化制度を導入し、利用者はコミューン直営ホームヘルプか、民間事業者のホームヘルプかいずれかを選択できるようになった。ナッカが採用したサービス選択自由化制度では、コミューン直営のホームヘルプが特別扱いされることはなく、同じ条件のもとで、民間サービスとの競争が行なわれる。

ホームヘルプ事業者の指定は議会のコミューン高齢者委員会（Äldrenämnden）が行なう。事業者指定では職員が適切な能力、経験を有しているかが問われる。ホームヘルプの分野では、サービス生産部分のみが民間事業者の参入が可能であり、コミューンは引き続いて財政的な責任とルールづく

りを担っている。ホームヘルプ事業者に対してコミューンは年に1回の会計監査を行い、コミューンの介護サービス判定員がサービスの質のチェックを行なう。

表6-10 ナッカコミューンにおける民間事業者のサービス供給率（2000）

（費用ベース）

保育所	42%
介護付き住宅	30%
保育所（学童保育も含む）	28%
ホームヘルプ	20%
6歳児の学童保育	18%
6歳児の就学前教育	12%
低学年児童の学童保育	9%
小中学校	7%

（出所）ナッカコミューン資料より作成。

ナッカのサービス選択自由化制度では、サービスの利用にあたり、まず介護サービス判定とサービス利用の決定が行なわれる。介護サービス判定員によりホームヘルプが必要と判定された人は、サービス選択自由化制度の説明を受ける。コミューン直営のホームヘルプだけでなく、民間のホームヘルプも選べることが伝えられ、事業者に関する情報提供を受ける。利用者は介護サービス判定で認められた分のバウチャーを受け取り、サービスを利用し、不満があれば事業者の変更もできる。利用者はバウチャーを事業者に直接渡すが、事業者は利用者に支払いを直接請求できず、コミューンから介護報酬を受ける。利用者はコミューン議会が決定する所得に応じた利用料金（自己負担分）をコミューンに支払う。

ナッカでは高齢者介護を重点政策として取り組むために、議会の委員会として高齢者委員会を新たに設置した。高齢者委員会の責任領域は、社会サービス法に基づく高齢者支援と保健医療のコミューン担当分（ナーシングホームと訪問看護）である。

高齢者・障害者政策における与党プログラムのポイントは以下のとおりである。1）選択の自由、質の管理、効率性、介護付き住宅の増設を通じて、高齢者介護の質を向上させ、その量を拡大する。2）老人ホーム、ナーシングホームはナッカの中心部に建設され、よい事業を目指す競い合いの中で、民間事業者への委託運営を増やしていく。3）ランスティングとの協力で老年科医療と初期医療を試験的にコミューンで実施し、高齢者が医療と福祉の

連携を図る。4）ランスティングと連携しながら，ナーシングホームにおける医療の充実を追求する。5）高齢者福祉と障害者福祉におけるホームヘルプ料金やその他のサービス料金は，低所得者対応や自己負担上限額設定などを通じて個別の対応を目指す。

(2) 介護サービス判定の簡素化による「サービス直接利用システム」
　　―リンシェーピングコミューン

　リンシェーピングでは市内全域を61地区に分けて，各地区のホームヘルプと介護付き住宅の運営を公共購買（入札）を通じて，民間事業者に委託している（2002年）。

　リンシェーピングでは，75歳以上高齢者は介護サービス判定を受けずに，ホームヘルプを利用できるが，このしくみを「サービス直接利用システム[10]」と呼んでいる。サービス直接利用システムでは，行政による介護サービス判定を省略して，利用者が事業者から直接，サービスを利用できる。図6-8はスウェーデンで一般的に行なわれている介護サービス判定による介護サービス利用の手続きとサービス直接利用方式を比較しているが，サービス直接利用システムではコミューンの介護サービス判定を省いており，そのプロセスがかなり簡素化されていることがわかる。

　リンシェーピングでは，ホームヘルプを家事援助（boservice）と身体介護（personlig omvårdnad）に分けている。家事援助には掃除，洗濯，調理，買い物介助，散歩等が含まれるが，1カ月上限12時間まで，コミューンの介護サービス判定を受けずに，指定された料金を支払って利用することができる。病気が理由で家事援助が必要な場合は，月に6時間分まで介護サービス判定を受けずに利用できる。年収が16万クローナ以上の場合，家事援助の自己負担は1時間当たり195クローナ（表6-9）で，この額は実際のサービス価格の7～8割といわれている。一定の年収がある利用者にとって家事援助サービスは高額である。（表6-1によれば，2003年のスウェーデン国内の平均年収は約20万クローナである。）

第6章　供給多元化とコミューンの介護ガバナンス

「介護サービス判定」方式 （一般のコミューン）	「サービス直接利用」方式 （リンシェーピング）
①コミューンの社会福祉課に相談	▼居住地区のサービス事業者に直接相談
↓	
②介護サービス判定員が家庭訪問 　（入院先に訪問する場合もある）	
↓	
③介護サービス判定と利用サービスの検討	
↓	②から⑥までの手続きを省略。
④行政決定 　（申請者には不服申し立ての権利あり）	
↓	
⑤決定事項がサービス事業者へ送られる	
↓	
⑥複雑なケースでは，介護サービス判定員が 　サービス事業者に口頭で説明	
↓	
⑦介護事業者が高齢者宅を訪問し，介護サービス判定に基づき，ケアプランを作成。	▼サービス事業者が高齢者宅を訪問し，ADL（日常生活動作）の測定と利用サービスを検討し，介護計画を作成。
↓	【合意ができなければ，コミューンの介護サービス判定も受けられる】
⑧ケアプランは社会福祉課にも送られる	▼すべての資料はサービス事業者が保管
⑨社会福祉課（介護サービス判定員）によるフォローアップ	▼社会福祉課（介護サービス判定員）によるフォローアップ

図6-8　介護サービス判定方式（一般）と「サービス直接利用」方式の利用プロセスの違い
（出所）リンシェーピングコミューンでのヒアリング調査および同コミューン資料をもとに作成。

身体介護の利用では75歳までの高齢者は，コミューンの介護サービス判定が必要である。75歳以上の高齢者はコミューンの介護サービス判定は必要としないが，事業者がADL（日常生活動作）判定を行ないサービスを利用することになる。身体介護の料金は家事援助に比べ，自己負担が少ない（表6-9）。
　ホームヘルプサービスを利用したい人は，直接，居住地区の事業者に申し込む。事業者は連絡を受けてから1～2日中に希望者宅を訪問し，利用者や家族と相談して介護計画を決める。介護計画には，ホームヘルプの内容，訪問の時間帯，サービスの提供方法などが記入されるが，その内容に合意できない場合は，コミューンの介護サービス判定を受けることもできる。サービス直接利用システムを導入しても，高齢者に対して介護サービス判定を受ける権利を保障することが必要で，本人と事業者の間で介護計画に合意が持てない時，また複雑なケースでは，コミューンの介護サービス判定が頼りになることが多い。
　事業者が利用者にサービスのサービス利用を決める上で，事業者にはコミューンによる厳しい条件が課せられている。事業責任者，副責任者あるいは特別な資格を有する職員のみが，利用者のサービスを決める権限が認められる。またサービスを決める権限を持つ職員は，法律の知識，コミューンが実施している他の支援事業についての情報も豊富でなければならず，これらについてはコミューンが指定する教育も受ける必要がある。
　表6-10は，リンシェーピングにおけるサービス直接利用方式の考え方を示す。リンシェーピングでは社会サービス法の枠内でサービス直接利用方式は実施可能と解釈している。
　リンシェーピングでは1992年までは，ホームヘルプはコミューンの組織に組み込まれており，地区ホームヘルプ主任がホームヘルプ事業の責任者であり，介護サービス判定も合わせて行なっていた。1992年に，ホームヘルプに介護サービス判定が導入され，ホームヘルプ事業と介護サービス判定業務は分離されることとなった。すべての権限が社会福祉委員会に集められたがその理由は，ホームヘルプ事業は民間委託が可能であるが，介護サービス判定と，委託先の事業者選定はコミューンが行なう必要があったためである。

第6章 供給多元化とコミューンの介護ガバナンス

表6-9 リンシェーピングコミューンのサービス自己負担額（2002年7月）

ホームヘルプサービス自己負担額		
税引き前の年収（kr）	身体介護（月額）	家事援助（時間）
250 001以上	1200	195
240 001–250 000	1125	195
230 001–240 000	1025	195
220 001–230 000	975	195
210 001–220 000	925	195
200 001–210 000	875	195
190 001–200 000	825	195
180 001–190 000	775	195
170 001–180 000	725	195
160 001–170 000	675	195
150 001–160 000	600	190
140 001–150 000	500	170
130 001–140 000	450	145
120 001–130 000	350	135
110 001–100 000	325	100
100 001–110 000	300	90
95 001–100 000	300	85
90 001–95 000	300	80
85 001–80 000	300	75
80 001–75 000	300	70
75 001–70 000	300	65
70 001–65 000	300	60
65 001–60 000	300	55
60 001–55 000	300	50
55 001–50 000	270	35
50 001–55 000	150	25
0–50 000	125	20

その他のサービス		
種類	介護料金	実費負担分
介護付き住宅	1516kr/月	85kr/日
デイケア	0kr/日	53kr/日
ショートステイ	18kr/月	85kr/日
夜間ケア	0kr/晩	40kr/晩
レスパイトケア	18kr/日	85kr/日
ランチ（パック）	—	42kr/食
ランチ（食堂）	—	37kr/食
ランチ配達料	—	15kr/回
緊急アラーム	100kr/月	—
アラーム設置	200kr/初回	—
電話サービス	50kr/月	

最低所持金額（prisbasbeloppet）が決まっており、年金生活者がその金額を下回るほどの料金を徴収してはならないことになっている。（全国共通）

介護料金は介護マックスタクサの規定により月額上限支払額1516クローナ（全国一律）。

（出所）リンシェーピングコミューン資料を邦訳。

表6-10 介護サービス判定方式とサービス直接利用方式の考え方の違い

	介護サービス判定方式	サービス直接利用方式
法的根拠	社会サービス法4章1条「認定の権利」と不服申し立ての権利	社会サービス法3章6条、5章5条「自宅において必要な支援と援助、その他の入手しやすいサービスが提供される」
決定のメカニズム	利用者のサービスは介護サービス判定員が行政権限で決定	利用者個人が事業者との合意に基づいて決定
しくみの特徴	介護サービス判定員が決め、調査の後で行政決定 膨大な資料と事務作業 (基礎的資料、複雑な説明)	利用者個人が決める 利用者と事業者の相互合意のしくみ コミューンによるルール設定(例:75歳以上) 尊厳の保障、事務作業の簡素化
不服申立	不服申し立ての権利(行政訴訟)	民法による損害賠償
性質	弱い個人を保護する 公平に配分する 異なる条件にも関わらず、同じ対応	利用者個人(あるいは代理人)の責任、尊厳の保障と自己決定
対象となるサービス	例:介護付き住宅、デイケア、ショートステイ、ホームヘルプ(75歳未満)	例:ホームヘルプ(75歳以上) 精神障害者へのデイケア、 高齢者ジム、家族会

(出所)リンシェーピングコミューンでのヒアリング調査と入手資料より作成。

　ホームヘルプ料金の見直しとともに、リンシェーピングでは1993年11月から、ホームヘルプを2種類に分類した。社会サービス法に基づく介護サービス判定を必要とする身体介護と75歳未満対象の家事援助、介護サービス判定を必要としない75歳以上対象の家事援助である。1998年からは、75歳以上の高齢者に対しては緊急アラームも家事援助に含め、介護サービス判定を不要とした。身体介護は排せつ介助、入浴介助、起床就寝介助などで利用者の身体に関わる介助で、家事援助は掃除、洗濯、買い物が主なサービスであるが、1998年の改正で、緊急アラーム、散歩、助言、調理(配食サービスの温めなおし)も家事援助に含まれることになった。2000年から身体介護を含めた全ホームヘルプにおいて、75歳以上を対象に介護サービス判定を不要とするサービス直接利用システムが開始されることとなった。表6-11はリンシェーピングにおけるホームヘルプの利用体系を示す。

表6-11　リンシェーピングコミューンのホームヘルプ（2002）

種類	利用の仕方	支払い方法
身体介護 ※75歳以上	・ホームヘルプ事業者に直接申し込む ・事業者がADLにより介護計画をつくる ・サービスの決定において発生しうる苦情申し立て（行政訴訟）は不可能 ・本人が望めば，コミューンの介護サービス判定を受けることも可能	月額制 サービスの利用総量とは無関係 支払い先はコミューン
家事援助 ※75歳以上	・ホームヘルプ事業者に直接申し込む ・上限12時間 ・サービスの決定において発生しうる苦情申し立て（行政訴訟）は不可能 ・本人が望めば，コミューンの介護サービス判定を受けることも可能	1時間あたりの単価で支払う 支払い先はコミューン
身体介護＆家事援助 ※75歳未満	・コミューン社会福祉課に申請 ・介護サービス判定が必要 ・苦情申し立て（行政訴訟）が可能	身体介護は月額制 家事援助は時間単価 支払い先はコミューン

（出所）Linköpings kommun. 2000. Plan för genomförande av serviceavtal i hemtjänsten.

　コミューンはサービス直接利用システムの効果を積極的に評価している。介護サービス判定員が利用者とコンタクトをとる時間が増え，さらに利用者が必要なサービスを使えているかどうかをフォローアップする時間もとれる。（すべての契約の20％を毎年フォローアップしている。）高齢者やその家族にとっても，しくみが簡単でわかりやすい。また介護事業者にとっても手続き簡素で，柔軟性がある。事業責任者が介護計画をつくり，利用者への助言を行なうため，現場において仕事に対するモチベーションが高まる効果もある（Önstorp 2001：5）。

　同システムの良い点は，利用者が事業者にコンタクトを取りやすく，サービス内容を変更することも容易である。実際に利用者が内容変更のために事業者とコンタクトをとる回数は増えてきた。

(3)小規模自治体とサービス選択自由化制度—トローサコミューン

　トローサは人口1万人という小さな自治体でありながら，2002年からサー

ビス選択自由化制度を導入している。高齢化率は16.6％で，コミューン全体で152人のホームヘルプ利用者がいる（2002年）。トローサはストックホルムから列車で１時間のところにあり，夏の別荘地として人気がある地域である。そのため，定年退職後のストックホルム市民が移り住んでくることも多く，介護は大きな政策課題の一つとなっている。

　トローサにはコミューン直営による３ヶ所の介護つき住宅（計120人分）がある。ホームヘルプ事業者は３事業者で，コミューン直営と２つの民間事業者である。トローサでは2002年１月から，ホームヘルプの家事援助部分に，サービス選択自由化制度を導入したのがきっかけで，２ヶ所の民間事業者が営業を始めた。それまではすべてのホームヘルプはコミューン直営だった。

　トローサでは，２人の介護サービス判定員が市内３つ介護地区を担当する。大きな都市では，介護サービス判定員は一箇所に集まっていたほうがよいか，地域ごとに分散したほうがいいかが議論になるが，トローサのような小規模自治体では，事務所が分かれていても，２人は頻繁に電話をしており，介護サービス判定員間の連絡は密である。

　トローサ中心地区を主に担当する介護サービス判定員は，ホームヘルプ利用者が70ケース程度，介護つき住宅の入居者，緊急アラームと配食サービスの利用者が40ケースで，合計150ケース程度を扱っている。トローサ中心地区のホームヘルプ利用者73人のうち，民間ホームヘルプ（家事援助）を使っている人は26人である。介護サービス判定員はケアプランをつくる時に，民間事業者の情報提供を行なう。

〈介護サービス判定員の仕事〉

　トローサにおける介護サービス判定員の仕事は以下のとおりである。

① 　病院，家族，地域看護婦，本人から介護サービス判定員に連絡がある。ほとんどが病院か家族からの連絡である。
② 　介護サービス判定員は家庭訪問を行なう。申請者が入院中の場合は病院を訪問する。在宅医療が必要であれば，地域看護婦も同行する。
③ 　申請者と話し合いながら，介護計画をつくる。かつて介護サービスを利

用したことがある場合は，その時の情報も参考にする。トローサでは，介護サービス判定員と現場職員の関係が近く，これは小さいコミューンの利点である。

④ 介護サービス判定は，純粋に要介護度だけで決まるのではなく，要介護度に本人の希望を加味して決定される。例えば，介護サービス判定で15時間のホームヘルプが必要と判断された人が2人いたとする。1人は15時間のホームヘルプの利用を希望している。もう1人は5時間だけの利用を希望した場合，前者は「要介護2」，後者は「要介護1」となる。

⑤ 介護サービス判定員は作成した介護計画を本人と事業者宛に送る。介護計画には「このプランに納得がいかない場合は申し出てください」と書かれており，話し合いで解決できない場合は，行政裁判所で扱われることになる。在宅サービスについての不服申し立てはほとんどないが，介護付き住宅の入所判定では，住宅が不足ぎみで，不服申し立ても増えている。もし申し立て者の主張が正当と判断されれば，コミューンは他の自治体から場所買い[11]という形ででも，当該者用に介護付き住宅を用意しなければならない。

⑥ その後，事業者が本人を訪問して，確認の上，サービスが開始される。介護計画はとても重要で，変更の必要性が生じた時は，事業者は介護サービス判定員に連絡する。

⑦ 介護サービス判定員は，少なくとも年1回はフォローアップを行なう。介護サービス判定員は介護職員からの情報を頻繁に得ているが，状態に変化が多い利用者については訪問も頻繁に行なう。また要介護度に変化があれば，介護職員あるいは事業者が介護サービス判定員に連絡することになっている。

〈民間事業者を選択する場合〉

　介護計画を作成しながら，介護サービス判定員は本人に対し，どのようなサービス事業者を利用したいかを聞く。その際，複数の事業者の中から，好きな事業者を自分で選ぶことができることを伝える。多くの場合，利用者は

「どの事業者がいいだろうか」と聞き返してくる。介護サービス判定員は事業者に対して中立でなくてはならないが，「この事業者は人気があります」と答えることもある。またサービス事業者は変更可能であることも伝える。

　本人や家族が民間事業者を選択した場合，介護サービス判定員はホームヘルプの利用可能時間と利用できるサービス内容を決定し，介護計画を作成する。その後，介護サービス判定員は希望があった事業者に対し，指名があったこと，提供するサービスの量（ホームヘルプの時間数）を伝える。連絡を受けた事業者は，本人に電話をし，初回の訪問日時を決めることになる。

　2002年現在では，家事援助（掃除，買い物，洗濯）のみがサービス選択自由化制度の対象となっており，民間ホームヘルプの利用が可能であるが，近いうちに，身体介護も対象になるといわれている。

　トローサでは，家事援助利用者の約40％が民間事業者を利用している。介護サービス判定員は，事業者のパンフレットを利用者に見せて，ホームヘルプ事業者を選べることを説明し，事業者の紹介をする。介護サービス判定員が紹介に使うパンフレットには詳しい情報は掲載されていないが，利用者には事業者の情報がすでに口コミで伝わっていることが多いという。

　民間事業者の人気が高い理由は，トローサの民間事業者は小規模で，従業員が少なく，利用者は同じ職員からのサービスを受けることが可能だからである。コミューン直営事業を含め大規模事業者は，1人の利用者に対して多くの職員が交代で対応することが多い。

　民間事業者を利用した人で，その後，コミューン直営サービスに変える人はほとんどいない。要介護度が高くなり，より多くのサービスが必要になった場合や身体介護サービスが必要になった場合，2つの事業者からサービスを別々に利用するのは複雑なので，コミューン直営サービスに切り替える人が若干見られる。

〈サービス選択自由化制度の評価〉

　ホームヘルプ（家事援助のみ）へのサービス選択自由化制度は，利用者からも，職員からも，概ね高い評価を受けている。すべての介護サービスがコ

第6章　供給多元化とコミューンの介護ガバナンス

ミューン直営だった時には，ホームヘルプに対する不満が多く出されていた。トローサではサービス選択自由化制度を導入する前に，ナッカを訪問し，ナッカのモデルを学んだ。ナッカでも，サービス選択自由化制度は家事援助から導入され，身体介護，介護付き住宅と広がっていった（前述）。今後，身体介護にもサービス選択自由化制度が採用されるだろうが，利用者がまずは家事援助でサービス選択自由化制度に慣れていれば制度に対する不安も解消される。ナッカでは，事業者名のリストをもとに選択するようになっているが，なかなか限られた情報の中で，本人が事業者を選ぶのは難しく，介護サービス判定員の役割は重要である。トローサでは，介護付き住宅はすべてコミューン直営である。介護付き住宅についても，掃除などの部分では外部委託が始まることが予測されるが，介護付き住宅の全てが委託することはないと考えられていた（2002年）。

　トローサのサービス選択自由化制度は家事援助のみを対象に2002年1月に始まったが，野党の社会民主党は廃止を求めていた。今後，民間事業者が増えるかどうか，サービス選択自由化制度の対象範囲がどこまで拡大されるかは，コミューン議会でどの政党が与党になるかで大きな影響を受ける。

〈利用料金の支払いについて〉

　トローサでは2002年7月1日から介護サービス判定の区分と料金の設定が大きく変更された。介護サービス判定が以前の6段階の区分に変わり，ホームヘルプの利用時間が「6時間以上」か，「6時間未満」という2段階のみの区分となった。隔週で掃除が必要とされるレベルが「6時間未満」の目安である。さらに収入による詳細な区分があったが，介護マックスタクサにより，利用者の支払い上限額は全国一律で1516クローナとなった。

　介護サービス判定で必要な作業は，まずは要介護度を測ること，次に費用の負担能力を考慮することである。費用が支払えないためにサービスを利用できないということはないが，年金の受給額が低い女性高齢者も多く，利用者の家計事情への配慮が必要な場合もある。要介護度が最も大事な判断基準であるが，どれだけ費用がかかるかということも考慮しなくてはならない。

例えば，重度の介護を必要とする68歳の女性が自宅で生活するために，月額3424クローナの利用料金がかかる。この高齢女性の年金受給額は月額4500クローナで，住宅手当を受けているが，家賃を払うと手元に残る金額は極めて少額である。その場合は，家族などを含めた別のネットワークでの支援体制も検討しなくてはならず，夜間だけでも家族が一緒にいることができれば，15時間分のホームヘルプを減らせるなどの計画も考えられる。

〈介護サービスの質に対する取り組み〉

介護サービスの質に対する取り組みとして，トローサではサービス利用者と介護職員を対象に，年1度のアンケート調査を実施している。アンケート調査は3年めになるが，サービスへの満足度は高く，特に情報提供，介護計画作成での話し合いについてはポイントが高い。アンケート調査の結果は，高齢者福祉部局内の会議で議論し，また年金生活者委員会（pensinonärsråd）にも提出する。ホームヘルプ利用者委員会（Hemtjänstråd）と介護つき住宅入居者委員会（Gårdsråd）を年2回開催している。各委員会は6～7年前に始まり，家族代表2名，利用者代表2名，高齢者評議委員会委員，友愛訪問をしている年金生活者ボランティア，介護職員で構成され，介護サービスについての情報交換や意見交換をする。

〈介護サービス判定分離型組織の評価〉

かつての地区ホームヘルプ主任は，事業責任者と介護サービス判定員の仕事を兼任しなければならなかったが，総合的にみれば，コミューンはこの仕事が2つに分離されたことを積極的に評価している。トローサでは，介護サービス判定分離型の導入は他自治体より遅く，1999年8月に導入された。当時の地区ホームヘルプ主任は新たな仕事として介護サービス判定員か，事業責任者のいずれかを選択することになった。介護サービス判定員の仕事がサービス部門から独立することによって，決定プロセスが見えやすくなり，より利用者個人を対象とする判定ができるようになったという。地区ホームヘルプ主任を中心とした小グループモデル（第4章）は，職員にも利用者に

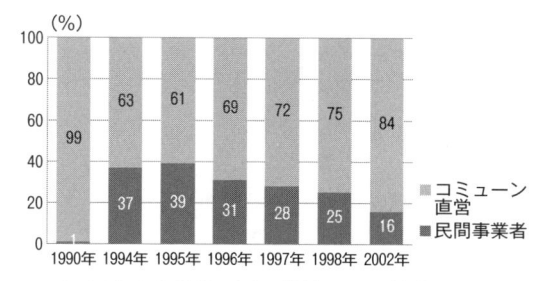

第6章 供給多元化とコミューンの介護ガバナンス

図6-9 マルメにおける介護サービス供給の公民比率の推移（1990-2002）

（出所）Stadskontoret. Malmö stad. 1999．80 Frågor och svar om äldreomsorgen i Malmö. Aktuella statistik om äldreomsorgen i Malmö MAJ-02.

も身近という点が評価されていたが，地区ホームヘルプ主任は利用者本人の要介護状況よりも，介護職員の管理と予算に気配りしなければならなかった。

介護サービス判定員が介護現場から離れすぎないように，トローサでは2週間に1回は，介護サービス判定員と介護職員の会合が開かれており，両者の近い関係は続けている。困難事例についても検討を行なうことができるので，現在のシステムの方がよいという。

(4) 急速な民間委託とその後の減退——マルメコミューン

図6-9は，マルメにおける介護サービスの公民比率を示している。2つの特徴がみられるが，第一に1990年から1994年までの間に，民間事業者による介護サービスの供給が全体の39％にまで一気に急増した点であり，短期間に極端な増加がみられた。第二に1996年以降は民間サービスの供給比率が徐々に下がり，2002年時点では16％でピーク時の半分となった。

マルメの議会では歴史的にみて社会民主党の勢力が強く，社会民主党と穏健党の2大政党でほとんどの議席を占めてきた。1998年選挙では全61議席のうち，社会民主党27議席，穏健党18議席で合計45議席を2大政党で占める結果となった。社会民主党は左党と連携しているが，議会におけるすべての委

員会，自治体区委員会（次節）のすべての委員長ポストは社会民主党が握っている（Gustafsson 1999：223）。

　スウェーデンの1991年総選挙で保守中道政権が誕生したとき，マルメでは史上初めて保守系ブロックが与党となった。当時，コミューン理事[12]（福祉担当）L. ヤンブリング（Lena Jarnbring）（穏健党）は，マルメでの介護手当給付（Äldrepeng）の導入を強く主張していた。マルメでは介護手当給付も，サービス選択自由化制度も実現しなかったが，保守系与党が政策として介護サービスの民間委託を急速に進めたことが図6-9からわかる。

　保守系与党が退陣した後，1996年から民間委託の比率は急速に減少するが，コミューン理事（福祉担当）K. アンダション（Karl Andersson）（社会民主党）は2つの理由を挙げた。一つは，民間委託が急激に進んだことで介護サービスの質が低下したことである。保守系与党の時代に，低価格重視の公共購買（入札）を進めたために民間事業者によるサービスの質の低下が深刻だった。二つめは社会民主党が与党に戻ってから，コミューン直営サービスと民間サービスの事業評価を実施した結果，価格が同じであればサービスに大きな差がないことが実証された。しかしアンダションは民間サービスを否定しているわけではなく，民間委託が始まったことでコミューン直営サービスはコスト意識を持つようになり，効率的にサービスを運営することを学んだという。民間委託を経験したことで，コミューン直営サービスは以前より効率的にサービスを提供するようになったと評価する。

　マルメでは1996年と1998年にホームヘルプと介護付き住宅の質に関する調査を実施した。1998年調査は，介護サービスを利用する高齢者5113人を対象にアンケート調査を実施した。内容はホームヘルプのサービス内容についての満足度や要望を問うものなど，多岐にわたる。分析では民間事業者によるホームヘルプとコミューン直営ホームヘルプの質の比較を行なっているが，両者にほとんど差がないことが示された。

　また民間委託の比率が低下し，コミューン直営サービスが復活した背景には，マルメが自治体区委員会制度を導入したことも影響している。マルメでは1996年1月に，市内10地区において自治体区委員会を導入した。自治体区

第6章　供給多元化とコミューンの介護ガバナンス

委員会はコミューン執行委員会[13]のもとに配置され，マルメコミューンの年間予算の約50%にあたる事業を運営している。自治体区委員会の担当する分野は，生活保護，保育，高齢者福祉，障害者福祉，義務教育，地区図書館，文化，余暇活動，道路公園の管理などである。各自治体区委員会にはそれぞれ15人の議席があり，コミューン議会の議席配分と同率で各政党に議席が振り分けられている。自治体区委員会委員長はすべて社会民主党議員である。マルメにおける自治体区委員会の設置は社会民主党，左党，環境党の合意で実現したが，穏健党，国民党，中央党，地域政党であるスコーネ党は反対した（*ibid*.：224）。

　以上のように，マルメでは，介護サービスの民間委託の動向は1990年代のコミューン議会与党の政策理念に大きく左右されたということができる。

(5)与野党交代でサービス選択自由化制度の廃止—ルンドコミューン

　ルンドでは，2001年5月にコミューン介護委員会の決定を受け，2001年12月にコミューン議会でホームヘルプへのサービス選択自由化制度の導入を決定した。この決定に基づき，コミューン介護部では，2002年6月からのサービス選択自由化制度の実施に向け準備を進めた。しかし2002年9月選挙で，保守系与党から社会民主党与党に変わり，サービス選択自由化制度は導入直後にも関わらず，機動せずに廃止された。

　改選後初めての審議の場となった2002年11月末のコミューン議会では「財政計画および事業計画（2003～2005年度）」と「2003年度予算案」が審議された。「事業は，コミューン財源，またコミューンによる介護サービス判定を通じて，個人の選択の自由を増やすようにするべきであり，事業者に対する個人の選択につなげる」という介護委員会の事業目標を変更するという社会民主党与党提案が可決された。「事業は公共購買（入札）を行なうが，同時に他の事業者との競争力を強化するべきである」という項目も削除されることとなった。この与党案に対し，社民党，環境党，左翼党の社会民主系ブロックによる賛成が33票，穏健党，国民党，中央党，キリスト教民主党の保守中

253

道系ブロックによる反対が30票となり、僅差であったが、サービス選択自由化制度の廃止が決定された。わずか半年足らずの実施となった。

　ルンドでは選挙毎に社会民主系ブロックと保守中道系ブロックの間で与野党の交代が繰り返されている。T. クレッテ（Tove Klette）（国民党）は保守系ブロックの福祉担当理事であり、M. ドヴシェ（Margareta Dovsjö）（社会民主党）は社会民主系ブロックの福祉担当理事である。最近20年間は両者が交代しながらルンドの福祉政策をリードしている。サービス選択自由化制度では2人の見解は全く異なり、与党になったブロックの政策色が強くなる。例えばルンドでは1996年に自治体区委員会制度が導入され、小中学校、保育、高齢者福祉、余暇活動事業、文化活動、公園管理が自治体区委員会の権限に任されることになった。しかし1998年選挙で与党となった保守系ブロックは2000年に自治体区委員会制度を廃止し、高齢者介護関連の意思決定と権限を集中させるため、新たに介護委員会を設置した。

〈ルンドのサービス選択自由化制度〉

　ルンドの介護におけるサービス選択自由化制度は、図6-10に示すとおりである。介護サービス判定部局は、12人の介護サービス判定員で構成され、従来どおり、介護サービス判定とケアプラン作成を行なう。北部地区、南部地区、東部地区にはコミューン直営ホームヘルプが必ず配置されるが、利用者はどの地区に住んでいても、民間事業者を選択肢にできるようにする。民間事業者は地区を限定せず、コミューン全域で事業を行なう。介護委員会はコミューン直営のホームヘルプも、民間ホームヘルプと同じ条件で事業を行なうことを決定した。

　サービス選択自由化制度の準備が進められていた当時、コミューンはネブビレブ地区とグネスボ地区のホームヘルプ、訪問看護、夜間パトロール、デイサービス、レストランの運営をISSケア社に委託していた。2003年7月末までの契約であったが、サービス選択自由化制度への移行に伴い、契約期間終了後はISSケア社にはサービス選択自由化制度での事業者としての可能性が提示されていた。

第6章　供給多元化とコミューンの介護ガバナンス

```
                    ┌─────────┐
                    │介護委員会│
                    ├─────────┤
                    │ 介護部長 │
        ┌───────────┴──┬──────┴──────────────┐
   ┌────┴─────┐         │          ┌──────────┴──────┐
   │コミューン介護部│    │          │医療担当看護師（MAS）│
   └────┬─────┘         │          └─────────────────┘
        │    ┌──────────┴──────┐
        │    │介護サービス判定員│
        │    └──┬──────┬───┬──┘
   ┌────┴─┐ ┌──┴─┐ ┌─┴──┐ ┌┴──────┐
   │北部地区│ │南部地区│ │東部地区│ │リハビリテー│
   │       │ │       │ │       │ │ション部門 │
   └───────┘ └──┬────┘ └──┬────┘ └───────────┘
         ┌──────┴┐   ┌───┴────┐
         │民間   │   │民間    │
         │事業者 │   │事業者  │
         └───────┘   └────────┘
```

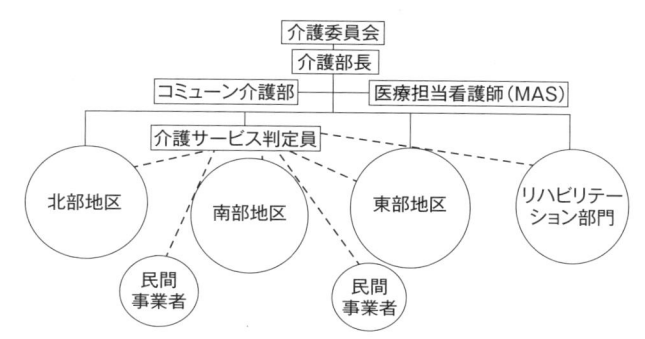

図6-10　ルンドコミューンの介護サービス選択自由化制度（2002）
（出所）ルンドコミューン資料

　制度設計担当者によれば，ルンドのサービス選択自由化制度もナッカをモデルにしている（前述）。ナッカはすでに10年以上もサービス選択自由化制度の経験を持ち，すでに30件の民間のホームヘルプ事業者がある。ルンドの場合，図6-10からも明らかなように，制度の導入時では1～2件程度の民間事業者を想定しており，コミューン直営サービスを主たるサービス供給源とし，民間事業者はあくまでもコミューン直営サービスに対する選択肢と位置づけており，慎重な対応をしている。

　制度導入の3ヶ月前には，民間ホームヘルプ事業者はまだ1ヶ所しか指定されていなかった。民間事業者は制度導入直後に実施される選挙の結果を懸念し参入を躊躇した。社会民主党がコミューン議会の与党になれば制度自体の廃止となる可能性があったからである。

〈保守系与党の考え〉

　保守系与党のコミューン理事（福祉担当）を務めるクレッテ（国民党）は，介護サービスにおけるサービス選択自由化制度の導入に積極的であり，2つの理由をあげている。第一にコミューン直営サービスへ不満の声が増えており，この解消のためには，民間事業者の選択肢が必要だとする。

　第二に，介護の仕事をやりがいのある仕事にしていく必要がある。将来的に介護には多くの人手が必要となるが，介護系の学校への入学を希望する若

者や介護職を希望する人も減少している。スウェーデンではこれまで，介護の仕事を選ぶにはコミューン職員になるという選択肢しかなかった。サービス選択自由化制度では，例えばホームヘルプ事業を経営者として担うチャンスが生まれる。特に女性にとっては，社会で活躍できる大きな機会になりうるし，また若者の職業選択にもつながると考える。

クレッテがそのように考える背景にはルンドにおける保育サービスの経験がある。ルンドでは1980年代終盤に保育所の民間委託が議論され，当時，保守系ブロックが与党だったこともあり，民間保育所（主に両親協同組合）の運営が奨励された。ルンドの民間保育所は全部で32ヶ所あり，コミューン全体の児童の23％が民間保育所を利用している（2002年）。32ヶ所の民間保育所のうち，30ヶ所は両親協同組合による運営である。クレッテによれば，両親協同組合が運営する保育所で働く保育職員は，コミューン直営の保育所に保育職員に比べて，やりがいを持ち，生き生き働いているという。

またサービス選択自由化制度は，障害者の自立生活にも大きく貢献している。サービス選択自由化制度では，障害当事者が障害者協同組合等の法人組織を立ち上げ，自分たちでパーソナルアシスタントを雇用しマネジメントすることが可能となる。サービス選択自由化制度は，障害者にも新しい可能性を提供したと考える。

クレッテが強調するのは，サービス選択自由化制度においても介護サービスの供給はコミューンの財源で行ない，事業者指定や介護サービス判定等の制度運用もコミューンの責任を行なう点である。クレッテが想定する民間事業者は，大企業というよりは，協同組合などの地域密着型の小規模事業者である。またサービス選択自由化制度を導入しても，利用者にとって自己負担の変わりはなく，コミューンの費用負担も変わらないとしており，民間委託による介護費用の経費削減を期待した発言はみられなかった。

〈社会民主系野党の考え〉

社会民主党のコミューン理事（野党担当）を務めるドヴシェ（社会民主党）はサービス選択自由化制度に対し，以下の理由で反対する。インタビュー当

時(2002年3月),社会民主党は野党であったが,同年9月選挙で与党となり,サービス選択自由化制度を廃止した。

　第一に,利用者が選びたいのは信頼できる職員である。サービス選択自由化制度で選べるのは事業者であり,その意味で同制度は利用者の希望を実現するものではない。

　第二に,サービス選択自由化制度では利用者がサービス選択に影響力を行使できるというが,要介護度が高い利用者の場合,例えば認知症高齢者には事業者の選択は困難である。実際にサービスを選択するのは家族や介護サービス判定員となる。スコーネ地方（スウェーデン南部）でも,小中学校にサービス選択自由化制度を導入するコミューンがあり,ルンドでも環境党は小中学校のサービス選択自由化制度には積極的である。しかしその環境党も介護サービスへの導入には反対している。全分野でサービス選択自由化制度が機能するとは限らず,高齢者介護の分野での導入は望ましくない。

　第三に,サービスを選べるかどうかは,制度よりも予算やサービス供給量に関係する。1980年代に保育所不足が深刻だったとき,当時の保守系与党は保育サービスにサービス選択自由化制度を取り入れた。しかし保育サービス自体が少ないために親たちはサービスを選ぶ事はできなかった。その後,ルンドでも社会民主党が与党になり,すべての子どもに保育所を保障する政策を打ち出した結果として,親たちは保育サービスを選べるようになった。予算の枠組みが予め決まっている介護や保育では,サービス供給量に上限があり,サービス選択には限界がある。

　第四に,民間事業者は倒産,廃業,事業撤退等の可能性があり不安定である。小中学校にサービス選択自由化制度を導入しているコミューンで,民間事業者に委託された小学校で約3分の1の児童が学校を辞めたいと申し出た結果,小学校の運営委託は取り消しとなった。その場合,最終的な受け皿となるのはコミューンの小学校となる。介護,保育,教育は安定した環境が大切なため,コミューン直営サービスであるべきとする。

　ドヴシェは,サービス供給の安定と利用者の安心感を重視している。ルンドでは保守系政党も,社会民主系政党も介護サービスの民間委託には従来か

ら慎重な対応をしており，掃除などの部分的な民間委託は進めてきたが，身体介護の分野への民間サービスの参入にはより慎重に対応している。

(6)地域政党がキャスティングボートを握る不安定政権
　―ヘルシンボリコミューン

　ヘルシンボリでは1998年までは社会民主党与党であったが，高齢者福祉の民間委託は始まっていた。介護職員が協同組合を組織し，自らが民間事業者となる動きもみられ，コミューン内で10ヶ所の介護付き住宅と数ヶ所のホームヘルプが民間事業者に委託された。
　1998年選挙で社会民主党は野党となったが，社会民主党は地域政党である年金生活者党と協力して，コミューン内の介護サービスの民間委託を全面廃止にしようと考えた。2000年5月に社会民主党は年金生活者党の協力を得て，コミューン議会は社会民主系野党と年生活者党による賛成多数で，介護サービスの民間委託の全面撤回を可決した。その結果，2002年3月現在では，介護サービスの民間委託は全くない状態となった。

〈地域政党がキャスティングボートを握る議会〉
　ヘルシンボリのコミューン議会の与野党の構図は不安定であった。1988年選挙以降のコミューン議会65議席の配分は，保守系与党が27議席（穏健党19，キリスト教民主党4，国民党4），社会民主系野党が32議席（社会民主党22，左党7，環境党3）であった。地域政党である年金生活者党（6議席）がキャスティングボートを握っている。
　介護委員会9議席の内訳は，保守系与党が4議席（穏健党2，国民党2），社会民主系野党が4議席（社会民主党3，左党1）で，年金生活者党が1議席を持ち，介護委員会でも年金生活者党がキャスティングボートを握っていた。年金生活者党の政策は，常に保守系に近いとも限らず，社会民主系に近いとも限らない。年金生活者党は当初は保守系政党に近かったが，徐々に距離を置くようになった。

第6章　供給多元化とコミューンの介護ガバナンス

　ヘルシンボリではコミューン議会内の委員会を構成する時，議会で7議席以上を持たない政党は，重要な委員会にメンバーを選出できない。そのため介護委員会には，議会に3議席しかない持たない環境党は入っていない。国民党も4議席しか持たないが，穏健党と連立与党を組むことで，介護委員会に1名の委員を送ることができ，しかも委員長を務めている。介護委員会を除く，他の委員会の委員長ポストはすべて与党穏健党の議員が占めている。

〈民間委託とコミューンの組織〉

　1998年のコミューン組織の再編でヘルシンボリには介護サービス理事会（Vård och omsorgsstyrelsen）という新たな組織ができた。介護サービス理事会はコミューンの介護サービスの予算を持ち，介護サービス事業者と契約を結んで，介護サービスを購入する。コミューン直営サービスの場合は，コミューン介護委員会（事業者責任者）と介護サービス（契約者責任者）理事会が契約を結ぶことになる。介護サービス理事会もコミューン議員で構成されているが，議会の介護委員会と異なり，実際に介護サービスの運営する委員会である。介護サービスの委託先を決めるのは介護委員会なので，介護サービスの質の管理責任は介護委員会にある。介護サービス対する苦情は，介護サービス理事会か介護委員会に申し立てることになるが，介護委員会が解決できない場合は行政裁判所が対応することになる。介護委員会のもとに，介護サービス判定員が所属している。介護サービス判定員による介護サービス判定とケアプランの作成は介護委員会による承認を受ける。

　介護委員会では2人の介護サービス査察官（Kvalitetsinspektörerna）を配置している。介護サービス査察官はヘルシンボリ全体高齢者福祉の事業を常に監視し，質の管理を行なっている。介護サービス査察官は毎年，監査レポートを発行し，問題をみつけた場合，介護委員会に通告する。

〈介護委員会委員長の意見〉

　介護委員会委員長M. ベラハタ（国民党）の見解は次の6点であった。

1) 民間委託について：政党によって考え方が大きく違うが，自分は民間委託を取り入れるべきだと考えている。民間事業者の方が効率的であり，競争が働くのでコストは10％少なくてすむ。ヘルシンボリでは福祉予算が11億クローナあるが，民間委託を取り入れることにより，質を下げずに10％の予算が節約できると考える。

2) 年金生活者党が民間委託廃止の社会民主党に賛成した理由：医療福祉の分野での，収益事業はいけないという強いイデオロギーがあり，年金生活者党はせめて非営利組織への委託に限定するべきだと主張する。小政党は政権党としての責任が問われないために，理想論だけを主張する。実際に民間委託を撤退したことで100万クローナの損失があった。

3) サービス選択自由化制度について：サービス選択自由化制度の導入はコミューン議会与党の影響が大きい。ストックホルム周辺には保守系与党のコミューンが多いが，スウェーデン南部は社会民主系勢力が強いことも影響している。サービス選択自由化制度は利用者がバウチャーを持つことになるので，利用者の権限が強まり，質の悪いサービスは淘汰されるしくみである。事業者も利用者のニーズにあったサービスを行なうようになる。入札方式による民間委託は5年契約が一般的で，サービスが悪くても，特別に大きな問題が起きない限り，交替できない。サービス選択自由化制度では，悪いサービスであれば，利用者は事業者を変更できる。しかしサービス選択自由化制度を主張しているのは，ヘルシンボリの国民党の中でもベラハタだけで，まだ制度自体が議員の間でも理解されていないという。

　ヘルシンボリでは，保育と学校でサービス選択自由化制度を導入している。学校や保育の場合は，親が真剣にサービスを選ぶので，比較的，制度を導入しやすい。介護サービスにおいても導入は可能で，介護サービス判定員が情報を提供し，彼らが高齢者のサービス選択をサポートできる。介護委員会はサービスを直接生産しないが，事業者の指定の責任を担うことになるだろう。事業者が条件を満たしていなければ，医療介護委員会は指

定をすぐに取り消すことができるようにすべきである。

5) サービスに格差について：ヘルシンボリでは，国民党の提案で小学校にサービス選択自由化制度を導入している。親は民間の学校か，コミューン直営の学校かを選ぶことができる。その結果，今ではイスラム教の文化を生かした学校がある。基本的な教育内容は，コミューン直営の学校と同じであるが，日常生活の中でイスラム教文化を尊重した教育を行なっており，学校がそれぞれの特徴を生かすことができる。サービス選択自由化制度では，人気のある学校と，人気のない学校の差について議論される。確かに人気の差はあるが，人気のある学校に待機者がでるまではいかない。なぜならば，子どもたちも親たちも自宅に近い学校を選ぶ傾向がある。ヘルシンボリの南部地区には生徒の8割近くが在住外国人という学校があるが，それでも他へ移る人はいない。保育や介護，学校は近い方がよいので，それほどの大きな移動は起きていない。

6) 最も力を入れている取り組み：ヘルシンボリには市内に8つの在宅介護地区がある。各地区にミーティングポイントをつくり，現在は市の中心部に集められている介護サービス判定員を各ポイント2人ずつ派遣しようとするものである。介護サービス判定員は，できるだけ高齢者の身近にいるべきである。介護サービス判定員をより市民の身近に配置するという考え方で，情報提供も十分にできるようにする。高齢化の進行は早く，在宅介護を一層充実させていかなくてはならない。このミーティングポイントで情報を得ることができ，また介護計画も立てられるようにする。また介護サービス判定員は，介護サービス判定と介護計画をつくるだけではなく，家族の相談に対応できるようにと考えている。

(7) コミューン直営サービスの方が効率的と判断した例
　—ヴェクショーコミューン

　ヴェクショーは人口約8万人で，都市型コミューンに分類される。1980年

代以降から，社会民主党与党の時期が長い。また介護サービスの民間委託も5％台にとどまり，民営化路線に慎重な自治体の一つである。

ヴェクショーの高齢者福祉・障害者福祉の2002年度事業報告では，方向性として「介護サービス委員会は，サービス事業者の民間委託の試験的導入に積極的に取り組む」とあるが，その結果は「2002年度には3件の入札を実施した。インゲルホーヴ地区の短期入所事業と市内3ヶ所のグループホームは引き続き，民間事業者による運営を継続するが，ウストレゴーデン介護付き住宅は，2003年2月からコミューン直営となる」と記されており，事業の民間委託に対する積極性はあまり見られない。

また2003年度計画の中でも，「民間委託については積極的に」と記しながらも，「例えば，協同組合活動」というように，営利企業への民間委託には全く触れられておらず，事業者の多元化についてはほとんど記述がないことからみても，多元化への関心は低い。

ウステレゴーデン介護付き住宅は1998年に開設されたが，半分をコミューン直営で，半分を民間委託するというユニークな取り組みが試行された。4階建ての建物には，全部で62の居室があり，8つのユニットに分かれている。1，2階部分の4ユニットはコミューン直営であるが，3，4階部分の4ユニットはイーエスエスケア株式会社（ISS Care Partner）に運営を委託していた。イーエスエスケア株式会社の契約期間は，当初は1998年6月1日から2001年1月31日までの2年半であり，その後，2003年1月31日まで延長されたが，事業評価の結果を受けて，契約が打ち切りとなった。

ヴェクショーコミューンの介護部は，コミューン議会と介護サービス委員会の決定を受けて，2001年9月から12月にかけて，ウストレゴーデン介護付き住宅を運営する2事業者，つまりコミューン直営とイーエスエスケア株式会社のサービスを比較検討することとなった。比較のポイントは，コスト，事業運営体制，サービスの質である。

作業チームは，介護部の職員4人（介護サービス判定員を含む）で構成され，コンサルタント業者，コミューン介護部長，ウストレゴーデン介護付き住宅のコミューン直営サービス責任者とイーエスエスケア株式会社責任者が加わ

第6章　供給多元化とコミューンの介護ガバナンス

表6-12　ウストレゴーデン介護付き住宅・利用者アンケート調査の結果（1999年秋）

設問	コミューン直営（2階）	民間委託（3階）	コミューン平均
介護は同じ人がやっていますか。	0.7	0.7	0.81
入居者が希望する介護が受けられていると思いますか。	1.2	1.0	1.06
職員は入居者に敬意を持って対応していますか。	1.6	1.5	1.50
職員は入居者にとって誠実で頼りになる存在ですか。	1.4	1.0	1.28
職員は十分な知識と能力で介護をしていると思いますか。	1.3	1.0	1.13
入居者と介護職員が話をし，交流する時間は十分ですか。	0.4	0.3	0.46
入居者は日々の活動に満足していますか。	0.4	0.1	0.28
住宅内での入居者の体調管理はどうですか。	1.1	0.9	0.99
入居者は用意された食事に満足していますか。	0.7	0.6	0.72
入居者は介護職員の医療行為をどう受け止めていますか。	1.0	0.5	0.82
入居者が受けている介護を全体的にみて，どう評価しますか。	1.2	0.7	1.01

(出所) Arvidsson 2002：36

る形で，事業評価がまとめられた。事業評価は，事業者の運営体制，契約内容とコスト，要介護認定やフォローアップなどについてはコミューン介護部が中心となり，介護サービスの質について，事業評価報告書の全体の内容については，外部評価コンサルタント会社が担当することとなった。

介護サービスの質を調査するためのインタビューでは，事業責任者（コミューン直営とイーエスエスケア株式会社の両者），職員へのグループインタビュー，看護師へのインタビュー，ナイトパトロール職員へのインタビューを実施した。さらに，入居者の家族に対するインタビューも実施した。また各階で1日ずつ，終日の行動観察を実施し，関係資料のチェックも行なった。

事業評価では，「介護サービスの質に関する設問（1999年）では，11の設問に対し，10の設問で，コミューン直営サービスでポイントが高い結果となっ

た」（表6-12）としている。事業評価の結果，アイエスエスケア社の契約更新は行われず，ウストレゴーデン介護付き住宅は全館がコミューン直営サービスとなった。

3 総括

　調査にあたっては，各コミューンで同じ立場の人に，同じ質問でインタビューを行なう計画であったが，コミューンごとに最も事情に詳しい人の職業的地位が異なっていたため，回答の視点が統一されていない。しかしその結果，政治職と事務職，事務職の中でも政策担当者と福祉専門職（介護サービス判定員）というように，多様な立場の担当者から話を聞くことができ，システムの総合的な理解と考察を深めることが可能となった。

　(1)ナッカコミューンは安定した保守系政権が続く，ストックホルム近郊の典型的なコミューンである。ナッカは2009年にサービス選択自由化法が施行される30年近く前から，介護の一部で同制度を導入しており，その意味で経験が豊かで多くのコミューンがナッカのしくみをモデルに制度設計を行っている。またサービス選択自由化制度は住民に浸透している。

　(2)リンシェーピングコミューンはコミューン全域を61介護地区に配置された介護付き住宅とホームヘルプを公共購売（入札）による事業委託で運営している。リンシェーピングの取り組みの特徴は，介護事務の合理化をはかるために，サービス直接利用システムを考案し，介護サービス判定の作業を簡素化したことである。75歳以上の高齢者がホームヘルプを利用する場合，居住地区にある事業者に直接申請し，利用者と事業者との合意により，事業責任者が介護計画を策定し，サービスの提供が行われる。コミューンの介護サービス判定員は介護サービス判定の膨大な事務作業から解放され，フォローアップを通じたサービス利用者とのコンタクトに時間を使える。利用者やその家族にとっては事業者と直接連絡ができるのでサービス内容を変更しやすいなど，しくみが簡単でわかりやすいと評価されている。また事業者に

第6章 供給多元化とコミューンの介護ガバナンス

とっても事務作業が簡素化され，現場の裁量が大きくなり，仕事のモチベーションにつながっている。介護サービスの供給多元化を進めるために，1990年代中盤頃から介護サービス判定分離型の組織が増えてきたが（第5章），この改革は介護サービスの効率的な再編に向けたものでありながら，介護サービス判定という新たな事務を増やし，介護サービス判定部門に介護サービス判定員を新たに配置したという点で非合理な側面も否定できない。サービス直接利用制度では介護サービス判定の合理化と捉える事ができる。サービス直接利用制度は注目されてはいるが，まだ他のコミューンでの導入がみられない。その理由はサービス選択自由化制度以上に市場的性格が強いためだと思われる。リンシェーピングではサービス直接利用システムは社会サービス法の枠内で十分に実施可能と判断している。

(3)トローサコミューンでは人口1万人の小さいコミューンでサービス選択自由化制度がどう運営されるかという点が興味深いが，コミューン直営サービスがあくまでも中心で，家事援助の事業者が2ヶ所存在していた。トローサでは介護サービス判定のプロセスを詳しくヒアリングできた。介護計画は介護サービス判定員がコミューンとサービス事業者がつくるコミューンがある。トローサでは介護計画をつくるのは介護サービス判定員の仕事で，リンシェーピング，ストックホルム（後述），ヴェクショーではサービス事業者の仕事になっている。また小さいコミューンでは介護サービス判定員とサービス事業者，サービス利用者間の連絡が密にとれるというメリットがある。そのため，組織再編は前向きに評価されていた。

(4)マルメコミューンは1991年の保守中道系与党の時代に，コミューンの供給独占の状態からわずか4年間で約40％（費用ベース）の介護サービスを民間供給に転換した。その反動で社会民主党が与党に戻ってから民間供給は徐々に減少し，2002年には16％となり，短期間で急激な増減変化を経験した。マルメコミューンでは1996年に自治体区委員会制度を導入し，保育や介護は自治体区への権限移譲が行なわれた。この組織改革もコミューン直営指向につながったものと推測できる。

(5)ルンドコミューンはサービス選択自由化選択制度を導入したものの，

与党の交代により，わずか数ヶ月で制度が廃止となった。ルンドコミューンは選挙のたびに与野党が交代する程，与野党間の勢力が拮抗している。保守系と社会民主党系の考え方の違いが明確に示されている。保守系は，介護の仕事をやりがいのある仕事にしていくためにも女性や小規模事業者のビジネスチャンスに期待をしている。また社会民主党系は介護サービス利用者が認知症であるなど選択の権利を行使することが困難であることを指摘している上に，民間事業者に対する不信感が強い。

(6)ヘルシンボリコミューンはコミューン議会において地域政党である年金生活者党の立場が強く，同党は従来，保守系と近かったが，近年，社会民主系に近づいているため民間委託の状況が大きく変化し，委託のすべてがコミューン直営に戻った。ルンド，マルメ，ヘルシンボリはスウェーデン南部に位置するが，ストックホルム近郊の保守系政党が強いコミューンに比べて，スウェーデン南部では社会民主系政党の勢力が強い。与党が保守系であっても両者の勢力は拮抗しているため，サービス選択自由化制度導入の決断には届いていない。

(7)ヴェクショーコミューンは2000年初頭の時点では，民間委託は少し行っているものの，民間事業者に対してあまり関心を示していなかったことがわかる。しかし2009年のサービス選択自由化法施行の影響を受けて，同制度を導入することになる。サービス選択自由化制度を導入しても供給多元化に対する慎重な姿勢は崩していない（次節）。

ヒアリング調査で明らかになったことは，それぞれのコミューンでは実に多様な取り組みを行なっているということであり，スウェーデンの介護システムをひとくくりに表現することができない状況になっている。また2000年代初頭における介護サービスの供給多元化の状況は，コミューン与党の考え方が政策選択に大きく影響し，また議会における野党勢力との力関係も影響し，それぞれの事情で多様なシステムが試行されていたことがわかる。2009年のサービス選択自由化法施行後は，マルメを除く，すべてのコミューンではサービス選択自由化制度を導入している。その状況について，次節では供給多元化に慎重なヴェクショーコミューンのしくみと早くから制度を導入し

ているストックホルムの状況を比較する。

（Ⅲ）高齢者介護におけるサービス選択自由化制度の運用状況の比較調査（2012年）―ストックホルムとヴェクショーの事例から

　前節で明らかになったように，2000年代初頭においては供給多元化への対応はコミューンごとでバリエーションが見られた。いくつものコミューンが，国内で最初にサービス選択自由化制度を導入したナッカコミューンをモデルにしようとしていたが，コミューンによって運用は異なっていた。本節では2009年施行のサービス選択自由化法がコミューンにどのような影響を与えているかを考察するため，具体例としてストックホルムコミューンとヴェクショーコミューンの介護システムの動向を示し分析する。

　ストックホルムコミューンは全国的に見ても早くから高齢者介護にサービス選択自由化制度を導入してきた。ホームヘルプ事業者の数も多く，民間事業者のサービスを利用する高齢者が全体の6割を超えている。スウェーデン全体から見ると特殊なケースであるが，介護サービスの民営化，市場化に最も積極的なコミューンの事例といえる。

　これに対しヴェクショーコミューンは国の政策の影響を受けてサービス選択自由化制度を導入したが，同制度を導入した他コミューンとその特徴が似ており一般的なケースといえる。また，2000年代初頭では，介護サービスの民間委託に対して消極的であった。

　サービス選択自由化法の施行により，それぞれのコミューンがどのように介護システムを編成しているかを見ることで，中央政府の政策的な影響力とコミューンの介護ガバナンスの構図を理解する事が出来る。

　まず本節では両コミューンの行政組織を整理する。ストックホルムコミューンは市長部門制度の伝統を持ち，また1997年から自治体区委員会制度を採用する等，他のコミューンよりも行政組織が複雑である。スウェーデンのコミューンで行政組織がまちまちであるのは，1991年のコミューン法改正

(第5章)による規制緩和の影響が大きい。

1 各コミューンの行政組織

＜ストックホルムコミューンの行政組織と介護サービスの運営＞

(1)概要

　ストックホルムコミューンの人口は84万7,073人で，65歳以上人口比率は14.2％（80歳以上人口は4.7％），外国籍市民の居住率は9.9％である（2011年）。
　ストックホルムコミューンでは自治体区委員会制度を採用しており，コミューン内の14自治体区（stadsdel）が社会福祉，高齢者介護，保育等の分野の予算を持ち，各事業を運営している。各自治体区の平均人口は5～6万人である。

(2)市議会の勢力図

　ストックホルムコミューンでは1980年代に社会民主党与党が続いてきたが，1990年代に入り，選挙ごとに与党が入れ替わるという状況がみられた。2006年以降は保守系与党が続いている。
　ストックホルムコミューンでホームヘルプにサービス選択自由化制度が導入されたのは2002年で，2008年には介護付き住宅，2009年にはデイサービスも対象となった。全国的には早い時期の制度導入であるが，周辺コミューンの影響と1998年選挙で交代した保守系与党の政策の影響が大きい（Socialstyrelsen 2011：63）。コミューン議会の勢力図（2010-2014）は，穏健党（38議席），国民党（10議席），中央党（3議席），キリスト教民主党（1議席）が与党（52議席）を構成し，社会民主党（25議席），環境党（16議席），左党（8議席）が野党（49議席）で，両勢力は拮抗している。

第6章　供給多元化とコミューンの介護ガバナンス

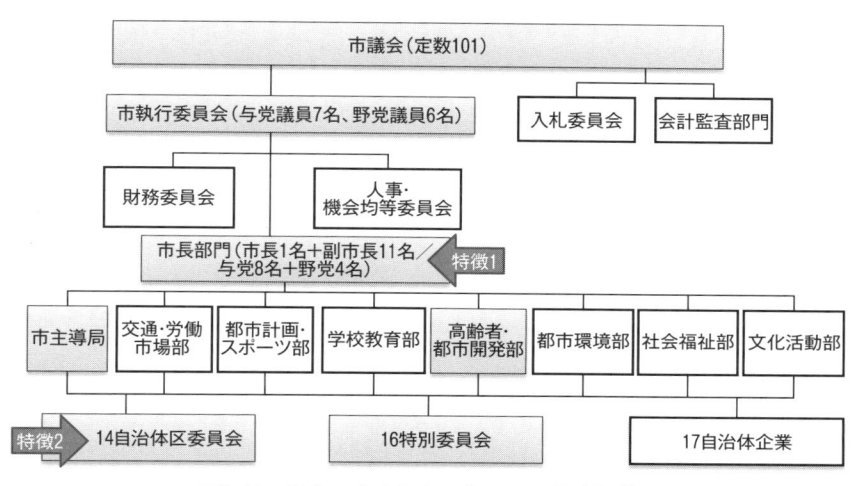

```
                    市議会(定数101)
                         │
          ┌──────────────┼──────────┬──────────┐
  市執行委員会(与党議員7名、野党議員6名)  入札委員会  会計監査部門
          │
    ┌─────┴─────┐
  財務委員会   人事・
              機会均等委員会
          │
   市長部門(市長1名+副市長11名／  ← 特徴1
     与党8名+野党4名)
          │
  ┌───┬───┬───┬───┬───┬───┬───┬───┐
 市主  交通・ 都市計画・学校  高齢者・都市  社会  文化
 導局  労働・ スポーツ部 教育部 都市開発部 環境部 福祉部 活動部
       市場部
     │
 特徴2→ 14自治体区委員会    16特別委員会    17自治体企業
```

図6-11　ストックホルムコミューン行政組織図

(出所)ストックホルムコミューンホームページより(http://international.stockholm.se　2012年5月26日)
※網かけ部分は高齢者介護に関連する部局と委員会で，定数，矢印と共に加筆した。

(3)行政機構の特徴①　市長部門制度

　図6-11はストックホルムコミューンの行政組織を示す。ストックホルムコミューンは1920年に市長部門制度（borgarråd）を導入し，それがストックホルムコミューンの行政機構の特徴と言われている。市長部門には与党から8人，野党から4人，計12人が選出され，与党選出の8人のうち1人が市長，11名が副市長を務める。市長と副市長は政治職と行政職が混在する特徴を持つ。市長と副市長は市内の8委員会（rotlar）に分かれ，それぞれの委員長を務める。2012年6月現在，S. ノルディン市長（穏健党）は財務委員会委員長（finansborgarråd）を兼務し，J. ラーション副市長（穏健党）は高齢者委員会委員長（äldreborgarråd）を兼務している。ストックホルムの市長部門制度では市長と副市長が重要な委員会の責任者となる。

　ストックホルムコミューンにもコミューン執行委員会（kommunstyrelsen）が設置されている。コミューン執行委員会は13人の議員（与党7人，野党6人）

で構成されている。ストックホルムコミューンでは市長部門の権限が大きいため，コミューン執行委員会は他に比べて控えめである（Gustafsson 1999：218）。コミューン議会の議案は予算案と同様にすべてコミューン執行委員会で準備されるのは他のコミューンと同じである。市長兼財務委員会委員長S.ノルディン（穏健党）を含め，3人の副市長がコミューン執行委員会委員を兼任している（2012年6月現在）。

1990年代終盤にストックホルムコミューン議会は行政当局の中央組織として，与党の指名による市助役（stadsdirektör）を筆頭にする市主導局（SLK：stadsledningskontor）を導入した（Gustafsson 1999：221）。市助役はコミューンの政策戦略スタッフと連携し，現事業からの責任者を配置している。

ストックホルムコミューンの市長部門制度は与党の政策遂行力を強め，与党の政策理念の実現をより確実なものにしている。また中央政党との政策的なつながりが強く，国会与党とコミューン与党が同じ勢力のときには，コミューンの政策は国の政策は強く連動している。

(4)行政機構の特徴②　自治体区委員会制度

ストックホルムコミューンの特徴は，自治体区委員会（stadsdelsnämnden）制度を採用している点である。1997年1月にストックホルムコミューン議会は穏健党以外の全会一致で，24区の自治体区委員会を導入した（Gustafsson 1999：221）。その後1999年には18自治体委員会区に再編され各区の人口は1万5000人～6万4000人となった。各区では13人の委員（小規模の2つの区では11人）が選出される（*ibid*.：219）。2012年現在では14自治体区（2万5000人～12万人）に編成されている。自治体区の意思決定機関である自治体区委員会の議席はコミューン議会と同じ配分になっており，与党と野党の勢力図はコミューン議会と同じである。自治体区委員会委員は直接選挙ではなく各政党から選出される。

ストックホルムコミューンでは，一つはコミューンレベル（コミューン議会）での総合的な行政，もう一つは委員会（自治体区委員会，専門委員会）事

図6-12(a)
ストックホルムコミューン・高齢者介護行政組織図
(出所) ストックホルム市資料（2011年5月11日）

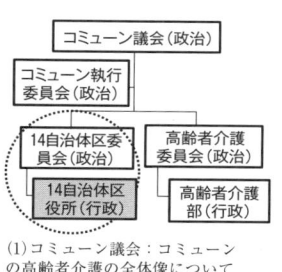

(1) コミューン議会：コミューンの高齢者介護の全体像について目標とガイドラインを決める。
(2) 高齢者介護部はコミューン内の高齢者介護の調整と展開を担当する。
(3) 自治体区委員会は事業運営の広範囲の責任を持っており、公的な介護サービス事業のほとんどの実施責任を持つ。

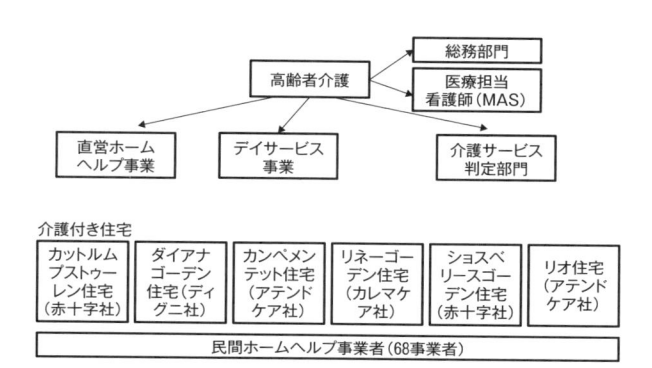

図6-12(b)　自治体区の高齢者介護部※左図の網かけ部分
（ストックホルムコミューン・オステルマルム区）
(出典) ストックホルム市オステルマルム区資料（2010年12月6日）

業実施責任という区分のもとで意思決定が行なわれている（*ibid*.：221）。

ストックホルムコミューンの行政組織図から高齢者介護の関連部門をとりだしたものが図6-12（a）である。ストックホルムコミューンの高齢者介護部は職員約40人で、コミューン議会が決めたガイドラインに基づき、コミューン内の高齢者介護の全体的な調整を行っている。図6-12（b）はストックホルムコミューン内の14自治体区の中から、オステルマルム区（Östermalm）を取り出し、その組織を示している。オステルマルム区の組織をみると、自治体区では主に介護サービス判定と直営サービスの提供を行なっていることがわかる。オステルマルム区では区内6ヶ所の介護付き住宅（vård- och omsorgsboende）はすべて民間事業者に委託されている。ホームヘルプでは自治体区直営事業を運営しながら、68民間事業所を管理している。介護付き住宅もホームヘルプ事業者も公共購買（入札）の権限はストックホルムコミューンが持つが、その後のフォローアップは自治体区が行なう。オステルマルム区の年間予算は10億2665万クローナ（2011年）であるが、自治体区の予算は

自治体区内の人口，高齢化率などを換算し，コミューンから配分される。

　自治体区委員会制度が導入された結果，ストックホルムコミューンでは専門委員会の多くの権限が自治体区委員会に移譲されることとなった（*ibid*.：219）。自治体区委員会制度が導入された目的は，地域における民主主義の強化と公共事業の質を高め，効率化を図ることである（*ibid*.：220）。各自治体区の予算はストックホルムコミューンから基準に基づいて包括的に配分され，自治体区委員会の裁量で予算を立てることができる。自治体区委員会の権限は，社会サービスの大部分（高齢者介護と生活保護），小中学校，特別学校，就学前教育，余暇活動，（中央図書館を除く）図書館，衛生，道路，環境などである。自治体区委員会はコミューン企業による事業を除くストックホルムコミューンの事業の約70％を実質的に運営している（*ibid*.：219）。

　高齢者介護におけるコミューンの役割は，総合的な高齢者施策の方針決定と公共購買（入札）を通じて介護事業者と委託契約を結ぶことである。各自治体区の役割は介護サービス判定，コミューン直営サービス（若干のホームヘルプと介護付き住宅）の運営，質の管理を含む介護事業者のフォローアップ等である。

＜ヴェクショーコミューンの行政組織と介護サービスの運営＞

(1)概要

　ヴェクショーコミューンの人口は83,005人で，65歳以上人口比率は17.2％（80歳以上人口は5.1％），外国籍市民居住率は18.6％（2010年）である。

(2)コミューン議会の勢力図

　ヴェクショーコミューンでは1980年代は保守系与党が続いたが，1994年からは社会民主党与党が3期続いた。2006年からは国政，ストックホルムコ

第6章　供給多元化とコミューンの介護ガバナンス

ミューンと同様に保守系与党となっているが，両グループの議席は僅差である。ヴェクショーコミューンが，ホームヘルプにサービス選択自由化制度の導入を決定したのは2006年の社会民主党与党の時であり（Socialstyrelsen 2011：63），実際の導入は2009年6月で，サービス選択自由化法の影響を受けている。介護付き住宅には同制度を導入していないが，入札による民間委託は行われており，計画では2012年までに25％の介護付き住宅を民間事業者に委託するとしている。コミューン議会の勢力図（2010-2014）は穏健党（20議席），中央党（5議席），国民党（4議席），キリスト教民主党（2議席）が与党（31議席）を構成し，社会民主党（19議席），環境党（5議席），左党（4議席），スウェーデン民主党（2議席）が野党（30議席）で勢力は拮抗している。

(3)行政機構の特徴

　図6-13（a）はヴェクショーコミューンの行政組織である。最高意思決定機関である議会のもとにコミューン執行委員会が置かれている。コミューン執行委員会は与党から8人，野党から7人，計15人が選出され，コミューンの内閣のような役割を果たす。このうちB.フランク委員長（穏健党），C.スバンベリイ副委員長（社会民主党），P.ショルドベリイ副委員長（中央党）の3人が専従（フルタイム）勤務で，与党第一党のB.フランクがコミューン理事長を務める（2012年6月現在）。

　行政組織は議員で構成される各専門委員会とその執行機関である行政部局がパラレルに設置されており，これはスウェーデンに比較的多く見られる組織形態である。専門委員会の委員長ポストは与党から選出され，委員会の議席数は議会の得票率と同じように各政党に配分される。各委員会高齢者介護部門（図6-13（b））を抜き出してみると，介護委員会（議員）のもとに介護部（行政）があり，さらに高齢者介護，障害者福祉，その他事業の各課がある。各課の管理下にコミューン直営サービス部門がある。サービス提供組織と要介護認定部門は切り離されているが，介護サービス認定も介護委員会の管理下にある。ストックホルムコミューンに比べてシンプルな組織構造である。

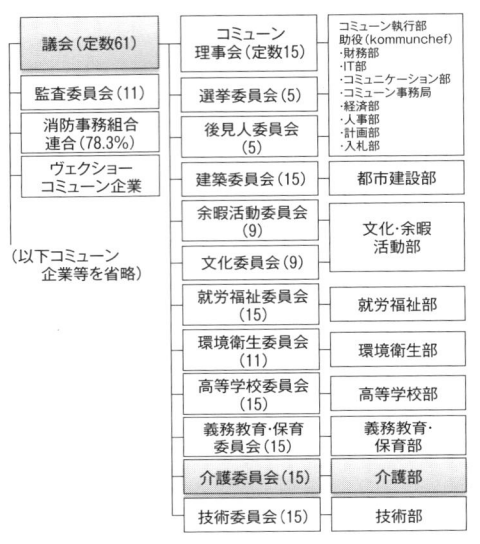

```
                                                    ┌ コミューン執行部
                                    ┌ コミューン     │  助役(kommunchef)
              ┌ 議会(定数61) ─────────┤ 理事会(定数15) ┤ ・財務部
              │                     │               │ ・IT部
              │                     │               │ ・コミュニケーション部
              │ 監査委員会(11)       │ 選挙委員会(5)  │ ・コミューン事務局
              │                     │               │ ・経済部
              │ 消防事務組合         │ 後見人委員会   │ ・人事部
              │ 連合(78.3%)         │   (5)         │ ・計画部
              │                     │               └ ・入札部
              │ ヴェクショー         │
              │ コミューン企業       │ 建築委員会(15) ─── 都市建設部
              │
              │ (以下コミューン        │ 余暇活動委員会    ┌ 文化・余暇
              │  企業等を省略)        │   (9)          ┤ 活動部
                                    │ 文化委員会(9) ───┘
                                    │
                                    │ 就労福祉委員会 ─── 就労福祉部
                                    │   (15)
                                    │ 環境衛生委員会 ─── 環境衛生部
                                    │   (11)
                                    │ 高等学校委員会 ─── 高等学校部
                                    │   (15)
                                    │ 義務教育・保育    ── 義務教育・
                                    │ 委員会(15)          保育部
                                    │ 介護委員会(15) ─── 介護部
                                    │ 技術委員会(15) ─── 技術部
```

図6-13(a)　ヴェクショーコミューン行政組織図

(出所) ヴェクショーコミューン資料 (2011年3月21日)
※網かけは高齢者介護に関係する委員会および部局。

```
                         介護委員会
                         (15議席)
                            │
          ┌─────────────────┼─────────────────┐
    高齢者(当事          介護部             障害者(当事
     者)委員会                              者)委員会
                            │
                         介護部長
                       行政当局、事務職員
                       医療担当看護師
                       (MAS)、開発情報
                         財政、人事
                            │
          ┌─────────────────┼─────────────────┐
      高齢者介護          障害福祉            その他事業
      ホームヘルプ        サービス
      /訪問看護
          │                 │                 │
      各住宅、各          各住宅、           コスト管理
      サービス支所        各サービス          看護師
                                            リハビリ
                                            緊急アラーム
                                            家族支援
                                            用務サービス
                                            事務局
```

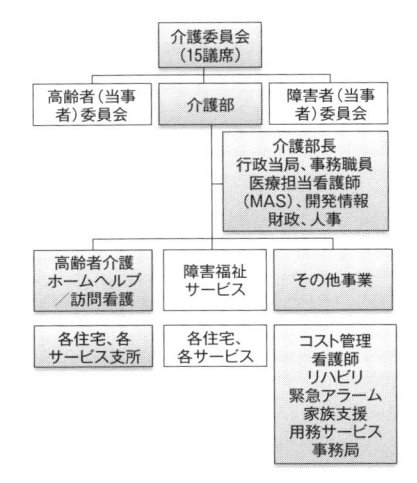

図6-13(b)　ヴェクショーコミューン介護委員会組織図

(出所) ヴェクショーコミューンホームページ (2012年5月18日)

2 各コミューンのサービス選択自由化制度

ではサービス選択自由化法の施行の結果，コミューンの介護システムがどのような影響を受けているのか。

介護政策がコミューンに任されている状況の中で自治体間のサービス格差の存在が気になるところである。

表6-15は本節で取り上げているストックホルムコミューンとヴェクショーコミューンにおける介護サービス利用の状況を社会庁のデータから抜き出したものである。いくつかのサービスで両コミューンでは違いがみられる。例えばホームヘルプの家事援助では，ヴェクショーコミューンでは全国平均並みのサービス利用がみられるが，ストックホルムでは全国平均の半分以下の利用である。それはストックホルムコミューンの方針として家事援助は家事労賃控除[14]（RUT-avdrag）を使って事業者から直接購入を勧めており，多くの高齢者は家事労賃控除を使ってサービスを購入しているためである。また訪問看護ではストックホルムコミューンはヴェクショーコミューンの半分の利用である。これはストックホルムコミューンでは一般住宅への訪問看護はランスティング[15]が行なっており，その分はデータに反映されていないためである。

スウェーデンでは，介護サービスに関するデータが高いレベルで公表されている。しかしスウェーデンの介護システムは，日本の介護保険制度のように全国一律ではなく，コミューンによりシステム，サービス内容が大きく異なっているために数値を単純比較することがむずかしくなってきている。

以下，ストックホルムコミューンとヴェクショーコミューンにおけるサービス選択自由化制度と介護サービス（主にホームヘルプ）について，(1)事業者の選定，(2)介護報酬，(3)コミューン直営事業所と民間事業所，(4)介護サービス判定の4点から，介護システムとその運用の違いを比較する。

表6-15 ストックホルムコミューン・ヴェクショーコミューンにおける介護サービス利用の状況（2010）

	ホームヘルプ全体		家事援助		身体介護		家事援助＆身体介護	
	65歳以上	80歳以上	65歳以上	80歳以上	65歳以上	80歳以上	65歳以上	80歳以上
ストックホルム	13,997 (11.7%)	10,383 (26.2%)	3,607 (3.0%)	2,716 (6.8%)	10,341 (8.6%)	7,646 (19.3%)	0	0
ヴェクショー	1,213 (8.4%)	884 (20.8%)	1,022 (7.1%)	775 (18.3%)	1,004 (7.0%)	738 (17.4%)	864 (6.0%)	663 (15.7%)
全国	158,728 (9.1%)	114,898 (23.1%)	127,626 (7.3%)	93,709 (18.9%)	105,620 (6.1%)	77,308 (15.6%)	75,543 (4.3%)	56,529 (11.4%)

	同伴サービスのみ		レスパイトサービス		緊急アラーム		介護付き住宅	
	65歳以上	80歳以上	65歳以上	80歳以上	65歳以上	80歳以上	65歳以上	80歳以上
ストックホルム	201 (0.1)	97 (0.2%)	331 (0.2%)	199 (0.5%)	12,780 (10.6%)	10,149 (25.6%)	7,990 (6.6%)	6,458 (16.3%)
ヴェクショー	—	—	99 (0.6%)	54 (1.2%)	1,160 (8.1%)	913 (21.5%)	915 (6.3%)	756 (17.8%)
全国	2,164 (0.1%)	1,325 (0.3%)	4,368 (0.3%)	2,547 (0.5%)	157,838 (9.0%)	120,254 (24.2%)	90,858 (5.2%)	73,172 (14.7%)

	ショートステイ		デイサービス		訪問看護[*]		高齢者数と高齢化率	
	65歳以上	80歳以上	65歳以上	80歳以上	65歳以上	80歳以上	65歳以上	80歳以上
ストックホルム	168 (0.1%)	113 (2.8%)	999 (0.8%)	747 (1.9%)	8,531 (7.1%)	—	119,731 (14.2%)	39,529 (4.7%)
ヴェクショー	101 (0.3%)	73 (1.7%)	—	—	2,313 (16.1%)	—	14,309 (17.2%)	4,232 (5.1%)
全国	10,544 (0.6%)	6,798 (1.4%)	10,674 (0.6%)	6,886 (1.4%)			1,737,246 (18.5%)	496,904 (5.3%)

（出所）Socialstyrelsen (2011), Statistiska centralbyrån (2011) より作成。
（ ）内は利用率（その年齢層人口に占める利用者の割合）を示す。
[*] ストックホルムコミューンでは自宅の訪問看護はランスティング，介護付き住宅等の訪問看護はコミューンの管轄。ヴェクショーコミューンでは訪問看護はすべてコミューンの管轄である。

<ストックホルムコミューンのケース>

(1) 事業者の選定

　ストックホルムコミューンでは定期的に年4回の公共購買（入札）[16]を介護サービスの委託先を決定している。1回の契約期間は3～5年である。介護付き住宅の運営委託では1ヶ所につき1事業者を選ぶことになるが、ホームヘルプ事業者についてはコミューンが示す基本条件を満たしていれば、事業者としてサービス提供が可能となる。ホームヘルプ事業者の参入について事前規制が緩やかで、むしろ事後規制として独自の監査システム等により、質確保のためのフォローアップ[17]に力点が置かれている。

　介護サービスを提供する事業者の入札はすべてストックホルムコミューンが実施するが、近年では自治体区委員会の意見が反映されるようになってきた。例えば介護付き住宅の入札では、自治体区委員会からの抗議を受けてコミューンが決めた委託先を変更した例もある（第7章）。

(2) 介護報酬

　介護報酬の金額は毎年改訂される。ストックホルムコミューンでは認定のレベルごとに、月額で介護報酬単価が設定されているが、家事援助も身体介護も介護報酬の単価が同じである。軽度者への単価を低く、重度者への単価を高くすることで、家事援助と身体介護の介護報酬に実質的に差をつけている。

　最も軽度の認定である「緊急アラームのみ（レベル0）」の報酬は月額62クローナで、「月227時間12分以上（レベル18）」では月額58,009クローナ以上というように、19段階に分かれている。「月1時間24分まで（レベル1）」は掃除のみで、この対象者はほとんど存在せず、「月227時間12分以上（レベル18）」の高齢者は介護付き住宅に入ることが多いため在宅にはほとんど存在しない。

277

利用者の分布で一番多いのが「37時間42分〜52時間48分（レベル10））」で月額14,075クローナから「68時間6分〜83時間6分（レベル12）」月額23,235クローナである。

(3)コミューン直営事業所と民間事業所

表6-16はストックホルムコミューンの14自治体区[18]におけるホームヘルプ事業者数とその利用者数を示す。ストックホルムコミューン内で営業するホームヘルプ事業者は全部で220事業所であり，そのうち22ヶ所がコミューン直営事業所である（2011年）。

民間事業所の増加とコミューン直営事業所の業務縮小の結果，ストックホルムコミューンのホームヘルプ全利用者のうち61.4%が民間事業所のホームヘルプを利用している（2011年）。全国的には民間事業者によるサービス供給は19%（2011年）なので，ストックホルムコミューンの数字の高さは例外的である。コミューン直営事業所数が少ないため，選択の自由化といいながらコミューン直営サービスを選べない地域があるという批判の声もある。また民間事業所の種類では全国展開の大企業（アテンドケア社，カレマケア社，アレリス社，フェレナデケア社等）の参入がみられる。

ストックホルムでもサービス選択自由化制度の導入（2002年）以前は，ホームヘルプは居住エリア単位で行なわれており，居住エリア外の事業者を選ぶことはできなかったが，同制度によって自治体区内であればどの事業者でも選ぶことができるようになった。また同時にホームヘルプの供給エリアは解消された（Hjalmarson 2003：5）。

(4)介護サービス判定

ストックホルムコミューン全体では250人の介護サービス判定員（LSS担当70人，高齢者介護担当140人，精神障害担当40人）が配置されており，各区単位で介護サービス判定組織を持ち，介護サービス判定の業務を行なっている

第6章 供給多元化とコミューンの介護ガバナンス

表6-16 ストックホルムコミューン（自治体区別）の介護サービス事業者と利用者（2011）

ストックホルムコミューン内の自治体区	人口：人	高齢化率：%（　）内は80歳以上人口の割合	ホームヘルプ利用者数：人（　）内は民間事業者の利用割合	介護付き住宅利用者数：人（　）内は民間事業者の利用割合	ホームヘルプ事業者数：カ所（　）内は民間事業所数
リンケビュ・シースタ区	45,691	9.7%(2.3%)	551(76.2%)	223(73.5%)	83(81)
スポンガ・テンシュタ区	37,675	11.0%(3.0%)	383(43.6%)	154(59.8%)	84(82)
ヘッセルビュ・ベーリングビュ区	65,239	15.5%(5.6%)	1,305(52.0%)	489(67.1%)	91(87)
ブロンマ区	65,635	14.1%(5.0%)	1,145(51.0%)	476(57.3%)	91(89)
クングスホルメン区	61,047	14.7%(4.6%)	1,019(87.9%)	447(69.8%)	95(93)
ノルマルム区	66,812	13.5%(3.6%)	970(76.2%)	414(79.5%)	96(92)
オステルマルム区	65,528	19.4%(6.4%)	1,451(63.4%)	706(94.5%)	93(92)
セーデルマルム区	121,655	14.7%(4.1%)	2,051(79.3%)	770(76.7%)	109(107)
エンシェデ・オーシタ・ヴァンテル区	90,620	13.1%(5.3%)	1,687(42.9%)	655(53.8%)	103(101)
スカルブネック区	43,533	12.4%(4.2%)	693(29.7%)	339(92.3%)	87(79)
ファシュタ区	50,750	17.3%(6.8%)	1,186(58.3%)	574(67.2%)	93(88)
エルヴシェ区	25,130	13.7%(4.6%)	359(100.0%)	150(64.6%)	89(88)
ヘーゲルステン・リリエホルメン区	74,096	12.5%(4.5%)	1,110(53.5%)	560(76.7%)	94(93)
シェールホルメン区	33,662	14.4%(4.4%)	623(50.9%)	224(49.1%)	90(87)
ストックホルムコミューン全体	847,073	14.2%(4.7%)	14,534(61.4%)	6,207(72.0%)	210(188)

（出所）Stockholms Stads Utrednings- och Statistikkontor AB（USK）より作成

(Norman 2010：7)。

　介護サービス判定は各自治体区が担当するが，ストックホルムコミューン内共通のフォーマットを使用しており，コミューン内全域で同じ水準の決定がなされることを目標としている。各区の介護サービス判定担当責任者の会議は頻繁に行なわれており，介護サービス判定員は教育，研修を通じてシステムの変更，政策のポイントなどを説明する機会を持っている。

介護サービス判定はストックホルムコミューン内の14自治体区がそれぞれ担当しており，各自治体区の高齢者介護部は申請を受けると，介護サービス判定員が高齢者本人と面会し情報収集を行なう。介護サービス判定員が確認する内容は，1)住宅，近隣，周辺環境，2)知人，家族，社会的ネットワーク，3)身体的な健康状態，4)精神的な健康状態，5)家事の状態，6)活動，7)食事，8)生活スタイルと関心事，9)生計の状況である。必要と判断したサービスについて時間換算を行ない，利用時間を決める。

　利用時間の判定は介護サービス判定員が1人で判定するのが基本であるが，複雑なケース，また申請者との合意がとれない場合は，複数の介護サービス判定員が集まり判定することもある。結果を共同で出しても，担当する介護サービス判定員の署名で決定される。

　その後，高齢者はホームヘルプ事業者を選択する。事業者に関する情報は，介護サービス判定員が口頭か書面で説明し，利用者が事業者を決める。介護サービス判定員は本人が希望する事業者に連絡をとる。ここまでが介護サービス判定員の仕事である。

　介護サービス判定員は利用者が事業者を選択する際には中立の立場で臨まなければならない。しかしあまりに事業者数が多く，高齢者自身が選択するのは不可能だという批判を受け，近年では利用者に対し，事業者の特徴などを説明する等の助言が認められ，例えば認知症介護が充実した事業者について助言等が可能となった。介護サービス判定員の役割としてアドバイスが付加される傾向がある。

　事業者を選択する意思がない利用者を受け入れる民間事業者は，入札を通じて予め決められている。コミューン独自の調査では高齢者の6～7割は自分で事業者を選択しているという。ストックホルムコミューンでは利用者は1つの事業者しか選択できないため，家事援助，身体介護，訪問看護などを同時に提供できる大規模な事業者を選択する傾向が強くなっている。

第6章 供給多元化とコミューンの介護ガバナンス

＜ヴェクショーコミューンのケース＞

(1)事業者の選定

　ヴェクショーコミューンでホームヘルプの営業を希望する民間事業者は，ホームページに掲載されている必要条件を確認して申請する。コミューン内で人事，財務，医療部門等に従事する職員が構成する評価委員会で書類審査と面接を行われ，その結果は介護部長（行政）に通知され，介護委員会（議会）が最終決定を行う。ホームヘルプ事業者の場合，介護委員会で否決されることはほとんどないが，過去には否決された例もある。契約期間は3年で，期間延長は2年で2回までの更新が可能である。つまり特段の問題がなければ1回の入札で最高7年まで事業が可能となる。さらに事業継続を希望する場合は，新たに入札を行なうことになる。入札の手続きは定期的なものではなく，申請が出された時に行なわれる。
　ヴェクショーコミューンには身体介護を提供する民間事業者は1事業者しかないが，身体介護と訪問看護については高い要求を出しているという。民間事業者は一般に，営業効率のよい人口密集地区のみでの事業を希望するが，ヴェクショーコミューンでは市街地から離れた過疎地区での営業も参入の条件としている。
　ヴェクショーコミューンは介護サービス提供の経験がない事業者に対し，コミューン直営事業所で2日間の事業者教育を行うことが義務付けている。研修には関連法の解釈，ホームヘルプ事業の意義，行政のしくみ，介護の倫理などの内容が含まれている。事業者教育は他コミューンにはあまりみられず，ヴェクショーコミューン独自の取り組みといえる。事業者参入の条件においては，ストックホルムコミューンに比べ，ヴェクショーコミューンでは事前規制がより厳格である。

(2)介護報酬

　ヴェクショーコミューンでも介護報酬の金額は毎年改訂されている。家事援助は１時間　256クローナ，身体介護は１時間289クローナというように，サービスにより介護報酬単価に差をつけている（2011年）。ヴェクショーコミューンの介護報酬は全国でも最も低いグループに入っており，地元新聞[16]は「（業界最大手の）アテンドケア社はヴェクショーコミューンのサービス選択自由化制度には参入しない」という見出しで，ヴェクショーコミューンのホームヘルプに大手企業が参入しないのは介護報酬単価が安く，利益にならないからだと報じている。

　ヴェクショーコミューンでは事業者への介護報酬は，サービス提供実績ではなく，介護サービス判定による時間数で支払いをしている。この方法はコミューンにとって介護報酬の支払い事務が簡素化できる上，事業者にとっては収入が安定する。ただしサービスの質のチェックがしにくくなる側面もあり，事業者に対する信頼の上に可能なしくみともいえる。

(3)コミューン直営事業所と民間事業者

　表6-17はヴェクショーコミューンのホームヘルプ事業者とその事業内容を示す。入札を通じての事前規制が厳しい上に介護報酬が安いためか，家事援助を提供する事業者が６事業者，身体介護を提供する事業者が２事業者である（コミューン直営事業所を含む）。

　ホームヘルプを提供する６事業者をみると，家事援助サービスは全事業者が提供しているが，身体介護と訪問看護の提供はコミューン直営事業所と民間事業者１社だけである。この唯一の民間事業者も提供エリアと時間帯を限定しているので，コミューン全域と全時間帯において，家事援助，身体介護，訪問看護のすべてを包括的に提供できる事業者はコミューン直営事業所だけである。そのためコミューンが一元的にホームヘルプを供給していた時代の居住区単位のホームヘルプ地区はほとんどそのまま残されている。コミュー

第6章　供給多元化とコミューンの介護ガバナンス

表6-17　ヴェクショーコミューン内の介護サービス事業者とその概要（2011年11月）

事業者名	法人格	職員数	家事援助サービス	身体介護訪問看護	付加サービス*	サービス可能エリア	サービス時間帯	事業者プロフィール**／サービスの特徴
コミューン直営	自治体	375	○	○	×	全域	終日	コミューン事業との連携　介護医療職種の充実
パートナースカップケア（株）	株式会社	40	○	○	○	19地区	8:00-18:00	身体介護・訪問看護も提供できる唯一の民間事業者
ホーメック（株）	株式会社	8	○	×	○	21地区	8:00-18:00	全職員が外国出身，利用者の言語でサービスを提供。
ホームメイド（株）	株式会社	400（全国）	○	×	○	21地区	8:00-18:00	1997年設立で，家事援助サービスでは全国先駆け
多文化対応サービス協同組合	協同組合	25	○	×	○	全域	8:00-18:00	多言語（13言語以上）対応可
ベテランプール（株）	株式会社	60	○	×	○	全域	8:00-18:00	「高齢者が高齢者をサポートする」。職員の経験が豊か

* 付加サービスは介護サービス判定を超えた分のサービスを意味し，自費で購入するサービスを指す。
**事業者プロフィールは各事業者が掲載した文章からの引用。
（出所）ヴェクショーコミューン・ホームページ（http://www.vaxjo.se）2011年11月15日より作成。

ン直営サービスは従来のホームヘルプ地区単位にホームヘルプステーションを持ち，民間事業者は地区を超えてサービスを提供している。

　民間事業者を選ぶ層は，第一に母国語で家事援助を利用したい高齢者である。事業者が多言語対応に力を入れる理由は，ヴェクショーの人口の2割が外国出身者であることも関係する。母国語で介護を受けられることは利用者にとって快適であり，身体介護が必要な場合はコミューン直営サービスとの組み合わせも可能である。第二に付加サービスを購入したい人も民間事業者を選ぶ傾向がある。付加サービスとは要介護認定を超える分のサービスを指し，完全な自己負担で購入するものである。法律ではコミューン直営事業所による付加サービスの提供を禁止しており，これは民間事業者に対する優遇措置となっている。

　地元新聞（前述）が指摘するようにヴェクショーコミューンのホームヘルプ事業者には全国展開の大企業はみられない。身体介護と訪問看護を提供する唯一の民間事業者であるパートナースカップケア社もヴェクショーコミューンとその近郊の1コミューンで営業する小さな地元密着型企業であり，また多文化サービス対応協同組合はアラビア語等の外国語を話せる外国

283

籍市民が中心となって働く零細事業者である。ヴェクショーコミューンのサービス選択自由化制度はコミューン直営サービスを柱にして，ユニークな小規模民間事業者の選択肢を提供している。

(4)介護サービス判定

　ヴェクショーコミューンでは1996年に介護サービス判定部門が発足し，コミューン全体で29人の介護サービス判定員(LSS担当を含む)がいる。介護サービス判定の申請は半分が病院から，半分は在宅の本人や家族からによる。病院からの退院通告の前に，介護サービス判定員は本人や家族と相談しながら受け入れ体制を準備する。介護サービス判定では必要に応じて，作業療法士や看護師も同行し，必要なサービス内容を検討する。必要なサービスを時間換算で認定する点はストックホルムコミューンと共通するが，認定レベルは8段階でストックホルムコミューンほど詳細ではない。

　介護サービス判定員は利用者がサービス事業者を選択する際に中立でなければならない。介護サービス判定員はサービスにはコミューン直営サービスと民間事業者のサービスがあること，身体介護と家事援助について別の事業者を選んでもよいことである。前述の通り，ヴェクショーコミューンでは事業者を2つ選択する事ができる。例えば身体介護はコミューン直営サービスを選び，家事援助では民間サービスを選ぶことが可能である。ヴェクショーコミューンでは事業者選択を希望しない高齢者はコミューン直営サービスを利用することになっている。

　事業者数が少ないため，その選択において利用者の混乱はほとんどみられない。ヴェクショーコミューンでは1,338人のホームヘルプ利用者のうち，99人（7.5％）が民間事業者を選択し（2010年），90％以上がコミューン直営サービスを選んでいることになる。これはストックホルムコミューンに比べてサービス選択自由化制度の歴史が短いことも影響している。

第6章　供給多元化とコミューンの介護ガバナンス

3 総括

　本節では2009年に施行されたサービス選択自由化法がコミューンの介護システムにどのような影響を与えているかについて，ストックホルムコミューンとヴェクショーコミューンの事例を比較しながら考察してきた。EUによる政策によるグローバル化の流れがあり，保守中道連立政権による政策理念の影響を受けながらも全国一律のしくみは存在せず，コミューンは多様な介護システムを形成し展開していることが明らかになった。分権的なシステムであるゆえに，介護報酬や介護サービス判定の基準等はコミューン単位で毎年のように改訂されており，コミューン選挙の結果次第でも変わりうる。法律ができる前にすでに制度を導入しているコミューンもあれば，法律の影響を受けて制度を導入するコミューンもある。

　サービス選択自由化制度は歴史が短く，またシステムの柔軟性により，スウェーデン国内でも全コミューンの実態把握が困難な状況が指摘されている（Edebalk 2012）。自治体間の多様性を生み出す要因を明確にしたいがあまりに変数が多く，現時点では困難であり，本研究の限界でもある。スウェーデンでは統計局や社会庁のデーターベースに様々な全国データが揃っており，誰でもアクセスできるため，コミューン間の比較研究等に有効であった。しかし介護サービスの運営方法やサービス内容が多様化してきており，データの読み方や使用法には注意が必要となる。例えば介護サービス利用率でも，１日に何度もホームヘルパーを利用する人と緊急アラームを週に１度だけ利用している人も「利用者」として同等に数えている場合もある。また民間事業者が提供する付加サービスや家事労賃控除による家事サービスの購入をどう把握するかも検討が必要となる。供給独占の時代は行政の管理に基づいた確実なデータが存在したが，近年ではデータによる調査だけでは実態がつかめない状況があり，この状況は供給多元化時代の産物ともいえる。

第7章

グローバル資本主義とローカルデモクラシー
―カレマケア報道からの考察―

1 はじめに

(1) スウェーデンのメディア報道

　スウェーデンにおいて介護をとりあげた新聞報道やテレビ報道に衝撃を受けることは多い。国内で発行部数が最も多い全国紙ダーゲンス・ニイヘテル紙（Dagens Nyheter. 以下，DN紙）の一面に「私たちは救済を求めています，聞いて下さい！　私たちを助けて下さい！」（DN紙2011年10月11日）という介護職員の訴えが掲載されていれば，さらにこれに似た衝撃的な記事が連日のように報道されれば，スウェーデンの高齢者介護は深刻な質の低下を招いていると思われる。

　H. ヨンソン（Håkan Jönsson）は著書の中で「1998年に年金生活者全国連合会[1]が介護付き住宅の入居者3745人を対象に実施した調査では，入居者の85％がスウェーデンの高齢者介護はうまく機能していると回答している。（中略）利用者の前向きな回答とは反対に，マスメディアや介護政策や組織編成の研究では，スウェーデンの高齢者介護は後退していて危機的状態にあるとしている」（Jönsson 2011：257）と，実態を捉えることの難しさを示している。利用者アンケート等では，介護サービスの質が高く評価される傾向は日本で

も同様である。マスメディアによる報道は社会問題を顕在化させることが目的であるため，どちらかといえば現状に対して批判的になる。スウェーデンで続く高齢者虐待報道の解釈は，日本への影響も考えられる。そこで，本章では2011年秋から2012年春にわたり報じられたカレマケア報道を事例としてとりあげ，その内容を検討する。

スウェーデンの介護や福祉をめぐる報道が，大きな社会的議論のきっかけとなった例は過去にいくつもある。1999年に高齢者虐待通報義務（通称，サーラ条項）が社会サービス法に規定されたきっかけも，介護付き住宅で発生した虐待事件報道であった。1997年秋にストックホルム近郊に位置するソルナコミューンが民間委託していたポールヘムスゴーデン介護付き住宅で，複数の入居者にじょくそうができていることを介護職員 S. ウェグナット（Sarah Wägnert）が実名で告発した。ソルナコミューンは最終的に当該事業者との委託契約を打ち切って問題を収束させたが，世論を巻き込んだ大論争となった。告発者の S. ウェグナットはジャーナリスト大賞を受け，本人の名前がそのまま事件（サーラ事件）と法律（サーラ条項）の呼称になるほど，その勇気が称えられた。

また「福祉国家スウェーデンにおける人種純化政策」が DN 紙の見出しとなり，一連のスクープとして報じられたのは1997年であった。スウェーデン政府が1935年から1976年の間に，知的障害者や遺伝病のある人などを対象に強制不妊手術をしていたという内容である。不妊手術は1935年制定の不妊断種法を根拠に行われていたが，約6万人がその被害を受けたと報じられた。この報道をきっかけに，政府は調査委員会を発足し，被害者に対する補償に取り組むことになった。スウェーデンに始まった強制不妊手術に関する報道は世界のメディアを駆け巡り，ヨーロッパのいくつもの国で同様の悲劇があったことが明らかとなり，日本でも優生保護法改正にも影響を与えた。

さらに1950年前後まで遡ると，スウェーデンの高齢者介護において，政府の老人ホーム主義を180度転換させ，在宅介護主義のきっかけをつくったのは，I. ロー＝ヨハンソン（Ivar Lo-Johanson）の著作やラジオ討論番組であった（第3章）。

このように，スウェーデンのマスメディアが国内の福祉や介護政策に与えてきた影響は極めて大きい。O. ペッテション（Olof Petersson）は，北欧諸国においてマスメディアは政治から独立した立場にあるが，ルポルタージュや事件の摘発により新たな事実を示すことで政治議論に大きな影響を与えているとし（Petersson 1996：160）マスメディアの政治力を指摘している。

日本の社会保障政策の議論にスウェーデン国内の報道が大きく影響することもある。例えば1970年代のオイルショック後には，北欧の社会保障を批判する格好の材料として，スウェーデンの衝撃的なメディア報道がそのまま使われた。犯罪の増加，アルコール中毒者の増加，自殺者の増加などの現地報道が，高度な福祉国家がもたらした弊害としてそのまま日本に紹介された時代がある。不妊断種法関連の報道が各国に与えた影響でも明らかなように，スウェーデンの報道は国境を越えて他国の政策にも影響を与えてきた。

(2)カレマケア報道とは―とりあげる意義と分析の手法

ベンチャー投資系介護企業カレマケア社をめぐる一連の報道は，2011年10月11日に報道されたコッパゴーデン介護付き住宅（ストックホルムコミューン／ヘッセルビュ-ヴェレングビュ区）での入居者死亡事故に始まった。その後，カレマケア社が受託する介護付き住宅で起きた事故や事件の告発報道が新聞やテレビで約半年間も続き，国会では首相や関係大臣が議論するまでに至った。本章では次の３点に着目しながら，カレマケア報道を分析する。

第一に，スウェーデンにおけるメディア報道の特徴をみる。介護関連の報道は日本の社会保障政策にも影響を与える可能性が高いからである。

第二に，ベンチャー投資系介護企業（後述）という新たなタイプの事業者の特徴をみる。批判対象となったカレマケア社はベンチャー投資系介護企業であり，グローバル資本主義の中で誕生した新たなタイプの営利事業者である。つい20年前までは公的独占で介護サービスを供給してきたスウェーデンで，国際的な投資系企業が介護サービス事業者となる時代となった。

第三に，コミューンの介護システム内の関連アクターの動きや対立をみ

る。カレマケア報道では，ストックホルムコミューン，また自治体区における高齢者介護の問題解決に向けた関係機関の実際の動き，さらに自治体区委員会委員のコメントが新聞（特にDN紙ストックホルム版）で詳細に掲載されており，ストックホルムの介護システムの機能や関連アクターの動きをとらえることができる。この記事を政治過程分析のデータとして用いる。第6章で実施した統計調査やヒアリング調査では，介護システムの中に存在する実際の対立や妥協をとらえるには限界があった。政治過程分析により，介護システムのリアリティを検討することができる。

　本章で用いる政治過程分析の手法は，特定のイシュー（問題）の登場，展開，決着，関係者の政策要求をめぐる対立と妥協の過程という観点で事例を整理し，政策決定過程が示す何らかの構造を発見しようとする試みである。対立と妥協，つまり利害関係者間の駆け引きの姿を発見する事が重要なポイントとなる（草野 1997：17）。分析に際しては，すでに知られたモデルを分析の道具として利用したり，それが困難であれば，仮説の実証や，最後に仮説の提出が期待される（*ibid*.：17）。

　歴史分析では分析対象のできごとを反復できない一過性，個性的なものとして分析し記述するが，政治過程分析は政治学的手法であり，反復できる一般的な法則をたてようとする自然科学と同様の立場から研究対象を分析しようとする。政策要求をめぐる関係者の対立と妥協の過程という観点で事象を整理するため，政策決定過程が示す何らかの構造は，一過性のものではなく，政策過程に繰り返し，見られるものであるという認識にたつ（*ibid*.：17-18）。歴史分析が出来事そのものに力点を置くのに対し，政策過程分析では対象となる類似の出来事は繰り返し起こるという前提に立ち，その構造，パターンを抽出しようとする（*ibid*.：28）。

　本章ではカレマケア事件を歴史的事象としてとりあげるわけではないので，カレマケア報道を通じて，スウェーデンの高齢者介護の質を議論することはしない。介護サービスの質の確保をはじめ，介護サービスの多元化によって生じている諸課題に対し，スウェーデンのコミューンがどう対応しているのかをカレマケア社（Carema Care AB）をめぐる事件を事例として分析

することに重点を置く。そしてスウェーデンのコミューン主導の介護システムにおいて反復可能性の高い法則を明らかにしたいと考える。

　政策決定過程分析では分析の範囲を決定する必要がある。今回は，「カレマケア事件」の発端となったコッパゴーデン介護付き住宅で発生した入居者死亡事件が報道された2011年10月10日から，財務大臣がベンチャー投資企業の規制案を国会に提出したことが報じられた2012年3月23日までの期間を分析の範囲とする。

　資料には該当期間に発行されたDN紙を使用した。DN紙で報じられたカレマケア事件に関する記事（全200件）をすべて抽出し，丁寧に読み込み，日本語でデータベース化した。政策過程分析では新聞記事を使用することが多いが，新聞記事は，二次情報であり資料的価値が低く，記述にバイアスがかかっているという指摘もなされる。しかし最近の問題に関する政策過程を再現するためには新聞に代わる資料を見つけるのは困難である（草野 1997：54）。すべての関係者に直接，話を聞くことは事実上不可能であり，仮にすべての話を聞くことができても，研究倫理上，聞いた話をどこまで文章化し，公表できるかという課題が残る。その点で，スウェーデンの新聞にはコミューンレベルで発生する地域の出来事についても，関係者や政治家個人のコメントが多く掲載され，地方行政の動き（本書の場合，ストックホルムコミューンだけでなく，さらに小さな行政単位である自治体区委員会の決定や委員の動きなど）が詳細に報道されるため，政治過程分析の資料としては使いやすく，その意味ではDN紙ストックホルム版は資料価値が高い。ただし注意すべき点としては，新聞資料を補足するために他の資料にあたることが重要であり（*ibid.*：54），本研究においても国会議事録，政府提案などは原典で確認作業を行っている。また他の新聞やテレビの報道も適宜，確認している。

　本章ではまず2節でカレマケア報道の流れを時系列で整理し，分析に必要と思われる項目(1)〜(16)を抽出し報道内容を説明する。3節ではカレマケア報道の内容を，次の3点から分析する。第一に，スウェーデンの介護関連報道に関する先行研究に基づき，カレマケア報道の特徴を分析する。第二に，グローバル資本主義の中で誕生したベンチャー投資系介護企業カレマケア社

を巡る議論を整理し，国内の世論を分析する。第三に，「コッパゴーデン介護付き住宅を巡る動き（ヘッセルビュー-ヴェレングビュ区）」，「カタリーナゴーデン介護付き住宅を巡る動き（セーデルマルム区）」，「リネーゴーデン介護付き住宅（オステルマルム区）」の3つの事例から，介護サービスの供給多元化の中で，介護サービスの質の確保のためにコミューン自治がどのように機能しているのかを明らかにする。

2 カレマケア報道の概要と時系列的整理

　表7-1（310-314頁）はカレマケア報道の内容を時系列で示す。以下，カレマケア報道の中で，後の分析に必要な項目をとり上げ，DN紙の報道に基づいて整理する。

(1)コッパゴーデン介護付き住宅で入居者死亡事故
　　（ヘッセルビューヴェレングビュ区）

　カレマケア事件の発端は2011年10月11日付のDN紙一面の記事であり，「私たちは救済を求めています。聞いて下さい！　私たちを助けて下さい！　ストックホルムの大規模介護付き住宅の職員が警告を発した。ストックホルムコミューン内のヘッセルビュー-ヴェレングビュ区のコッパゴーデン介護付き住宅で"認められない事態"」という大きな見出しで始まった。
　コッパゴーデン介護付き住宅で，傷口の不適切な処置による血液感染が原因で一人の入居者が死亡した。告発の中心となったのは当該住宅の担当医師[2]（トリュグヘルサ社）で，もはや当該住宅では医療の安全性を確保できないと主張した。当該住宅に勤務する看護職員や介護職員も施設内での人員配置が不十分であることを指摘した。
　記事の反響は大きく，翌日には当該住宅の利用者家族からの訴えも掲載された。内容は当該住宅に入居した父親が入居後11日目に死亡したというもの

第7章　グローバル資本主義とローカルデモクラシー―カレマケア報道からの考察―

で，この件ではサーラ条項[3]による対応がなされた。2009年11月のことであるが，居室には父親の就寝に必要な特別な介護用マットレスも用意されておらず，緊急アラームもなかった。トイレの便座もなく，陶器の細い輪があるだけだったと家族は証言した。次に父親を訪問したとき，父親は居室で排泄物にまみれていた。転倒して人を呼んでも誰も来ないので，それ以降，父親は職員を呼ぶこともしなくなった。父親の来ている服は洗濯された形跡がなく，浴室からも異臭がしたという。父親が亡くなったという記録はあるが，死因やそれまでの症状に関する記録は一切なく，家族はサーラ条項による申し立てを行った。社会庁が調査した結果，両者の話し合いが必要と判断され，家族はカレマケア社の責任者と会うことになった。カレマケア社の担当者は家族に謝ったが，家族に対して他言をしないようにと口止めしたとし，家族はカレマケア社を批判した。この家族の証言に対しカレマケア社は，当該職員はすでに退職しているため検証できないが，そのような事実は一切ないとコメントした。

　コッパゴーデン介護付き住宅に勤務する担当医師の報告書に「入居者が床に倒れているのを見つけても，その人がどのくらいの時間，倒れていたかを知る職員がいない。入居者が衣類も身につけず，援助を呼ぶこともできずにいることもある」という記載があったことをDN紙は独自の調査で明らかにした。またヘッセルビューヴェレングビュ区役所は，2011年9月末にすでにコッパゴーデン介護付き住宅の看護師と副看護師から匿名の訴え（2011年10月11日DN紙一面の見出しの文章）を受けていた。ヘッセルビューヴェレングビュ区の医療担当看護師[4]のM. サンドストレームは同区役所と共に，2008年にカレマケア社がコッパゴーデン介護付き住宅を受託してからの状況を調査することになり，社会庁も調査を始めた。M. サンドストレームは，事件発生の1年前に当該住宅を訪問した時に，衛生管理の書類がないことを指摘していた。またストックホルムコミューンの高齢者介護査察官[5]は2010年査察報告書の中で「総合的にみて，ユニットは明らかに施設のイメージ。空っぽの段ボールや補助器具が閑散とした廊下に放置されている。（中略）認知症の入居者は廊下を徘徊しており，どうやればここを出て家に帰ることがで

きるかを話している。入居者は不安定な状態で,ここでの生活は快適でないと言っている」と当該住宅の状況を記していた。

コッパゴーデン介護付き住宅の医療部門を受託している医療事業者トリュグヘルサ社の事業主任A. ヘレストレムは,事件の起きる前月の9月中旬にヘッセルビュ－ヴェレングビュ区役所に手紙を書き,カレマケア社がコッパゴーデン介護付き住宅の運営を受託して以降,医療体制が不十分で,多くの入居者が十分な医療や介護を受けられずに苦しんでいることを伝えていた。

ストックホルム市長S. ノルディンは,報道の翌日,コッパゴーデン介護付き住宅の事件は国会でも取り上げられることになるだろうと早々にコメントを出した。国会議員E. オルソン（左党）は介護企業による不適切な介護に関する質問書を高齢者担当大臣M. ラルソン（キリスト教民主党）に送った。10月13日に国会で行われた党首討論でもこの事件が取り上げられた。

(2)区役所職員による情報改ざんの疑い
　　（ヘッセルビューヴェレングビュ区）

ヘッセルビュ－ヴェレングビュ区の医療担当看護師は,コッパゴーデン介護付き住宅の問題を二度も区役所に報告していた。しかしその報告内容が,区役所職員の改ざんにより,正確に自治体区委員会委員に届いていなかったことが,死亡事故報道の1週間後（10月18日）に報道された。文書改ざんで批判された職員はヘッセルビュ－ヴェレングビュ自治体区助役[6] L. スピュースと区高齢者介護課長A. ドミニウスの2人である。

監査を行った医療担当看護師が報告書で指摘したのは,コッパゴーデン介護付き住宅で死亡者数が急に増えている点,また職員配置が少なく施設内の管理が行き届いていない点であった。医療担当看護師の記録は次のようであった。「人手が少ない状態で,職員は休憩をとる時間もないことがしばしばである。（中略）労働環境が悪いという理由で仕事を辞めた看護師もいる。職員は労働環境について他言する事を恐れており,この状況が嫌ならば辞めるだけという。ある看護師はいつも何か忘れたことがあるのでは,と不安に

からされながら帰宅している」。

　一方，この報告を受けて，区役所職員が作成し，自治体区委員会に提出した報告書は次のとおりである。「職員はかつてより仕事が増えて，すべてのことを行なう時間が足りずに困っている。（中略）しかし当該施設の入居者には，職員から介護を受けたことを思いだせる人が少ないことは指摘できる。同時に入居者らは必要な援助すべてを良い状態で受けることをあきらめている。（中略）コッパゴーデン介護付き住宅の幹部は看護師数を職員リスト中で水増しして説明している。このリストを使って事業は契約通り実施されていると説明している」。医療担当看護師が書いた報告書内容が区役所職員の手で柔らかなトーンに書きかえられ，またさらに別の報告書では死亡者数の増加や職員数の減少を扱った箇所が削除されていた，とDN紙は報道した。

(3) アテンドケア社へのカタリーナゴーデン介護付き住宅の委託問題
　　（セーデルマルム区）

　ストックホルムコミューンのセーデルマルム区にあるカタリーナゴーデン介護付き住宅が介護企業の最大手であるアテンドケア社（Attendo Care AB）に委託されることが報道された。死亡事故報道から約半月後（10月27日）であった。カタリーナゴーデン介護付き住宅はコミューン直営で55室の居室を持つ。

　問題の発端は，半年前の2011年春に，同区のヴィンタートゥーレンス介護付き住宅で発生した不適切な介護であった。当該介護付き住宅はストックホルムコミューン内で最大規模の介護付き住宅で，2008年にアテンドケア社に委託されたが，社会庁とセーデルマルム区からは介護の質の面で改善指導を受け続けていた。2010年冬に，ヴィンタートゥーレンス介護付き住宅で研修をしていた20人の看護師養成コースの学生が同住宅の不適切な介護を告発した。不適切な介護とは，当該住宅の職員がナースコールを鳴らした入居者を叱りつける等，入居者を見下しているという内容であった。

告発を受けた後，ストックホルムコミューンはヴィントゥーレンス介護付き住宅のアテンドケア社への委託は継続しないことを決定し，契約期間後はクロップ社という別の介護企業が受託することとなった。

　11月14日，DN紙の報道によれば，ストックホルムコミューン助役[7]はセーデルマルム区のカタリーナゴーデン介護付き住宅を2012年3月からアテンドケア社に委託することを正式に決めた。この決定に対し，セーデルマルム区自治体区委員会には住民からの苦情が相次いだ。問題を起こして契約を打ち切った事業者であるアテンドケア社に対し，別の介護付き住宅といえども，同区内の介護付き住宅の運営を再び委託するというコミューンに対する批判であった。

　カタリーナゴーデン介護付き住宅の公共購買（入札）については，落札できなかった事業者のうち他の2事業者からも行政裁判所（förvaltningsrätten）に異議申し立てが行われていた。DN紙は，死亡事故が起きたコッパゴーデン介護付き住宅のカレマケア社の委託契約の破棄の方向性が明確になったことも同時に報じている。

(4) タルボホーヴ介護付き住宅での職員不足問題
　　（イェルフェラコミューン）

　10月2日にはストックホルム郊外のイェルフェラコミューンで，カレマケア社が受託するタルボホーヴ介護付き住宅（入居者92人）において職員配置が少ないことを当該住宅に勤務する介護職員がDN紙に告発した。カレマケア社に対する告発報道の影響はストックホルムから近隣のコミューンにまで広まっていく。

　告発の内容は，1つは入居者が数ヶ月にわたり床に寝かされていたという訴えと，2つめは行き過ぎた経費節約に対する批判である。費用がかかるという理由で電動ベッドの修理を外注せず，職員に修理させ，その期間，入居者を床に寝かせていたということ，また新しいベッドを入手するまでに6ヶ月もかかったことなどが告発をもとに報道された。女性入居者は数ヶ月間，

第7章　グローバル資本主義とローカルデモクラシー―カレマケア報道からの考察―

厚さ1センチのマットレスに寝かされていたという。

　また石鹸，トイレットペーパー，ビニール手袋，ペーパータオルが常に不足していて，便座に座れないほどトイレが汚れているという。居室の掃除は職員がするが，電球が切れたり，なにかが壊れた時は入居者の責任となる。もともとは掃除担当の職員が2人いたが，組織改編で掃除は介護職員の仕事になり，こまごまとした作業を行なう用務員もいなくなった。介護職員の配置も少なく，認知症対応ユニットでは介護職員が病気で欠勤しても職員の補充はない。現場職員によれば，カレマケア社から派遣されてくる管理職は常に経費節約ばかり強調し，介護の質にはまるで関心がない。例えば看護師も経費ばかりを気にしていて，「本当に圧力マットレスが必要か。他の方法がないか」と聞くが，保健医療法のもとで看護や介護に必要なものを事業者が購入するのは当然のはず，と現場の介護職員は主張する。

　介護職員らは主任に対して改善の必要性を訴え続けてきたが，訴えは主任で止まってしまい，何の改善もされない。コミューンの監査が予告されると，その前日に不足しているものをすべて買いそろえ，「監査の時だけ，きちんとやっているふりをする。カレマケア社は恥じるべき」と現場の介護職員らは語っている。

　イェルフェラコミューンはこの状況をすでに把握しており，コミューンの高齢者介護部長M. ウェックストロームはタルボホーヴ介護付き住宅のカレマケア社への委託は更新しないとコメントした。カレマケア社との契約を更新しない理由として，医療担当看護師U. ダーネルの監査報告をあげ，そこでは，カレマケア社は保健医療法を順守していない点があり，また主任や看護師など管理職の配置転換が頻繁で，介護付き住宅内の職員シフトがうまくいっていない点も指摘されていた。コミューン議会議員L. ニルソン（キリスト教民主党）も「当該住宅については社会福祉委員会で何度も質問を繰り返してきた。職員の離職や異動が多く，事故の報告も増えていた」と証言している。

　タルボホーヴ介護付き住宅に関する報道の翌日，カレマケア社本部の高齢者介護担当責任者K. ストールスコッグは一連の報道にコメントし，床に寝

ていた入居者は病状からその方法が最もよい対処法であり，入居者本人もそれを望んでいたと回答した。また不足している物品については，品物がないときは他のユニットにいけばあるし，代理職員については急に対応できない時もあり，緊急事態には職員同士の助け合いが必要と回答した。DN紙はタルボホーヴ介護付き住宅の施設長からの回答を望んだが実現しなかったことを報道している。

　12月17日のDN紙の報道は，イェルフェラコミューンでカレマケア社が受託していたカスタニアン介護付き住宅の短期入所事業の契約が打ち切られること伝えた。当該住宅の短期入所では不十分な介護が指摘されており，コミューンにも複数の苦情が届いている。イェルフェラコミューン議会の社会福祉委員会委員長L．ニルソン（キリスト教民主党）は，カレマケア社に委託しているカスタニアン介護付き住宅とタルボホーヴ介護付き住宅の契約は2012年秋までとなっているが，この両住宅も一度，コミューン直営に戻し，質の良い介護付き住宅の運営には費用がどれだけ必要かを調査したいと語った。

(5) ベンチャー投資企業と租税回避地

　11月9日のDN紙一面には「騒ぎの介護企業は巨大な利益，カレマケア社の新たな所有者は租税回避地に本拠地を」という大きな見出しが掲載された。連続する介護報道で強い批判にさらされているカレマケア社が高いボーナス支給を条件に幹部職員を集めていること，カレマケア社が数年で390％も利益を伸ばしたこと，カレマケア社の新たな所有者は2社のベンチャー投資企業の経営者で，そのうちの1社の本拠地は租税回避地であるイギリスのジャージーに本拠地があることを報道した。

　これまでDN紙はストックホルムコミューンとその郊外にあるコミューンの介護付き住宅をめぐる事故，職員や家族からの告発を報道する中でカレマケア社を批判してきたが，この時から「ベンチャー投資企業」（riskkapitalbolag）と「租税回避地」（skatteparadis）という新たなキーワードが加わる。

第7章　グローバル資本主義とローカルデモクラシー──カレマケア報道からの考察──

　死亡事故を起こしたコッパゴーデン介護付き住宅では，カレマケア社が受託してから医療教育を受けた職員の配置が減ったと，DN紙は指摘している。報道では，2007年のコッパゴーデン介護付き住宅では日中と夕方には医療教育を受けた介護職員が37.4％配置されていたが，2010年には27.0％に下がったとし，介護職員のレベル低下を批判した。

　11月12日にDN紙は介護企業と租税回避地との関わりを報じた。高齢者担当大臣M.ラーション（キリスト教民主党）はDN紙に対し，税金で運営されている介護事業が租税回避地を通じて一部の人々の利益になっている状況を阻止したいとコメントした。さらに同大臣は，カレマケア社が受託する介護付き住宅で，不適切な介護の告発が続いていることに対し，憤りを感じていると語り，連立政権の前任期の時に高齢者介護の質を高めるために50億クローナを予算化し，監査を強化していること，2011年6月からサーラ条項の適用を強化し，深刻な虐待だけではなく，不適切な介護や虐待のリスクを感じた場合でも通報する旨を加えたことを説明した。

　同日のDN紙の討論面では，社会民主党党首H.ユルホートが，税金が租税回避地に流れることを防ぎ，税金が高齢者に還元されることを保証するよう政府に要求している。

(6) カレマケア社はオムツ交換まで合理化

　11月11日もDN紙の一面ではカレマケア社への批判が続く。「高齢者を濡れたオムツのまま寝かせている。経費節減のためにオムツの重さを測る」として，オムツセンサーの導入を試行するカレマケア社を批判した。

　DN紙よるとカレマケア社は2010年夏からスウェーデンで初めてオムツセンサー「パンペット」（Pampett）を導入した。パンペットはオムツの濡れた状態を計測し，交換時期を知らせるセンサーであるが，職員の人員削減やオムツの経費削減を目的としたオムツセンサーの使用は規制の対象であるとし，DN紙はこれを批判した。さらにDN紙は政府提案「高齢者介護における尊厳ある生活」（2009）を引用し，高齢者がオムツ交換を待つことがあっ

299

てはならないと，高齢者介護における国の方針を紙面に示した．

　この記事も DN 紙への介護職員による告発がきっかけである．告発の内容は，カレマケア社が受託する介護付き住宅（DN 紙の独自調査として，住宅の名称や告発者の名前は報じられていない）で，経費削減のために入居者のオムツの重さを測るように指示されたというものである．カレマケア社では経験に基づく介護職員の気づきよりも，センサーの方が確実だと考えており，同住宅ではオムツを最大許容量まで使用し，オムツ交換の回数を減らすことを目標としているという．

　介護職員の話ではカレマケア社が受託するこの介護付き住宅では，オムツの汚れが最大限になるまで交換してはならず，入居者はオムツが濡れたままで数時間座らされているという．「尿の量だけを考えていて，オムツが濡れて入居者が不快な状態にあるか，入居者がオムツを替えたいと感じているかが全く配慮されていない」，「少量の尿に対応する薄手のオムツは頻繁に交換しなければならずコスト高になる．大量の尿を吸収できるオムツを使用した方が経費節減になる．しかしオムツ交換の回数が減らされれば，入居者はオムツが濡れたまま長時間座らされることになる」「毎朝，入居者のオムツを測らされる職員も辛いし，入居者の尊厳が全く配慮されていない」と介護職員らはオムツセンサーの使用を人道上の問題として指摘している．

　これに対し，カレマケア本社の情報担当者 E. フロステルは，「一定の時間にどれだけの量，どれだけの頻度の排せつがあるかを知ることで，オムツの使用方法を検討できる．排せつの専門家との協働事業で実施しており，オムツ交換をしてはいけないといっているのではない」とし，あくまでも入居者のために調査を実施していると回答した．またパンペット社の看護師は，オムツセンサーをどのようにセットするかは事業者で決めることでセンサー自体には人道上の問題はないとする．オムツ交換の時期をどのように設定するか，例えば，オムツが濡れていることに敏感な利用者には早めに知らせるようセンサーをセットすることができ，オムツはセンサーが鳴る前に交換してもよいので，センサーの使い方は事業者の考え方次第としている．

　DN 紙はオムツ交換について，コッパゴーデン介護付き住宅の入居者の家

第7章　グローバル資本主義とローカルデモクラシー――カレマケア報道からの考察―

族からの証言を掲載している。証言者の母親は入居して5週間後に亡くなったが，頼んだにもかかわらずオムツの随時交換をしてもらえていなかった。下痢を起こしても排せつ物にまみれたまま数時間寝かされていたこともあった。証言者の母親は当該住宅に入居した当時は自分で排せつができていたという。

(7) クロスネスゴーデン介護付き住宅で不適切な介護
　　（ファールンコミューン）

　11月13日のDN紙は，ファールンコミューンでも，カレマケア社が受託する介護付き住宅で不適切な介護が行われていたことを報道した。
　ファールンコミューンでは，カレマケア社が2ヶ所の介護付き住宅を受託しているが，コミューンがフォローアップ調査をしたところ，理学療法士も栄養士も配置されていないことが明らかとなった。
　また同コミューンでカレマケア社が受託するクロスネスゴーデン介護付き住宅では，2011年4月に，男性入居者が夜遅くにテレビを見ながら亡くなっていたことが告発され，その事故の調査がなされている最中であった。この事故をコミューンに告発したのは副看護師コースから派遣された実習生で，内容は，今にも亡くなると思われるほど弱っている認知症の男性が苦しそうにリビングルームに座り，亡くなるまでテレビの前にいたというものであった。「テレビと一緒に孤独な状態で亡くなるということはあってはならない。この入居者に対して介護職員ができることはあったはず」と実習生はいう。
　ファールンコミューン議会は，2010年から社会民主党，環境党，左党の3党による赤緑連立与党を構成している。報道の翌日，同コミューンの社会福祉委員会委員長C.ファルク（社会民主党）は，カレマケア社は必要な職員を配置せず契約違反の状態が続いているため，今後の契約更新はしないとした。カレマケア社との5年間の委託契約は保守系与党だった3年前に結ばれたが，当時，野党だった社会民主党はこれに反対していた。社会民主系議員は介護分野でのベンチャー投資企業の問題について多くの議論を続けてきた

301

という。

(8) 首相，法務大臣，財務大臣，高齢者大臣が共同コメント

　11月15日のDN紙一面は，首相と関係閣僚の共同コメント（11月14日）で，一連のカレマケア報道に対する政府見解が示されたことを報じた。
　F. ラインフェルト首相（穏健党）は，親や知人が高齢になった時よい介護が受けられなければ不安になる，という認識を示し，事態の改善をはかるため，政府は本気で取り組むと語り，各閣僚がそれぞれの担当分野での対応策を発表した。
　M. ラーション高齢者担当大臣（キリスト教民主党）は，民間事業者の提供する介護とコミューン直営の介護との違いを明らかにする調査を社会庁に実施させた上で，適切な公共購買（入札）やより厳密な監査や査察を行うための新たな方針を示したいと述べた。
　B. アスク法務大臣（穏健党）は，不適切な介護を通報した職員が仕事を失うリスクに直面している現状を踏まえ，民間事業者に勤務する職員が現場の情報をどのようにメディアや関係する政治家に伝えているかを調査し，告発や通報をした職員が保護されるための方策を検討すると述べた。また2008年に歳入庁（Riksrevisionen）は，監査が不十分なために民間事業者が不適切な介護や事故を引き起こしていることを指摘したが，コミューンの監査が不十分であることの認識が広まっていないことを指摘した。
　さらにA. ボリイ財務大臣（穏健党）は，税制改正の必要性をあげた。ボリイ財務大臣は租税回避地に介護財源が流れている事態を深刻に受け止めていた。財務省は，法律の抜け道をくぐり抜けようとする企業に対して，適切な課税を可能とする立法に向けた調査を，税務庁に対し指示している。A. ボリイ財務大臣は春までには法改正を行なうとした。

第7章　グローバル資本主義とローカルデモクラシー——カレマケア報道からの考察—

(9) ストックホルムコミューンが介護付き住宅の全入札を停止

　11月15日，関係閣僚の共同会見の報道とともに，DN紙はストックホルムコミューンの対応について，ストックホルム市長S. ノルディン（穏健党），高齢者担当市長J. ラーション（穏健党）のコメントとともに報道している。ストックホルムコミューンはコミューン内の介護付き住宅の新規の入札を一時停止した。政府はベンチャー投資企業への対応を検討中であるが，市長らはその結果を待って，公共購売における入札をよりよいものにしていくとした。スウェーデン国内の高齢者介護の民間事業者への委託は15％であるのに対し，ストックホルムでは60％が民間事業者に委託されている。ストックホルムの民間委託の急増について，S. ノルディン市長は「100％の事業を民間事業者に委託するという目標はない。私自身はコミューン直営の介護付き住宅があってもいいと考えている」と述べた。

　次に市長らはストックホルムの高齢者介護査察官ユニットを強化するため，現在の3人から増員し，看護師，医師を配置する方針を発表した。現在，介護付き住宅で起きた不適切な介護は匿名で通報されることが多く，特に介護企業の職員は通報や告発の事実が職場で知られることを恐れている。査察官の訪問が増えることで，介護付き住宅の風通しがよくなるはず，とJ. ラーション高齢者担当市長は語った。ストックホルムの新たな高齢者査察官制度は，国内のすべてのコミューンのモデルになるだろうし，ストックホルムを高齢になっても住むことができる先進都市にすることを目指すと，コミューン議会での予算審議を目前にS. ノルディン市長はその意気込みを語った。

　11月15日時点では，10月に入札が行なわれた9ヶ所の介護付き住宅の委託契約はとりあえず停止されたが，約1ヶ月後の12月14日の報道は，そのうち7ヶ所については契約が確定し法的に有効になることを伝えた。

(10) ストックホルム元市長が市長時代にカレマケア社のアドバイザー

　11月17日，DN紙によれば，前ストックホルム市長K. アクセルオレーン

303

（穏健党）が在職中の2006年から2008年4月までの間、カレマケア社のアドバイザーを務め、報酬を受けていたという。カレマケア社前社長A. ローディンは、カレマケア社の諮問委員会委員長を務めているが、K. アクセルオレーン前市長が役職についていたことを証言している。

DN紙によれば、カレマケア社のホームページから関係する政治家の紹介記述が突然消えた。その日の朝、K. アクセルオレーン前市長はスウェーデンテレビのトーク番組でカレマケア社の一連の事件について議論していたが、自分が現職の時にカレマケア社の仕事をしていたことには全く触れなかった。K. アクセルオレーン前市長はDN紙に対し、2011年4月に関連の仕事はすべて辞めたとし、自分自身がカレマケア社に対して何の責任も持っていないと話した。

11月19日、DN紙はストックホルムの高齢者介護について、民間委託、特にアテンドケア社とカレマケア社への委託件数の多さを報道した。ストックホルムの介護付き住宅6027人分のうち1812人分がベンチャー投資系介護企業による運営になっており、介護付き住宅3ヶ所中1ヶ所はアテンドケア社かカレマケア社への委託になっている。ストックホルムではアテンドケア社とカレマケア社による介護サービスの受託量はコミューン直営サービスとほぼ同じ量になっている。

この状況をみて、ストックホルム市長S. ノルディン（穏健党）はベンチャー投資系介護企業の占有率が高すぎるという認識を示した。S. ノルディン市長は「将来的には高齢者介護手当（äldrepeng）が解決策になる。コミューンは介護付き住宅の事業者を認可するだけになり、高齢者は自分が住みたいところを選ぶ。このしくみは小規模事業者にもチャンスを与えることになり、大規模事業者による市場の寡占化を防ぐことになる」と高齢者介護への現金給付の導入とさらなる規制緩和が解決策になるとコメントした。

野党側市長[7]のR. モーゲルト（社会民主党）はS. ノルディン市長の考えに反対で、「現金給付のしくみではコミューンによる質の管理がますます難しくなる。例えば、私たちは劣悪な介護を行う企業の参入を拒否できなくなり、事業者同士の買取も阻止できない」と反論した。

第7章　グローバル資本主義とローカルデモクラシー――カレマケア報道からの考察――

(11)ウメオ，カールスタッド，ロンマでもカレマケア社を告発

　11月17日のDN紙は，カレマケア社との契約を打ち切るコミューンが増えていることを報じた。前日のDN紙の討論面で，カレマケア社社長C.ユルフォシュは，民間事業者の医療や介護は将来的なニーズ増加に備えるために必要であるが，現在，カレマケア社の受託する介護付き住宅で多くの問題が指摘されている現実は，経営面での痛手でも大きく，早急に信頼回復に努めなければならないと語った。その一方で，C.ユルフォシュ社長は一連の事態はカレマケア社が民間企業という理由で生じたことではないことも主張している。

　さらにDN紙はカレマケア社が受託する介護サービスに対する3件の告発を報道した。1件目はウメオコミューンのシェレダーレン介護付き住宅で起きた事件で，脳梗塞の後遺症を持つ86歳の男性入居者が短期間に3回も転倒し，腰，肩，手首を骨折した。DN紙はこの男性入居者を通院させなかったことが原因だとしている。

　2件目はカールスタッドコミューンの介護付き住宅で，認知症の入居者が1人でタクシーに乗せられ，病院に診察に行かされたという内容で，その入居者は病院の入り口で病院職員に保護された。

　3件目はロンマコミューンのホームヘルプサービスで一人の男性高齢者が転倒し，職員が緊急アラームに対応しなかったために，2時間後に定時訪問のホームヘルパーに発見されたというものであった。

(12)介護付き住宅で入居者が栄養失調で死亡（ヴェネスボリコミューン）

　12月1日のDN紙は，ヴェネスボリコミューンにあるカレマケア社が受託する介護付き住宅で，過去に認知症の90歳女性入居者が栄養失調で死亡したことを伝えた。この女性は認知症ではあったが特段の病気はなく，医師の診断では極度の栄養失調が死因とされた。

　極度の栄養失調で死亡したとされる女性の息子らは，不適切な介護で母親

が亡くなったとし，2010年夏に社会庁に通報し，調査を求めていた。社会庁の担当者が記録を調べたところ，記録の不備があり，カレマケア社はすでに指摘を受けていた。DN紙が再度，この女性の記録を調べたところ，体重は40キロ以下と書かれているが，体重が減っている状況は記録されていなかった。

DN紙は，カレマケア社が受託する当該介護付き住宅では介護職員と看護師の配置が少なく，ヴェネスボリコミューンとの契約の基準を満たしていないとする。またフルタイム職員も少なく，ヴェネスボリコミューンは給与リストを集めて調査している。死亡した女性の息子らは食堂で入居者が倒れたままになっているところをみたことがあり，介護付き住宅のユニット主任とコミューンに対し同住宅の職員配置の少なさを通報したが，サーラ条項による申し立てまではしなかった。

この件に対し，カレマケア社の質の管理担当L.フレイホルツは「人が亡くなることは悲しいこと。私たちは真摯にメディアの記事にコメントしなくてはなりません。人は（亡くなる前に）食事を受け付けなくなることもあります」とし，当該女性はごく自然な状態で亡くなったと回答した。

(13) 告発者に対する報復の疑い

12月2日のDN紙の報道では，カレマケア社が受託する介護付き住宅4ヶ所（3ヶ所がストックホルムコミューン，1ヶ所がダンデリュードコミューン）で医療事業者トリュグヘルサ社の医療業務の契約が打ち切られた。カレマケア社が受託する，この4ヶ所の介護付き住宅では，トリュグヘルサ社が医療業務を担当していた。トリュグヘルサ社の事業主任A.ヘレストレムは，契約打ち切りはカレマケア報道の発端となった虐待通報（コッパゴーデン事件）を同社の担当医師が行ったことに対するカレマケア社からの報復であり，これは民主主義の問題と語った。

さらに12月7日のDN紙は，イェルフェラコミューンのタルボホーヴ介護付き住宅で起きた事件でも，告発者が批判されている事態を報じた。イェル

フェラコミューンの監査責任者を務める医療担当看護師U. ダーネルは，カレマケア社が受託する当該介護付き住宅の医療不足を告発した医師M. イスグムを批判した。U. ダーネルは，担当医師のM. イスグムが必要以上の不安を感じていて，その不安が現場の職員の間に広がっているという。コミューンに批判された形となったM. イスグムは，民間事業者の立場からみると，監査責任者である医療担当看護師がコミューンの職員であることは公正でないとした。

(14)政府が高齢者介護に追加予算

　政府は高齢者介護に対し，今後3年間にわたる合計43億クローナの追加予算措置を発表した（12月16日）。同時に社会庁が高齢者介護の質を高めるための規則書を作成することになった。DN紙は「自らの一連の介護関連報道が政府に影響を与えた」と報じた。
　この追加予算はコミューンと広域自治体ランスティングの間で配分されるが，高齢者介護の改善策に使われることとしており，特に高齢者への医薬品に使われるという。社会庁は，特に認知症高齢者の介護について，コミューン，広域自治体ランスティング，その他の介護事業者は，1日に数回の見守りが行なわれるように気を引き締めるべきであると注意を促した。国会の社会福祉委員会では高齢者介護の予算はもっと増やすべきであると議論されるなか，カロリンスカ医療研究所教授M. トルスルンドは介護の量と質を維持するためには今後30年間で2倍の予算が必要となることを示した。
　12月17日のDN紙の報道では，2010年1月から11月までに社会庁には2日に1回の頻度でサーラ条項による通報があった。内容の多くは入居者の栄養失調，職員の配置が少なすぎること，緊急通報が機能しないことであった。

(15) リネーゴーデン介護付き住宅で精神疾患のある入居者が拘束 （オステルマルム区）

　年末の国会での予算編成を経て，一見おさまったかのようにみえたカレマケア報道は，2012年1月26日の報道で再燃した。ストックホルムコミューンのオステルマルム区にあるカレマケア社受託のリネーゴーデン介護付き住宅で，精神疾患のある入居者が夜間にベッドに拘束されるという事件が起きた。当該住宅には86人の入居者があり，そのうち，うつ症状や統合失調症等の精神疾患のある入居者15人は精神疾患ユニットで生活している。

　報道による事件概要は次の通りである。1月のある夜に施設の2階にいた職員は突然，男性入居者の叫び声を聞いた。1時間後にも精神疾患ユニットから助けを求める叫び声が続いていたので，他階の職員が駆け付けたところ，男性入居者がベッドに拘束されていた。この男性入居者には精神疾患があり，夜間にベッドに戻らず，しかも怪我をしていたため，精神疾患ユニットの夜勤職員がこの男性入居者をベッドにくくりつけて動けないようにした。

　初めに叫び声を確認した職員は，この男性入居者はよく転倒し，他階の職員が手助けをして起こしてあげることが頻繁にあるので，いつものことと思い，特に気にせずに確認に行かなかったという。男性入居者をベッドに拘束した夜勤職員は医療について何の教育も受けていない職員である上，15人の入居者がいる精神疾患ユニットの夜勤を1人で任されていたことも明らかになり，カレマケア社の事業体制が強く批判された。

　さらにリネーゴーデン介護付き住宅施設長（事業責任者）C．ハグレンの対応も批判された。事件を発見した職員は，男性入居者の拘束をほどき，C．ハグレンに事件の内容を連絡した。本来であれば，C．ハグレンはサーラ条項に従って，オステルマルム区役所にすぐに事件を通報しなければならないが，その対応を怠っただけでなく，加害者の夜勤職員に夜勤明けの翌日も仕事を続けさせていた。当該住宅からオステルマルム区役所に連絡が入ったのは報道前日1月25日午後で，サーラ条項に基づく公式な通報が行なわれたの

は報道があった翌日1月27日午前であった。

　リネーゴーデン介護付き住宅に勤める介護職員の説明では，精神疾患ユニットの状況は，「精神疾患ユニットと呼んではいるものの，精神疾患のある入居者を集めているだけで，精神疾患に対応するケアがあるわけではなく，入居者の症状は悪化している。施設の運営計画から職員に対する精神疾患の教育が抜け落ちている」という。この精神疾患ユニットでは以前から問題が発生していた。入居者の女性が居室に電気もつけず，真っ暗な中で過ごしていた。この女性にはうつ状態があるが，電気は入居者の好みで消されているものと思い，職員はポケットランプを使っていたという。

　DN紙は，事件が起きる半年前の2010年9月に，オステルマルム区委員会委員S.ニルソン（環境党）が，リネーゴーデン介護付き住宅について，職員配置の水準が低いこと，職員の間で性的嫌がらせが発生したこと，行政監査への発言をめぐり職員に対して報復があったことなどを自治体区委員会で質問していたこと，同住宅が区役所に提出するべき事業計画書の提出が遅れていたことなどを改めて報じた。

　被害にあった男性入居者の娘がDN紙に思いを語っている。娘が父親への施設内虐待を知ったのは1月25日で，DN紙の報道前日であった。父親が拘束されたのはその1週間前で1月18日のことであり，施設側は家族に対し事件を隠しておこうとしていたことも考えられる。「父親は動きが活発です。しかしユニットで適切な対応がなされていれば穏やかにしていたと思います。職員が座って話をしたり，入居者に対する思いやりを見せてくれればと思います。職員数が少なく，ユニットの生活にはよい刺激が全くありませんでした」と被害者の娘は語っていた。

(16) 税制改革の政府提案

　3月23日のDN紙は，A.ボリイ財務大臣（穏健党）がベンチャー投資企業の租税回避地での税金対策を阻止するために，政府提案を行ったことを報じた。大臣は介護分野だけではなく，またベンチャー投資企業以外でも，企業

の中に租税回避地へ事務所機能を移す動きがあることに警戒を示した。財務省の調査では,租税回避地を通じて,毎年240億クローナが国外へ流出し,63億クローナの税収が失われていると推計している。今回の政府提案では,EESエリア(EU＋アイスランド＋ノルウェー＋リヒテンシュタイン)以外の租税回避地に事務所を設置して利益を移して控除を受けることを禁止する内容が盛り込まれている。同時にボリイ財務大臣は法人税減税も検討している。この作業を通じて,政府は高齢者介護への信頼を取り戻したいとしている。一方でDN紙は,この方策で高齢者介護の質が改善されるかどうかについては不確かであると報じている。

表7-1　カレマケア報道の時系列的整理(2011年10月～2012年3月)

	日時	記事の内容
	(2011年9月中旬)	医療事業者トリュグヘルサからヘッセルビュ－ヴェレングビュ区役所へコッパゴーデン介護付き住宅に関する苦情の手紙。
	(9月末)	コッパゴーデン介護付き住宅の看護師らがヘッセルビュ－ヴェレングビュ区役所へ匿名で告発。
(1)	10月11日	DN紙のスクープ「コッパゴーデン介護付き住宅で入居者が死亡」
		左党議員がM. ラーション高齢者担当大臣(キリスト教民主党)に質問状。
	10月12日	別の家族からの訴え「カレマケア社が父親の虐待死に対する口止め料?」
		ストックホルム市長コメント「カレマケア事件は国会で取り上げられることになるだろう」
	10月13日	国会の党首討論でカレマ事件が取り上げられる。
	10月14日	DN紙調査:コミューン直営の時代から虐待は続いていた。
	10月15日	社会庁の『高齢者ガイド』でコッパゴーデン介護付き住宅は高得点。
(2)	10月18日	ヘッセルビュ－ヴェレングビュ区役所は自治体区委員会へ虚偽の報告を。
	10月20日	A. ボリイ財務大臣(穏健党)は医療企業の利益が租税回避地に流れることを阻止したいと発言。
	10月25日	「介護スキャンダルの前に連立政権は力なし」(社説)
	10月26日	ヘッセルビュ－ヴェレングビュ区委員会委員長(穏健党)はコミューン理事会に対し,カレマケア社との契約破棄を訴えることを決定。
	10月27日	コミューン理事会はコッパゴーデンのカレマケア社との契約破棄を決定。
(3)		アテンドケア社がセーデルマルム区のカタリーナゴーデン介護付き住宅を落札。アテンドケアは同年に同区のヴィンタートゥーレンス介護付き住宅で問

第7章　グローバル資本主義とローカルデモクラシー——カレマケア報道からの考察—

		題を起こしたにもかかわらず。
(4)	11月2日	イェルファラコミューンのカレマケア社受託のタルボホーヴ介護付き住宅が告発。「入居者が床に寝かされている」
		カレマケア社の職員指導マニュアル「オムツは完全に濡れるまで交換してはいけない」
	11月3日	ストックホルム高齢者担当市長が投稿。「質を高めるためのフォローアップ事業を拡大する事を決定」
		カレマケア本社高齢者介護主任がタルボホーヴ事件に回答。「床に寝たいというのは入居者の要望だった」
	(11月6日)	スウェーデンテレビ番組「私たちは父親を彼らに託した」が放映。イェルファラコミューンのカレマケア社受託のカスタリニエン介護付き住宅で虐待。介護企業は巨大な利益。
	11月8日	「監査を強くしても高齢者介護はよくならない」（社説）
(5)	11月9日	カレマケア社は巨大な利益をあげ，カレマケア社の新しい所有者は租税回避地に拠点をもつ。
(6)	11月11日	「高齢者は濡れたオムツのまま寝かされている」カレマケア社はスウェーデンで初めてオムツセンサーを導入。目的はオムツ交換の回数を減らすため。
	11月12日	カレマケア社を所有する数名はスウェーデン人。
		H.ユルホート（社会民主党党首）「税金が高齢者に還元されるように」
		DN紙調査で，介護企業を所有するベンチャー投資企業を分析。
		高齢者担当大臣「コミューンが監査とフォローアップを」とコメント。
		イェルフェラコミューンのカスタニアン介護付き住宅で，糖尿病の入居者に甘いお菓子が出される。
	11月13日	DN紙政治部長がコラム
(7)		ファールンコミューンでカレマケア社が受託する介護付き住宅で職員配置に虚偽記載。4月にはクロスネスゴーデン介護付き住宅で入居者がテレビを見ながら亡くなっているところが発見。
	11月14日	ファールンコミューンの与党社会民主党ブロックは，カレマケア社との契約打ち切りを検討。
		カタリーナゴーデン介護付き住宅をアテンド社が受託することについて，セーデルマルメ区委員会委員は政党を超えて全員反対。
(8)(9)	11月15日	ストックホルムコミューンは緊急対応で，民間事業者の入札をストップ。首相，法務大臣，財務大臣，高齢者大臣が昨日，合同でコメントを発表。「政府は不適切な介護を阻止するために行動する」と首相。
		DN紙社説
		ストックホルムコミューンは査察官制度を強化。

	11月16日	カレマ社社長 C. ギュルフォースがコメント。将来のニーズに応えるためにも民間の医療や介護は必要。
		ノルディア銀行はトリトン社（介護企業）に多額の貸し付け。
(11)	11月17日	ウメオコミューンでカレマケア社が受託するシェレダーレン介護付き住宅で短期間に3回も転倒。脳梗塞の治療の不足による。 カールスタッドコミューンでカレマケア社が受託する介護付き住宅で，認知症高齢者が1人でタクシーにのり通院させられる。 ロンマコミューンでカレマケア社のホームヘルパーが緊急アラームに対応せず，2時間後に定時訪問のヘルパーが発見。
	11月17日	ストックホルムコミューンの予算委員会でカレマケア問題が議論。
(10)		ストックホルムコミューン前財務担当市長 K. アクセルオレーン（穏健党）が在職期間にカレマケア社のアドバイザー委員会の委員を務めていた。
	11月18日	小規模事業者の運営する介護付き住宅への転居希望が急増。
	11月19日	DN報道：ストックホルムの高齢者介護の約3分の1はアテンドケア社かカレマケア社が受託
		カレマケア関連の通報は150件を超える
		マルタ・セベヘリ教授（ストックホルム大学社会福祉学部）コメント。
		イェルフェラコミューンはタルボホーヴ住宅のカレマケア社への委託を継続せず，その後はコミューン直営に。
	11月20日	認知症協会がストックホルムコミューンの職員2人を警察に訴える。「報告書偽造」の疑いで。
	11月21日	「公的な競争入札の技術の低さがスキャンダルの要因となっている」
		「介護報酬の低さが介護サービスの質の低下を招いている」HSB（住宅生協）会長
	11月23日	「国レベルでの査察庁を。職員の配置基準の法制化を」環境党国会議員
		カレマケア社はこれまでの不適切な介護に対し，損害賠償を払っていない。
	11月24日	セーデルマルメ区はカタリーナゴーデン介護付き住宅のコミューン直営を求める。1000人以上の住民署名。
		サバツベリイ介護付き住宅がストックホルムコミューンの最高クオリティ賞を受賞。
(12)	12月1日	ヴェネスボリコミューンのカレマケア社の介護付き住宅で入居者が食事を摂取せずに死亡。
(13)	12月2日	医療事業者トリュグヘルサがカレマケア社が受託する介護付き住宅で解約。 コッパゴーデンを告発した医師が解雇。
	12月7日	イェルファラコミューンが告発した担当医師を批判「不安をまき散らした」
	12月13日	ベンチャー投資企業が全面広告「私たちはスウェーデンで最高の高齢者介護を目指しています」

第7章　グローバル資本主義とローカルデモクラシー──カレマケア報道からの考察──

	12月14日	カレマケア事件はベンチャー投資系介護企業に大打撃。
	12月14日	アテンド社はセーデルマルメ区のカタリーナゴーデン介護付き住宅の契約を差し止められる。コミューン直営のままに。
	12月15日	コッパゴーデンを告発した担当医師の解雇は取り止め。
(14)	12月16日	政府は高齢者介護に43億クローナの追加予算。質を高めるための規則書を作成へ。
	12月17日	国会論戦。赤－緑連合は介護付き住宅に職員配置基準の法制化を要求。
	12月17日	カレマケア社はイェルフェラコミューンの入札を逃す。
	12月17日	社会庁へは2日1件の苦情申立。多くは職員配置の少なさを不安に思う声。
	12月22日	カレマケア社は節約方法を職員に教える。
	12月23日	100件の通報のうち監査につながったのはわずか6件。
		コミュナール労組はカレマケア社の労働条件に怒る。
		介護は選挙の争点になる。
	12月24日	ベンチャー投資企業への税金ショック。
	12月30日	ストックホルム市民は医療と学校の自由選択を支持している（サービス業雇用者連合会とスウェーデンビジネス連合）。
	12月31日	カレマケア社の介護付き住宅で事故。
	1月2日	ストックホルムコミューンは20億クローナの介護付き住宅予算。
	1月5日	エルヴショー区のホームヘルプはスウェーデンで最悪。社会庁調査で。
	1月7日	コミューンの介護サービス判定員はフォーローアップをしていない。
	1月8日	多くの高齢者が間違った医療的処置を受けている。
	1月12日	ストックホルムコミューン内セレフェン地区診療所が買いたたかれる。
(15)	1月26日	オステルマルメ区でカレマケア社が受託するリネーゴーデン介護付き住宅で，精神疾患のある入居者が夜間に拘束。
	1月27日	オステルマルム区は緊急対策会議。カレマケア社はサーラ条項を無視か。
	1月28日	オステルマルム区助役はリネーゴーデン介護付き住宅とカレマ本部に対する指導を強化するとコメント。
	2月1日	オステルマルム区リネーゴーデン介護付き住宅施設長が昨日に辞職。
		入札の点数を評価。リネーゴーデンは200点と高得点。
	2月2日	「問題は利益への関心ではなく，管理の必要性」と穏健党議員。
	2月18日	DN紙論説「だから社会民主党はカレマ論争で優位に立てない」
	3月3日	アテンド社の歴史についてDN紙が語る。
		社会民主党は介護における営利法人の存在は認めつつ，ベンチャー投資企業には反対。左党は介護分野での営利法人はなくしたい。穏健党は利益の国外流出を阻止したい。

313

	3月12日	ストックホルムコミューンで新たな査察官制度が始動。
	3月13日	カレマケア社C. ギュルフォシュ社長が辞職。辞職の理由は家族の事情。
(16)	3月23日	次週に国会提出予定の政府提案の中で，ベンチャー投資企業の過度の税金対策を阻止する内容を盛り込んだことを，アンダシュ・ボリイ財務大臣（穏健党）が発表。

※（　　）内の数字は，本節で詳細を記している。太字は実際に発生した事故。

3 カレマケア報道の内容分析

　コッパゴーデン介護付き住宅の事件から，税制改革の政府提案が出されるまでの過程を時系列に整理してきたが，本節では次の3点から報道とその内容の分析を行なう。第一に高齢者介護に関する報道の特徴，第二にベンチャー投資系介護企業という新しい介護サービス供給体の特徴，第三にグローバル資本主義の中で登場したベンチャー投資系介護企業に対するコミューンの対応，特にコミューン本体と自治体区の間，また政党間にみられた対立と合意である。

(1)高齢者介護に関する報道の特徴

　カレマケア報道では，「介護スキャンダル」（vårdskandal）という用語が最頻出語となる。「介護スキャンダル」は文字通り，介護の現場に起きたスキャンダルのことを指すが，スウェーデンでは特に高齢者介護の現場で起きた不適切な対応，さらに民間事業者により運営される高齢者介護で起きた対応が取り扱われることが多い（Jönsson 2011：13）。
　表7-2はH. ヨンソン（Håkan Jönsson）がスウェーデンの代表的な全国紙4紙から「介護スキャンダル」という用語を抽出したものである。10年間で249件の記事のうち，高齢者介護以外の児童，精神，歯科，身体医療等は17件のみなので，この用語は高齢者介護によく使われている。1995年から2005年までの10年間で最も「介護スキャンダル」に関する報道が多かったのが1998年

第7章　グローバル資本主義とローカルデモクラシー——カレマケア報道からの考察——

表7-2　「介護スキャンダル」という語が含まれる記事の数

	AB	DN	Expressen	SvD	合計
1995	2	1	0	0	3
1996	0	0	0	0	0
1997	10	6	18	2	36
1998	15	15	48	23	101
1999	3	6	8	10	27
2000	2	4	3	3	12
2001	4	4	3	1	12
2002	9	9	9	6	33
2003	3	4	1	3	11
2004	2	4	1	1	8
2005	1	2	1	2	6
合計	51	55	92	51	249

（出所）Jönsson 2011：15
AB：アフトンブラーデット紙（夕刊紙），DN：ダーゲンズニィヘテル（日刊紙），Expressen：エクスプレッセン（夕刊紙），SvD：スベンスカダーグブラーデット（日刊紙）
※網がけは総選挙の年。

であり，ストックホルム近郊のソルナコミューンにあるポールヘムスゴーデン介護付き住宅で起きた入居者の放置であり，介護職員のウェグナットにより告発されたものである（サーラ事件）。1998年には同じソルナコミューンで別のスキャンダルが起き，その後，この問題は1998年総選挙の争点の一つとなった（Jönsson 2011：15）。ヨンソンは選挙の年に「介護スキャンダル」の報道数が多いという特徴を指摘している。

さらに表7-3は「放置」(vanvård) という語が含まれる記事を抜き出したものであるが，1998年総選挙，2002年総選挙において高齢者介護での不適切な対応が議論されたことがわかる。1997年10月に起きたサーラ事件を発端に，高齢者介護の問題についての関心が高まった。1998年春には年金生活者全国連合会は国内の介護付き住宅を対象にした調査を行ない，その結果をマスメ

表7-3 「放置」という語が含まれる記事の数

	高齢者		動物		子ども		その他	
	AB	SvD	AB	SvD	AB	SvD	AB	SvD
1995	1	2	9	11	10	10	1	13
1996	4	12	5	11	13	14	5	17
1997	35	39	4	11	3	7	9	15
1998	42	64	7	5	10	4	7	7
1999	9	21	4	6	5	14	9	17
2000	6	8	9	13	13	5	21	16
2001	33	9	14	14	5	4	6	12
2002	18	30	10	3	5	3	1	9
2003	5	10	8	17	4	4	4	10
2004	5	4	4	3	2	1	5	14
2005	7	2	2	7	5	13	2	1

(出所) Jönsson 2011：19
AB：アフトンブラーデット紙(夕刊紙)．SvD：スベンスカダーグブラーデット（日刊紙） ※網がけは総選挙の年。

ディアに報道している。1998年総選挙で，政府は医療，小中学校，介護の運営に対し，助成金を出すことを公約とした。そしてその年には高齢者介護における職員の虐待通報義務を規定したサーラ条項が社会サービス法に規定された。ヨンソン（2011）は，新聞紙上での高齢者介護をめぐる問題の取り扱いが選挙における論争や予算や立法の成立過程に影響を与えていることを指摘している。また子どもやペットの「放置」が新聞紙上であまり扱われないのは保護者や飼い主の個人的な問題とされているのに対し，高齢者の「放置」がマスメディアで多く取り上げられるのは，介護問題が社会的な影響が大きいものとして考えられているからとその理由を指摘している（Jönsson 2011：19）。

　ヨンソン（2011）はスウェーデンで報道される介護報道のパターンは，資源の不足と道徳観の不足に集約できるとし（Jönsson 2011：13），表7-4のように整理している。

第7章　グローバル資本主義とローカルデモクラシー—カレマケア報道からの考察—

表7-4　介護報道のパターン（資源不足か不道徳か）

	資源不足	不道徳
対・介護職員	職員不足，指針や指導の不足 知識（認知症介護，介護技術等）の不足 医療的能力の不足	不適切な職員（利用者に対して敬意が払えない，加虐的である等）
対・介護企業／市場	介護報酬が低い，契約価格が低い	介護で利益を得ようとしている（特に株式会社）
対・政治家	財源不足により優先順位が付けにくい 職員の採用が困難	贈賄

(出所) Jönsson 2011：13

「対介護職員」の場面で，資源不足として取り上げられる例としては，職員不足，指導の不足，職員の専門知識（認知症介護，介護技術等）の不足，医療的能力の不足などがある。カレマケア報道では，ほとんどすべての告発に，現場での職員不足が不適切な介護につながっているという指摘が含まれている。また精神疾患ユニット勤務の職員に十分な教育がなかったこと，オムツなどの必要用品が十分にないことなども指摘された。「入居者を見下げている」という介護職員の不道徳に対する指摘もあった。

「対介護企業」の場面では，コミューンからの介護報酬や契約価格が低いなどの財源不足についてはカレマケア社長のコメントなど若干にとどまり，特に企業の不道徳を指摘する報道が多かった。介護に使われるはずの税金が特定の投資家の資産になっているという報道は繰り返された。またカレマケア社の管理職が高額のボーナスを受け取っている，投資系企業は租税回避地に住所を持ち，納税を免れているなどの報道も続いた。さらに DN 紙はアテンドケア社が大企業に発展した過程を特集記事で扱っている（後述）。

「対政治家」の場面では，財源不足や職員採用が困難と言った資源不足が議論する場面はなく，不道徳の面で大物政治家とカレマケア社の関係を問う報道があった。元ストックホルム市長 K. アクセルオレーン（穏健党）が現職市長だった時代に，カレマケア社のアドバイザーを務め，報酬を受けてい

たことが報じられた。またカレマケア社の社長が政府の介護関連委員会の委員になっていることも取り上げている。

　カレマケア報道では，介護現場の職員については「資源不足」，企業と政治家についての「不道徳」が主に取りあげられていたと考えられる。

　また一連のカレマケア報道からは以下2点が指摘できる。

　第一に，カレマケア報道も先行研究の指摘と同様で，政治的日程と関係があるように見える。カレマケア報道は事件当日あるいは翌日ではなく，数日たってから，調査報道として報じられている。事件の内容を淡々と伝える事実報道を超えており，職員，家族等に対して聞き取りをしたうえで報道している。記事の量も今回のケースでは，国会で予算審議が行われる12月に向けて少しずつ増えていき，年末には高齢者介護の質の向上のために3年間にわたる追加予算が決定された。11月6日20時からは，スウェーデンテレビ社で「私たちは父親を彼らに託した」というタイトルのドキュメンタリー番組が放映された。イェルファラコミューンでカレマケア社が受託するカスタニエン介護付き住宅での虐待事件が取り上げられ，家族の悲痛な訴えが放映されるなか，介護企業が莫大な利益をあげていることが報じられ，反響を呼んだ。同番組は再放送もあった上に，スウェーデンテレビ社のホームページ上で繰り返して見ることができた。国会で新たな予算措置が行なわれたことについて，DN紙はカレマケア報道の成果とし，DN紙が政治的影響力を発揮したことを紙面で自己評価している。

　一連の報道が始まった当初は，カレマケア事件は介護の質を巡る問題であったが，徐々に，「租税回避地」「ベンチャー投資企業」という用語がでてくるようになり，税制改革の議論に発展していった。首相や大臣の発言をみても，政府は法人税減税のための税制改革に関心を持つが，介護サービスの質をどうするかについてはさほど関心を持っていたようには見えない。

　そして野党第一党の社会民主党も同様である。DN紙の論説は「だから社会民主党はカレマケア論争で優位に立てない」（2011年2月18日）とし，社会民主党のあいまいな態度を指摘している。野党の中でも環境党と左党は介護分野での営利企業は排除すべきと明確に党の方針を主張し，介護付き住宅に

第7章　グローバル資本主義とローカルデモクラシー―カレマケア報道からの考察―

おける職員配置の基準設定を求めているが，社会民主党は明確な方針を打ち出していない。同時期に政党支持率の伸び悩みと本人の住宅手当を巡る不祥事により，H. ユルホート社会民主党党首は辞任に追い込まれることとなったが，2014年総選挙の前哨戦が始まっているという見方もあった。

　第二に，報道の内容である。明らかな虐待事件と慎重に検討を要する介護現場の課題が混在し，一律に「介護スキャンダル」として報じられている。コッパゴーデン介護付き住宅（2011年10月11日）では感染が理由で入居者が死亡し，またリネーゴーデン介護付き住宅（2012年1月26日）では精神疾患の入居者が拘束されるという事件であり，これらは間違いなくマリア条項，サーラ条項の対象になる事件である。一方，その他の報道では，「床に寝かされていた」「栄養失調で体重が激減」「オムツセンサーでオムツ交換の合理化」「糖尿病の入居者に甘いお菓子が出された」といった内容の告発を「介護スキャンダル」として報道している。しかし集合住宅の生活で安全性を確保するために，入居者の要望をどこまで尊重できるかはケースごとに異なり，判断は容易でない。介護付き住宅に勤務する看護師の投稿では「マスメディアの報道は過剰すぎてはいないか。高齢者は亡くなる前にだんだんと食事をとらなくなっていくこともあり，本人の意思に反して無理に食事をさせることはできない」という意見も寄せられていた。例えば，オムツセンサーの使用についても，毎朝，尿の量を測るのは倫理に反するという意見がある一方で，排尿の周期がわかればオムツを濡れたままにせずにすむという意見もある。法律上明らかな虐待事件と，ケースごとに慎重な検討を要する課題をすべて一律に「介護スキャンダル」としている点は，読者投稿で「行き過ぎ」と批判されることも理解できる。それでも，マスメディアにおいて介護現場のリアリティを詳細に取材し，社会的議論を巻き起こすプロセスはスウェーデンの介護関連の報道にみられる大きな特徴といえる。これは1950年代初頭にみられたロー＝ヨハンソンの脱施設キャンペーンにも同じ特徴を見ることができる。

(2) ベンチャー投資系介護企業の登場と政府の関心

　民間の介護事業者数は，1999年には全国で120事業者であったが，2002年には310事業者に増え，2010年には400事業者を超えている（Socialstyrelsen 2010：37）。また民間事業者のうち9割が営利法人であり，理念団体，協同組合等の非営利団体は1割程度と少ない。非営利団体による介護事業者は戦後の福祉国家により，ほとんどすべてがコミューンの事業に移行したため，その数は限られている（第8章）。また大企業による寡占化が進み，在宅介護の分野では，アテンドケア社，カレマケア社，アレリス社，フェレナデケア社の4社が民間供給シェアの大部分を占めている。2008年ではアテンドケア社とカレマケア社の2社で民間供給部分の半分以上を占め（konkurrensverket 2009：13），両社でスウェーデン全体の介護サービス供給全体の6～7％を占めている（Szebehely 2010：13）。DN紙の報道にもあるが，ストックホルムコミューンの介護付き住宅の3分の1はカレマケア社とアテンドケア社に委託しており，この数はコミューン直営サービスと同じ量である。

　図7-1は介護における民間の大手4社の合併を示している。民間企業のほとんどが1990年代初頭に現れたが，その後，大手企業による買収が続いてきた。業界最大手のアテンドケア社は職員数1万人（フルタイム換算で7000人）で，フィンランド，デンマークでも介護サービス事業を営業している。アテンドケア社の親会社であるアテンド社は2005年にイギリスのブリッジポイント株式会社に買収され，現在ではスウェーデンのインダストリキャピタル株式会社に所有されている。アテンド社の売り上げは2004年から2008年の4年間で265％も伸びている（Meagher&Szebehely 2010：14）。業界第2位のカレマケア社は職員数9700人（フルタイム換算で4300人）でスウェーデン国内に139事業所を持ち，ノルウェーでも介護サービス事業を営業している（ibid.：14）。

　スウェーデンの大手介護企業の特徴には2つの特徴がみられる。第一に，これらの企業はC. ビルト保守中道連立政権（1991-1994）の時代に公共サービスの民営化論争が活発化した頃に誕生し，その後，小さい事業者を買収しながら徐々に拡大していった。第二に，2005年頃から介護企業はベンチャー

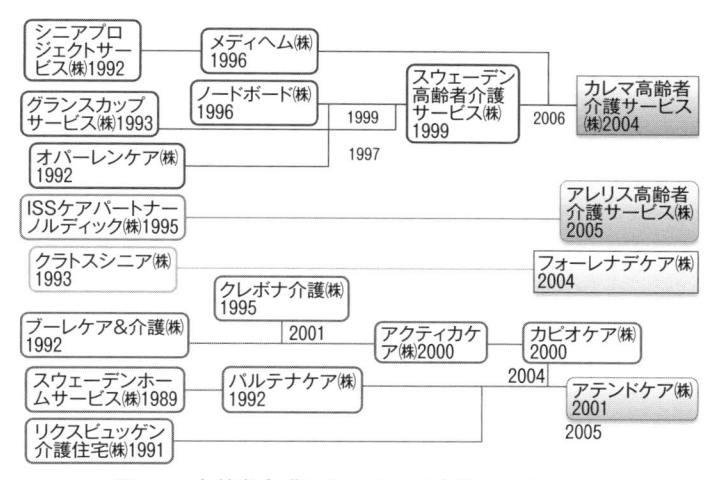

第7章　グローバル資本主義とローカルデモクラシー―カレマケア報道からの考察―

図7-1　高齢者介護における民間企業の合併の歴史
（出所）Rangnar. S & Patrik J.（2006）
※網がけは4大大手企業。

投資会社による投機の対象となり，転売により利益を生み出す構造がつくられていった点である。

　表7-5はアテンドケア社の設立から現在に至るまでを示している。1987年にアテンド社の前身であるスウェーデンホームサービス株式会社が始まり，その後，アテンド社は自社の名前を変えながら，ブーレケア&介護（株），クレボナ介護（株），アクティカケア（株），カピオケア（株），リクスビュッゲン社（株）を買収し拡大していった（図7-1）。この事業展開は2000年に28歳の若さで社長に就任したH. ボレリウンの経営手腕によるところが大きい。H. ボレリウンは介護の専門家ではなく，介護分野よりもサービス選択自由化制度が先行した教育分野において，多くの事業経験を持つ。さらにアテンドケア社の経営方針には2005年頃から変化がみられる。それまでは介護や福祉事業の中での事業拡大を展開していたが，ベンチャー投資企業との関係を深めていったことが表7-5からも明らかである。

　カレマケア報道は，おそらく多くの人たちが気づかぬうちに進行してきたベンチャー投資系介護企業による利益創出の構図を表面化させた。ベン

表7-5 アテンドケア社の創設から現在まで

1987年	アテンド社の前身であるスウェーデンホームサービス株式会社（Svensk Hemservice）が設立される。コミューンからホームヘルプを請け負う。
1990年代	定期的に所有者が変わり，名前も変えながら，急成長を遂げる。
2000年	アテンド社社長H. ボレリウン（Henrik Boleliun）が社長に就任（当時28歳）。彼はフリースクールコンツエルンの出身で企業買収を進めた。G. ダグラス（Gustaf Douglas）のセーキ社（Saki）ととM. シューリング（Melker Schorling）のテレラームケア社（Telelarm Care）が当該コンツエルンの新たな所有者となる。
2000-2010年	当該コンツエルンは他の介護企業を買収しながら急速に成長。ホームヘルプに加え，介護付き住宅，薬物乱用者対象のケア住宅，難民の子どもの臨時施設，児童養護施設等も受託するようになる。2004年カピオケア社（介護付き住宅事業者）を買収。
2005年（2月）	ベンチャー投資企業ブリッジポイント社（Bridgepoint）が，主たる所有者であったG. ダグラスとM. シューリングからアテンドケア社の株式の過半数を22億クローナで購入。
2006年（12月）	B. サベーン（Björn Saven）のベンチャー投資企業IKインベスト社（IK Invest）が，ブリッジポイント社からアテンド社を購入。価格は公表されていないが推定で30～35億クローナ。
2006-2011年	H. ボレリウン社長は，持ち株10％のアテンド社株主としてそのまま残る。
2010年	コンツエルンの価値は67億クローナ，収益は5億2400万クローナといわれる。
2011年冬-2012年	コンツエルンは60～70億クローナで売却先を探す。H. ボレリウス社長の持ち株は6～7億クローナと推定。

（出所）Dagenshyheter 2012/3/3より作成。

第7章　グローバル資本主義とローカルデモクラシー――カレマケア報道からの考察――

チャー投資系介護企業に対する批判は大まかに次の3点に集約される。

　第一に，ベンチャー投資系介護企業は高齢者介護の現場で多くの問題を起こしているにも関わらず，関係者は膨大な利益を享受しているという点である。アテンドケア社は2005年2月にはブリッジポイント社（イギリス），約2年後の2006年12月にはIKインベスト社（スウェーデン）が買収し，2012年3月にはすでに新たな売却先を探している。会社の名称は変わらないため，多くの人が気づかないが所有者は転々と変わっている。アテンドケア社は売却のたびに価格を上げ，2012年の売却額は60～70億クローナと推定されている。その利益を享受するのは株主であり，例えばボレリウン社長の持ち株の価格も上昇していることになる。

　その一方で，ベンチャー投資系介護企業による不適切な介護が数多く報告されている。カレマケア社だけでなく，アテンドケア社もストックホルムコミューンのセーデルマルム区で受託したヴィントートゥーレン介護付き住宅で問題を起こし，別の介護付き住宅の委託契約が取り消された。また他のコミューンでも介護の質の面で多くの問題点が指摘されている。民間事業者による介護はコミューン直営事業に比べて職員配置が少ない，パートタイム職員の比率が高い等の指摘もあり，本来，介護現場で使われるべき財源が一部の投資家や企業家に流れているという点が最も大きな批判である。

　ベンチャー投資企業の最大の関心は利益を得ることであり，企業を買収してから数年の所有で，事業成績を上げて，時期を見計らって売却する。そのため介護企業といっても，その経営者は新たな教育手法や介護方法の開発などの長期的なビジョンは持たないことが多い。税財源で運営される高齢者介護において，企業の売買によるビジネスが関わることへの強い批判がある。

　第二に，税金流出の問題である。多くのベンチャー投資企業は，税金がかからない租税回避地に事務所を持ち，納税を免れている。DN紙はアテンドケア社を所有するベンチャー投資企業IKインベスト社を例に説明している。ベンチャー投資企業は企業買収で利益を上げており，買収した企業を改良して，さらに高値でその企業を売却し利益をあげる。所有者はその利益を租税回避地に住所を持つ私企業に入れてしまうため，税務庁では把握ができない

構図になっている。スウェーデン税務庁はベンチャー投資企業に関係する投資家の収入調査に力を入れているが苦戦している。スウェーデン投資企業協会（SVCA：Svenska riskkapitalföreningen）の数字では，スウェーデンのベンチャー投資企業の資産額は2500億クローナでこの額はスウェーデンGDPの約8％にあたる（DN2012/3/12）。

　スウェーデンでは介護サービスの財源はコミューン税である。コミューン税を財源に介護職員が雇用され，ホームヘルプや介護付き住宅が運営されるので，一定の地域の中で税金が循環するしくみになっていた。しかしベンチャー投資系介護企業の介護サービスは，利益をスウェーデン国外の租税回避地に流し，一部の投資家の利益に消えるという構図を創りだした。政府はこの問題に対する税制改正を提案したが，根本的な解決になっていないという指摘は多い。

　第三に，ベンチャー投資系介護企業が政府と癒着しているという批判である。野党である社会民主党，環境党，左党で介護政策を担当する国会議員らは，アテンドケア社のH. ボレリウン社長が政府のアドバイザーを務めることに対し疑問を呈している。これに対し，G. ハグルンド社会大臣（キリスト教民主党）はランスティング，コミューン，障害者団体，労働組合，医師会等の関連団体からも委員を選出しており，介護企業からの委員が選出されることは問題ないとしている。またストックホルムコミューンでもカレマケア報道が過熱する中で同様の批判がなされた。ストックホルムコミューン前市長のアクセルオレーン（穏健党）が在職期間中にカレマケア社のアドバイザーを務め，同社から報酬が支払われていたことが批判の対象となった。彼女は2011年4月にカレマケア社の仕事を辞めており，同社とは特別な関係がないことを主張した。

　カレマケア報道の初期の頃は，ベンチャー投資系企業の問題については全く議論されていなかった。11月12日の高齢者担当大臣コメント，11月14日の首相，財務大臣，法務大臣，高齢者担当大臣の共同記者会見が行われた頃から，カレマケア報道では次第にベンチャー投資系企業の問題に重点が置かれるようになった。政府はベンチャー投資系企業の問題への対処が必要である

第7章　グローバル資本主義とローカルデモクラシー―カレマケア報道からの考察―

ことを認識しており，国民の関心が高まっている介護問題と合わせて対応しようとしていた様子がうかがえる。また，カレマケア報道があぶりだしたグローバル資本主義の構図は一般市民にもわかりやすく，政府の最も大きな関心事である法人税減税を実施する上で格好の材料となったともいえる。一方で介護の質の向上については，特段の対応はみられなかった。

(3)コミューンと自治体区委員会の関係―対立と合意

　カレマケア事件を通じて，ストックホルムコミューンの動き，特に自治体区とコミューンの対立と合意に焦点をあてて検討する。カレマケア事件で報道の対象となったストックホルムコミューンのヘッセルビュ―ヴェレングビュ区 (3-1)，セーデルマルム区 (3-2)，オステルマルム区 (3-3) の動きをとりあげる。この間に，ストックホルムコミューン内の3つの自治体区でカレマケア社，アテンドケア社に関連する事件が起きたが，年明けに発生したオステルマルム区の報道記事は他の2件に比べて少なく，コミューン本体の関係者のコメントもあまり報道されなかった。

　ストックホルムコミューンは 1997年に自治体区制度を導入しており，コミューン内に14自治体区が配置されている (2012年)。高齢者介護事業は，介護サービス判定とサービス供給，サービスの質の管理は各自治体区の責任で運営されている。ただし介護付き住宅の公共購買（入札）はコミューン本体で定期的に行なわれている。つまり地域が望まない事業者への運営委託が行なわれる場面で，コミューン本体と自治体区の対立が起きる。

(3-1) ヘッセルビュ―ヴェレングビュ区のケース
　　　　（コッパゴーデン介護付き住宅）

事件概要：カレマケア社が受託するコッパゴーデン介護付き住宅で，傷口の不適切な処置による血液感染が原因で一人の入居者が死亡した。告発の中心となった当該住宅の担当医師は，もはや当該住宅では医療の安全を確保できないと主張。当該住宅に勤務する看護職員や介護職員も人員配置が不十分であることを指摘した。

日付	ヘッセルビューヴェレングビュ区区役所（行政）	ヘッセルビューヴェレングビュ区自治体区委員会（政治）	ストックホルムコミューン	国	カレマケア社（事業者）
2011年10月11日			DN紙のスクープ「コッパゴーデン介護付き住宅で入居者が死亡」（実際の事件は1週間前）		
10月11日		「至急の対応が必要」（委員長）①			「書面で回答する」（施設長）
10月12日			「国会でもとりあげられるだろう」（市長）	高齢者大臣に質問状（左党議員）	
10月13日				国会の党首討論で議論に	
10月20日	区助役が報告書改ざんで批判④				
10月25日		コミューンに対する当該住宅のカレマケア社の契約取消の申立を全会一致で可決②			
10月27日			当該住宅のカレマケア社への委託契約を取消の方向へ③		
11月2日					カレマケア社が受託する介護付き住宅4か所で医療を提供するトリュグヘルサ社との契約を打ち切る⑥
11月7日			高齢者担当市長が複数の委託契約を持つ介護企業についての説明。「カレマケア社、アテンドケア社は他事業者より多くの事業を説明」（定例議会にて）		
11月12日				高齢者担当大臣コメント「税金が租税回避地に流れる状況を阻止したい」	

11月14日	↓				首相，財務大臣，法務大臣，高齢者担当大臣が共同会見
11月20日	認知症協会が区助役らを監査情報の改ざんを行ったとして警察に通報⑤				

※太枠部分はコミューンと自治体区委員会との対立。

論点1．コミューンと自治体区委員会の対立

　ヘッセルビュ－ヴェレングビュ区委員会委員長のF．ボエリュド（中央党）は報道直後，すぐにコメントを述べ，「当該住宅については多くの告発があるにも関わらず，問題を解決するための動きが何もない。ヘッセルビュ－ヴェレングビュ区委員会は情報収集を徹底し，間違った処置や無処置で苦しんでいる入居者を特定し，対処を考えなければならない」とした（表中①）。その後，10月25日晩に開かれたヘッセルビュ－ヴェレングビュ区の定例委員会で，コッパゴーデン介護付き住宅におけるカレマケア社の委託契約を打ち切るよう，自治体区委員会としてストックホルムコミューン執行委員会[8]に訴えることを決定した（表中②）。

　この提案は与党側から提出され，与党4党（穏健党，国民党，中央党，キリスト教民主党）はカレマケア社との委託契約破棄ということで意見は一致していた。野党3党（社会民主党，環境党，左党）は介護企業の参入にはもともと反対あるいは消極的であるため，委託契約破棄という与党の提案に異論はなかった。翌日のDN紙は，ヘッセルビュ－ヴェレングビュ区委員会の決定を受けて，ストックホルムコミューン理事会はコッパゴーデン介護付き住宅のカレマケア社への委託を打ち切る方針を決めた（表中③）。

　自治体区委員会の議席配分はコミューンの議席配分と同じであるため，両者の意思決定は同じ結果になるといわれる。しかしコッパゴーデン介護付き住宅のケースでは，介護サービスの実質的な運営と質の管理を行う自治体区が，入札を通じて委託契約を結ぶ権限を持つコミューン本体に対して異議申

立を行ったことになり，両者の間に対立がみられた(表中の太枠部分)。L. ラーション同自治体区委員（左党）は「これほど多くの住民が夜遅くまで委員会の傍聴に残っていたのはかつてみたことがない」と DN 紙にコメントしたように，自治体区の住民の関心の高さが自治体区委員会の政治的決定，特に与党の決定を促したと考えられる。

論点2．自治体区職員による報告書改ざんに対する関連団体の動き

　ヘッセルビュ-ヴェレングビュ区の医療担当看護師は区役所に対し，コッパゴーデン介護付き住宅の介護の質をめぐる課題について，2度にわたり報告していた。しかし区役所職員が報告の内容を改ざんしたために，正確な情報が自治体区委員会に届いていなかったという報道の内容である。報告書改ざんを理由に名指しで批判された職員は，自治体区助役 L. スピュースと自治体区高齢者介護課長 A. ドミニウスの2人である。

　この報道に対して，看護職労働組合（Vårdförbundet）はすぐにコメントを出し，「もしストックホルムコミューンが医療担当看護師の報告を改ざんしていたとしたら，それは公文書偽造で深刻な問題」として法的な手段に訴えるとし，報告書を作成した医療担当看護師の立場を守る発言をした（10月20日）（表中④）。

　そのちょうど1ヶ月後，認知症協会[9]は当該職員2人の行為を公文書改ざんの容疑で警察に届けた（11月20日）（表中⑤）。認知症協会は認知症の本人，その家族，支援者による当事者組織であるが，社会的な発言力は大きい。認知症協会の行動を通じて，コッパゴーデン事件は法的な事件となった。認知症協会の弁護士のコメントでは，「医療担当看護師の報告書が書きかえられ，その結果として（コッパゴーデン介護付き住宅で）不適切な介護が続いたのは明らか。社会庁，コミューン，様々な機関が問題解決のために奔走しているのは好ましいこと。同時に情報改ざんを行った自治体区職員の責任は明らかである」とした。一方，L. スピュース自治体区助役は，医療担当看護師自身が報告書の修正をしたとして，訴えの内容を否定している。

　高齢者介護の報道を受けて，労働組合，当事者組織が敏感に反応し，行動

第7章　グローバル資本主義とローカルデモクラシー――カレマケア報道からの考察――

している。

論点3．告発に対する報復をめぐる議論

　トリュグヘルサ社がカレマケア社の受託する介護付き住宅の医療業務に関する契約を打ち切られたのは，カレマケア社の報復だと DN 紙は報道した（表中⑥）。トリュグヘルサ社事業主任の A. ヘレストレムは，コッパゴーデン介護付き住宅で事件の起きる1ヶ月前の9月中旬にヘッセルビュ－ヴェレングビュ区役所に手紙を書き，カレマケア社がコッパゴーデン介護付き住宅の運営を受託して以降，医療体制が不十分で，多くの入居者が十分な医療や介護を受けられずに苦しんでいることを伝えていた。

　この報道を受け，ヘッセルビュ－ヴェレングビュ区委員会 F. ボエリュド委員長（中央党）はすぐに区役所に対し，事情調査を指示した。自治体区助役 L. スピュースの説明では，広域自治体ランスティングからコミューンに問い合わせがあり，介護付き住宅の医療担当する事業者に変更があるかと尋ねられ，通常通りの対応をしたという。医療は広域自治体ランスティングの管轄である。区役所から各介護付き住宅の委託事業者に問い合わせた結果，カレマケア社はトリュグヘルサ社との契約は打ち切りたいということであった。L. スピュース自治体区助役の解釈では，制度上，介護付き住宅の医療業務をどの業者に委託するかは介護付き住宅の受託者が希望を出し，広域自治体ランスティングが公式に決定することになっている。L. スピュース自治体区助役はこれまでの契約期間が長かったという理由でカレマケア社はトリュグヘルサ社との契約を打ち切ったものとして，事件との関係を否定した。

　ストックホルムレーン・ランスティングの高齢者担当理事（landstingsråd）の S. ニューマン（キリスト教民主党）のコメントは自治体区助役の見方とは少し異なっている。トリュグヘルサ社がカレマケア社の受託する介護付き住宅の医療業務に関する契約を打ち切られたのは現在のシステム，つまり介護付き住宅の受託者がその施設の医療担当事業者を決めるというしくみの結果であるが，長期的にみれば，市民は悪事を告発したトリュグヘルサ社の勇気

を評価するだろう，と発言した。この発言はカレマケア社の報復を受けたトリュグヘルサ社に対する同情のようにもみえる。

その後，政治決定のレベルで動きがあった。ヘッセルビューヴェレングビュ区委員会は自治体区委員会としてトリュグヘルサ社がコッパゴーデン介護付き住宅で医療担当を続けることを決めた（12月13日）。野党（社会民主党＋環境党＋左党）と国民党の共同提案により，告発に対する報復問題が自治体区委員会で政治課題として扱われることとなった。この提案は初めは野党のリーダーシップによるものであったが，与党から国民党が野党側に加わったことで，トリュグヘルサ社の契約延長は賛成多数で決定された。国民党を除く与党の穏健党，中央党，キリスト教民主党は，トリュグヘルサ社はこの件についてすでに労働環境庁に異議申し立てをしており，そこでの決定を待つべきとして，野党の提案に反対した。

B. ロクスネ委員（社会民主党）は，「トリュグヘルサ社が契約を打ち切られることになれば，不適切な介護を告発した人たちは報復を受けるという間違ったシグナルを発する事になる」とコメントした。

野党と国民党（与党の一部）が連携し，トリュグヘルサ社の事業継続を実現した点，また自治体区が，医療を管轄する広域自治体ランスティングを飛び越えた決定を行なっている。

(3-2) セーデルマルム区のケース
（カタリーナゴーデン／ヴィンタートゥーレンス介護付き住宅）

事件概要：ストックホルムコミューンはセーデルマルム区のカタリーナゴーデン介護付き住宅をアテンドケア社に委託することを決めた。しかしアテンドケア社は，同年春に同区内で同社が受託するヴィンタートゥーレンス介護付き住宅での不適切な介護が告発されたばかりであった。住民の反対署名が自治体区委員会，市を動かし，最終的にはカタリーナゴーデン介護付き住宅のアテンドケア社への委託は取りやめとなった。

	セーデルマルム区区役所（行政）	セーデルマルム区自治体区委員会（政治）	ストックホルムコミューン	国	セーデルマルム区住民
2011年10月27日	「アテンドケア社の介護の質は標準に達していないこ	「委託先を決めるのは市助役。自治体区委員会に権限			

第7章　グローバル資本主義とローカルデモクラシー――カレマケア報道からの考察――

	とを示す資料を提出した」（助役）	なし」（委員長）①「アテンドケア社の介護の質は低いのになぜ」（副委員長）②（コミューンの公式決定を受けて）「区が提出したアテンドケア社の評価は低いはずなのに」（委員長）③	カタリーナゴーデンのアテンドケア社への委託が決定	
11月7日			高齢者担当市長が複数の委託契約を持つ介護企業についての説明。「カレマケア社，アテンドケア社は他事業者より多くの事業を説明」（定例議会にて）	
11月12日				高齢者担当大臣「税金が租税回避地に流れる状況を阻止したい」
11月14日			「新規の入札を一時停止。10月決定の委託先も署名を先送り」（市長，高齢者担当市長）④	首相，財務大臣，法務大臣，高齢者担当大臣が共同会見
11月17日			10月中に実施した入札で，9件のうち7件について行政裁判所に不服申立があることが報道。	
11月19日			前市長がカレマケア社のアドバイザーを務め，謝金を受けていたことが報道。	
11月24日		区副委員長（野党）が区委員長（与党）に公開の手紙を送付「自治体委員会の全会一致でコ		アテンドケア社への委託に反対する1000人を超える署名を集める。⑤

331

		ミューンに対し委託反対の申し立てを」(副委員長)⑥		
12月4日			カタリーナゴーデンのアテンドケア社への委託は白紙に⑦ 「住民の不安に応えたい」(高齢者担当市長)	

※太枠部分はコミューンと自治体区委員会との対立。

論点1．コミューンと自治体区委員会の対立

　セーデルマルム区での議論は，同区のカタリーナゴーデン介護付き住宅がアテンドケア社への委託決定が報道されたことに始まる。カタリーナゴーデン介護付き住宅は当時コミューン直営で運営されており，55室の居室を持つ。セーデルマルム区では，アテンドケア社が受託するヴィントートゥーレンス介護付き住宅において，2011年春に介護の質をめぐる問題が起きていたばかりであった。

　報道を受けて，セーデルマルム区委員会C．イェルケボーン委員長（穏健党）は当初「介護付き住宅の委託先を決めるのはコミューン助役[10]であり，自治体区委員会にその権限はない。自治体区委員会の仕事はカタリーナゴーデン介護付き住宅の事業をフォローアップしていくこと。アテンドケア社がしっかりと仕事をするように示していかなくてはならない」と話し，自治体区委員会には委託先を決める権限がないことを強調していた（表中①）。

　しかし野党のA．ヨーランソン副委員長（社会民主党）は「(アテンドケア社は)ヴィントートゥーレンス介護付き住宅の介護は契約期間に一度も契約の水準に達したことはなかった」とアテンドケア社とその委託を決めたストックホルムコミューンを批判した（表中②）。セーデルマルム区に住む社会民主党のコミューン議員で高齢者政策担当のE．マリエは，「フォローアップ調査の結果でも，ヴィントートゥーレンス介護付き住宅では今でも看護師の異動が多く，最悪な状態が続いている。それにもかかわらず，アテンドケア

第7章　グローバル資本主義とローカルデモクラシー―カレマケア報道からの考察―

社に再度，セーデルマルメ区の介護付き住宅を委託することが決まり驚いている」とコメントした。

11月14日に開催されたセーデルマルメ区委員会では，カタリーナゴーデン介護付き住宅のアテンドケア社への委託決定に対して批判が相次いだ。DN紙の報道では，この日にストックホルム市助役は2012年3月付でカタリーナゴーデン介護付き住宅をアテンドケア社に委託することを正式に決めていた。当初は「委託先の決定は市助役の権限」とし，問題解決にやや消極的だったC. イェルケボーン委員長（穏健党）も「公共購買（入札）の評価指標でアテンドケア社が高く評価される事態は信じられないほど深刻。ストックホルムコミューンはまず私たちが提出した資料をしっかりと読むべき」とコミューンの決定に対して異論を唱えた（表中③）。DN紙の報道では，C. イェルケボーン委員長はコミューンの決定に反対しつづけ，幾晩も眠れない日が続いたという。

セーデルマルム区助役S. イングバーソンの説明では，セーデルマルム区はアテンドケア社のサービスの質は標準以下であるとした評価資料をストックホルムコミューンに提出しており，コミューンがセーデルマルム区提出の資料を参考にすれば，（アテンドケア社が）公共購買（入札）で最高得点をとることはありえないとする。つまりセーデルマルム区が提出したアテンドケア社の評価資料は，公共購買（入札）での評価に影響を与えなかったと話した。

セーデルマルム区委員会A. ヨーランソン副委員長（社会民主党）は，自治体区委員会が，ヴィンタートゥーレンス介護付き住宅の不祥事の直後で，アテンドケア社に対し信用をなくしていることをコミューンはもっと考慮すべきとコメントし，「契約を失うリスクを感じれば，アテンドケア社も反省するはず」として，コミューンの決定を批判した。

カタリーナゴーデン介護付き住宅のアテンドケア社への委託をめぐり，セーデルマルム区とストックホルムコミューンは対立する関係となった。この状況の中で，ストックホルム市高齢者担当市長J. ラーション（穏健党）は11月7日に開催された定例のストックホルムコミューン議会で，アテンドケア社とカレマケア社になぜ複数の介護付き住宅を委託しているかについて説

333

明した（表中④）。その内容は，アテンドケア社とカレマケア社の介護サービスの質は十分であり，かつ他の事業者よりも多くの事業内容を提示しており，申請書どおりの事業が行われればよりよい介護サービスが期待できるというものであった。

カタリーナゴーデン介護付き住宅の公共購買（入札）については，落札できなかった事業者のうち2つの事業者が行政裁判所（förvaltningsrätten）に異議申し立てを行った。つまり他事業者からもコミューンの入札結果に疑義が持たれていた。

フォローアップを通じて介護の質を管理するのは自治体区の仕事であるが，その自治体区が作成した報告書が，コミューンが実施する公共購買（入札）で活用されないとすれば深刻である。カレマケア報道ではサービスの質の評価に対する信頼が揺らいだ。社会庁は毎年，『高齢者ガイド』(Äldreguiden)を発行し，介護サービスの質の向上を目指すとともに，利用者がサービスを選択する際の情報提供を行なっている。しかしカレマケア報道で批判されたコッパゴーデン介護付き住宅やリネーゴーデン介護付き住宅はいずれも社会庁の『高齢者ガイド』でトップクラスの評価を受けていた。DN紙は重要項目については会社自身の自己評価であり，信憑性が低いことを指摘した（10月15日）。大企業の介護サービスに対するフォローアップ作業，つまり監査やサービス評価はなかなか難しいことが浮き彫りとなった。

論点2．利用者家族の訴え

ストックホルムコミューンがカタリーナゴーデン介護付き住宅のアテンドケア社への委託を決めたことに対し，怒りを示したのは自治体区委員会の政治家だけでなかった。DN紙は，利用者家族からの訴えを掲載した。

アテンドケア社が受託するヴィンタートゥーレンス介護付き住宅で不適切な介護を受けた母親をコミューン直営のカタリーナゴーデン介護付き住宅に転居させたが，そのカタリーナゴーデン住宅までもアテンドケア社の委託になってしまう可能性があるという皮肉な事例である。この事例では，ヴィンタートゥーレンス介護付き住宅に入居していた認知症の母親がある日，裸の

まま，マットレスに寝かされていた。その後，その息子は職員を信用できなくなり，母親をコミューン直営のカタリーナゴーデン介護付き住宅に転居させた。息子の証言は「母親はオムツ交換をしてもらえず，オムツの汚れでむずむずした状態で座らされていた。私は毎日のように母の手から排せつ物を取り除いていた」というもので，彼の母親は他の入居者と一緒の食事を望んだが別の席に隔離されてしまうなどの扱いも受けた。最終的にはカタリーナゴーデン介護付き住宅への転居を決断し，母親はそこで落ち着いて生活しているという。

大きな決断をしてコミューン直営の介護付き住宅に引っ越したにもかかわらず，引っ越し先がアテンドケア社の委託になることについて，息子は紙面でその理不尽さと大きな不安を訴えた。複数の利用者家族が実名で新聞に投稿を続け，読者には強い印象を残す結果となった。

論点3．住民の積極的な動き

ストックホルムコミューンの決定に対し，自治体区の住民も黙っていなかった。セーデルマルム区では，住民らがカタリーナゴーデン介護付き住宅をコミューン直営のままにという1000人以上もの署名を集めた（表中⑤）。

また11月24日，セーデルマルム区委員会の野党（社会民主党＋環境党＋左党）委員は共同で同委員会に対し，カタリーナゴーデン介護付き住宅のアテンドケア社への委託決定に反対する文書を提出した。A. ヨーランソン副委員長（社会民主党）は，2011年春にはセーデルマルム区委員会が党派を超えて一致団結して，ヴィントートゥーレンス介護付き住宅のアテンドケア社の契約更新を阻止したことをあげ，今回も，自治体区委員会としてストックホルムコミューンに圧力をかけ，カタリーナゴーデン介護付き住宅のアテンドケア社への委託決定を取り消したいとした。

A. ヨーランソン副委員長は「ストックホルムコミューンの公共購買（入札）の失敗のつけを払わされるのは高齢者である」とコメントし，C. イェルケボーン委員長（穏健党）に公開の手紙を出し，「私たちは（党派を超えて）多くの点で一致している。私たちは利益追求だけのベンチャー投資企業を

嫌っている。(中略) 私たちは一致してストックホルムコミューン当局に再考を促したい」と書いた (表中⑥)。

　介護をめぐる一連の騒動の中で，ストックホルム市長 S. ノルディン (穏健党) は11月17日，ストックホルムコミューンは新規の入札を一時停止すること，10月にすでに委託先が決まっていた9件の介護付き住宅についても契約の署名は行わずに様子をみることを伝えた。副市長 S. イングバーソン (社会民主党) は，9件の公共購買 (入札) のうち7件について，落札できなかった事業者が行政裁判所へ訴えを起こしていることを伝えた。

　12月4日の DN 紙の報道によると，1000人以上の署名を集めたカタリーナゴーデン介護付き住宅の委託問題では，同住宅は引き続きコミューン直営のままとなり，アテンドケア社への委託は取り下げられた (表中⑦)。高齢者担当市長 J. ラーション (穏健党) は「介護付き住宅に入居する家族を持つ人たちの多くが，ヴィンタートゥーレンス住宅での事件が繰り返されるのではないかと不安に思っている。できる限りのことをしたい」とコメントした。また J. ラーション高齢者担当市長は「アテンドケア社はコミューンの高齢者介護への要求を最も満たした事業者だったので (カタリーナゴーデン住宅の運営委託を) 落札した。しかし私たちは公共購買 (入札) に際し，どのような参考資料を使うか，どのようにして類似の事件を回避できるかを考えなくてはならない」と続けた。

　ストックホルムコミューンの委託取り消しの決定に対し，アテンドケア社は遺憾の意を表明した。アテンドケア社の広報担当 C. ネストロームは，コミューンの決定は一部の家族の意見のみで判断したもので，客観性を欠いているとコメントした。またカレマケア社も同時に，フルーエンゲン区のアクスゴーデン介護付き住宅とヘッセルビューヴェレングビ区のコッパゴーデン介護付き住宅の契約を同時に失うことになった。J. ラーション高齢者担当市長はその理由について，一部で契約を無効にし，一部で契約を結ぶということはできないとした。コミューン本体が事業者の公共購買 (入札) の権限を持つが，住民らの署名活動が自治体区委員会を動かし，コミューン本体の決定を覆した事例である。アテンドケア社も，カレマケア社は複数の委託

第7章　グローバル資本主義とローカルデモクラシー――カレマケア報道からの考察――

先を失い，大きな痛手を受けた。

(3-3) オステルマルム区のケース　（リネーゴーデン介護付き住宅）

事件概要：オステルマルム区にあるカレマケア社受託のリネーゴーデン介護付き住宅で，入居者が夜間にベッドで拘束されるという事件が起きた。リネーゴーデン介護付き住宅には86人の入居者があり，そのうち，うつ症状や統合失調症等の精神疾患のある入居者15人は精神疾患ユニットで生活している。事件は精神疾患ユニットで起き，その後の同社の対応も問題視された。

	オステルマルム区区役所（行政）	オステルマルム区自治体区委員会（政治）	ストックホルムコミューン	国	事業者
2012年1月26日	区高齢者介護部長，医療担当看護師が調査に入る。夜に緊急対策会議を招集。				DN紙のスクープ「リネーゴーデンの精神疾患ユニットで男性入居者が拘束される」（実際の事件は1週間前）
1月27日		自治体区はカレマケア社に対し，1月31日までに改善計画を要求。「管理職と職員のコミュニケーションがとれていない」（区助役）			
1月30日					リネーゴーデン施設長は退職

※コミューンと自治体区委員会との対立はみられなかった。

論点１．自治体区委員会内での決着

　年末の予算審議で高齢者介護に追加予算が決まってから，一見おさまったかのようにみえた介護スキャンダル報道は，2012年1月26日のリネーゴーデン介護付き住宅での事件に関する報道で再燃した。

　報道当日とその翌日の2日にわたり，オステルマルム区高齢者介護部長M.スネルと医療担当看護師は終日，リネーゴーデン介護付き住宅で聞き取りを行った。M.スネル高齢者介護部長は聞き取りの後で，現場の職員と同様に中間管理職に対する教育や支援が行われていないこと，職場のリーダーと職員の間のコミュニケーションが不足している点を指摘した。またカレマ

ケア社はコミューンとの契約で，各ユニットにグループリーダーを配置する事になっていたが，精神疾患ユニットにはグループリーダーが配置されておらず，必要な教育を受けていない職員がグループリーダーになっているケースがあることも判明した。

　報道当日1月26日の夜から深夜にわたり，オステルマルム区役所では緊急対策会議が開かれた。この会議にはオステルマルム区助役 G. モンソン，カレマケア社本部高齢者介護責任者 K. ストールコッグ，カレマケア社本部地域担当 U. ウェンネストレームも出席した。

　オステルマルム区助役モンソンは，当該の介護付き住宅では管理職と介護職員のコミュニケーションが不十分であったことがわかり，施設内およびカレマケア社の指導体制を批判した。また事件が起きた精神疾患ユニットで専門知識を持つ職員の配置はなく，この点でもカレマケア社はストックホルムコミューンとの委託条件を満たしていなかった。自治体区助役らは深夜の精神疾患ユニットの状況を直接調べたが，入居者の動きは活発で，夜勤者1人では対応できないと判断した。オステルマルム区はカレマケア社に対し，1月31日までにリネーゴーデン介護付き住宅内の指導体制の強化について改善案を提出することを指示した。

　さらに DN 紙は，事件の起きる半年前の2010年9月に，オステルマルム区委員会において，自治体区委員会委員 S. ニルソン（環境党）がリネーゴーデン介護付き住宅では職員配置の水準が低いこと，職員間で性的嫌がらせが発生したこと，行政監査への発言に対する職員の報復を受けていることについて質問したこと，区役所に提出しなければならない事業計画書が遅れていることなどを改めて報じた。

　リネーゴーデン介護付き住宅施設長（事業責任者）は，サーラ条項に従って，オステルマルム区役所にすぐに通報しなければならないが，その対応を怠った。DN 紙の取材に対し，リネーゴーデン介護付き住宅施設長からの回答はなく，カレマケア社本部の高齢者介護責任者 K. ストールスコッグが「調査中」と回答し続けたが，2月1日の DN 紙は，1月30日付で施設長が退職したことを伝えた。M. スネル高齢者介護部長は施設長自身がカレマケア本

第7章 グローバル資本主義とローカルデモクラシー——カレマケア報道からの考察——

社からバックアップを受けていなかったことを指摘している。

　ストックホルムコミューン，また国は，この事件についてはコメントを出しておらず，中央政府にとって一連の「介護スキャンダル」は年末に予算措置を行ったことで終了したという感がある。

4　結論

　本章は，グローバル資本主義，サービス供給の多元化といった高齢者介護をとり巻く新たな局面において，長い伝統を持つスウェーデンのコミューン自治がどのように対応しているかを明らかにしようとするものであった。カレマケア報道を歴史分析の対象として取り上げ，スウェーデンの介護の質を検討するのではなく，DN紙の記事は事象を示したデータとして政治過程分析に用いることとした。

　具体的な目的は次の3つであった。第一にスウェーデンにおける高齢者介護の報道の特徴を示すこと，第二に新たな介護サービス供給体として登場したベンチャー投資系介護企業の特徴を示すこと，第三にグローバル資本主義のもとで活動する介護企業に対するコミューンの介護システムとローカルデモクラシーの機能を明らかにすることであった。

　まずスウェーデンにおける高齢者介護の報道である。記事量や内容が選挙等の政治日程や議会日程と関係していることはすでにヨンソン（2011）が指摘しているが，カレマケア報道でもその様相が確認できる。今回のケースでは，事実報道というよりは，事件の発生を確認してから独自の調査を行い，数日後に調査報道としてスクープ記事を組んでいるという特徴がある。その結果，カレマケア社やアテンドケア社の委託数を減らし，カレマケア社社長を辞任に追い込んだ点では，スウェーデンの介護報道は大きな政治力を持っている。また政府に対して，高齢者介護に3年間の特別予算をつけさせたのは，報道の成果として，DN紙自身が高い自己評価を行なっている。

　介護に関する新聞報道，特に地方版（今回の場合はDN紙「ストックホルム版」）

339

は現場の職員，家族，政治家に詳しい聞き取りを行っており，またコミューン内部の報告書などを入手して読み込み，事実を詳細に報道している。この報道は徹底した情報公開制度のもとで成り立つものであり，市民が地方新聞により地域の出来事を詳細に知ることができる点は，スウェーデンのコミューン自治の成立条件ともいえる。

一方で，報道内容は介護現場の訴えをすべて衝撃的に扱うことも多く，サーラ条項やマリア条項に関連する明らかな虐待事件も，現場で賛否が分かれるような議論も，一律に衝撃的な見出しで扱う傾向がある。そのため報道される内容を文面通りにそのまま受け止めて，介護の質が低下した判断するのは危険である。しかし高齢者介護の現場の議論をわかりやすく市民に届け，社会的な議論としている点はマスメディアの貢献である。

第二に，グローバル資本主義のもとで，新たな介護サービス供給体として，ベンチャー投資系介護企業が登場し，新たな課題が生まれていることが明らかとなった。企業自体が投機の対象となり，所有者が数年ごとに変わる事業者をどう評価すればよいか。スウェーデン国内では政党により意見が分かれる。環境党と左党は参入規制を厳しくすることや職員の配置基準づくりを要求している。保守中道系政党は党により濃淡はあるものの，営利企業が介護サービスに参入することは基本的に歓迎している。しかし税金の海外流出には歯止めをかけたいと考えており，そのためには法人税減税が必要と考えている。社会民主党は態度が不鮮明である。政府（保守中道連立政権）は営利色が強い事業者を含めた供給の多元化に対して，フォローアップ体制を強化しようとするが容易ではない。事件を起こした介護付き住宅が，政府発表の『高齢者ガイド』では介護の水準が高く評価されており，政府の評価や外部評価の信憑性も疑わざるをえない。またコミューンの監査において担当者が詳細に調べ，問題や課題を報告しても，公共購売による入札等では最終的には政治家の判断にゆだねられることとなり，評価結果が反映されるとは限らない。介護の質より政治的判断が優先されがちであり，介護サービスの供給多元化を促す手法として，公共購買（入札）を考えた場合，優良な事業者の選択には評価基準，政治権力との癒着などの問題が残される。

第7章　グローバル資本主義とローカルデモクラシー——カレマケア報道からの考察—

　第三に，コミューンと自治体区委員会の関係である。一般に，コミューン議会と自治体区委員会では政党間の議席配分が同じであるため，意見対立はみられないとされているが，カレマケア事件では事態は明らかに異なっていた。自治体区の住民，介護職員，関連団体，地域政治家の動きが大きな役割を果たしており，時にはコミューン本体と対立構図を示すことが明らかとなった。また対立構図は政治日程とも関係し，予算編成の時期等に活発になる。セーデルマルム区の例では，住民の署名活動が自治体区委員会の地域政治家を動かし，最終的にはコミューンの政治決定を変更させ，介護付き住宅の委託先を変更させた。コミューンの公共購買（入札）の結果に対して，自治体区委員会が必ずしも納得しているわけでなく，自治体区委員会はコミューンの決定に対して変更を迫ることさえある。本章ではグローバル化，分権化，市場化という，21世紀以降のスウェーデンの介護ガバナンスの形を示してきた。しかしこれはあくまでもストックホルムの事例にすぎず，第6章でも示してきたように，コミューンごとで異なる介護ガバナンスが存在しているという認識が必要である。

第8章

サードセクター[1]と介護サービス供給

1 はじめに

　国家とサードセクターのパートナーシップに関する研究では，福祉国家レジームとサードセクターの関係を説明している。自由主義レジームの国では市民セクターの規模が大きく，社会民主主義レジームの国では福祉国家の機能が大きい分，市民セクターは小規模なものになることが指摘され，強力な福祉国家は市民セクターを「締め出す」と分析されることが多い。

　これに対して，S. キューンレ（Stain Kuhnre），V. ペストフ（Victor Pestoff）ら，北欧の政治学者は異論を唱えており，北欧型福祉国家では広範にわたる社会政策において，サードセクターが政治システムの中で大きな影響力を発揮する場面も多く，「締め出す」どころか，時には脅威となる。1980年代末から1990年代初頭にかけて，スウェーデン政府が実施した『権力調査』（Maktutredning）においても，スウェーデンの政治システムにおいて利益団体，市民団体の影響力が大きいこと（Petersson 1996：25）が示された。

　福祉サービス供給という点では，租税を財源とするスウェーデンはフィランソロピーや慈善行為を「締め出し」てきた。なぜならば，市民ニーズのほとんどは，税財源による公共サービスが対応してきたからである。北欧諸国は，慈善か普遍的支援かという対立の中で，税財源を基本とする包括的な普

遍主義の福祉国家をつくってきた (Pestoff 2009：38)。このことは福祉をめぐる議論の歴史にもその衝突が示されている。

　スウェーデンの普遍主義的福祉国家の起源は19世紀末から20世紀初頭にかけて活発にみられた民衆運動 (folkrörelse) にある，とペストフは強調する。スウェーデンの政治システムにおいては，自立生活に向けた普遍的な支援を求める民衆運動と，上流階級にみられた慈善活動の間に常に緊張感が存在してきた。このことは戦前の国民老齢年金，また老人ホーム主義をめぐる議論からも明らかである（第2章）。その成果がスウェーデンモデルであり，普遍主義の確立のルーツには民衆運動があり，もともとサードセクターの役割は極めて大きい社会であった。高齢者介護において普遍主義を実現したホームヘルプでさえも1950年のウプサラの赤十字によるボランタリーな活動（第3章，第4章）がその始まりであった。

　しかしながら，福祉サービス供給は巨大な公的セクターによる高度な専門化により，社会サービスはかつての慈善事業や貧困救済事業のように上から一方的に提供されるサービスになってしまった。社会サービスは専門的エリートの手で供給されることを当然なものとし，市民の自発的な活動の関わりを認めようとせず，市民が関わりを持つことを全く考慮しないシステムになってしまったというのである。市民がサービス利用者として完全な受身になってしまった時点で，社会サービスは昔の慈善事業や貧困救済事業とそう変わらなくなるとペストフ (2009) は指摘する。

　スウェーデンで民間事業者が供給する介護サービスは全体の2割程度で(2012年)，国際比較からみると少ない。また民間供給のほとんどは営利法人によるもので，特に大企業による寡占化が進んでいることは第7章で述べた。公的セクターによる介護サービス供給独占が続いてきたスウェーデンでは，介護サービスの供給主体としてサードセクターに対する期待はほとんどなかった。しかし1990年代以降の介護サービス供給の多元化は，協同組合や理念団体等（図8-4，詳細後述），市民参加型や利用者参加型の介護サービスの可能性を生み出した。そしてサードセクターによる介護サービスは，職員の働きがい，サービスの質の高さ，社会的目標の達成等の面からも注目でき

る。1990年代に入り，スウェーデンにおいてサードセクターによる介護サービス供給が注目されるようになったのはグローバル化と準市場化がきっかけといえる。

　本章はスウェーデンの介護サービス供給におけるサードセクターの役割について，その現状と課題を検証することを目的とする。2節でペストフの福祉トライアングルモデル（The Welfare Triangle Model）の概念を示し，サードセクターを法人格ではなく，行為概念で捉えようとする考え方を整理する。ペストフはサードセクターで活動する団体を法人格を厳密に問うことなくソーシャルエンタープライズと称しているが，ソーシャルエンタープライズはサービス供給をしながら，同時に複数の潜在的貢献をしている点を指摘している。3節ではEUの政策として注目されるソーシャルエコノミーの考え方とスウェーデンにおける捉えかたを整理し，伝統的に協同組合活動の文化が根づいているイェムトランド県の取り組みを示し，スウェーデンにおけるサードセクターの状況を検討する。4節では現地調査[2]をもとに，スウェーデンの介護ソーシャルエンタープライズの実態を明らかにし，また福祉トライアングルモデルを用いて，スウェーデンの協同組合は経済的団体に分類されるがサードセクターのソーシャルエンタープライズとしてみなすことができることを検証する。5節では都市部の介護ソーシャルエンタープライズを調査対象とし，特にストックホルムコミューン（とその周辺のコミューン）におけるサービスの民間委託の政策の影響を踏まえて，その実態を検証する。6節ではスウェーデンにおける介護供給主体としてのサードセクターの課題を整理する。

2 福祉トライアングルモデルとサードセクター

　本節では，ペストフによる福祉トライアングルモデルの解釈において，混在組織（Mixed Organization）の捉え方と，ソーシャルエンタープライズの潜在的な貢献をめぐる議論を取り上げる。ペストフが示す福祉トライアングル

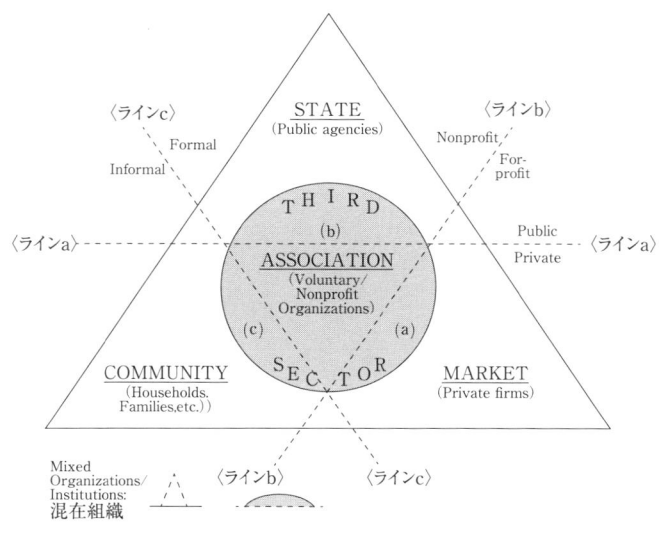

図8-1 福祉トライアングルモデル
（出典）Pestoff 2009：9に筆者が加筆。

モデルは，サードセクターの団体を活動実態にあわせて整理するのに有効である。一般に，ヨーロッパでは「サードセクター」は「非営利」より包括的で，より広い意味を持つ（Pestoff 1998：44）と理解されている。

(1)福祉トライアングルモデル

図8-1はペストフによる福祉トライアングルモデルを示す。福祉トライアングルモデルは，福祉サービスの供給主体をより活動実態に即して捉えている。

〈ライン a〉は，「公」(public)「民」(private)の境界を示す。〈ライン a〉より下の部分はすべて「民間」を意味するが，民営化というと「市場化」を指すことが多いが，「コミュニティ化」も含まれる。

〈ライン b〉は，「非営利」(nonprofit)「営利」(forprofit)の境界を示し，〈ライン c〉は「フォーマル」(formal)「インフォーマル」(informal)の境界を示

す。

　〈ラインa〉〈ラインb〉〈ラインc〉が囲む逆三角形部分は，「民間・非営利・フォーマル」という特徴を持つ領域を示し，狭義のNPOにあたるといえる。ところが，この狭義のNPOの定義は，ヨーロッパの市民活動団体を分類する上での壁となる。例えば，スウェーデンを含め，ヨーロッパ諸国にみられる協同組合のほとんどは市民活動から生まれたものであるが，特に〈ラインb〉，つまり非営利性を強調することにより，協同組合がNPOの分類からはずれてしまうためである（Pestoff 2001：1）。

　ボランタリー組織の条件として「非営利性」が強調されるのは，サービス生産者と利用者との信頼関係を作り出す条件になりうることにあるが，実際には非営利組織をめぐる様々な金銭スキャンダルが各国で発生している（Pestoff 1998：168）。サービス生産者と利用者の信頼関係を築くことが重要と考えるのであれば，利用者がサービス生産に参加する形態を持つ協同組合の方が優れており，「非営利」を強調するばかりに，協同組合が排除されてしまうのはおかしいとペストフは主張する（*ibid*.：1）。実際にスウェーデンの協同組合の活動は営利性が弱く，性格はむしろボランタリーな団体に近い。

　スウェーデン社会省が実施した市民活動調査（2003）でも，「非営利団体」という語は用いられず，「自発的活動団体」（frivillig organisation）という市民の主体性を強調した用語と定義が使われた。そこでの「自発的活動団体」の定義は，1）共通の理念や考え方によって設立されていること，2）公益性があり，組織の形をなしていること，3）行政の決定から独立していること，4）自由意思による賛同と何らかの会員制の上に成り立っていること，5）個人的な利益を目的としていないこと，である（Blennberger 1993：36）。利益の非分配を「自発的活動団体」の絶対条件にしていない点がこの定義の特徴である。

　そこで図8-1に再び戻るが，混在組織（a）（b）（c）にも注目したい。なぜならば，今日の自発的活動による介護サービス供給体は，狭義の非営利団体にとどまらないからである。混在組織，例えば図中（a）には，収益を第一目的とせず，公共性が極めて高いコミュニティビジネスに代表される営利

法人が含まれるだろう。また従来からメンバーシップ制である協同組合も公益性が評価されており，(a) のカテゴリーに含まれうる。図中 (b) には公的セクターであるものの，活動内容は極めて民間団体に近い団体が入りうる。(c) の領域には，インフォーマルだが，地域にとって重要なサービスを提供しているグループが含まれうる。混在組織は，その国の文化，制度，特徴を色濃く反映している。

例えばスウェーデンの「新しい協同組合」（3節）のほとんどが，ベルギーやフランスの法律でみれば理念的団体，つまりボランティア団体に含まれるとペストフはいう。また一般に，「財団法人」はソーシャルエンタープライズに含めるというが，スウェーデンの研究者の間ではこれにはやや同意しがたいという声が強い。なぜなら，スウェーデンの財団法人は，営利企業が所有するものが多い。これらの財団法人は営利企業の収益を社会のために役立てようとしており，ヨーロッパにある10万件を越える財団法人は市民活動団体の財政支援の面で，重要な存在となっている。ただ1つ1つの団体を見た場合，例えば，スウェーデンのヴァレンベリイ財団[3]と国立中央銀行記念財団[4]はソーシャルエコノミーの主体といえるのだろうかという指摘がある（Pestfoff 1998：30）。ソーシャルエンタープライズの内容と解釈は，国によって異なる。これは各国で法人制度や規制が異なるためである。

このように，ソーシャルエンタープライズの明確な定義は難しい。そこでペストフは狭義の非営利団体と境界領域に存在する組織，いわゆる混在組織を含め，図8-1で示す円の部分をサードセクターと呼び，このサードセクターで活動する団体をソーシャルエンタープライズと称している。つまり，福祉トライアングルモデルはサードセクターで活動する団体を法人格ではなく行為概念でとらえようとする試みであり，国の文化や特徴を尊重しようとする試みともいえる。

(2) ソーシャルエンタープライズの潜在的貢献

ペストフは1990年代初頭に「労働環境と協同組合が提供する社会サービス

に関する調査（WECSS調査）」(The Swedish Project on Work Environment and Cooperative Social Services) を実施した。調査対象は主に協同組合型保育所であったが，1990年代には保育所不足を補うために都市部を中心に両親協同組合（parent cooperatives）や職員協同組合（worker cooperatives）が運営する保育所が増加した。職員（働き手），親（利用者）に対するアンケート調査の分析の結果，協同組合型保育所では働き手と利用者の相互関係が強く，お互いの満足度が高いことが明らかとなった。この調査結果を踏まえて，ペストフは，社会サービスの供給主体としてのソーシャルエンタープライズには3つの潜在的貢献があることを指摘している。

　第一に，ソーシャルエンタープライズは働き手にやりがいをもたらし，働き手の労働生活を豊かにする。特に職員協同組合は職員の労働意欲を高めている。それは職員自身が職場において，自分で決定する機会と決定できる可能性が高いからであり，職員の仕事に対する満足感はサービスの質の向上にも貢献する（Pestoff 1998：20-22）。

　第二に，ソーシャルエンタープライズは利用者のエンパワメントに貢献する。例えば両親協同組合等の利用者協同組合は，利用者自身をサービスの共同生産者にすることによって，生産されるサービスの責任を負わせている。このしくみにより，利用者はサービスの質を向上させるために，自らが発言し，要求を出すようになる。これは供給体に「発言」機能（第1章）をもたらすことを意味する。その結果，利用者のサービス満足度も高まる（*ibid.*：20-22）。

　第三に，複数の社会的価値の創造に貢献する。ソーシャルエンタープライズによって供給されるサービスには柔軟性がある。介護サービスの供給という一次的目標だけでなく，二次的目標として様々な社会的価値を生み出す可能性を持つ（*ibid.*：20-22）。

　スウェーデンでは1990年代以降，保育サービスの分野において，両親協同組合や職員協同組合の増加が注目された。一方，介護サービスの分野ではまだ事例は少ない。例えばスウェーデン北部に位置するイェムトランド県（Jämtlands län）の過疎地域でみられる高齢者住宅運営の取り組み，都市部で

はフィンランド系，ユダヤ系市民のグループ，シリア人会等が立ち上げた認知症高齢者向けグループホームやホームヘルプの取り組み等がある。

　スウェーデンでは，特に都市部において，介護職員の不足が課題であり，さらに欠勤率や離職率も高いことが常に社会問題とされてきた。介護職員の労働環境は介護サービスの質に直結する。ペストフは社会サービス供給体としてのソーシャルエンタープライズでは職員の欠勤率や離職率も低く，利用者の満足度も高いことを明らかにし，職員の労働生活を豊かにして労働意欲を高めるという点でも，サービス供給体としてのソーシャルエンタープライズに注目している。

3　スウェーデンのサードセクター ——「新しい」協同組合への期待

(1) EUとソーシャルエコノミー

　ソーシャルエコノミーとは，EU（欧州連合）において，特に過疎地等における振興策や雇用創出に積極的に採り入れられてきた考え方であり，市場経済という前提において，利益のみを追求するのではなく，同時に何らかの社会的目標を達成しようとする事業体に注目する経済の考え方である。

　1997年11月にルクセンブルクで行われたEU首脳会議において，EU加盟国は「企業開発の枠組みの中で，地方レベル，あるいは市場が需要を満たせていない分野において，ソーシャルエコノミーは労働機会をつくる可能性を十分に行使できるために調査研究を進める」という内容の共同宣言を行なった。また各国首脳はソーシャルエコノミーの発展における規制緩和にも同意し，具体的には，ソーシャルエコノミーの考えのもとで雇用を増やせるよう，税率や雇用税などの面での優遇措置を検討することなども内容に含まれることとなった。

　この首脳会議で決定された原則は，EUの労働市場政策や地域（特に過疎地）政策とEU基金の使い道に影響を与えている。EU加盟国において，雇用，

環境，平等に関連した事業を行なう民間団体はEUの助成金を受けるようになった。また自治体や協同組合センターなどが一括助成金を受けてプロジェクトを実施することで，EUからの助成金を直接受けることが困難な農村の零細グループも助成金が受けられるしくみも採り入れられた。

1957年に始まったヨーロッパ社会基金（ESF: European Social Fund）は若者，高齢者，求職者を支援するものだが，この基金は失業問題に取り組む事業や労働市場の機能を向上させる方法を開発したり，職業訓練を向上させる事業に対して支援を行なっている。ヨーロッパ社会基金はEU加盟国との協同作業の中で，雇用の充実，男女共同参画社会，持続可能な経済や社会的なつながりをつくることを目指している。ヨーロッパ社会基金は，EU政府の雇用政策と連動し，雇用創出，企業家支援，適応性，男女機会均等の面で，ヨーロッパ諸国の雇用創出戦略に対する財政支援を行なっている。

(2) スウェーデンとソーシャルエコノミー

スウェーデンにおけるソーシャルエコノミーへの関心は他のヨーロッパ諸国に比べて低かった。「1994年にはソーシャルエンタープライズと協同組合を『公共セクターを統治する新しいモデル』として探求するための会議がバレンシアで開催された。しかしながらスウェーデンでは公共セクターを若返らせるためのソーシャルエンタープライズや協同組合的手法の潜在的可能性への関心は小さかった。むしろ，白か黒かの議論ばかりが先行し，あらゆる代替的な道を公か民か，国家か市場か，社会主義か保守主義か，自由放任か計画経済かといった2つのカテゴリーの一方に押し込めようとしてきた。この白か黒かといった狭い見方からはボランタリーな，また互助的な，協同組合的解決が出てくる余地はほとんどない」(Pestfoff 2000 : 9) とペストフはサードセクターに対するスウェーデン政府の関心の低さを批判している。

スウェーデン政府は，ようやく1997年に「ソーシャルエコノミーとその開発に関する作業部会」を設置し，スウェーデンでソーシャルエコノミーの概念をどう表現するかについて，以下の提案を行なった。「ソーシャルエコノ

ミーの視点に基づく事業とは，基本的には社会的な目的を持ち，民主的な価値観の上に存在した組織化された事業であり，公的セクターから組織的に独立している事業をさす。このような社会的な，経済的な事業は，主に民間団体（förening），協同組合，財団法人，またこれらと同様な連合体で運営される。ソーシャルエコノミーの視点に基づく事業は，広く一般を対象にする場合と組合員を対象にする場合があるが，利益追求が活動の原動力ではない」。政府事務局は，この概念をもとに，ソーシャルエコノミーの考えを推進する事業を行なうようになった。

政府の取り組み事例をあげると，2000年から2006年の間にスウェーデン・ヨーロッパ社会基金委員会（Svenska ESF-Rådet）は，「労働生活と平等に関するプロジェクト」を実施することとなった。スウェーデン政府はプロジェクトを通じて，ヨーロッパ社会基金による事業を雇用創出のきっかけにしようと考えた。このプロジェクトの目標は，個人が労働生活への要求を満たす能力を開発できる可能性を持てるようにすることであり，個人が仕事を見つける能力を高め，自分自身で事業を起こす可能性を提供しようとする。

同プロジェクトは労働市場全体を包括的に対象としているので，企業，個人事業者，公的セクター，組織団体もすべて対象となり，労働市場内の組織を活性化する可能性を提供している。障害者雇用も同プロジェクトの対象となっている。

スウェーデンでは「労働生活と平等に関するプロジェクト」の実施を通じて，2000年から2006年の間に1億2000万クローナの事業を実施し，財源はヨーロッパ社会基金とスウェーデン政府から半額ずつが支出された。同プロジェクトは，労働市場における各種団体やその他の利益団体との共同作業で行なわれた。スウェーデン・ヨーロッパ社会基金局は中央局と地方局で構成され，この事業は次の4部門から成り立っていた。

1）被雇用者の能力開発（第1事業）は，職場の向上とともに，被雇用者の能力開発を一歩一歩目指すものである。第1事業には以下のような内容が含まれる。

[能力の分析] 企業あるいは職場は，職員の能力開発の必要性を分析するための支援を受けることができる。全職員を対象とすることも可能で，また分析作業に参加することもできる。分析結果は能力開発への支援するための行動計画として策定される。

[多様性，利用可能性，平等を実現する能力] 労働生活に参加しにくい状況におかれた人たちに新たな可能性を作り出し，労働生活において影響力が大きいキーパーソンの行動の変化を促す。

[能力開発] 上記の能力分析のプロジェクトで策定した行動計画に基づき，プロジェクトを実施する。

2) 雇用機会の創出と起業家支援（第2事業）は，能力開発を通じて，失業者や障害者が仕事を持てる，あるいは協同事業や起業することができるようにする。必要とされる能力が不足しているために失業をしている人たち，労働生活の経験が少ないために労働市場への参加が難しい人たち，能力開発を必要とする障害者の人たち，他の仕事を経験する可能性を必要とする障害者の人たちを対象とする。

[ジョブローテーション] 失業中の人たちが，能力開発に参加する被雇用者として，労働生活を経験することを目的とする。能力開発に参加する被雇用者として失業中の人たちや障害者のケアを行う事業者は，そのコストについて支援を受けることができる。職業安定所 (arbetsförmedling) および社会保険事務所 (försäkringskassan) と共同で実施する。

[雇用と起業の可能性とを拡大する] 失業中の人たちや障害者が仕事を得たり，事業を始められる可能性を高めることを目的とする。

3) インテグレーション，多様性，平等（第3事業）では，雇用可能性の拡大，起業家支援，平等性の強化という能力開発を通じて，労働生活におけるインテグレーション，多様性，平等性を促進する。

[インテグレーションと多様性] 企業家の能力開発，事業評価，支援を通じて，例えばIT技術を向上させ，在住外国人，機能障害者，失業者の労働市場におけるインテグレーションを図る。

［平等］教育や情報提供を通じて，成長のためのリソースとして，平等意識を高め，また同時に労働市場における平等を促進する。性別役割分業規範を壊すためのプロジェクトが優先される。「平等」は，より多くのより良い仕事を創出するための，まだ何人も求職が否定されないためのEUの戦略的政策の一部である。仕事をする上で，また仕事を探す上でみられる差別や不平等をなくすことを目指す。

4）地域振興（第4事業）は民間団体（förening），協同組合，地域振興に取り組むグループ等の地域の各種団体によって実施される。このプロジェクトは，長期的な失業者になるリスクのある人たちや障害者が労働市場に戻れるようにするためのものである。助成金は，ソーシャルエコノミーの考え方のもとで活動する団体にとって，よい条件が増えるように，能力の分析や能力開発を分析するものにも支給される。また長期的な失業者になるリスクのある人たちや障害者も対象になる。

このプロジェクトでは，地区ごとに設置されているヨーロッパ社会基金事務所が中間支援組織の役割を果たし，プロジェクトを実行する人たちの支援や情報提供を行なう。

このようにEUによる取り組みや助成金がスウェーデンに，ソーシャルエンタープライズという新しい文化を広めるきっかけとなった。

(3)協同組合先進地としてのイェムトランド県

スウェーデンは組織の国とも呼ばれ，それぞれの利益や関心，要求に対し，組織化された団体が存在し，大多数の人々が一つあるいは複数の団体の構成員になっている（Petersson 1994：139）。O. ペッテション（Olof Petersson）(1994)スウェーデンにおける市民活動団体の展開を4つの段階に整理している。第一期は19世紀中盤のもので，言語的な支配，アルコール中毒，国教会の硬直化した宗教活動に対するもので，禁酒運動，フリーチャーチ運動などの民衆運動が高まったが，文化的抵抗の精神を基盤とする。第二期は19世紀末から

20世紀初頭に頂点に達したが，協同組合，労働組合などの設立である。協同組合は協同生産体として出現し，特に農業協同組合は第一次産業に大きな影響を与えた。第三期は戦間期にみられ，余暇活動，スポーツ普及運動が代表的なもので，第四期は戦後にみられたもので，1980年代の平和運動，原子力に反対する市民運動，EU加盟に反対する市民運動，女性解放運動等，理念や思想に関係するものである（ibid.: 139）。

19世紀末から20世紀初頭にみられたスウェーデンの協同組合運動は北部で広まったが，最近20年の間に注目されているのは，「新しい」協同組合（nya kooperative föreningar）と呼ばれる小規模な団体で，地域に根差し，商品やサービスの共同生産や共同事業を行なうグループを指す。スウェーデンにおいてソーシャルエンタープライズは，この「新しい」協同組合を指すことが多い。「新しい」協同組合の活動はスウェーデン北部のイェムトランド県（Jämtlands län[5]）で最もさかんである。

図8-2はイェムトランド県の位置を示す。総面積が約5万平方キロメートルで，その広大な面積にわずか13万6000人が住んでいる。1950年代には人口が15万人を超えた時期もあったが，その後，人口は減少の一途である。イェムトランド県の人口は県の中心部であるオステルスンド（Östersund）（約6万人）に集中している。スウェーデン全土の12％の面積を占めていながら，人口はスウェーデン総人口の1.5％に過ぎず，過疎地域であり，森林業，水力発電，観光が主たる産業である。零細企業が多く，50人以上の従業員を持つ企業はわずか50社で，200人以上の従業員を持つ企業はわずか3社である。労働者人口の40％が公的セクターに勤めている。過疎化の進む中，小さな集落に住む人々には仕事はなくなり，商店も閉まり，生活を成り立たせること自体が難しくなっている（2002年）。

過疎問題の解決のために始まった試みの一つが，協同組合事業の開発であった。イェムトランド県はオステルスンド大学（現・ミッドスウェーデン大学）と共同で，協同組合事業の開発を始めた。1983年に構想が始まり，1987年にイェムトランド協同組合開発センター（Kooperative utveckling i Jämtlands län）が設立され，1988年より同センターの事業が開始された。同センターは

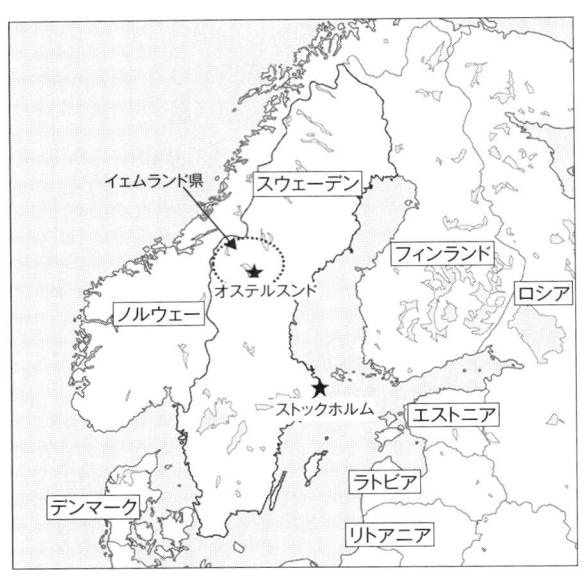

図8-2　イェムトランド県の位置

協同組合設立の支援組織であり，組合員は，県内8つのすべてのコミューン，広域自治体ランスティング，従来の協同組合[6]，さらに「新しい」協同組合である。センターの意思決定は「会員1人が1票」という原則で，コミューンも1票，小さな協同組合も1票の発言権を持つ。

図8-3から明らかなように，イェムトランド協同組合開発センターの財源はほとんどが国，コミューン，広域自治体ランスティングからの助成金である。同センターの歳入は10年間で約3倍に伸びた。特に国からの助成金の比率が高まっている。コミューンからの助成金は人口規模によって金額が異なっている。同センターの分析では，協同組合の支援は当初，地域振興の側面が強かったが，2000年以降，新しい労働形態としての期待が高まってきた。これは先に述べたEUとスウェーデン政府の政策が影響している。

イェムトランド県内には188団体の「新しい」協同組合があり，12年間で約600人の就労機会を増やしたことになる（2001年）。スウェーデンで全国的

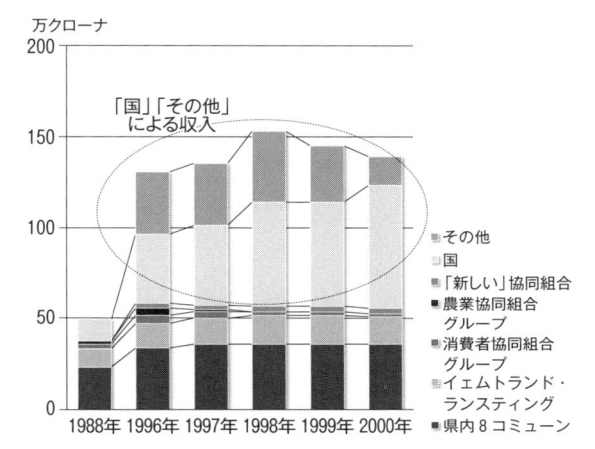

第8章 サードセクターと介護サービス供給

図8-3 イェムトランド協同組合開発センターの収入の推移（1988-2000）
（出所）Kooperativ utveckling i Jämtlands län. 2001. *Nya kooperativa föreningar i Jämtlands län*.

に「新しい」協同組合の動きがみられるようになったのは1980年代末であり，きっかけは保育所不足であった。社会サービス法により，コミューンは保育所を用意しなければならないが，不況とベビーブームが重なって，保育所が不足した。そこで保育所を必要とする親たちがコミューンと契約を結んで，自分たちで保育所を始めるようになった。これが両親協同組合型保育所の始まりであり，子供たちが集まる場所さえあれば，コミューンの助成金と利用者負担を財源に保育所を始めることができる地域が増えた。

イェムトランド県で活動する「新しい」協同組合の内訳を表8-1に示す。イェムトランド協同組合開発センターは，地域の人々に対して協同組合を立ち上げるように働きかけを行ない，また協同組合設立の際にアドバイスを行なっている。イェムトランド県に最も多いのが，集落協同組合である。集落協同組合で一番多いのが，廃業予定の商店の立て直しである。例えばハックオス集落に唯一あった商店が廃業されることになったが，住民がハックオス集落協同組合（Hackåsbygdens ekonomiska föreningen）を設立し，商店をそのまま買い取り，経営を行なうようになった。ヘリエダーレン集落の商店が廃

表8-1 イェムトランド県で活動する「新しい」協同組合の内訳 (2001)

内 訳	件数
保育協同組合　Barnomsorgskooperativ	42
医療・介護協同組合 Vård / Omsorgeskooperativ	19
集落協同組合　Samhälls / Bykopperativ	45
就労支援協同組合　Arbetskooperativ	18
生産協同組合　Producentkooperativ	9
消費協同組合　Konsumentkooperativ	9
その他　Övriga kooperativ	46
合　計	188

(出所) Kooperativ utveckling i Jämtlands län. 2001. *Nya kooperativa föreningar i Jämtlands län*.

表8-2 イェムトランド県にみられる「新しい」協同組合の社会貢献

(1) より多くの人たちが集落に住み続けることが可能になる。
(2) 住民の間の信頼関係が強まる。
(3) 多くの村や集落で、いたわりあいや連帯意識が明白に生まれている。
(4) 日常生活についての責任感がもたれるようになった。
(5) オピニオンリーダーや政治的にも活発な市民が増える。
(6) 社会についての知識を持ち、自分たちで行動を起こす可能性が高まった。

(出所) Kooperativ utveckling i Jämtlands län. 2001. *Nya kooperativa föreningar i Jämtlands län*.

業されることになった際も、住民が協同組合を設立し、協同組合が店員を雇用する形をとり商店の廃業を防いだ。次に多いのが保育所で、イェムトランド県には42件の協同組合方式の保育所があった。

イェムトランド協同組合開発センターは、「新しい」協同組合の事例の中から社会貢献を表8-2のように分析し、住民の主体形成、ソーシャルキャピタルの醸成を指摘している。

スウェーデン国内には、約80人の協同組合設置アドバイザー (kooperativa rådgivare) が活動しており、協同組合形式で新たな事業を開始しようとしている人たちに情報を提供し、アドバイスを行なっている (2002年)。協同組合設置アドバイザーは全国25ヶ所に開設されている地区協同組合活動支援センター (LKU, lokala kooperativa utvecklingscentral) の職員である。地区協同組合活動支援センターでは、ビジネスチャンスを検討し、規約や契約の作り方や

第8章　サードセクターと介護サービス供給

法人格の選び方などにアドバイスする等して，新規事業を立ち上げようとしている人たちを支援している。協同組合は有限会社や株式会社と同様に法人格を有する。

都市部ではマイノリティの言語を使用する高齢者向けのデイサービスや介護付き住宅を運営する協同組合がみられる。また介護サービスの民間委託に積極的なコミューンでは，これまでコミューンに雇用されていた介護職員に対して，職員協同組合の設立を促し，そこで設立された協同組合に事業委託するというケースもみられる（5節）。

(4) スウェーデンにおける法人体系

図8-4はスウェーデンの法人体系を示すが，おおまかに5種類の法人があり，団体法人，財団法人，株式会社，有限会社，個人会社である。特に福祉や文化の分野で活動しているのは団体法人で，全国に約15万団体あり，5つの法人の中では最も多い。

団体法人はさらに理念団体と経済的団体に分かれる。理念団体は経済的利益を一義的な目的としない。文化活動やスポーツを行う団体で，いわゆるボランティア活動団体が含まれるが，その他に宗教団体，政治団体，労働組合，経営者団体等も含まれる。理念団体は官庁などに登録する必要はなく，団体の活動を規制する法律もない。組織の会則を持ち，役員会による運営がなされていれば，その理念団体は法人として扱われる(Samhällsguiden 1999：360)。

経済的団体は会員の経済活動のもとに成り立つ団体で，消費者協同組合，生産者協同組合，住宅協同組合などの協同組合がこれにあたる。スウェーデン北部では歴史的に協同組合運動がさかんであることは前述のとおりである。経済的団体の設立には最低3人の同意書が必要で，団体の活動目的や活動内容は企業登録庁に法人登録される。会則はもちろん，組合員が選出する役員会を持ち，会計監査も必要である。経済的団体が破産した場合，会員個人の資産に影響することはない（Samhällsguiden 1999：360)。ソーシャルエンタープライズとして考えられる「新しい」協同組合は，法人分類では経済的

```
①団体法人（förening）   理念団体（ideel förening）           非営利
                         ※労働組合，政党なども含まれる。
                         経済的団体（ekonomisk förening）     非営利的
                         ※協同組合が含まれる。
②財団法人（stiftelse）
③株式会社（aktie bolag）
④有限会社（handels bolag）                                    営利
⑤個人会社（enskild bolag）
```

図8-4　スウェーデンの法人体系

表8-3　法人形態による特徴

	経済的団体(協同組合) ekonomisk förening	株式会社 aktiebolag	有限会社 handelsbolag	個人営業 enskild firma
法人格	あり	あり	あり	なし
最高意思決定	定例総会	株主総会	所有者（出資者会）	所有者
理事会	総会で選出された，最低3人以上の常任理事	総会で選ばれた最低1人の常任理事と代理人	特に必要ない	なし
所有者の責任	なし	なし	所有者は個人的，連帯的に責任を負う	個人責任
所有者数／最低資本金	最低3人／組合員1人当たり1クローナ	最低1人／最低10万クローナ	最低2人	常に所有者は1人
決定権	1組合員1票	投票数は株の所有に基づく	出資者は拒否権を持つ	独りで決める
納税	28％企業税と雇用者税	28％企業税と雇用者税	所有者が納税	所有者が納税
清算	倒産および廃業。または3ヶ月以上に渡り，会員が3人未満となった時。	倒産および廃業。または株式資本が50％未満となった時。	倒産および廃業。または所有者が1人になった時。	倒産および廃業。
会計監査	必要知識を持った会計担当者	取引とは無関係の公認会計士	10人未満の雇用で1000クローナ未満の基礎収入であれば不要。	10人未満の雇用で1000クローナ未満の基礎収入であれば不要。
法人登録	スンズヴァル企業登録庁	スンズヴァル企業登録庁	スンズヴァル企業登録庁	スンズヴァル企業登録庁

(出所) Föreningen kooperativ utveckling i Sverige. 2005. *Starta och driva. Ekonomisk förening.*

団体に入る。

　法人格による規則の違いは，表8-3に示すとおりである。協同組合に対しては税制上の優遇措置は特になく，協同組合は他の法人形態に比べ，民主的な意思決定（1組合員1票）という点が特徴である。

4　介護ソーシャルエンタープライズによるサービス供給 —ヒアリング調査の結果と分析

　本節では，法人形態の異なる3つの介護サービス事業者に対して実施したヒアリング調査とその結果を整理する。

(1) 調査の目的

　本調査の目的は，スウェーデンの高齢者介護の分野で，介護サービスを供給するソーシャルエンタープライズの活動状況，また法人形態の違いが事業内容等にどのように違いをもたらしているのかを明らかにする。さらに介護分野において，ペストフによるソーシャルエンタープライズの潜在貢献の理論を当てはめることができるかを検証する。

(2) 調査日時とヒアリング対象者

　スウェーデンにおいて介護エンタープライズの数は極めて限られている。スウェーデン社会庁（Socialstyrelsen）での海外研修期間中（2002.2-2002.9）に，社会庁高齢者局研究員 I. ワールグレン（I. Wahlgren）の助言のもとで，7件の介護ソーシャルエンタープライズでヒアリング調査を実施した。

　本節ではその中から，法人形態の異なる3事業者（協同組合・理念団体・有限会社）を取り上げ，報告する。3事業者を調査対象とした理由は，この3事業者は活動報告書や政府報告書等で，文章化された情報が入手でき，ヒアリング内容を文書でフォローアップできるためである。またスウェーデンに

みられる介護ソーシャルエンタープライズの法人形態は主にこの3種類の法人に集約されるため，この3事業者を分析することで本調査の目的はほぼ達成することができると考える。

また本調査ではヒアリング対象者の役職が統一されていない。これはソーシャルエンタープライズの性質上やむをえず，事業主が介護職員として働いているケース，理事を引退してもボランタリーに事業に参加しているケース等，役割に明確な境界線を引くことが難しい。そこで「現在の事業に一番詳しい人」にヒアリングを依頼し，協力を得た。

(3)ヒアリングの内容

　①主な事業概要
　②事業を開始した動機と経緯
　③事業を行う中で課題と感じていること
　④自分たちの事業で優れていると思うこと

（約2時間のヒアリングをスウェーデン語で実施し，録音したデータを日本語に書き起こし，調査データとして用いた。）

(4)ヒアリング調査の結果概要

ヒアリングおよび資料により明らかになった点を表8-4にまとめた。また図8-5は調査対象事業者の所在地を示す。

A事業者

A事業者の主たる事業は高齢者住宅の運営である。A事業者のあるイェムトランド県は，5万平方キロメートルという広大な面積にわずか13万6000人が住む過疎地域（glesbygd）であるが，その中でもA事業者はAコミューンの中心部から離れた集落で事業を行なっている。

A事業者は集落に住む人々が，最後まで地域で暮らしたいという願いのも

表8-4 介護ソーシャルエンタープライズの特徴（2002年）

	A事業者	B事業者	C事業者
法人格	経済的団体（協同組合）ekonomisk förening	理念的団体 ideell förening	有限会社 handelsbolag
ミッション	老いても最後まで住み慣れた地域で暮らしたい！	母国語を使い，母国の文化に囲まれて，老後を迎えたい！	地域に認知症高齢者向けグループホームが必要！
主な事業	高齢者住宅（8人分）	①介護付き住宅（28人分）②認知症高齢者向けグループホーム（21人分）③デイサービス	認知症高齢者向けグループホーム（8人分）
運営財源	住居：入居者からの家賃収入 介護サービス：コミューンからの介護事業の委託料収入。夜間はコミューンのホームヘルプを利用。	利用者が在住するコミューン（ストックホルム県内）の「場所買い」による収入。	コミューンが指定する介護付住宅（認知症高齢者向けグループホーム）として委託料収入。
契約関係	住居：入居者―A団体 介護サービス：利用者―コミューン	利用者―コミューン	利用者―コミューン
入所判定	入居者は事業者自身が決定。介護サービス利用は，コミューンの介護サービス判定による。	利用者が在住するコミューンの介護サービス判定（入所判定）による。	コミューンの介護サービス判定（入所判定）による。
その他の事業	保育所（18人分）コンピューター教室 ※ともにコミューンからの委託事業。	―	ボランタリーな地域活動（デイサービス事業の新規計画あり。）
地域特性	過疎地域 伝統的に協同組合運動が活発。	大都市中心部	過疎地域
会員数	組合員数約50人	会員数約175人	―
理事会	5人の理事（地域在住）	10人の理事（毎年，改選）	―
設立までの経緯	1990年代初頭，地域に介護付き住宅が必要という声があがる。↓ 協同組合方式で，高齢者住宅	1989年フィンランド人高齢者全国組織の年次大会で，フィンランド語で生活できる介護付き住宅が必要という声。↓	1980年代終盤，発起人らは地域に認知症高齢者介護の必要性を感じて，コミューンにグループホームの新設を要求。↓

	を運営するために，地域の人たちで学習サークルを開始。 ↓ 1995年高齢者住宅オープン。 (2001年に幼稚園，コンピューター教室をスタート。)	理念団体が，市中心部に土地と建物を購入。 ↓ 1995年オープン。 1997年に現状に整備。	コミューンは提案を却下。 ↓ 発起人自らがグループホームをつくり，コミューンと事業契約を結んで，1994年から事業を開始。
事業の特徴や評価	①地域住民による地域住民のための運営。 (以下，高齢者住宅と幼稚園を統合していることによる特徴) ②専門職(副看護師)の配置。 ③職員の満足度が高い。 ④利用者の満足度が高い。 ⑤財政的にみて，効率的な運営をしている。	①母国語で運営されるデイサービスの人気が高い。 ②一般のナーシングホームから移ってきた入居者が元気になる。 ③職員採用は極めて順調。離職率，欠勤率が低い。	①アイデアを凝縮したこだわりの設計が注目を集める。 ②経営者が作業療法士，介護福祉士で，介護職員としても働いている。 ③職員の欠勤率や離職率が低い。満足度が高い。 ④経営理念とミッションがしっかりとしている。 ⑤一般のナーシングホームから移ってきた入居者が元気になる。 ⑥地域への経済的波及効果が大きい。
課題	特に聞かれなかった。	①「理念団体」は事業を拡張する上で資金を得にくい。 ②コミューンや介護サービス判定員が母国語によるサービスの重要性を理解してくれない。 ③高齢者自身が母国語でサービスを受けることを知らない。	①コミューンが公共購売(入札)の導入を検討している。委託費用が抑えられる，事務量が増えるなどの不安がある。 ②デイサービスを始めたいが，コミューンの財政事情が要因で受託の見込みが立たない。
ヒアリング協力者	A氏 元理事，発起人の1人	B氏 事業責任者	C氏・D氏 経営者

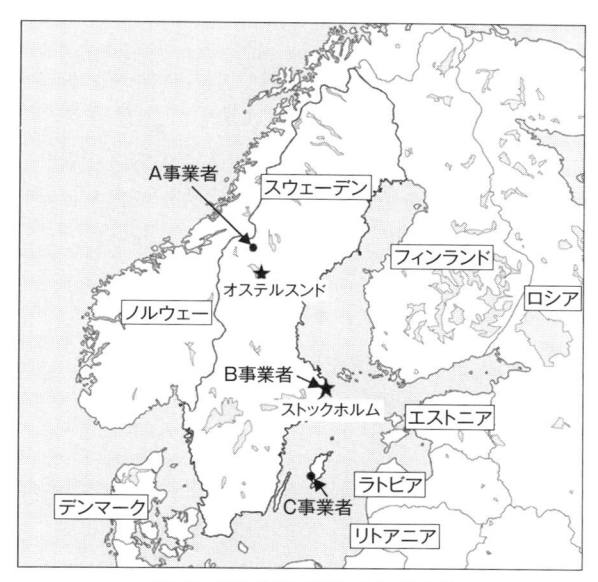

第8章　サードセクターと介護サービス供給

図8-5　調査対象事業者の所在地

とに設立した協同組合で，1995年より高齢者住宅（8人分）を運営している。理事も集落に住む人たちが務める。A高齢者住宅はコミューンが指定する介護付き住宅ではないため，介護サービス判定員による入所判定は必要ない。A高齢者住宅への入居は，利用者とA協同組合間の契約で成り立っており，協同組合が入居者を決める。A高齢者住宅の家賃は月額3800クローナで，直接，協同組合が入居者より受け取る。低所得者は，コミューンから住宅手当（kommunbostadstillägg）の給付があるため，家賃を払えないということはない。

　介護サービスを利用する場合はコミューンによる介護サービス判定を必要とし，利用者は所得に応じて利用者負担分をコミューンに支払う。A高齢者住宅で提供されている介護サービスは「集合型ホームヘルプ」と考えられる。高齢者住宅に介護職員が不在になる夜間および深夜は，コミューンの夜間パトロールと緊急アラームで対応している。また看護師や作業療法士等は必要に応じて，コミューンから派遣される。入居者8人のうち介護サービスを利

365

用しているのは5人（2002年8月）である。

　A高齢者住宅をつくるために，A氏を初めとする地域の人たちは，協同組合を設立するための学習サークル[7]を開始した。学習サークルを開き，協同組合とは何か，高齢者介護とは何か，どのようにすれば介護サービス協同組合を作ることができるのかを勉強した。この学習サークルには，近所に住む7人の高齢者も参加し，この7人は協同組合で作ろうとしている高齢者住宅への入居を希望していた。当時のメンバーのうち1人が入居している（2002年8月）。

　A事業者は地域にあった空き家を600万クローナで購入し，全面的に建て替えを行った。1995年12月に最初の入居者を迎え，1996年には8部屋は満室となった。

　A事業者のサービスにみられる最も大きな特徴は，幼稚園[8]の併設である。建物を併設するだけでなく，職員は保育と介護の仕事を兼任している。これは社会省による「高齢者プロジェクト[9]」（Äldreprojekt）のモデル事業として，A高齢者住宅に幼稚園を併設し，財源と職員を統合した運営形態を実験し，評価するものであった。この取り組みは，高齢者と若者の生活の質の向上を目指し，同時にサービスの効率化を図ることが目標であった。保育と介護を同時に行なうことにより，経済的にも効率的な運営が可能となる。また，職員にとっても良い労働環境が得られ，さらに入居者の満足を得ることができる。このようなアイデアにより，A事業者のモデル事業が始まったが，その評価は極めて高く，人件費を効率的に運用でき，その結果，副看護師という専門職や，用務員，給食職員等の配置が可能となり，利用者に大きな安心感を与えている。

　職員はやりがいを持って，仕事をしている。職員は自分が受けた教育や経験とは異なる仕事をさせられることになるため，職員からの反発の声も予想されたが，職員の反応は全く逆であった。

　また入居者と家族，園児の親たちの満足度も高い。過疎地の幼稚園は規模が小さいゆえにコストがかかる。介護と保育を統合して提供することにより，この地域での幼稚園が財政的に運営できていることも注目されている。

B 事業者

　B 事業者が運営するB 高齢者センターは，ストックホルムコミューンの中心部にある。B 高齢者センターは，「フィンランド人高齢者のための介護サービスが必要」という要望の高まりから，1995年にスタートした。

　フィンランド人はスウェーデンで最も大きな在住外国人のグループである。特にストックホルムコミューンには，国内で最も多くのフィンランド人高齢者約4500人が住んでおり，この数はスウェーデン国内に住むフィンランド人高齢者の3分の1にあたる。

　事業はフィンランド人高齢者全国組織の年次大会（1989年）で，フィンランド語で生活できる高齢者住宅の必要性が議論されたことで始まった。その後，B 事業者が設立され，病院に近いこと，家族が訪問しやすいこと等の要望を集約した結果，B 総合病院に隣接する土地を購入することとなった。

　1995年10月に16人分の介護付き住宅と，8人分の認知症高齢者向けグループホームを開設し，1997年に現在の形になった。B 事業者は，認知症高齢者向きグループホーム（21人分），介護付き住宅（28人分），デイサービス事業を運営している。

　B 事業者のサービスにみられる最も大きな特徴は52人の職員にある。B 高齢者センターでは看護師，副看護師，介護職員が24時間体制で勤務しているが，全員がフィンランド語とスウェーデン語の2ヶ国語を使用できる。また週に1度，フィンランド語が話せる医師の訪問を受け，この医師が入居者の主治医となっている。

　この事業はフィンランド人高齢者にとって，文化的に対応した医療や介護を提供し，よい条件を作り出している。介護付き住宅には，キッチン，食堂，図書室，フィンランドサウナがある。食事にはフィンランド料理が用意される。フィンランド教会による礼拝もあり，希望する高齢者は参加できる。音楽，ダンスなどを含む文化的活動は日常的に行なわれており，季節の行事などもフィンランドの伝統的方式によって行なわれる。

　デイサービス事業では，フィンランド語を使ったトレーニングと同時に言語療法も行なわれている。この事業は高齢者ができるだけ自宅で生活できる

よう支援しており，人気も高い。

　また一般の介護付き住宅から転居してきた入居者のほとんどが以前より元気になる。フィンランド人高齢者がスウェーデン人高齢者ばかりの一般の介護付き住宅で生活する場合，言葉がうまくしゃべれずにコミュニケーションがとりにくいことがある。それが要因で認知症の症状が表れ，悪化することもある。しかしB高齢者センターのグループホームに移り，フィンランドの文化に親しみ，フィンランド語で生活する中で，認知症の症状が緩和するという効果もみられる。

　B高齢者センターで働く介護職員は，教育レベルも高く，意欲的である。離職率も低く，新たな採用希望者を断っている状況であり，介護の分野では人手不足が深刻であるが，B事業者では職員不足という状況はまず考えられない。他のマイノリティグループからの視察も多く，在住外国人向けの介護サービスの普及にも貢献している。

　B高齢者センターも毎年，ストックホルムコミューンの抜き打ち監査を受けるが，サービス面では常に高い評価を受けている。

C事業者

　C事業者は認知症高齢者向けグループホームを運営する。Cコミューンは，首都ストックホルムより飛行機で30分のところに位置する島である。コミューンの人口は1万5000人で，全人口の50％がコミューン中心部に集中している。C事業者のあるC地区は島の東海岸沿いにある農業がさかんな地域で，中心部からも車で1時間近くかかる過疎地域である。

　事業責任者のC氏は作業療法士としてコミューンの介護施設で勤務した経験を持つ。1980年代末頃から，認知症高齢者の介護が地域の大きな課題となり始め，介護者家族の会を立ち上げ，スウェーデン国内のグループホームの先進事例を学び，認知症介護の充実性を訴えてきた。しかしコミューンはC氏らの提案を採用しなかったので，C氏は介護福祉士である妹D氏や地域の人々に働きかけて，有限会社としてC事業者を立ち上げ，「民設民営」方式で，グループホームを開始する計画をたてた。最終的にコミューンはC

事業者と5年間の委託契約を結び，C地区にCコミューンで初めての認知症高齢者向けグループホーム（8人用）がスタートした。

Cグループホームで働く11人の介護職員はC地区に住む人たちで，C氏とD氏も経営者であると同時に，介護にも直接関わっている。

事業の特徴は，第一に，C事業者が経営するCグループホームは，質の高いサービスを提供しているとしてスウェーデン国内でも注目されている。庭や室内は，C氏が友人の建築家と共にスウェーデン国内の先進事例を丹念に調査して設計したもので，認知性高齢者に最も快適と思われる居住環境を提供している。農家の多い地域ということもあり，入居者に馴染みの深い雌鳥2羽を飼育し，うさぎと猫を飼う等のきめ細かい配慮がある。

第二に，職員の定着率が高いことも特徴で，ほとんどすべての職員がオープン当初からの職員である。スウェーデンでは，医療や介護職員の欠勤率が高さが大きな社会問題となっているが，Cホームの職員は欠勤率も極めて低く，バーンアウトや過重ストレス等に悩む職員はいない。

第三に，家族ぐるみで運営している点も特徴といえる。C氏もD氏もCグループホームの隣に住んでおり，Cホームを自分たちの家と感じている。またCホームの真向いには，姉妹の母親も住んでいる。母親は年金生活者であるが，現役時代はコミューン直営の高齢者施設で介護職員として働いていた。緊急時には母親の協力が得られ，またCホームの庭の草花の手入れは，ガーデニングを趣味とする母親が行なっている。C氏やD氏の子どもたちもCホームにおやつを食べに立ち寄り，入居者との交流がある。

第四に，C氏，D氏は経営者としても注目されており，2002年Cコミューン優秀企業家賞を受賞した。両氏は，地域とのつながりやコミューンとの関係，また活動のミッションをとても大切にしている。C氏はCグループホームを拠点に，「ご近所づきあい」（närheten）というボランティア活動を行なっている。毎週火曜日の午後に，Cグループホームに地域のお年寄りが集まって，歌を歌ったり，トランプをしたり，コーヒーを楽しむという活動である。このような活動を通じて，地域の人たちに対して，認知症理解に向けた啓発が自然と促される。

第五に，Cグループホームは，C地区に新たな雇用を生み出し，廃業寸前だった地域の商店の売り上げに貢献している。C氏はCグループホームの隣接地に中古の家を購入し，近い将来，緊急のショートステイとデイケア事業を開始したいと計画している。

(5) 調査結果の考察

　調査対象とした3つの介護サービス事業者の活動について相違点と共通点を整理し，考察を加える。

3事業者の相違点

　3事業者の相違点は，A事業者は協同組合（経済的団体），B事業者は理念団体，C事業者は有限会社というように法人格が異なる点である。
　それぞれの事業者がそれぞれの法人格を選択した理由をみてみる。
　A事業者が活動するイェムトランド県は協同組合の伝統がある。スウェーデンで最も活動的な協同組合開発センターもイェムトランドにある。A事業者の発起人たちは，創業時に「協同組合方式で」という点で合意し，学習サークルを開いて協同組合設立の勉強会を行ない，事業を開始した。このプロセスには，イェムトランド協同組合開発センターによるアドバイスもあったことと伝統的な協同組合文化も影響している。
　B事業者はスウェーデン国内に住む最も大きなマイノリティグループにより設立された。このマイノリティグループの法人格は「理念団体」，つまりボランティア団体であり，グループの理念を大切にしたいという思いで理念団体の形態を貫いている。一方，理事会や大会などでは，事業拡大に必要な費用について，銀行の融資を受けやすいように法人格変更の提案もみられるという。
　C事業者は地域に第一号のグループホームを建てるために，一番手続きが容易な方法を選択した。もとはコミューンにグループホームの新設を要求していたが，却下されたことに設立の動機がある。協同組合方式は全く考えて

いなかったようである。これは早急に始めたいという思いと，協同組合になじみが薄い地域性も要因と考えられる。

　調査対象となった3団体がそれぞれの法人形態を選んだ背景には，「地域の伝統文化」「団体の性質」「手続きの容易さ」という理由がみられた。法人形態は，そのときに一番適当な形態が選ばれているようである。

　また現在の法人格が将来にわたり継続されるかはわからないことはB事業者内での議論からも推測される。スウェーデンで1990年代初頭に増加した両親協同組合型保育所が，その後，営利法人に法人形態を変更したケースも多くみられる。

3 事業者の共通点

　今回の調査で明らかとなった法人格の異なる3事業者の共通点は，おおむね以下の9点である。

1) コミューンとの契約関係には違いがみられるが，3事業者ともに税財源による介護システムのもとで活動が成立している。そのため，介護サービスの利用には介護サービス判定を必要とする。これはL.J. ルンドヴィスト（第5章）の示すスウェーデン型の民営化モデルにあてはまる。
2) 創設の時期が，1990年代半ば頃であり，スウェーデンにおいて介護サービスの民間委託が増えてきた頃と一致している。
3) ソーシャルエンタープライズによる介護サービスは過疎によりサービスがない地域，都市部では在住外国人を対象としたサービスの中から生まれている。
4) 地域への波及効果がみられる。集落に新たな雇用を生み出し，また近隣にある商店の廃業を防いだことはA事業者，C事業者のケースにみられた。また，失業率が高い在住外国人層に雇用の場を提供しているのが，B事業者のケースといえる。
5) 先進的モデルを創出している。A事業者は地域のニーズから高齢者住宅に幼稚園を併設し，介護コストの合理化に成功し，かつ職員にとって快適な

職場を生み出した。C事業者は，認知症介護にこだわりを持ち，全国的に模範とされる認知症高齢者向けグループホームを運営している。B事業者は，在住外国人の使用言語にこだわる高齢者サービスを提供しながら，他の在住外国人グループにも情報提供を行なうなど，影響を与えている。

6) 職員の離職率，欠勤率が低い。またスウェーデンでは全国的に介護職員不足が社会問題となる中で，採用を求める人が恒常的に存在している。
7) 利用者とその家族の満足度が高い。
8) 3事業者すべてにおいて，「薬が不要になった」「食欲がでてきた」「笑顔がみられるようになった」「会話がはずむようになった」等，利用者は以前より元気になったという報告が聞かれる。
9) 地域のボランティアによる協力が得られている。3事業者の運営する高齢者住宅には，入居者の家族以外にも地域の人たちの出入りが多い。庭の草花の手入れ，入居者の話し相手などは自然と地域のボランティアによって行なわれている。

本章2節(2)で整理したペストフによるソーシャルエンタープライズの潜在的貢献に照らしてみると，3)4)5)9)は社会的価値の創出，6)はソーシャルエンタープライズが職員の労働生活を豊かにした成果，7)8)は利用者のエンパワメントへの貢献と整理できる。ペストフはこれらの特徴を主に保育ソーシャルエンタープライズに関する調査で見出してきたが，今回のヒアリング調査により，介護分野のソーシャルエンタープライズにも同じような特徴が見られることが明らかとなった。

(6) 本調査の結論

図8-6は，福祉トライアングルモデルに調査対象の3事業者の位置を書き込んでいる。
調査対象となった介護事業者は，法人形態が異なるものの，ソーシャルエンタープライズの3つの潜在的貢献を果たしている。この結果からも，ス

第8章 サードセクターと介護サービス供給

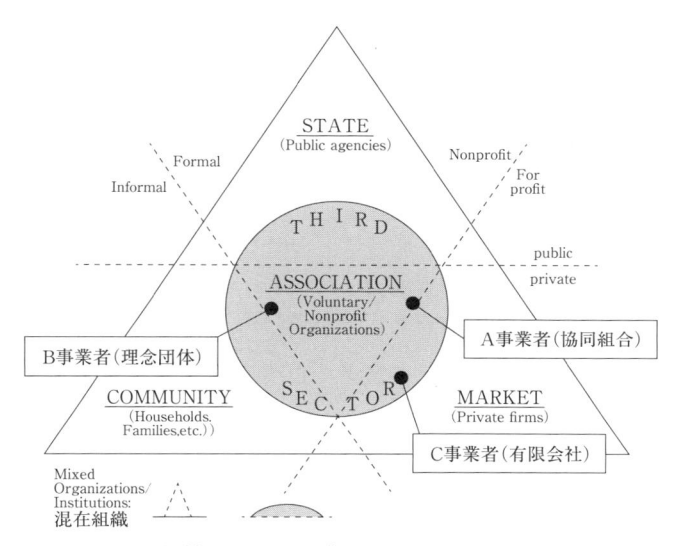

図8-6 福祉トライアングルにおける3事業者の位置
(出典) Pestoff 2009：9に筆者が加筆。

ウェーデンのソーシャルエンタープライズを評価するときには，ペストフも指摘するように狭義の非営利団体（民間・非営利・フォーマル）の枠組みでは把握しきれないことが明らかとなった。

また各事業者の位置は固定的ではない。C事業者は有限会社，つまり営利法人であるものの，コミュニティビジネスとして地域のつながりを重視している点からも，ステイクホルダー型組織[10]といえる。コミュニティビジネスの事業者はソーシャルエンタープライズとして位置づけることが多いが，ペストフ（1998）は，営利法人は生産における効率性と収益の最大化を目指すものであり，将来的に信頼を崩しうる可能性が高いことも指摘している。

またソーシャルエンタープライズは地域に密着した小規模経営であることが多く，コミューンが委託契約において競争入札を導入することに不安を感じている。実際に第7章で示したように，大規模事業者が介護サービス市場の寡占化を懸念する声もある。

理念団体は，事業の拡張のための資金の融資が受けにくい。法人格を株式

会社に変更する等の議論もあるが，会員からの合意がとれない。ボランタリーな活動組織から，法律上，収益活動を目的とする営利法人に法人形態を移行することは，シンボルの変更を意味すると受け取る会員も多い。

ペストフの福祉トライアングルモデルは，「公」か「民」か，「非営利」か「営利」か，「公式」か「非公式」か，という明確な境界線を使って，サードセクターを説明しているが，同時に，このモデルは混合組織の存在を示すことによって，これらの境界線は実はあいまいであること，また組織の形態は極めて流動的であることも説明しようとしている。

ここまでスウェーデンにおける介護ソーシャルエンタープライズの活動と現状を整理してきた。介護ソーシャルエンタープライズは，グローバル化と市場化の流れの中で，利用者の選択とサービス生産への参加の可能性を提供したということができる。また過疎地の介護，マイノリティ市民の介護など，従来のスウェーデンモデルが対応しきれていなかった分野への対応を可能とした。その意味で，スウェーデンの介護システムに新たな可能性を持ち込んだといえる。

5 都市部の介護ソーシャルエンタープライズ ―ヒアリング調査の結果と分析

スウェーデンにおいて供給多元化の中で登場した介護ソーシャルエンタープライズは，それぞれの社会的目標を持ち，介護サービスの提供だけでなく，様々な社会的貢献を行なっていることが明らかとなった。

4節で実施した調査は，ソーシャルエンタープライズの特質に焦点をあてて介護事業者と事業内容の特徴を分析したが，スウェーデンにおける介護サービスの供給多元化の中でソーシャルエンタープライズがどのような位置にあるかを明確にしていない。サービスの供給多元論では，一般に，利用者に選択の自由を増やすこと，事業者間競争により質の高いサービスを提供すること，低コストを実現することが目標とされる。

そこで本節では，民間委託が進むストックホルムコミューンおよびその近

郊で活動する介護ソーシャルエンタープライズに焦点をあて，その活動状況を分析する。

(1)調査の目的

本調査の目的は，スウェーデンにおいて供給多元化が進む都市部で活動する介護ソーシャルエンタープライズの特徴と役割を明らかにすることである。

(2)調査日時とヒアリング対象者

介護サービスを供給するソーシャルエンタープライズの数はスウェーデン国内では限られている。ストックホルム協同組合支援センター[11]アドバイザーのR. マルム（Roland Malm）の助言と協力のもとで調査対象を選定し，2005年5月に，ストックホルムコミューンおよび近郊で活動する介護ソーシャルエンタープライズでヒアリング調査を実施した。

また本調査では，ヒアリング対象者の役職が統一されていない。これはソーシャルエンタープライズの性質上，やむをえず，事業主が介護職員として働いているケース，理事を引退してもボランタリーに事業に参加しているケース等，役割に明確な境界線を引くことが難しい。そこで，「現在の事業に一番詳しい人」にヒアリングを依頼し，協力を得た。

(3)ヒアリングの内容

　①主な事業概要
　②事業を開始した動機と経緯
　③事業を行う中で課題と感じていること
　④自分たちの事業で優れていると思うこと
　（約1時間のヒアリングをスウェーデン語で実施し，録音したデータを日本語に書

き起こし，調査データとして用いた。）

(4) ヒアリング調査の結果概要

ヒアリングおよび資料により明らかになった点を表8-5にまとめる。

D事業者

　D事業者はストックホルムコミューン内のA自治体区のホームヘルプ事業者である。もともとD法人の理事らはストックホルムコミューン直営のホームヘルパーまたは地区ホームヘルプ主任であったが，コミューンの民間委託の方針により民間組織を立ち上げることとなった。

　きっかけは1990年にストックホルムコミューンが主催した介護サービスの民間委託についての研修会であり，そこでホームヘルプを民間事業者に委託する方針なので職員協同組合を立ちあげてはどうかとコミューンから話を持ちかけられた。1992年に12人の介護職員（当時は全員がコミューン職員）が集まり，ストックホルムコミューンからホームヘルプの事業委託を受けるための受け皿として職員協同組合を立ち上げた。

　法人形態として協同組合を選んだ理由は，有限会社の立ち上げに必要な資金（10万クローナ）を集められなかったからである。D事業者は協同組合設立当初には，このホームヘルプ地区全体の事業委託を受けていた。その後，ストックホルムコミューンは2002年にホームヘルプにサービス選択自由化制度を導入したため，A自治体区では18件の民間事業者と1件のコミューン直営事業者が競合することとなった。事業規模はコミューンとの契約で決まるが，D事業者は月に2300時間分のサービスを請け負っており，財政事情は少しずつ厳しくなっている。

　職員協同組合を立ち上げた時は12人の職員（組合員）のうち7人が理事だったが，組織ができて10年以上がたち，60歳を過ぎて退職するメンバーもあり，現在は3人だけが残っており，協同組合というよりは会社法人のように感じている。（その後，3人のうちの理事が1人退職したため，協同組合の形態を維持で

表8-5 都市部の介護ソーシャルエンタープライズの特徴（2005年）

	D事業者	E事業者	F事業者
地域	ストックホルムコミューン（A自治体区）	Eコミューン	ストックホルムコミューン（B自治体区）
法人格	（職員）協同組合	（職員）協同組合	理念団体
ミッション	（特に聞かれなかった。）	質の高い認知症介護を続けたい！	母国語（アラビア語）を使った高齢者サービスを！
主な事業	ホームヘルプ（2300時間／月）	認知症高齢者向けグループホーム（9人分）	デイサービス
運営財源	コミューン	コミューン	コミューン
契約関係	利用者―コミューン間	利用者―コミューン間	―
入所判定	コミューン（A自治体区）	コミューン	―
その他の事業	なし	なし	高齢者の訪問 年に数回の家族パーティ
地域特性	コミューン中心部から少し離れた住宅地。集合住宅が多い。	住民所得が高く、保守系与党が続くコミューン。ストックホルム近郊。	在住外国人が多い地域。
会員	組合員3人	組合員11人	会員530人（利用者131人）
理事会	理事3人	理事4人	
設立経緯	※以前はコミューンのホームヘルプ事務所。 1992年に12人の職員で協同組合を設立。 ↓ ホームヘルプ地区のサービス提供を受託。 ↓ サービス選択自由化制度（2002年） ↓ 職員（理事）の定年退職により法人格の変更。 ※理事の1人が高齢で引退したため有限会社へ（2011年）	※1994年にコミューン直営で開設。 ↓ 2002年にコミューンから民間委託の話を受ける。 ↓ その後、ストックホルム協同組合活動支援センター（KIC）の助言と協力を受け、職員6人で協同組合を設立。 ↓ 運営受託。 ※2012年現在も受託は継続。	法人設立は1977年。 ↓ デイサービスはコミューンモデル事業として1994年に開始、高い評価を得る。 1997年から委託事業に。 ※2012年現在、事業は停止。
特徴評価	事業運営における自己決定の度合いが高まった。	1）総コストの80%を人件費に。 2）1対1の人手配置。 3）食事はすべて施設でつくる。 4）職員のストレスが少なく、離職率、欠勤率低い。 5）家族とのコミュニケーションと協力関係。	1）在住外国人高齢者の引きこもりを防ぐ。 2）職員はデイサービスだけでなく訪問活動や通院介助も行っている。 3）次のステップとして介護付き住宅の運営を目指す。
課題	財政事情が厳しくなっている。	書類の作業が多い。	プロジェクトへの助成金なので財政的に不安定。
ヒアリング協力者	事業責任者（理事）3人	事業責任者（理事）E氏	事業責任者（理事）3人

きず，2011年から有限会社に法人格を変更した。）

　コミューン職員としてホームヘルプをしていた時との大きな違いは，自分たちですべてを決められることである。例えば，職員採用にも自分たちで決めることができる。給料はコミューン職員だったときと同じなので，仕事の責任は増えたが，自由度も増えたと感じている。

E事業者

　E事業者はストックホルム郊外のEコミューンで認知症高齢者向けグループホームを運営している。Eコミューンは全国調査でも住民所得が高いコミューンであり，また保守系政党が常に与党である。Eコミューンでは2000年から高齢者介護にサービス選択自由化制度を取り入れている。

　Eグループホームは1994年にコミューン直営で開設した。E事業者の職員の多くはEグループホームで働くコミューンの介護職員であった。2002年9月に，コミューンからEグループホームの民間委託の話を聞かされた。当時，Eコミューンでは保育所，学校，介護サービスなどの民間委託が始まり，Eグループホームの民間委託もその一環であった。

　Eグループホームの職員たちは「できればこのまま，Eグループホームの運営を継続したい」と考え，利用者の家族とも相談を重ねた。当時の職員10人のうち6人がEグループホームで働きつづけるための方法に関心を持った。他の4人も背中が痛い等の健康上の理由で退職したため，事実上，すべての職員が事業の継続に関心を持っていた。

　法人格の取得についてインターネットで情報集めをしていたところ，ストックホルム協同組合活動支援センターと出会った。担当者の熱心な助言に助けられ，関係の行政機関にも相談にでかけた。

　4人の理事で協同組合を設立したが，設立までには少なくとも70回以上の会議を開いた。法人設立には多くの書類作成が必要で，さらに法人格を取得してからもEコミューンからの認可が必要であった。雇用者連合会や社会保険事務所に出向き，職員の雇用に関する手続きも行なった。

　法人格として協同組合を選んだ理由は，株式会社の立ち上げに必要な10万

クローナが出せなかったからである。コミューンの担当者も，資金がない場合は協同組合の方がよいとして，協同組合の設立を勧めた。組合員数は11人で，組合員はすべて職員である。

　民間事業者として事業を行なうには自ら経営もしなくてはならず，人件費，食費や緊急時の備えなどを計算して事業費を見積もり，初めは8つの居室でスタートすることになった（その後9室に拡大）。入居者は重度の介護を要する認知症高齢者で，周辺行動の多い人もいる。

　Eグループホームの職員は25人，施設長が作業療法士資格を持ち，7人の副看護師，17人の介護職員で構成される。その他に24時間対応の認知症専門看護師，また医師，理学療法士が定期的にコミューンから派遣され，これに対しては利用者負担はない。夜勤は基本的には2人で行なうが，夜勤が1人の時はコミューンのホームヘルプから排せつ介助を利用する。夜勤の人件費は高いので，施設長自身が夜勤をすることもある。

　コミューン直営の時代から，Eグループホームではこだわりのある介護を行なってきた。Eグループホームでは総コストの80％を人件費に使っており，基本的には職員対入居者が1対1の介護をしている。日中は4人体制で，デザートのケーキはみな職員の手づくりである。認知症介護では職員と入居者が一緒に食事をすることが大事であるとしてそれを実施しており，食事もすべてEグループホームで調理している。また，10年前から入居者がアルコールを楽しむことができ，入居者にはできるだけ自宅にいるような環境づくりを目指してきた。

　新しい職員を雇うとき，また夏季休暇中の代理職員を採用するときには，3日間もかけて採用試験を行ない，職員の質を重視している。Eグループホームでは離職率は低く，同じ職員が長い期間，働いているので，入居者は落ちついて生活している。疾病休暇の取得者もこれまでに2人しかなく，しかも短期間だった。そのため職員不足に困っていることもない。

　コミューン職員のときに比べ，今では，財務の流れがすべて見える。また職員会議はすべてオープンに行なっている。職員教育として，大学で認知症介護のコース（4〜5ポイント）を取得できるようにしている。

その一方で，小規模事業者が抱える問題として，大量の事務作業に人手がとられてしまうことがある。社会庁やコミューンからの監査があり，たくさんの書類を書かなくてはならない。

　給料はコミューンの職員だった時と同額であるが，職員は当時より多くの仕事をしている。それでも職員からはストレスが少なくなった，労働環境がよくなったという声を聞く。家族会は1年に2回行なっているが，それ以外にも家族の人たちは庭の掃除や手入れに来てくれており，多くの人と出会えることがよい経験となっている。

　Eコミューンでは介護サービスの民間委託が着実に進んでいるが，E事業者の理事長は民間委託で事業を任されているといっても，コミューンや関連の行政機関の管理は厳しいと感じている。社会庁やレーン庁はそれぞれ年に2回程度，記録や資料のチェックがあり，終日かけて監査が行なわれる。コミューンには，毎月，財務報告を行なっている。E事業者の理事長は，高齢者介護の事業者において利益分配は好ましいことではなく，仮に利益があっても，何らかの方法で入居者に還元するべきと考えている。

F事業者

　F事業者はシリア人がスウェーデン社会で豊かに生活できることを目指して1977年に設立されたアラビア語を母国語とする人たちの理念団体である。F事業者530人の会員を持ち，子ども，青少年，高齢者を対象にした事業を行なっている。F事業者は家族全体を対象としている。

　アラビア語を母国語とする高齢者の多くは，これまではスウェーデン語初級コースに通っていたが，人数制限が次第に厳しくなり，通えない人がでてきた。1994年にF事業者が，スウェーデン語が不自由で，孤独を感じている高齢者のためにデイサービスを始めたところ，この事業がストックホルムコミューションから評価された。1997年からコミューンの助成金を受けて，恒常的な実施が可能となり，アラビア語を母国語とする高齢者は誰でも参加することができるようになった。週に延べ100人程度の高齢者がこのデイサービスを利用している。

デイサービス責任者は週5日間勤務で，主に月曜日にデイサービスを行ない，火曜日から木曜日までは，病気の高齢者を訪問したり，通院時の通訳等で，高齢者の生活を支援している。ホームヘルパーは普通，アラビア語を話せず，薬の服用などでトラブルが発生することも多く，通訳が必要となる。

　デイサービス利用者委員会は9人の利用者（うち1人はスウェーデン人）で構成され，月に1回開かれる。デイサービス会員数は131人で，会員の約23％が自宅でホームヘルプを利用しており，17人が介護付き住宅に住んでいる。年会費は100クローナで，デイサービスでの食事は毎回20クローナを支払うことになっている。

　職員の人件費はコミューンの助成金から支出されるが，職員はフルタイム職員が2人，その他に1人が50％勤務職員，2人がパートタイム職員となっている。いつでも財政的な問題を抱えており，毎年4月は助成金申請の時期であるが，プロジェクト助成金が主たる財源なので将来的な見通しが立たず，家賃や人件費を賄う上では常に不安を抱えている。

　F事業者は高齢者住宅の運営を検討している。アラビア語を母国語とする高齢者にはスウェーデン語だけでなく，食生活，音楽や趣味の違いもストレスになる。高齢になるほど，他国の文化に自分を合わせることが困難になる。

　F事業者は，ストックホルム協同組合活動支援センターが主催した会合をきっかけに，アラビア語を母国語とする高齢者の生活ニーズを調査分析するために，2001年4月にスウェーデン・ヨーロッパ社会基金局（2節）による支援プロジェクトに応募することを決めた。デイサービスに参加する高齢者たちにインタビュー調査を実施したが，90％の高齢者がアラビア語で生活できる高齢者住宅を望んでいることが明らかとなった。

　事業責任者らはB自治区委員会に出かけ，介護付き住宅を担当している議員や担当者と議論を重ねた。関係者は必要性を認めてくれたものの，資金調達が難しいと回答した。

　そこでF事業者は，ストックホルム協同組合活動支援センター，B自治体区委員会と合同で協同組合を設立するためのワーキンググループを立ち上げた。当初，F事業者のリーダーたちは協同組合を立ち上げ，介護付き住宅を

運営する方策についてほとんど知識を持たなかった。スウェーデン・ヨーロッパ社会基金局による支援プロジェクトからの資金援助の継続を希望したが不採用となり，独自の介護付き住宅の運営に向けて，財政計画，人事計画等の検討を開始し，計画づくりを継続している。(2012年現在ではデイサービスの運営は停止している。)

(5)調査結果の考察

　調査対象とした3つの介護サービス事業者の状況ついて，ミッションと潜在的貢献，設立のきっかけ，継続性の3点から考察を加える。

＜ミッションと潜在的貢献＞
　グループホームを運営するＥ事業者とデイサービスを運営するＦ事業者には，ミッションと潜在的貢献において前調査と同様の特徴がみられる。具体的にはミッションが明確で，Ｅ事業者は「質の高い認知症介護を続けたい」という思い，Ｆ事業者には「母国語を使ったサービスをしたい」という思いがある。そして事業者のミッションはサービスの特徴にもつながっており，Ｅ事業者は認知症介護で最も重要といわれる人手の配置を手厚くし，食事はホームでつくるなど，こだわりのサービスを行なっている。またＦ事業者は社会的に孤立しがちな在住外国人高齢者の声掛けや在宅生活に必要な手助けも行なっている。また前調査の対象だったＢ事業者のように，母国語で生活ができる介護付き住宅の運営を計画しており，さらに高い目標を掲げている。

　それに対し，ホームヘルプ事業者であるＤ事業者には特にミッションは聞かれず，また仕事内容自体にもあまりこだわりは見られなかった。これは事業内容による違いと1992年の事業開始で年数を経ており，設立当初のメンバーが定年退職などで入れ替わっていることが理由とも思われる。

第 8 章　サードセクターと介護サービス供給

＜事業のきっかけ＞
　D事業者とE事業者は介護サービスの民間委託化というコミューンの方針を受けて，コミューン直営事業を協同組合での運営に切り替えたものである。D事業者もE事業者もコミューンからの勧めがきっかけで職員協同組合を設立し，サービスの運営を継続した。D事業者とE事業者の職員の多くは元コミューン職員だったことになるが，両事業者共に仕事面での自己決定の度合いが高まったとして現在の働き方に満足していた。D事業者はミッションや仕事の特徴の面からみて，ソーシャルエンタープライズと判断しがたいが，仕事の現場での自己決定を重視し，働き手のやりがいを高めている点では社会的価値を生み出しているといえる。

＜継続性への不安＞
　すべての事業者において継続性についての不安定さが指摘できる。
　第一に財源の問題である。D事業者は協同組合としての営業を始めた頃は，1つのホームヘルプ地区の運営を委託されていたが，サービス選択自由化制度が始まってからは介護報酬方式に変わった。毎年改定される介護報酬が気になるようであった。E事業者はグループホーム事業の継続には公共購売のための入札に参加しなければならず不安要素となっている。F事業者はコミューン等からの助成金で活動を続けていたが，常に翌年の事業実施に不安を感じていた。実際にF事業者は2012年現在，活動を停止していた。
　第二に職員の継続性の問題である。特に1992年設立のD事業者は2011年に協同組合を有限会社に組織変更したが，その理由は理事の定年退職によるものだった（2012年ヒアリングによる）。協同組合は3人の理事を必要としているために2人の理事では設立要件を満たせない。これはサードセクターの組織が持つ特徴であり，発起人が退職した後，後継者がなかなか見つからないという状況は数多く見られる。

(6) 本調査の結論

　本調査の目的は，スウェーデンにおいて供給多元化が進む都市部の介護ソーシャルエンタープライズの特徴と役割を明らかにすることであった。過疎地域ではサービスがない状態の中で自分たちの手でサービスをつくるという動機から組織が設立されていたが，ストックホルムとその近郊市の事例では，コミューンの民間委託路線の中でコミューン直営事業所を民間事業所に変えていく方策として，協同組合の設立がみられた。

　それでも協同組合には前調査と同様に潜在的社会貢献の可能性がみられ，供給多元化の中で新たな可能性を見出すことができる。その一方で財政的な不安定さ，また後継者探しが難しいという継続性への課題もある。後者についてはサードセクターの組織に見られる一般的な特徴ともいえるが，前者についてはコミューンの入札技術や政策方針が影響していると考えられる。

6 介護サービス供給におけるサードセクターへの期待と課題

　ペストフは，スウェーデンの福祉サービス供給において，サードセクターの役割がほとんど議論されない状況を批判する。福祉サービスの供給多元化が進む中で，スウェーデンでも新たな供給体として2000年頃までに営利企業とサードセクターによる事業者が登場したが，課題はそのバランスにある。第5章，第6章，第7章からも明らかなように，スウェーデンの供給多元化の議論にはサードセクターがほとんど登場しない。ペストフはスウェーデンの介護サービス供給の議論は，コミューン直営か営利企業かの二者択一になっているという。サードセクターによる福祉サービス供給の重要な意義は，サービスの生産過程に市民が参加するところにあるが，スウェーデンにおける福祉国家を展望する議論では，公的供給を継続するべきというイデオロギー的議論と，急速な民営化で効率化を図るという議論に二分されるだけで，そこでは公的解決か市場解決かという選択肢しかない。福祉多元主義を

第8章　サードセクターと介護サービス供給

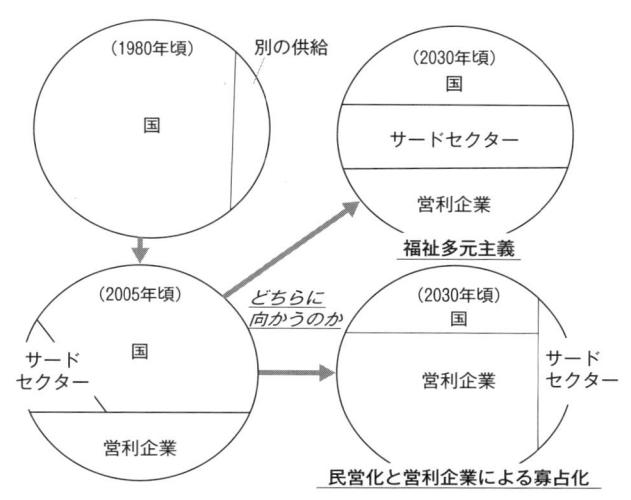

図8-7　スウェーデンにおける福祉国家の変容
（1980年頃→2030年頃）

（出所）Pestoff 2009：274

進めるという3つめの選択肢を示す必要性をペストフは主張する（Pestoff 2009：274）。

　スウェーデンでは，社会民主党が福祉サービスの市場化，民営化路線を緩めようと営利企業への医療や義務教育の委託を制限しようとしたが，2006年に誕生した保守中道政権はすぐにこれらの制限を撤廃した（*ibid.*：273）。このような揺り戻しの中で，ペストフはスウェーデンの福祉サービス供給には2つのシナリオがあるとし，図8-7を示す。2030年のスウェーデンに向けたシナリオは，一つは民営化（営利企業による寡占化）が猛威をふるう状況となるか，もう一つは福祉多元主義を展開である。福祉多元主義にはコミューンと営利企業による福祉サービス供給とは別の選択肢としてサードセクターが含まれ，ペストフ（2009）はサードセクターが中心的役割を果たすことを理想としている。

　ペストフはサードセクターによる福祉サービス供給を一方的に礼賛しているわけではない。介護の民営化には介護のインフォーマル化も含まれてお

385

り，それは前時代への逆戻りの危険性もはらんでいる。「地域のインフォーマル部門により大きな責任を持たせようとする民営化は，その結果として，福祉サービスの供給をより（自主性を失った）従属的なものにし，女性労働力に押し付け，サービスの専門性を失わせることになりうる。女性を正規の労働市場から引き離し，家族に対する介護サービス等の無償の提供者にしてしまう危険性もあり，これは中欧，東欧に見られる福祉サービス民営化の道筋である」(Pestoff 1998：75) として，介護サービスを含む福祉サービスの地域化，インフォーマル化に対する懸念も示している。

　さらにペストフはA. エヴァース（Adalbelt Evers）を引用して，次のように述べている。「ボランティア団体や協同組合を安あがりのサービス供給者とみなし，ボランティアや労働義務を課すことは，重要な点を見逃すことになると，エヴァースは述べている。サードセクターのサービス供給体は単なるサービス供給者ではない。サードセクターの団体は，参加や連帯といった公共倫理を維持し，啓発していく役割を担っている。またこれらの団体は，圧力団体としての活動を通じて，経済的な，政治的な，社会的な変革を促しているのである。そして，彼らは実践を通じてサービス供給の革新を行なっている」(*ibid*.：75)。地域化，インフォーマル化の行き過ぎは，サードセクターが「植民地化され，安上がりのダンピングの場として，負担の肩代わりに使われる」(*ibid*.：75) というリスクを持つことを警告している。

第9章

介護サービスの供給と編成

1 はじめに

　C. フッド（Christfer Hood）は，公共サービスの消費と生産を管理するために，いかにルールを作り，それを執行するかを考えることが公行政の課題であるとしている（Hood 1986：13）。フッドは公共サービスの編成（organization）が複雑さを増している要因について，豊かで複雑な社会背景を前提に次の3点から説明する。第一に両立しがたい資源利用の問題が発生すること，第二に社会全体が豊かになるにつれて，生命や生活維持のレベルを超えた，新たな種類の公共的あるいは共同消費的サービスの可能性が作り出されてきたこと，第三に社会的団結力が希薄になり，公共財の自発的な供給をもたらす社会的団結力が機能せず，便宜主義に対処するために公権力を行使しなければならない状態が発生していること（ibid.：13）である。

　フッドが指摘する第二，第三の要因は，介護サービスの編成になんらかの公行政が必要とされる根拠となる。フッドはそこに住む住民集団を楽しませるような試み，例えば通りにおける行進やカーニバル，歩道に街路樹を植えることなども新たな種類の共同消費的サービスと位置づけている。これは「ぜいたく品」であって洪水対策のような住民の死活問題ではないが，これらも公共財であり集合行為の問題を生み出すという。堤（2010）は，高齢者

向けの介護サービス，ホームヘルプ，訪問入浴，デイサービス等は便利で，生活の快適さを向上させるという点で，その特性を「多々益々弁ず」（数や量が多ければ多いほどよいということのたとえ）のサービスと表現している（堤2010：48）。

　高齢者介護はかつて私的な領域の問題であったが，高齢化がすすみ，後期高齢者の数が増え，社会問題として解決していかざるをえない課題が発生している。認知症や要介護高齢者には専門的な介護が必要であり，家族に依存する介護は要介護状態を重度化させ，その結果として高い社会的コストを招きかねない。また社会的なつながりも希薄になり，スウェーデンの1950年代，日本では1980年代にみられたボランティア団体による自発的な介護活動のような集合行為アプローチにすべての問題解決を託すことは不可能である。

　そのような背景から高齢者介護に公的関与が拡大してきた。本書ではスウェーデンにおける介護の供給と編成が約120年の間にどのように議論され，変遷してきたか，また2000年以降の介護サービス供給の多元化がどのように進んでいるかを示してきた。本章ではスウェーデンにおける高齢者介護の供給と編成の経験を，フッドによる公共サービスの供給形態の諸類型の分類に基づき議論する（2節）。またスウェーデンの高齢者介護の供給多元化のシステムとしてのサービス選択自由化制度と日本の介護保険制度の比較を通じて，両制度の特徴を明らかにする（3節）。

2 ｜ 供給形態の諸類型と高齢者介護

　フッドは「公共サービスの供給システムは，様々な資源を集め，それらを具体的な作業に割り当てることにより，体系的に編成されなくてはならない」（Hood 1986：87）とし，マンションの掃除を事例にあげ，公共サービスの編成において6つの重要次元を示している。第一に「専門性」（specialization）で，全居住者が自分で掃除をするか，作業の専門職を雇うかという問いである。第二に「編成の規模」（scale of organization）で，掃除をマンションのブ

第9章　介護サービスの供給と編成

表9-1　公共サービスの供給体制の6次元と12の極

次元	両極の要素
(1) 専門性	1. すべての分野に専門職 ⟷ 2. 自分でするを置く
(2) 規模	3. 広域　⟷　4. 近隣
(3) 契約形態	5. 直営・直轄　⟷　6. 特定の実施契約・委託契約
(4) サービスの供給者の数	7. 単一の供給源　⟷　8. 多数の企業によるサービス供給
(5) 財政基盤	9. 一般財源からの包括的繰入　⟷　10. 特別税ないし利用料からの特定財源
(6) 供給企業の法的・組織的形態	11. 行政官僚制のみ　⟷　12. 民間企業ないし独立企業のみ

(出所) Hood 1986 : 132

ロックごとに分けるか，あるいはマンション全体を単位とするか，第三に「"直営"対"委託"」("employment" versus "specific contract arrangements")で，清掃作業員を直接雇用するか，あるいは清掃事業者に委託するか，第四に「"独占"対"競争"」("single authorized provider (private or public)" versus "some rivalry among potential providers")で，供給独占により競争はない方がよいか，複数の供給者による競争があった方がよいか。第五に「"受益者負担"対"一般財源"」("user-charge or earmarked tax-based provision" versus "provision financed from general taxation")，第六に「"行政官僚制"対"民間供給"」("public bureaucracy" versus "private provision")である。

フッドは公共サービスの供給システムを設計する前に，諸次元のそれぞれの選択肢を，それぞれのケースが持つ固有の特徴に基づいて注意深く考察すべきとしており (ibid.: 90)，表9-1はその組み合わせを示すが，表のように粗い分類を前提としても，組み合わせの数は2の6乗で64タイプにもなる。さらに分割して検討する事になれば可能な制度的選択の組み合わせは相当に複雑になる。

これらの6つの項目を軸に，介護サービスの編成における論点を整理してみたい。

(1) 専門性:「自分でする」か「専門職による供給」か

　「自分でする」か,「専門職による供給」か。「自分でする」と近い位置にサービスの共同生産 (co-production) があり, 共同生産は消費者が自ら利用するサービスの生産を助けることを指す概念である (*ibid.*: 93)。

　「自分でする」利点として, サービス生産者と消費者が同一なので, 生産者と消費者, 雇用主と被用者, 委託者と受託者の間で生じがちな紛争, 例えば賃金や料金, サービスの質などをめぐる衝突を避けることができる。また専門職集団にありがちな状態, つまりすでにニーズが消滅したサービスの継続に利益を見出し, 新たなニーズに無関心という事態を避けることができる。これらの点においては「自分でする」ことは合理的である。

　しかし「自分でする」こと, または非専門職がすることの問題点として, 資源配分に非効率性が発生する可能性がある。このことをフッドは道路補修の事例を使って説明しており, 例えば, 脳外科医が年間の勤務日の数日を使って道路補修機械を操作することで生じる浪費の大きさを指摘している (*ibid.*: 90)。脳外科医が勤務日に道路の補修をすることなどは考えにくいが, 専門職に任せることが合理的とする考えのたとえである。

　公共サービスにおいて「自分でする」ことが衰退していった理由は, 専門職の投入が効果的で効率的という点にある。それでも完全に「共同生産」がない状態で供給されるサービスは限られており, 公共サービスは利用者によるある程度の義務的な共同生産方式をとっている (*ibid.*: 90)。例えばごみの分別回収も一般市民が分別作業の一端を担っていることになる (*ibid.*: 93)。また多くの公共サービスに, 自助に基づいた組織やネットワーク・グループの編成がみられる。例えば犯罪防止のための地域社会の防犯組織や終末医療のためのホスピス運動などがそれにあたる (*ibid.*: 91)。

高齢者介護における論点

　高齢者介護は「自分(本人)でする」ことは考えられない。自分で自分のことをできない状態が要介護状態であり, 自分で自分の介護をすべて担うこ

とはできない。そのため，いつの時代も介護は自分以外の誰かが担っている。介護サービスがない時代は，家族は高齢者に対してなんらかの世話機能を担っていたが，それは今の介護とは異なる。100年前にさかのぼると，医療，栄養，衛生管理などが今ほど充実していなかったため，平均余命は短く，認知症やねたきりの状態の高齢者の介護はほとんど存在しなかった。その頃の家族は長期に及ぶ老親扶養や介護という問題は経験していない。長生きのリスクや要介護のリスクは家族の扶養力や介護力が低下したから，扶養や介護の問題が社会的に認知されるようになったのではなく，これらは伝統社会では存在することのなかった産業社会の新しいリスク（武川 2011：219）と考えるのが妥当である。このことは第2章でも明らかであるが，スウェーデンにおいても戦前は高齢者の生活費（年金と貧困救済事業）と居場所（老人ホーム）の議論に終始しており，介護が社会的な議論として登場するのは戦後である。

　「自分でする」という解釈を少し広げて家族の役割まで含めると，高齢者介護は誰が担ってきたのか，今誰が担っているのかという議論になる。主たる介護者が妻や娘である国が多い。日本の場合，介護保険制度ができる2000年頃までは主たる介護者が長男の配偶者，つまり「嫁」であることが多かったが，近年では娘に変わってきている。家族介護者に女性が多い状況は，女性の平均余命が男性より長いことも関係するが，それ以上に家族内の性別役割分業に関係する。フッドのいう「自分でする」ことの利点からみれば，家族内福祉では賃金や料金，サービスの質をめぐる衝突は避けられそうにみえる。しかし介護の場合，それは表面化しにくいだけであり，実際には家庭内でのコンフリクトは存在した。日本労働組合総連合会による調査（1995）では，3人に1人の家族介護者が「憎しみを感じることがある」と答え，2人に1人が虐待の経験があると答えており（山井・斉藤 2000：22），家族介護者のストレスは虐待につながりかねないことが示されている。このことは介護サービスにおいて「自分でする」という選択肢を考える場合に特に配慮しなければならない点である。

　また介護サービスにおいて，専門職の投入は合理的であった。特に認知症

や医療を必要とする高齢者に対して，専門職による介護がなければ社会的に費用がかかりすぎる。このことは介護サービス整備の遅れを医療が肩代わりした結果，医療費の高騰を招いた日本の経験からみても明らかである。スウェーデンでも1960年代まではホームヘルパーの仕事は主婦の兼業職と考えられていた。しかしホームヘルプ再編による合理化を考え，1970年代以降に「ベルトコンベア風モデル」「小グループモデル」を導入する時代になると，ホームヘルパーの専門性が問われるようになり，大学レベルでの管理職養成が始まる（第4章）。また後期高齢者が増える現在，介護職員には医療知識まで求められている。

　介護を必要とする高齢者が地域（施設も自宅も含む）で生活するためには，地域住民の理解や協力も必要となる。その意味で高齢者介護の編成が住民との「共同生産」のもとで行なわれることは疑いない。介護サービスの専門職化が進んでも家族の役割，地域の役割のインフォーマルな役割は存在する。介護はその人自身の生活を包括的に支えるものであり，専門職だけで担うことはできないからである。

(2) サービス編成の規模：広域か近隣か

　サービス編成の規模を考えるとき，提供の規模を拡大した時にどの時点で最大限のメリットが得られるか，またそれはデメリットを上回っているかが論点となり，フッドは次の3つの基準を示す。

　第一の基準は，サービスに含まれる公共財の規模で，サービス供給者と公共サービスの範囲が一致する限り，供給者との交渉は少なくてすむため取引コストは減少する。この範囲がずれることで取引コストが増加する（Hood 1986：94-95）。

　第二の基準は，規模が作業効率に与える影響である。生産コストは総生産量に依存する，つまり，大量生産は効率的という古典的な考え方である。小さな村が自前の発電所や刑務所を運営するのは経費がかかりすぎるのが明らかであるように，顧客の数が多いほど専門的装置を保有する単位当たりの費

用が少なくなり，単位費用を削減できる (*ibid*.: 96)。その一方で規模が大きくなると，ある時点から管理コストが急速に上昇し，課題が増加することも考えられる。サービス供給の「最適規模」を見出すためには，矛盾する可能性を持つ諸要素のバランスが必要となるが，多くの場合，これは主観的な判断となる。例えば，組織が大規模になると勤労意欲，社会的規律などに影響するといわれるが，その状況を客観的に把握することは難しい。規模の経済という一見，技術的に解決できそうな考え方も注意深く検討されるべき (*ibid*.: 97-98) とフッドは指摘する。同一のサービスが小規模な生産体制よりも大規模な体制に移行することにより，さらに安く生産されるときにのみ，あるいは同一のコストでさらによい質のサービスが提供されるときにのみ，真の規模の経済の議論が成立する (*ibid*.: 99)。

第三に，サービス供給の基礎を受益者集団の中に置くというものである。これは取引のコストや生産性の議論とは別で，政治的に定義された受益者集団から一定の規模を導き出すものである。前述の最適規模の議論は科学的にみえるが，現実には最適規模を見つけて用いることは難しい。小規模な編成では経済効率が悪いとしても，規模を大きくすれば生産者と消費者の距離が広がり，政治的リーダーが遠くなると考える住民は多い。その結果，種類の異なるすべてのサービス編成は同じ規模で行なわれることになり，事実上，それが地方自治体である (*ibid*.: 99-100)。

フッドは，サービス供給における最適規模の議論は存在するが，現実には，すべてのサービス編成が地方自治体として同じ規模で行なわれがちであることを指摘している。

高齢者介護における論点

第5章で示したように，スウェーデンでは「砂時計モデル」の地方分権として，介護サービス，保育，小中学校の教育等をコミューンの責任で実施してきた。スウェーデンではほとんどすべての生活関連事業をコミューンが行ない，医療と広域交通等のみを広域自治体ランスティングが担い，コミューンの再編のプロセスでは常にサービス供給体としての適正規模の議論が行な

われてきた。終戦直後には戦前からの懸案であった精神医療、慢性疾患医療をコミューンがするべきか、広域行政体ランスティングがするべきかの議論があり、最終的には病院医療を担当する広域行政体ランスティングの管轄となった。しかし慢性疾患による長期療養の場としてのナーシングホームは1992年から、精神障害者の地域生活支援は1995年からコミューンの責任に再び戻されたことになる。このように支援サービスの編成と供給体制は変更を繰り返している。

スウェーデンの経験をみると第二次コミューン合併（1970年代初頭）まで、公共サービスの供給主体としてのコミューンのあり方をめぐり、合併論争が繰り返されてきた。戦前には財政力のない零細自治体の存在が問題となった（第2章）。戦間期にみられた急激な都市化により、1920年頃には人口の約65%が地方に住んでいたが、1940年には地方在住者は少数派となった。その結果、零細自治体の数が増え、全自治体の半分が人口1000人未満となってしまい、期待される事業の実施が困難となった（Edebalk 1991：27）。戦間期に議論された「社会支援共同体（福祉コミューン）」構想は自治体の人口規模を2000～3000人にし、貧困救済事業、国民年金保険、失業者支援を行なうというものであったが、村自治体からの強力な反対で国会で否決された。村自治体の反対理由は、村自治体では小学校、警察、課税業務などの事業も行なっており、それぞれの事業で適正規模が異なるという内容であった。

戦後、スウェーデンでは2度にわたる大規模市町村合併が行なわれた。第1回目は1952年合併で2500市町村が約1000コミューンに合併され、コミューンには小学校の運営責任が求められた。第2回目の1974年合併では280コミューンにまで合併が進み、ここでは介護、保育の供給主体が目標とされ、人口1万人以上のコミューンが目指された（Gustafsson 1996：157）。小規模な編成では経済効率が悪いが、規模を大きくすれば政治的リーダーが遠くなると住民が考えるケースは多く、結局、すべてのサービス編成は同じ規模で行なわれることになるというフッドのいう第三の基準に落ち着いた。

フッドのいう第一の基準、つまりサービス供給者と公共サービスを供給する範囲が一致した方がよいとする点はエーデル改革（高齢者医療介護改革）に

みることができる。1992年のエーデル改革では広域行政体ランスティングが担当していたナーシングホームと訪問看護をコミューンの担当領域に移譲したが，初期医療と介護をコミューンレベルで一元的に受けられることで取引コストを減らし，高齢者の社会的入院を減少させることができた（第5章）。

　スウェーデンの経験の中で，さらに興味深い点はホームヘルプの再編である。これはフッドの示す第二の基準の議論であり，フッドは「最適規模」を見つけるためには，矛盾する可能性を持つ諸要素のバランスをとる必要性を指摘している。つまり財政的にはコミューン合併により一定規模の人口を必要とするが，ホームヘルプ供給では，そこで働くヘルパーの働きがいや勤労意欲を向上させる方法を考えて，1980年代に「小グループモデル」という小地域でのホームヘルプの編成が考案される（第4章）。担い手の働きがいや勤労意欲という客観的に測りにくい指標も考慮することが適正規模の議論で重要であることが示されている。ホームヘルパーを専門職化し，その現場に責任と権限を与え，仕事に対するやりがいやモチベーションを上げることは，ホームヘルパーや介護職員の採用難や高い離職率の問題を解消する上でも重要な視点であった（第4章）。介護を必要とする高齢者は病院や施設で生活することが当然と考えられていた時代から，介護が必要になっても高齢者が地域で暮らす時代になり，その中で介護サービスの編成規模は広域自治体ランスティングの規模から，コミューンの規模へ，さらには在宅介護エリアといった小地域に移り変わってきた。

(3) 契約形態：「委託」か「直営」か

　事業を委託するか直営でするかの検討では，公共サービス供給の多様なタイプのそれぞれのコストや難点を比較することが一つの方法で，両者の混合形態もありうる。委託方式より直営方式が望ましいと考えうる要素は2つある（Hood 1986：100-101）。
　第一が「不確実性」である。作業がより複雑で不確実であるほど，起こりうるすべての状態に備えて契約内容を決めておくことは困難であり，不可能

表9-2 不確実性と少数性の関係:事例

		交換関係に含まれている関係者の数 (供給者,消費者あるいは両方の数)	
		少数	多数
不確実性	高い	外交	経済予測 労働紛争仲裁
	低い	水道供給	一般医療サービス

(出所) Hood 1986:103

である。直営事業として行なわれている事業には高度に不確実なものが多く,例えば,軍事行動,外交,警察,通貨管理などがあげられる。不確実性が低い事業,例えば,道路清掃,し尿処理,電力供給,都市交通などは業務内容や業務の質をあらかじめ決めておくことができるので,これらの業務は直営事業でないことが多い(*ibid*.:101)。

　第二は「少数性」である。売り手と買い手の数が少ない場合は,委託方式をとるメリットは少ない。例えば1人の買い手と1人の売り手しかいない場合,契約事項の文言についての押し問答が繰り返され,委託の交渉は難航する。その場合,直営方式であれば,必要が生じた時点で命令を通じてとるべき行動を指示できるため,契約という事前の複雑な取り決めは不要となる。また非競争市場において,サービス供給者が1人しかいない場合,あるいは少数の場合,委託方式が直営方式に勝るかどうかは明確でない(*ibid*.:102)。公共サービスの供給が,行動の不確実性,および供給者の少数性と結びついている場合,公共サービス供給を直営方式で行なうことへの反対はできない(*ibid*.:103)。

　フッドは不確実性と少数性の関係を表9-2に示している。表9-2によれば,「外交」はサービス供給者の数が限られており,不確実性も高く,委託方式には適さない。一方,「一般医療サービス」,「学校教育」は確実性が高く,潜在的な競争者が多いので委託方式は妥当だとする。

　さらに直営方式が望ましくないとされる理由に,使用人問題がある。使用人の雇用では,使用人の採用,評価,昇任や解雇に伴うコスト,賃金,手当,

資材や装備の経費に関する交渉のコストを考えることになる。さらに組織において十分に利用されていない資源，誤って使用している資源を維持するように使用人を監督するコストも考えることになる。また使用人の仕事に対する動機付けも必要であり，このような課題が大規模な組織における雇用に潜んでいる。この問題は民間組織，公的組織を問わないが，民間企業の場合，使用人管理に失敗した企業は結果として市場によって消滅させられる。このようなことは公的組織では見えにくく，使用人問題は巨大企業の出現を契機に，公共機関においても大きな課題として考えられるようになった（*ibid*.：104-105）。

高齢者介護の論点

　フッドの説明にあてはめると，介護サービスも医療や学校教育と同様に確実性が高く，潜在的な競争者が多いので委託方式は妥当である。ただ介護が医療や学校教育と異なる点は，家族内介護という最も強力な潜在的競争者が存在することであり，この点はG. エスピン－アンデルセン（Gøsta Esping-Andersen）も強く指摘する（第1章）。医療や学校教育の競争者は専門職以外に考えにくいが，介護サービスは主婦経験を重視したボランティアとして誕生した背景があり，特に家事援助は家族内で行なわれる家事と競合する点が介護事業の特徴である。

　スウェーデンの場合，1980年代まではほぼすべての介護サービスはコミューン直営であった。ストックホルムコミューン等では一部，コミューンが民間の高齢者住宅から「場所買い」（一定期間，費用を払って，施設のベッドや居室を借り受けること）をするケースもあったが，これは競争入札を通じたものではなく，随意契約の一種と考えられる。スウェーデンでは1990年代以降，本格的に民間委託が進行してきたが，介護サービスの民間委託は通常，公共購買（入札）かサービス選択自由化制度を通じて行なわれている。公共購買は，行政機関が入札を通じてサービスの購買する行為であるが，コミューンは落札した事業者と契約を結び，事業を委託するので，両者の関係はわかりやすい。サービス選択自由化制度では，介護サービス事業者はコ

ミューンによる認可（auktorisering）を受ければ，そのコミューン内での営業が可能であった。しかし2008年公共購買法改正で，認可という語は使用されなくなり，サービス選択自由化制度においても，公共購買という語が使用されるようになった。公共購買においても契約，サービスの購買という概念を強調しようと言葉を変更したものだが，しくみや手続きはほとんど変わっていない。

　介護サービスの編成では，職員の賃金問題として，使用人問題は存在する。スウェーデンでは連帯賃金制度が基盤になっており，労働者（特にブルーカラー労働者）の賃金は中央労使交渉で最低賃金が決まる（第5章）。他業種との調整の中で賃金が決定されるために，他業種の労働者の賃金が上がれば，ホームヘルパーや介護職員の賃金も上がる。1960年代のコミューン財政が豊かな時は，ホームヘルパーや介護職員の賃金上昇は問題にならなかったが，特に1990年代以降のコミューンの緊縮財政の中では深刻な問題となる。また連帯賃金制度のもとでは，同一労働同一賃金の原則により，雇用主がコミューンであっても，協同組合であっても，介護企業であっても，ホームヘルパーや介護職員の賃金はほとんど変わらない。そのため使用人問題は特に公的組織に限って発生することではなく，民間事業者でも生じる問題である。

　介護サービスという労働集約的な仕事ではボーモルのいう「コスト病」（第1章）の問題は避けられず，質を維持しながらの合理化に限界があり，生産性がそう上がらないにも関わらず，賃金だけは上がっていくという悩ましい構図を持つ。「コスト病」は連帯賃金制度のない国，例えば日本でも起きる。賃金が低いままであれば離職が増え，採用も困難となり，事業自体が成り立たないので，賃金は他職種に合わせて配慮が必要となる。それゆえに，介護サービス業界の使用人問題は，直営か委託の選択だけでは解決できない。

　エスピン－アンデルセンは，介護サービスは市場だけにまかせると高価になってしまい，一般利用者は購入できなくなるため，一般利用者が介護サービスを使えるようにするには，公的助成を導入するか，低賃金労働を認めるかであるとしている（第1章）。スウェーデンはこれまで間違いなく前者の

対応を堅持してきたが，2007年に始まった家事労賃控除（RUT-avdrag）（第5章）はホームヘルプの家事援助に対してやや後者の路線を認めつつあるようにもみえる。家事労賃控除はリーマンショック以降の失業対策として始まったもので，民間の家事サービスを購入した人に対し，年間5万クローナまではその半額分の税額控除を行なうものである。この制度は特別に高齢者を対象にしたものではなく，最も利用が多いグループは子育て中の家族であるが，ストックホルム市では65歳以上高齢者もすでに約5％がこの制度を利用して家事サービスを購入している（2012年）。コミューンの介護サービス判定も必要なく，自分が希望する内容のサービスを頼めるので利用者に好評である。

　スウェーデン政府（保守連立政権）は家事労賃控除について，これまでブラックマーケットとして存在した家事サービスを正規の産業とし，雇用を創出し，納税者を増やすことができたとして評価している。たしかにスウェーデン政府の方針は，多くの国が容認（あるいは見て見ぬふりを）している低賃金の家事使用人や家事サービスのブラックマーケットに対して，新たな政策の方向性を示している。政府は，特に移民の人たちを対象とした雇用政策の一環として，民間の家事サービス会社の開業を新たな産業分野の育成として支援しているが，これらの事業者で働く労働者は労働組合への加入率が低い。また事業者が中央労使交渉システムに参加していない場合は，労働者の労働条件が連帯賃金制度で保障されない事態も発生する。この現象が介護労働者の条件保障の基盤を弱める可能性も否定できない。

　「少数性」の点では，北部の人口の少ないコミューンでは民間事業者の参入も見込めず，コミューンによる供給独占が続く状況もみられる。政府がサービス選択自由化法を制定して，全国的に民間委託を進めようとしても，法律が期待する通りにならない地域も存在する。

(4)サービス供給者の数：「独占」か「競争」か

　公共サービスの供給を1人で行なうべきか，多数で行なうべきかという選

択がある。後者が選択されるならば，供給者の関係は競争的であるべきか，非競争的であるべきか (Hood 1986：116) という議論も生まれる。この点について，フッドは主に4つの論点で整理する。

第一に，競争は私的なサービスの供給にのみ適しており，公共サービスは供給独占であるべきという伝統的な考え方がある。

第二に，公共サービスは社会福祉の支援対象である人たちを顧客としていることも多く，その点で多元主義的供給論は批判を受ける。サービス供給者間の競争は，好ましい顧客のために働こうと積極的に努めるよりもむしろ，面倒なケースについて責任を逃れようとする消極的なものになりやすい (*ibid.*：117-118)。そのような場合の競争は，顧客に対してよりよいサービスをもたらすことにならず，それには最も水準の低い供給を標準とするグレシャムの法則が働く。このような顧客に対しては，一つの供給者によって運営される「統一窓口」の下に置くことが，よりよいサービスを提供することになるという考え方がある (*ibid.*：118)。

第三に，公共サービスの供給競争は資源の浪費を生むという考えがある。ガス，水道，鉄道などのサービスは「供給競争」(rival supply for services) ではなく，むしろ「参入競争」(competition for the field)，つまりそのサービス事業を行う独占権を定期的に競争入札にかけるという方法に置き換えた方が効果的だとする (*ibid.*：118)。

第四に，多元的でも供給者間の競争がなければ，取引費用の観点から，例えば談合のように望ましくない方向に慣性の法則が働く (*ibid.*：118)。

フッドは供給独占が不可避な場合であっても，「参入競争」が考えられるとする。サービス供給面で仮に競争が不可能でも，供給者は一つよりも複数の事業者があった方がよい場合がある。それは複数の事業者が存在することにより，正式の契約や期限付きの契約を結ぶことになり，注意深い実績評価が行われる可能性が生まれるからである (*ibid.*：121)。

高齢者介護の論点

介護サービス供給において，先進国ではもはや独占的な供給を考えにくい

ことは，A.O. ハーシュマン（A.O. Hirshman）の議論でも明らかである（第1章）。介護サービスの供給で「競争」を考える場合，利用者の特質に十分に配慮しなければならない。利用者は事業者やサービスを選択する上で判断能力が低下している場合もある。またV. ペストフ（Victor A. Pestoff）が指摘するように，事業者と利用者間の情報の非対称性の問題もある（第1章）。

まずグレシャムの法則について検討する。高齢者介護では，福祉的解決が求められる複雑な事情が絡んだ困難事例が発生することも多く，最終的に誰がそのような困難事例に対応するかという論点がある。スウェーデンでみられる現象では，特にホームヘルプのサービス選択自由化制度では，民間事業者は人口が密集する地域，また住民の所得が高い地域への参入に積極的である（第6章）。高所得の高齢者は介護サービス判定枠を超える分の介護サービスを自費で購入する可能性が高く，民間事業者にとってはビジネスチャンスが存在する。そのため，民間事業者が住民所得の高い地域での営業を好むのは当然である。グレシャムの法則が引き起こす課題を解決するため，スウェーデンでは民間供給が進むコミューンでさえも，コミューン直営サービスが必ず存在している。民間事業者が断る困難事例も，コミューン直営サービスが最終的には責任を持つ。スウェーデンでは社会サービス法が必要とする人に必要な社会サービスを提供する上での「コミューンの最終責任」を規定しており，コミューンの責任は依然として大きい。

「供給競争」か「参入競争」か，という点では，スウェーデンの場合，介護付き住宅では公共購売による入札で委託先を選ぶという点で「参入競争」型，ホームヘルプではサービス選択自由化制度のもとで「供給競争」型を選んでいる。（ただし，サービス選択自由化制度を導入していないコミューンも存在する。）ストックホルムコミューンやナッカコミューンなどいくつかのコミューンでは，介護付き住宅についてもサービス選択自由化制度により「供給競争型」を選んでいるケースもみられる。しかし介護付き住宅のように供給数が限定されているサービスでは，需要が供給量を上回れば待機者が増え，利用者はサービスを選択できない。後期高齢者の増加にもかかわらず，介護付き住宅の削減傾向がみられ，介護付き住宅にサービス選択自由化制度を採用し

ているとするコミューンでも実際にはそのしくみは機能していない。

　ホームヘルプのサービス選択自由化制度は「供給競争」型ではあるが，コミューンにより，性質がかなり異なっている。例えばストックホルムコミューンの制度は明らかに「供給競争」型であり，参入においてはほとんど規制がないため，コミューン内には200ヶ所以上の事業所がある（第6章）。すべての事業者の競争条件は同じで，イコールフッティングが前提である。介護サービス判定員は利用者がサービス事業者を選択する際に助言はできず，中立の立場を守るという原則がある。しかし民間事業者のみが介護サービス判定を超えた分の付加サービスを販売できるという点では，むしろ民間事業者が優遇されているといえる。

　一方，ヴェクショーコミューンの制度は「供給競争」型といってもかなり制限が加わっている。例えばヴェクショーでもホームヘルプにサービス選択自由化制度を採り入れているが，民間事業者の認可条件が厳しい（第6章）。ヴェクショーでも介護サービス判定員が利用者のサービス選択において中立の立場であることはストックホルムと同様であるが，サービスを選択しない高齢者は自動的にコミューン直営サービスの利用につなげており，その結果，利用者の9割がコミューン直営事業所を利用している。この点でも「供給競争」がイコールフッティングの状態で行なわれているとは言い難い。ヴェクショーはストックホルムとは逆で，コミューン直営事業所が有利な条件である。

　このようにスウェーデン国内では事業者間競争のシステムがコミューンによって異なり，それはコミューン議会与党の政策理念が影響している。

(5)財政基盤：「一般財源」か「特定財源」か

　公共サービスには常に財源問題が存在する。フッドは混合形態があることを前提としながら，3つの財源調達方法を検討している。

　第一に，受益者負担の考え方で，サービスを利用する人が利用するときにその対価を支払うという方法である。バス料金，電話料金などがこれにあた

り，比較的利用と負担の関係は見えやすい。第二に，特定財源から資金を調達するという考え方で，特別のサービスのために特別に設けられた財源から支出する方法である。この方法においては各利用者が払う料金と使用するサービスとの間に直接の関係はない。失業手当が勤労者への課税による財源で運営されていたり，強制保険の保険料もこれにあたる。第三に一般財源から調達する考え方がある。必要な一定の金額を予算過程の中で，一般的な税収から定期的に配分される方法である（Hood 1986：123-124）。

　フッドは一般財源のシステムにおけるモラル・ハザードを指摘する。一般財源のシステムでは，サービス供給者はコスト削減に努力しても得るものもなければ，失うものもなく，利得も損失も多数の納税者間に拡散してしまう。さらには努力を重ねて低コストでのサービス供給方法を見出しても，その方法を採用すれば，逆に少ない資源しか獲得できなくなってしまうため，便宜主義者はわざわざ新しい仕事を増やすことになる。サービスの質を向上させようとする動機は持ちうるが，コスト削減の動機は持たない（*ibid.*：125）。同様に一般財源のシステムでは，利用者もコスト削減の動機を持ちにくく，便宜主義者はより高いものをより多く注文する。仮に電気料金が一般財源で賄われるようになれば，電気の消費を減らそうとする誘因が存在せず，集合材のコストはこのように上昇していく。ただ一般財源の場合でも，より質の高いサービスを求める市民の願望と，それに対応する税負担とのバランスを考える場をつくることは可能である（*ibid.*：125）。

　目的税等の特定財源は使用目的が明確で，納税者の理解も得やすいが，フッドは6つの限界点を挙げている。第一に，利用料金制度は純粋公共財には適用できない。第二に，利用量に対する規制は供給コストに関する情報の偏在をもたらす。第三に，料金を確定するのが困難な作業となる。規模に応じてコストが増加する時に，必要とされる新たな設備投資のための追加コストを誰が支払うべきか，一部の顧客が他の顧客を支援すべきなのかという問いが発生する。第四に，料金徴収に大きなコストがかかる。資源を無料で使わせるより，料金徴収により高いコストがかかる場合がある。第五に，他に一般財源で代替可能なサービスが存在する場合，利用者は利用のパターンを

歪める可能性がある。例えば固形廃棄物の収集に料金制が適用された場合，便宜主義者はゴミ粉砕機を使って一般財源で維持されている下水道にゴミを流し，固形のゴミをできるだけ減らそうとするかもしれない。その結果，下水道施設を運営するための税負担を増やすことになる。第六に，低所得者層の人々が負担を免除されているところでは，モラル・ハザードの問題が発生する（*ibid*.: 126-127）。

　一般財源，目的税，利用料金方式の欠陥はそれぞれ相反しており，対象とされているサービスの内容や利用料，税の種類について考えずに利用料金は善で税は悪と決めつけるのは単純すぎる。公共サービスの編成における選択肢に多様な次元があるのと同様に，財源の一つの形態が万能であると考えることはできない（*ibid*.: 127）。

高齢者介護の論点
■一般財源か受益者負担か

　20世紀初頭から1940年代まで続いてきたスウェーデンの老人ホーム主義は，質の高い老人ホームを求めると同時に，高齢者に対して，いかに貧困救済事業のスティグマを払拭した生活の場を提供できるかを求めた（第2章）。その中から利用者負担の議論が登場し，老齢年金制度によって高齢者の所得を保障し，高齢者が自分で家賃を払えるようにすることが，一つの政策目標となり，特に社会民主党が強く支持していた。戦間期に登場した年金生活者ホームや賄い付き住居は，受益者負担によりスティグマを払拭するという考えを具体化したものであり，一般財源による貧困救済事業としての老人ホームより人気があった。戦後に至るまで，老人ホームなどの高齢者向け住宅の利用者負担はどうあるべきかという議論が続けられていく。社会民主党の考え方は，老齢年金を充実させることで一律の利用料金の導入を目指していたようであったが，現実には高齢者の所得格差への配慮から，応能負担を前提にした料金体系は現在も続いている。

　1960年代，1970年代にホームヘルプが大幅に拡大し，1980年代に入り，ホームヘルプの合理化が始まるが，世界に類をみない程のホームヘルプ拡大はモ

ラル・ハザードが要因であったかについては研究がない。しかし P.G. エデバルク（Per Gunnar Edebalk）は，国庫補助金のためにコミューンはホームヘルプの支出がそこまで膨れ上がってしまったことに気づかなかったとしており（第4章），当時のコミューンではコスト意識は働いていなかったことも推測できる。

　スウェーデンでは貧困救済事業のイメージを払拭するために，公的年金の充実と受益者負担の考え方にこだわってきたといえるが，受益者負担は北欧諸国の中でも状況は異なっている。デンマークではホームヘルプの利用は現在（2012年）でも無料であり，ノルウェーではホームヘルプの家事援助は所得に応じた利用料を支払うが，身体介護は無料である。受益者負担の考え方と料金体系は国によって異なっており，その違いにはその国の歴史的な背景が影響しているものと推測される。

　また1990年代以降には，財政難を理由に受益者負担の考え方が強くなる傾向も確認できる。1992年のエーデル改革によりナーシングホームがコミューンの管轄となり，他の高齢者住宅と共に「介護付き住宅」と総称されるようになった。ナーシングホームは医療保健法の対象施設で1日あたりの自己負担額（1日90クローナ，当時）が法律で決められていたが，改革後は社会サービス法の対象となり，介護付き住宅の一つとしてコミューンの料金体系に組み入れられた。その結果，ナーシングホームも他の介護付き住宅と同様に，ホテルコストと食事代は自己負担となった。（低所得者には住宅手当があるので，支払い能力がないという理由で入居できないことはない。）

　さらにホームヘルプにおいても家事援助については受益者負担の考えが強まっている。2007年に始まった家事労賃控除（RUT）では税額控除により，家事サービスを半額で購入することができ，ストックホルムでは5％の高齢者が家事労賃控除を利用している（第6章）。特に高所得の高齢者は行政の介護サービス判定を受けてホームヘルプを利用するより，家事労賃控除により家事サービスを購入した方が手続きが簡単で安く，利用者は増える傾向にある。

■一般財源か特定財源か

　スウェーデンにおいて「高齢者介護の財源は税金で賄われるべき」という考え方が今だに根強いことは，S. シュバルフォシュ（Stefan Svallfors）の社会調査でも明らかである（第1章）。スウェーデンの高齢者介護はコミューンの一般財源で賄われており，市民はより質の高いサービスを求める願望と，対応する税負担とのバランスをコミューンという場で考えることになる。このことは地方分権システムとコミューン税を中心として成り立つ税体系からも確認することができる（第5章）。

　2000年から2009年までの間で，スウェーデンの高齢者介護支出は6％減少しているのに対し，障害者福祉支出は66％も上昇した。高齢者介護の支出は896億クローナ（2009年）であるのに対し，障害者福祉は613億クローナ（2009年）であるが，高齢者人口と障害者人口を考えれば障害者福祉の支出が大きいことがわかる（Szebehely 2011：219）。障害者福祉は「機能障害者法（LSS法）」が根拠とするが，機能障害者法は権利法で10項目のサービス提供がコミューンに義務付けられており，予算削減は容易でない。その一方で，高齢者介護は「社会サービス法」が根拠で利用料金，サービス内容の決定はコミューンの自由裁量に任されているため，予算削減の対象になりやすい。一般財源は予算編成を通じて事業間での予算の獲得競争になるが，前述の統計をみると高齢者介護は予算の編成過程では不利な状況が推測できる。高齢者介護の持続性を保つために，社会保険制度による特定財源を新設して安定した財源を持つべきという意見もみられる。

(6) 組織的形態：「行政官僚制」か「民間企業」か

　行政官僚制が民間企業と異なる特質は，その事業が直接的な政治的指示を受けること，そして公的主体あるいは共同体によって所有されていることである（Hood 1986：128）。

　法執行にとって政治的指示が可能であれば柔軟な対応も可能となり，厳密にルールを制定することで生じる問題等を回避できる。日常的な政治的指示

は，ルール制定部門の知的負担を軽減し，将来生じうるあらゆる事態を予見し対応しようとする必要性もなくなるので，委託契約よりも直営方式にみられる一般的な利点を持つ（*ibid*.：128）。

しかし行政官僚制を通して供給されるサービスには欠点があり，フッドは次の2点をあげる。第一に，そのサービスとは無関係の目的で当初の目的が覆されてしまう可能性を持つことである。例えば最少コストでの実施という目的があったにも関わらず，経営不振の企業を支援することもある。生産物の費用対効果を一元的な物差しでは測定する事は困難であるとし，柔軟で多目的な計画が有効となるが，このこと自体が官僚制に便宜主義的行動の余地を与えることにもなる（*ibid*.：128）。

第二に，民間企業によるサービスの失敗は市場で罰せられるが，公的なサービスでは，その業務から生じた利益や損失は不可避的に国民全体に分散される。官僚制が無駄を抑制できないことに対しては，不確実な政治過程により罰せられる程度である。同様にコスト削減の成功も具体的な形で報われることは少なく，業務の遂行管理には実績の評価や監査，それらのチェックのためにコストのかかる記録作成が求められる（*ibid*.：128）。

高齢者介護の論点

高齢者介護の場合，行政措置か契約制度か，という議論になる。スウェーデンの高齢者介護は行政措置が基本であり，サービス選択自由化制度では，利用者は事業者を選択する（希望の表明）が，厳密には事業者と利用者間に契約関係はない。民間サービスを選択する場合でもコミューンの介護サービス判定を受け，あくまでもコミューン直営サービスの代わりに民間サービスを受けるという位置付けである。また利用料金をコミューンに払うという点も公的措置制度の特徴といえる。リンシェーピングコミューンの「サービス直接利用システム」（第6章）では行政の介護サービス判定を簡略化し，事業者が行なうニーズ判定をもとに介護計画がたてられ，サービスが本人に直接給付される。その形態は契約制度に近いが，料金をコミューンに支払うという点では公的措置の枠内のしくみと考えられる。

フッドは行政官僚制では直接的な政治的指示を受けるとしているが，スウェーデンの高齢者介護はシステムの運用はまさに政治主導である。サービス給付に対する市民の不満が高まれば，コミューンにおいて政権交代がおきる。政治主導は柔軟に様々な政策を実現できる。それは第6章で整理した各コミューンの調査でも明らかであり，時間をかけて設計し準備したシステムが政権交代により短期間で廃止されてしまうことが1990年代半ばから2000年代に初頭にかけて，いくつものコミューンで見られた。一方で，政治主導は行き過ぎると，サービス供給の合理性とは無関係に当初の目的が覆されてしまう可能性を持つ。特に民間委託に積極的なコミューンにおいて，監査やオンブズマンやその他のチェックの取り組みが熱心に行なわれているが，介護サービス以外の間接コストが生じていることも指摘できる。民間委託は本当に合理的かどうかの検証も十分にされないまま，政治的なイデオロギーでシステム変更を行なう可能性も生まれる。このことは第6章で詳細に示してきた。

　日本の介護保険料の改定は政治的思惑に左右されないよう，財政運営期間を3年間にして4年に一度の統一地方選挙と重ならないように制度設計がなされた（堤 2010：105）というが，善し悪しの議論は別として，この点は政治主導のスウェーデンと大きく異なる官主導の日本の制度の特徴といえる。

3 日本とスウェーデンの介護システム比較

　本書のしめくくりとして，これまでの議論を踏まえて，日本とスウェーデンの高齢者介護システムを比較する。日本とスウェーデンを比べると，日本に介護保険制度が導入されるまでは，両国ではサービスの供給量に格段の差はあったものの，介護システムは似ている部分も多かった。本節では，(1)財源調達方式，(2)運営体制，(3)要介護認定の意味と機能，(4)給付抑制の手法，(5)総事業費抑制の影響と対応，(6)介護サービスの編成（特に24時間対応）の6つの視点から両国の介護システムを比較し，その特徴を明らかにする。

第9章　介護サービスの供給と編成

表9-3　ホームヘルプにおける財源調達方式とサービス編成（日本とスウェーデン）

	供給独占（直営） ──────→ 供給多元化	
税方式	**サービス主体** 行政主体か委託を受けた事業者* 　*行政指名で，事業者の主体性は弱い 　スウェーデン：コミューン直営 　日本：国，自治体，社会福祉法人 **法形式**　　　　　　　　　スウェーデン 行政行為 **財源** 行政内で予算化， 委託費（措置費）として事業者へ 　スウェーデン：コミューンの年間予算 　日本：国・都道府県・市町村からの 　　　　措置費	**サービス主体** コミューン直営または民間事業者 原則として自由参入（ただしコミューンによっては「参入競争」が強いケースも） **法形式** 行政主体と事業者間は委託契約 利用者と事業者間の契約関係はない 利用者は事業者を自由に選択 （「希望の表明」） **財源** コミューンの年間予算，コミューンが決める 利用者料金 介護報酬はコミューンごとに決定
社会保険方式	―	日本 **サービス主体** 行政直営サービスと民間事業 両者は同等扱い 原則，自由参入 **法形式** 利用者と事業者の契約 利用者は事業者を自由に選択 **費用** 費用は公定（介護報酬）で， 保険者→（利用者）→事業者 ※現物給付化で保険者から直接，事業者へ

（出所）堤（2010）をもとに作成。

　表9-3はホームヘルプにおける財源とサービス編成の組み合わせを示している。ここでの比較対象をホームヘルプに限る理由は，ホームヘルプと高齢者施設（住宅）では供給と編成の枠組みが異なるからである。両国とも高齢者施設には何らかの形で選択の自由のしくみが取り入れられているが，かなり制限的である。日本の介護保険制度では介護保険施設（介護療養型医療施設，介護老人保健施設，介護老人福祉施設）の運営主体は従来通り，行政か指定された法人のみが運営を認められている。制度上，利用者は施設を選ぶことができるが，需要に比べて供給量が少なく，実際には施設を選べているとはいい難い。スウェーデンでも同様で，介護付き住宅の利用にサービス選択自由

化制度を採用しているコミューンもあるが，供給量が限られており，実際には選ぶことは困難である。多くのコミューンでは競争入札（＝「参入の競争」）を通じて，間接的に選択の自由を取り入れている。

(1) 財源調達方式：税方式の供給独占から，それぞれの多元化へ

　両国にとって，税方式のもとでの行政による介護サービスの供給独占は過去のシステムとなっている（スウェーデンの一部の過疎地域を除く）。
　日本では，サービス主体は行政（主に自治体）か行政の指名による事業者で，福祉系サービス（特別養護老人ホームやホームヘルプ等）は社会福祉法人が指定対象であった。この形態は老人福祉法に基づく福祉の措置によるサービスの実施（堤 2010：60）であり，見た目は行政直営ではないが，性格的には行政直営にかなり近い。民間供給にはシルバービジネスによる有料老人ホーム，また家政婦や付添婦の派遣などもあったが，公的介護システム外での供給であり全額自己負担での利用であった。法形式は措置制度と呼ばれる，老人福祉法に基づく行政行為であった。財源は国，都道府県，市町村の公費であり，基準単価のもとで措置費として行政から事業者に支給されていた。
　スウェーデンでは，サービス主体はコミューンであった（ストックホルム等一部のコミューンでは例外的に民間事業者から「場所買い」が行なわれていたが数は限られていた）。法形式は措置制度で，社会サービス法に基づく行政行為である。ただし日本に比べて，圧倒的にサービスの供給量が多かったことは第4章で示したとおりである。1970年代半ば頃には，65歳以上の約3割がホームヘルプを利用していたという経験がある。財源はコミューン税である。ホームヘルプへの国庫補助金は1964年に始まり，数回の見直しを経て，1991年の補助金改革で一括補助金に吸収された。

社会保険方式のもとでの供給多元化（日本）
　2000年の介護保険制度の導入で，日本の介護サービスの性質は大きく変わった。堤（2010）は介護保険制度における介護給付について，「介護サー

ビス費の支給」であることを指摘する。実際に保険者から被保険者に介護サービス費が支給されることはなく，事業者が被保険者に代わって保険者から直接，介護サービスの支給を受ける代理受領方式によって実質的に現物給付化されていると説明する（堤 2010：40）。つまり日本の介護保険制度のもとでは，介護サービスにかかる費用の9割を介護保険が支出する形であり，利用者個人は介護サービスを私的サービスとして購入していることになる。

　日本の介護保険制度ではサービス主体は多様な事業者を認めており，法人格を持つ団体であれば参入は自由で，法律に定められた基準を満たせば，介護サービス事業者は都道府県知事の指定（地域密着型サービスの場合は市町村長の指定）を受け，介護保険指定事業者としてホームヘルプ事業を経営できる。従来からの行政や社会福祉法人によるサービスも同じ扱いである[1]。

　法形式は，利用者と事業者の契約であり，利用者は事業者を自由に選択できる。財源は介護保険であり，事業者は保険者から介護報酬をうける。

　財源調達は社会保険方式であるが，日本の介護保険制度の財源は半分が保険料，半分は公費（税）で賄われている。保険料分は第一号被保険者（65歳以上）の保険料（17.0％）と第二号被保険者（40〜64歳）の保険料（33.0％）で構成される。公費部分は市町村負担金（12.5％），都道府県負担金（12.5％），国負担金（20.0％），調整交付金（国）（平均5.0％）である。堤は日本の介護保険制度には半分の公費財源が入っているが，一号保険料の水準が各市町村の給付費水準に対応し，その対応を守るために市町村の一般会計からの繰り越しが封じられ，介護保険財政の自律性が確保されていることに日本の制度の本質があるとしている（ibid.：108）。

税方式のままでの供給多元化（スウェーデン）

　1990年代以降，スウェーデンの介護システムは財源調達方式を税方式に残したまま，コミューンの組織が供給多元化に向けて再編されていった。コミューンにおける介護サービス判定部門とサービス事業部門が切り離されて，サービス事業部門はコミューン直営サービスとして，民間事業者との競争にさらされることになった。

サービス主体はコミューンと民間事業者である。2007年公共購買法以前はコミューンの「認可」であったが，法改正後は見た目は変わらないが，「入札を通じた契約」という位置付けとなった。サービス選択自由化制度や競争公共購買において，コミューン直営サービスと民間事業者は同等であり，コミューンの条件を満たしていれば原則として自由参入である。しかし民間事業者の参入条件を厳しく設定しているコミューンも多い（第6章）。

　法形式は，コミューンと事業者との委託契約である。利用者は事業者を選ぶが，選んだ事業者と直接の契約を結ぶものではない。つまり利用者は事業者選びにおいて希望を表明するにすぎず，介護サービスは民間事業者からの提供であっても，公共サービスの範囲にある。契約を結び，私的サービスを購入する日本とはこの点が大きく異なる。ただしスウェーデンでも家事労賃控除制度にみられるように，家事援助サービスについては一定の条件のもとで私的サービスを購入するという現象もみられる。

　財源調達方式は税方式で，財源はコミューン税である。

(2) 運営体制：「利用者補助型」と「サービス購入型」

　スウェーデンのサービス選択自由化制度も，日本の介護保険制度も，介護サービス供給に準市場メカニズムを導入している。平岡（2011）は準市場メカニズムを組み込んだ社会福祉の運営体制として「利用者補助型」と「サービス購入型」という2つの類型を説明している。

　「利用者補助型」は利用者が事業者を自由に選択してサービスを利用し，政府がその費用の全額もしくは一部を補助するしくみである（平岡 2011：457）。平岡は日本の介護保険制度のもとでのサービス供給は「利用者補助型」の典型とする。「利用者補助型」には，利用者に事業者の自由な選択が完全に認められるという長所があるが，サービス利用について利用者支援のしくみがないと有効に機能しないという短所もある（*ibid*.：458）。日本の介護保険制度では，介護支援専門員（ケアマネジャー）等がその役割を担っていると考えられる。

「サービス購入型」は，政府が特定の事業者と契約を結んでサービスを購入し，そのサービスを福祉ニードのある人が利用するしくみである。平岡はイギリスのコミュニティケア改革で実現したサービスの運営体制は，基本的に「サービス購入型」の性格を持つとする。この形態は，個人よりも専門知識や情報収集能力の点で優れている政府が事業者を選択するため，サービスの質が確保しやすいという長所がある。ただし，政府が特定の事業者を不当に優遇したり，サービスの質の確保に熱心でなければ長所にはならない。短所としては，利用者に事業者の自由な選択肢がかならずしも保障されないという点がある（*ibid*.：458）。スウェーデンのコミューンでは介護付き住宅の運営は公共購買（入札）の方式で行われていることが多く，「サービス購入型」と分類できる。しかし第7章で分析したカレマケア報道から推測されるように，「サービス購入型」システムにおいて，政府と事業者の間の緊張関係を維持するのは難しいことも想定される上に，自治体がサービスの質の確保に常に熱心に対応するかどうかにも不安が持たれる。そのため「サービス購入型」がサービスの質の確保に有効かどうかの判断は難しい。

　スウェーデンのホームヘルプでは，サービス選択自由化法の施行（2009年）により，同制度を採用するコミューンは増えている。ホームヘルプのサービス選択自由化制度は，日本の介護保険制度とも似ていることもあり，一見，「利用者補助型」のようにみえる。しかし，利用者は料金を自治体に払い，サービスの責任は自治体が負うという点では，スウェーデンの民間ホームヘルプは公的サービスの代替にすぎない。このように政府の役割に注目すればスウェーデンのホームヘルプのサービス選択自由化制度も「サービス購入型」の一種と考える方が妥当であろう。

(3) 要介護認定の意味と機能

　次に日本の制度における要介護認定とスウェーデンの制度における介護サービス判定の意味と機能について検討する。要介護認定も介護サービス判定も，供給多元化のしくみを支える装置である点は共通するが，両者の性質

はかなり異なる。

　堤（2010）は，日本の介護保険制度における要介護認定を提供すべき介護サービスの量を決めるために，あらかじめ区分された要介護者の状態像をどこに当てはめるかを鑑定するための便宜的な物差しとし，これはあくまでも「要"介護保険サービス（の程度）"」認定であり，家族介護の手間を測るものではないと説明する（堤 2010：123）。

　日本の要介護認定区分は施設におけるタイムスタディから得られたデータをもとに作成されたものである。訪問調査員は給付の申請者に対し，全国で統一された質問を30分〜1時間程度で行ない，その回答をもってコンピュータによる第一次判定が行なわれる。さらに第二次判定では訪問調査員の特記事項やかかりつけ医師の診断書が加味され，最終的な要介護度が決定される。要介護度は自立，要支援1〜2，要介護1〜5の8段階で認定され（2013年時点），それぞれに支給限度額が設定されている。

　要介護認定の結果を受けて，介護支援専門員（ケアマネジャー）の仕事が始まるが，介護支援専門員は利用者や家族と相談しながら支給限度額を前提に介護計画（ケアプラン）をたて，利用者とサービス事業者をつなぐ。利用者によっては支給限度額を超えるサービスを全額負担で利用する場合もある。介護支援専門員はサービス給付が始まってからも月1回はモニタリングを行なうことになる。

　スウェーデンの介護サービス判定はコミューンごとにまかされており，全国で統一した基準はない。全国のコミューンで共通する点は，介護サービス判定員が介護サービス判定を行なうことぐらいである。介護サービス判定員は，多くの場合，入院中の高齢者が退院する前に病院に訪ね，担当の看護師，本人や家族から事情を聴いて在宅生活の準備を始める。必要に応じて作業療法士が同行し，玄関，トイレ，寝室などの状況を確認する。介護サービス判定員は30〜60分程度の本人と家族との話し合いを通じて，必要なサービスと提供する量を決める。必要なサービスの時間換算を行ない，要介護度を判定するコミューンもある。

　サービス選択自由化制度では，介護サービス判定の作業が終わると，サー

ビス判定員は利用者に対し，選択可能な事業者の情報を提供する。サービス判定員は利用者に対して事業者に関する助言は原則として認められず，中立を守らなくてはならない。（ただしストックホルムコミューンでは近年，事業者選択の上での介護サービス判定員の助言を認める傾向にある（第6章）。事業者やサービスの選択にあたり利用者支援の仕組みが必要という，平岡（2011）の指摘と通じている）。介護サービス判定員は利用者が選んだ事業者に連絡し，サービス提供が始まることになる。多くの場合，事業者の調整担当者が介護計画をたてる。

　日本の介護支援専門員とスウェーデンの介護サービス判定員は，利用者とサービス事業者の間で仕事をするという点で似ているが，仕事内容は全く異なる。スウェーデンの介護サービス判定員の仕事は介護サービス判定を行ない，サービス給付を決定することで，措置制度における行政権限の執行である。日本の介護支援専門員は要介護認定の結果をもとに介護計画を作成し，その後の経過をモニタリングしながら本人や家族を支えており，利用者のサービス選択支援と介護計画づくりが大きな仕事である。

　スウェーデンの介護サービス判定の特徴は，介護サービス判定員の裁量が大きく，日本に比べ，判定結果に柔軟性がある。同時に判定結果はコミューンの介護予算の影響を受けると考えられる。税財源で介護システムを運営するスウェーデンでは予め年間予算が決まっているため，介護サービス判定員は介護サービス判定を通じて，要介護者間の財源配分を行なっているともいえる。

　日本の場合，市町村ごとの介護保険事業計画では3年間の要介護者の見込み数と介護サービス利用見通しに基づいて3年平均の給付費の見込み額を算出し，それに必要な保険料額が算定する（堤 2010：105）。日本の介護保険制度では給付費が予算を上回ってしまっても，国・都道府県・市町村負担分については補正予算で支出額をカバーでき，社会保険診療報酬支払基金（第2号保険料）の交付金は同基金が金融機関から借り入れてでも所要額を交付する。1号保険料で賄うべき部分が見込みを上回る，また1号被保険料収入が下回った場合，都道府県ごとに設置されている財政安定化基金で対応できる

表9-4 介護サービス判定(スウェーデン)と要介護認定(日本)の比較

	スウェーデン	日本
要介護認定	介護サービス判定員が単独で行う	訪問調査の結果による一次判定(コンピューター判定)と認定審査会による二次判定
介護計画の作成者	サービス事業者(調整担当者)の場合が多い	介護支援専門員
介護サービス判定員(スウェーデン)と介護支援専門員(日本)	介護サービス判定員 ・サービス給付の決定 ・(近年は)事業者選択の支援も	介護支援専門員 ・サービス選択の支援 ・介護計画の作成・相談 ・月1回モニタリング
特徴	判定に若干の柔軟性をもたせることができるが,判定結果がコミューンの介護予算に関係することもありうる	判定基準は全国一律であるが,判定結果は財政事情に影響されない

ため,要介護認定が財政事情に左右されることはまず考えにくい。(ただし給付額全体を抑制するために,政府が要介護認定の1次判定用のコンピュータソフトを変更することはありうる(後述)。)また介護支援専門員は要介護認定の支給限度額の範囲内で介護計画を作成するため,介護財政に仕事内容が左右されることはない。事業者選択において中立が原則とされるスウェーデンの介護サービス判定員に比べ,介護支援専門員には助言,相談機能が求められている。スウェーデンと日本の要介護認定を比較すると表9-4のようになる。

(4)給付抑制の手法:サービス割当にみられる特徴

サービス割当とは,個別のサービスにおいて,予算やその他の制約(人材や物品の供給)によってすべてのニードの充足ができない場合に,誰にどの程度の資源(利用資格,サービス時間,施設のスペース等)を割り当てるかということである。サービスの割当として,①申し込み順,②費用徴収,③早期停止,④希釈,⑤需要の操作などが行なわれる(平岡 2011:460-461)。

「申し込み順」はよく用いられるが,待機者リストが長くなると破綻につながるため,結局は他の方法を併用することになる(ibid.:461)。

「費用徴収」は費用を徴収することで需要を減らそうとするものである。その前提には深刻で緊急な場合は費用負担を厭わないという考え方があるが，実際には費用の負担能力の格差があり，逆に深刻で緊急性を持つ人ほど利用できにくくなる可能性もある（ibid.：461）。スウェーデンでは1990年代半ば頃から，財政難を理由に，介護サービスの利用料金を値上げするコミューンが増加した。その結果，低所得の高齢者にサービスの利用控えがみられるようになった。政府（当時，社会民主党政権）は2002年に介護マックスタクサを導入して，利用者負担の上限額を設定した。このようにスウェーデンでも家事援助に対する利用者負担は増える方向にあったが，サービス割当において「費用徴収」，つまり利用者負担を上げて利用を減らすという手法は好まれない。日本では医療費の自己負担分を上げることで，利用のコントロールが行なわれることがある。また小規模多機能型居宅介護や夜間巡回型訪問介護において，利用回数に応じて料金を支払うしくみは，「費用徴収」のしくみを採用して，一人当たりの利用回数を調整しているともいえる。

　「早期停止」はサービスの利用期間を制限するもので（ibid.：461），できるだけ多くの人の利用機会を増やそうとするものである。例えばスウェーデンでは，コミューンに社会的入院費用負担を課して早期退院を促している。治療が終了した患者に対し，入院治療の利用制限を設けるもので，「早期停止」の取り組みの一つといえる。介護自体は終点がみえないものなので，介護サービスにおける早期停止は考えにくい。

　「希釈」はサービスの利用時間を一律に減らしたり，職員配置を減らすことで，より多くの利用者に対応しようとするものである。「早期停止」も，「希釈」も，限られた資源をより多くの人で分配するという点で共通するが，利用できるサービスの量が制限されるとサービス自体の効果が薄れ，多くの人にいきわたっても効果の低いサービスになってしまう可能性がある（ibid.：461）。また職員配置が減らされることは，介護サービスにおいては質の低下に直結するため，注意が必要である。

　「需要の操作」では，専門的視点から見たニードは減らないにも関わらず，何らかの方法で需要を減らす試みである。平岡はニードの深刻さや緊急性と

は別な基準を設定してサービス資格を制限することとし，つまり利用用件の厳格化をその代表例としてあげている（ibid.：461）。またサービスについての広報活動を減らす，窓口で利用に対して消極的な対応をするということも「需要の操作」の一種と考えることができる。スウェーデンのしくみではサービス判定員による「需要の操作」が想像可能であり，特に介護付き住宅の待機者が多いと入所判定はより厳格になり，また介護サービス判定が年間予算に左右されうることは先に指摘したとおりである。日本では厚生労働省が管理する要介護認定ソフトの変更で「需要の操作」は可能であり，要介護認定ソフトのコントロールで，重度の人を増やすことも，減らすこともできる。

　社会政策の存在理由はニードへの対応であり，ニード基底型社会政策・運営論はこの考え方のもとを基礎とする。しかし社会政策が人々のニードの最大限の充足という原理に沿って，一貫性をもって，実施されているわけではない（ibid.：424）。介護システムは限られた財源の中で運営されるため，スウェーデンでも，日本でもサービス割当をめぐる議論は常に存在する。しかし両国の間に，手法の違いがみられる。スウェーデンは「費用徴収」による需要抑制は好まれない傾向にあるが，日本ではこの手法がとられることが多い。また「需要の操作」において，スウェーデンでは自治体と介護サービス判定員，日本では厚生労働省と要介護認定ソフトという違いがみられる。

(5)介護サービスの総事業費が抑制された場合の影響

　介護サービスの事業費のほとんどは人件費であり，介護サービスの総事業費は，「一人当たり賃金×職員数」と考えることができる。図9-1は介護サービスの総事業費が抑制された場合に受ける影響を示している。

　スウェーデンにおいて，コミューンが介護サービスの総事業費を抑制したり，介護付き住宅の運営委託の入札で低価格競争を行なった場合，職員数に影響が及ぶ。それはスウェーデンの連帯賃金制度では介護職員の最低賃金は中央労使交渉で決定されるため職員の給与を下げられないからである。スウェーデンの介護付き住宅には職員配置の基準がない。入居者の症状に応じ

第9章　介護サービスの供給と編成

スウェーデンの介護システム

賃金 × 職員数 ＝ 総事業費

職員給与、労働条件は　職員配置基準なし　入札で低価格競争
連帯賃金システム(固定)　⇒職員削減

日本の介護保険制度

賃金 × 職員数 ＝ 総事業費

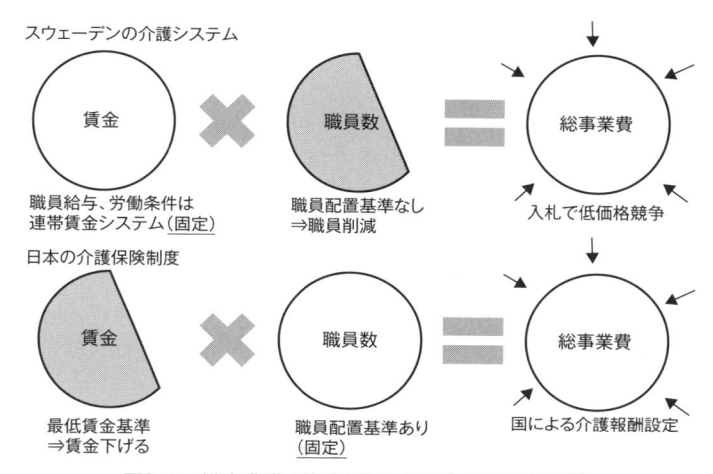

最低賃金基準　職員配置基準あり　国による介護報酬設定
⇒賃金下げる　(固定)

図9-1　総事業費が抑制された場合に受ける影響

て職員数は柔軟に増減できる半面，総事業費が削減されたり，また営利企業等で多くの資金を営利にまわすことになれば，職員配置に影響が及ぶ。特に営利企業の受託する介護付き住宅では職員配置が低くなる傾向が明らかになっている。

介護報酬の引き下げ等により総事業費が抑制される場合，職員配置が決まっている日本では，スウェーデンのように事業者の判断で職員数を減らすことは認められない。その一方で介護職員の労働条件が影響を受ける。例えば正規職員が少ない，利用者宅へ直行直帰の働き方をするホームヘルパーが多いなどの課題が生まれやすい構造となっている。

日本の厚生労働省は介護サービス費用の伸びを抑制する仕組みとして，症状が軽い人向けの介護予防事業を対象に，2015年から年間事業費に上限を設け，増加率を年3～4％程度に抑えることを検討している。また，症状が軽い要支援者（約150万人）向けのサービスを，市町村事業に移すことを考えている（2013年10月）。

(6)介護サービスの編成（24時間対応の在宅介護を事例として）

　日本の介護保険制度は，導入後の10年間で，国内の介護サービス量を飛躍的に増大させた。ホームヘルプ利用者は51万8000人（2001年）から115万4000人（2009年）に増加し，日本でも65歳以上高齢者の4.1％がホームヘルプを利用していることになる。この量は他の先進国と比べても決して低い数字ではない。これだけ短期間にサービス供給を増やすことができたのは財源調達システムを社会保険方式とし，事業者の自由参入を前提としたためである。社会保険方式が税方式に比べて，供給を増やすことに強い特徴があることは前述のとおりである。

　しかし大きな課題は，日本では24時間対応の在宅介護が編成しにくくなったことにある。本人が望めば最期まで地域で暮らせる社会を目指して，日本で24時間巡回型ホームヘルプのモデル事業が実施されたのは1990年代半ば頃である。デンマークやスウェーデンのコレクティブ方式（本書では「小グループモデル」としている（第4章））を模範に，在宅における包括ケアが期待された。しかし深夜も含めたホームヘルプを実施する地域は日本国内に100ヶ所もなく，利用者も全国で5000人程度にとどまっている（2010年）。また小規模多機能型居宅介護[2]もなかなか増えず，24時間対応の在宅介護がないことは施設待機者を減らすことができない要因の一つになっている。

　スウェーデンでは，サービス選択自由化制度を採りいれつつ，ホームヘルプの24時間対応は維持している。制度設計次第で，事業者間競争を保ちながら，24時間対応の在宅介護サービスを編成することは可能である。

　図9-2はスウェーデンにおける従来のホームヘルプの編成を示す。スウェーデン以外でも北欧諸国の自治体にはこの編成が多かった。夜間早朝のホームヘルプや短時間の訪問が可能なように移動距離にも配慮し，供給エリア単位にホームヘルプ事務所が置いている。このしくみが小グループモデルとしてつくられたのは1980年代であることは第4章で述べてきたが，ホームヘルプの合理的運営とホームヘルパーの働きがいをつくることが重視された。「エリア設定型」は利用者と介護者の間の顔が見える関係も築きやすい。

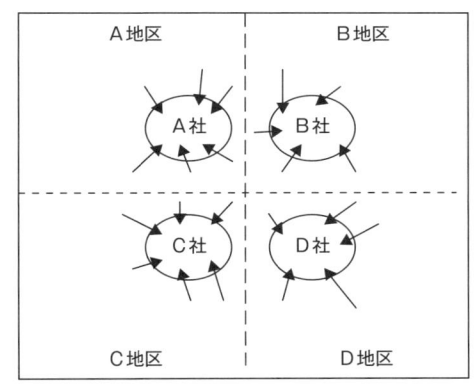

図9-2 供給エリアが設定された
　　　ホームヘルプの編成（エリア設定型）

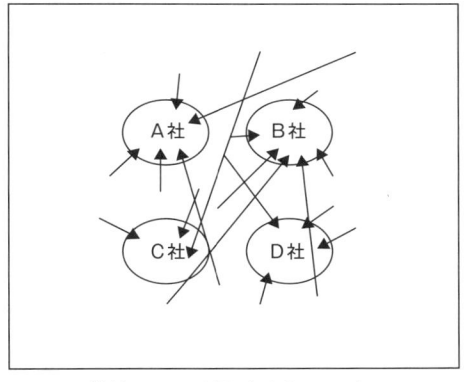

図9-3 供給エリアが設定されていない
　　　ホームヘルプ（選択自由型）

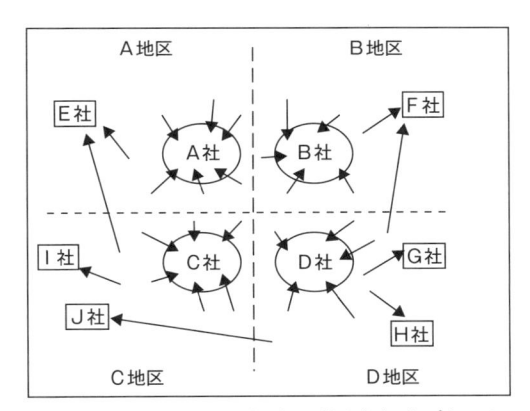

図9-4 供給エリア設定型に「退出」オプション
　　　をとりいれたホームヘルプの編成
　　　（「エリア設定型」＋「選択自由型」）

しかし利用者は居住区のサービスを利用しなければならず，事業者を選択する自由は制限される。

　図9-3は「選択自由型」で，ごく一般的なホームヘルプの供給体制であり，多くの国のホームヘルプはこの形態である。供給エリアは特に設定されず，利用者は事業者を自由に選ぶことができる。一方，事業者は，ホームヘルパー

の移動距離が長く，コストが高い夜間早朝のホームヘルプや短時間の訪問を敬遠する。日本は介護保険制度以降，図9-2の形となった。「選択自由型」ではホームヘルプの合理的な編成が困難で，日本で深夜早朝のホームヘルプ，小規模多機能居宅介護が増えない理由の一つはここにある。

　図9-4はサービス選択自由化制度を採り入れたスウェーデンのヴェクショーコミューンの例である（第6章）。ヴェクショーではサービス選択自由化制度を導入する以前の体制，つまり，コミューンによる供給独占の時代のホームヘルプ地区をほとんどそのまま残している。コミューン直営サービスは従来のホームヘルプ地区単位でサービス提供を行ない，民間事業者は地区を超えて家事援助サービスを中心に提供している。

　ヴェクショーコミューンには，コミューン直営事業所以外に5つの民間事業者があり，介護サービス判定を受けた高齢者はその中から好みの事業者を選ぶことができる。介護サービス判定員は利用者が事業者を選ぶ際に中立でなければならないが，ヴェクショーでは特に民間事業者の希望がない場合はコミューン直営サービスを利用することになっている。その結果，1338人のホームヘルプ利用者のうち，民間事業者を選択したのは99人（7.5％）で9割以上がコミューン直営サービスを利用している（2010年10月）。

　24時間体制のホームヘルプ事業を実施している事業者はコミューン直営サービスのみである。身体介護と訪問看護を提供する民間事業者は1件であるが，18：00～翌朝8：00までの早朝夜間のサービスはコストが高いため実施していない。（この民間事業者のサービス利用者が夜間のホームヘルプが必要な場合は，この民間事業者がコミューン直営サービスを購入する形態をとる。）

　介護サービス事業者が多元化する中で，認知症高齢者や医療を必要とする高齢者の在宅生活をいかに支えるかについてコミューン単位の介護ガバナンスが問われている。スウェーデンでは多くのコミューンがヴェクショーと似たシステムを選んでいる。ストックホルムコミューンの場合は，夜間と深夜対応のホームヘルプは公共購買（入札）を通じて実施可能な民間事業者を確保している。

　日本の厚生労働省は2012年4月に「定期巡回・随時対応型訪問介護看護」

を創設した。これは要介護者を対象とし，身体介護サービスを中心に，1日複数回のサービスを提供するもので，介護保険給付の地域密着型サービス（市町村の指定）と位置付けられた。このサービスでは看護や生活援助サービスも一体的に提供するという。このサービスは2つの類型に定義されており，一つの事業所で訪問介護と訪問看護のサービスを一体的に提供する「介護・看護一体型」，そして訪問介護を行う事業所が地域の訪問看護事業所と連携してサービスを提供する「介護・看護連携型」である。また市町村がより積極的な普及を考えて公募制を導入すれば，一定のエリアにおける事業独占も可能となる。2013年8月時点では全国で325事業所，3928人の利用者となったものの全国的な普及の展望は未だ見えない。市場的な性格が強い日本の介護保険制度において，24時間対応ホームヘルプの普及がどこまで可能かは不透明である。日本の介護保険制度はホームヘルプの量的拡大には大きく貢献したが，市場性が強く，ホームヘルプの編成は大きな課題といえる。

　スウェーデンのサービス選択自由化制度と日本の介護保険制度は，利用者のサービス選択の自由を拡大したという点でよく似ているが，詳細をみると相当に異なっていることがわかる。税財源によるスウェーデンの介護システムはサービスの編成に強いが，（財政事情が厳しくなると）供給に弱い。社会保険方式による日本の介護システムは特定財源で財源は確保されているという点で比較的に供給に強いが，サービスの編成には弱い。ただ国の政策レベルでは軽度者に対するサービスの総量規制が検討されており，国のコントロール力は極めて強い。

　80歳以上高齢者が増加し，認知症高齢者や医療を必要とする高齢者が地域で暮らす時代となったが，市場性が強い日本の介護保険制度のもとで，どのようにして介護サービスを使いやすく，かつ無駄を省いて再編していくのかは大きな課題である。日本の制度をよりよいものにするために，国際比較研究を通じて，日本の特徴を分析していくことは重要な作業である。

あとがき

　2011年9月から2012年6月までの10ヶ月間，ストックホルム大学に滞在した。ちょうど「カレマケア報道」が始まった頃で，ストックホルムでは介護付き住宅で次々と起きる事故が大騒動になっていた。長期間にわたる留守で，職場の先生方や学生の皆さんに申し訳ないと思いつつ，本論文を仕上げる'最後のチャンス'と強い決意を持ってストックホルムに来た私にとって，「カレマケア報道」は衝撃であった。私の論文構想には当時，租税回避地（skatteparadis），ベンチャー投資系介護企業（riskkapitalbolag）などというグローバル資本主義を象徴する単語は存在していなかった。この状況をどう分析しどう描くのか，という問いを突き付けられたが，私にとってこの事件は「介護とは何か」を考えさせる大きな問いでもあった。

　まずはルンド大学に留学していた20数年前に戻り，戦前の老人扶養の議論からもう一度検討しようと思った。当時，読んだはずのエデバルク教授の論文が実に新鮮だった。20世紀初頭の貧しいスウェーデンでは，若年層の移出民の増加が原因で高齢化率が8％を超え，高齢化問題を社会問題として考えざるを得ない事態にあった。貧困救済事業の質を高めようとするのか，あるいは救貧事業から脱却し，老齢年金の充実や自費で利用できる年金生活者住宅に力を入れるのか等，「救貧」か「防貧」かの意見対立は政策決定プロセスの要所でみられた。ヨーロッパ諸国の中でも工業化が後発で社会全体が貧しかったことが労働者層と農民層の連帯を促し，スウェーデンにおいてすべての人を対象にした社会サービスという普遍主義が生まれるきっかけとなった。またヨーロッパ各地で労働運動が活発化する頃，1920年に初めて政権党となった社会民主党は，革命という暴力的な手段に訴えるのではなく，社会保障充実という穏健路線を選んだ。社会保障制度の内容が国際情勢に大きく影響されるのは，今も昔も変わらない。福祉国家研究では，戦後福祉国家の

展開に焦点を当てるが，スウェーデンにおける普遍主義の萌芽は20世紀初頭から始まっていた。

そして普遍的給付の代表である高齢者向けホームヘルプも，もとはボランティアから始まっている。戦後福祉国家建設のリーダーであった社会民主党の政治家たちもホームヘルパーは主婦の兼業を前提とし，中年女性の母親能力こそが重要と考え，専門職としての位置付けは想定していなかった。ボランティアで始まったからこそ，ホームヘルプは救貧色を払拭し，社会階層を超えて普及したといわれる。ロー＝ヨハンソンを中心とした脱施設論争は，在宅主義を急速に広めることに大いに貢献したが，セベヘリ教授は1960年代は「施設主義を在宅主義に変更したというよりは，「施設」も「在宅」もだった」とする。1970年代半ばでは65歳以上高齢者の約3割がホームヘルプを利用していたというのだから，そのサービス量は想像を越える。スウェーデン福祉国家の全盛期にはホームヘルプだけでなく，サービスハウスやナーシングホーム等の高齢者向け施設も増えていた。この豊かな時代に"オムソーリ"に代表される北欧独特の介護文化が形成されたのである。

私が実際に目にしたスウェーデンの高齢者介護はこの後のことで，わずか30年足らずの出来事である。120年間続く議論のなかの3分の1，また現地に住んでいるわけではないので，さらに少しのことを知ったに過ぎないことを痛感している。

私たちが1990年代に学ぼうとしたコミューンの供給独占による高齢者介護はスウェーデンにおいてもはや過去のものとなり，グローバル化時代の介護ガバナンスに変容しつつある。それは「発言」（voice）モデルに「退出」（exit）モデルを採り入れようとする作業であり，コミュニティの連帯で築いてきた介護が，個人が消費する介護に変わろうとしているようにもみえる。ストックホルムでは5％の高齢者がホームヘルプ（家事サービス）を民間企業から購入する時代となったが，エデバルク教授は「ホームヘルプが爆発的に増えた1960年代から1970年代を思えば小さな変化にすぎない」という。また友人の介護研究者は「（民間サービスの増加は）みんなが選んだ結果。自分で介護を買える高齢者が増えた」と淡々と語る。

介護サービスを買える人と買えない人の二層化も考えなくてはならない。もちろんスウェーデンでは所得がないから介護を利用できないということはない。気になるのは長い時間をかけて築いてきた社会資源としてのホームヘルプシステムである。それが主に低所得者を対象とするものになり，高所得者は市場のサービスというように，サービス利用者が二層化されていくと，前者のサービスの質が低下する可能性は高い。また介護サービスを市場化が行き過ぎれば，新たな底辺労働を生み出し，介護サービス自体の質の低下が起きる。これはいくつかの国ですでに実証されている。お金さえあれば介護問題から完全に逃げきれるかと言えば，事態はそう簡単ではない。高齢者間の所得格差は介護サービスの二層化につながるだけでなく，介護システムそのものが成り立たなくなる危険性もはらんでいる。高齢者が貧困救済事業に頼らずに生活できることは，社会保障制度の大きな目標の一つであったはずであるが，高齢者間の所得格差は介護サービスの普遍的給付に立ちはだかる。

「高齢者介護の供給と編成」という本書のタイトルに対して，「編成」(organization)の主体は誰かという質問を何度も受けた。本書では政策立案の立場から「編成」という語を使用してきた。しかし私の問題意識の根底には，年をとって介護が必要になった時，介護の受け手の立場から，自分の生活を「編成」する，言い換えれば，自分らしく暮らせることができるのだろうかという問いがある。高齢者介護の本質を考えると「真の選択の自由のためには，集合的な解決法（collective solution）が必要」というのが現実だと思う。

システムから見た日本の高齢者介護の歴史は短い。ウェルネス教授は，日本における公的介護の歴史の短さとその展開の速さを繰り返し指摘している。スウェーデンに比べ，日本では市場の介護サービスに抵抗感がない。バランスがとれた供給の多元化を考えるため，家族だけ介護に苦しんだ過去に逆戻りしないよう，時には高齢者介護の歴史を振り返ることも大切である。

この20年間余り，スウェーデンやノルウェーの研究者や友人宅を何度も訪ねては，"キッチンスタディ"を重ねてきました。北欧諸国では介護分野の

研究者や関係者には女性が多く，夕食後のキッチンでの本音トークは私のかけがえのない財産です。フォーマルなインタビューからは得られない実生活のリアリティを学びました。
　私の研究生活は，大阪大学大学院人間科学研究科の諸先生，また前任校の大阪大学大学院言語文化研究科（デンマーク語・スウェーデン語研究室）の諸先生の温かいご指導に支えられています。大阪大学大学院人間科学研究科高松里江さんには統計分析に関する助言をいただきました。講座秘書の戸口京子さんは仕事のかたわらで，被災地支援のボランティア活動を続けていますが，戸口さんのひたむきな姿勢にいつも元気をもらっています。大阪大学出版会編集長の岩谷美也子さん，編集部の川上展代さんには本当にお世話になりました。この本を大阪大学出版会から出していただいたことを心から嬉しく思っています。最後に一言だけ，日本の福祉の充実のために奮闘している夫の山井和則にエールを送ります。

注

第1章
1) 日本で用いられる社会保障給付費は ILO（International Labour Organization：国際労働機関）が定めた基準に基づき，社会保障や社会福祉等の社会保障制度を通じて，1年間に国民に給付される金銭またはサービスの合計額を指す（厚生労働省 http://mhlw.go.jp）。ここでは OECD（Organisation for Economic Co-operation and Development：経済協力開発機構）の社会支出（social expenditure）を使用する。OECD の社会支出の数字は上述の社会保障給付費と基準項目が若干異なるが，社会保障規模の国際比較では OECD の社会支出の数字を使用することが多い。
2) OECD による政策分野別社会支出の対国内総生産比の国際比較（2009）では，日本は「高齢」10.99％，「遺族」1.45％，「障害・業務災害・傷病」1.15％，「保健」7.19％，「家族」0.96％，「積極的労働市場」0.43％，「失業」0.39％，「住宅」0.16％，「他の政策分野」0.25％となっている。スウェーデンでは「高齢」10.24％，「遺族」0.55％，「障害・業務災害・傷病」5.42％，「保健」7.33％，「家族」3.76％，「積極的労働市場」1.13％，「失業」0.73％，「住宅」0.48％，「他の政策分野」0.71％となっている。日本では「障害・業務災害・傷病」や「家族」の政策分野での社会支出が少ないことが指摘されることが多い。
3) pensinärsråd. 年金生活者委員会は，年金生活者団体の代表や政党からの代表で組織される当事者委員会で，コミューンの高齢者政策に対する諮問的機能を果たす。法律等による設置義務はないが，ほとんどのコミューンに設置されている。障害当事者委員会（handikappråd）は障害者団体の代表で構成される当事者委員会で，コミューンにおいて障害者政策に対する諮問的機能を果たしている。
4) kommun. スウェーデンの基礎自治体。市，市町村と邦訳されることもある。全国に290コミューンが存在する（2012年6月）。コミューンの標準規模は1万6000人程度といわれている。人口が最も多いストックホルムコミューンは86万4324人，2位はヨーテボリコミューン52万374人，3位はマルメコミューン32万835人である。人口の少ないコミューンは北部に多く，最も人口が少ないコミューンはビルルホルムコミューン2431人である（2011年12月）。本書では基礎自治体としての機能を示す時にはコミューン，ストックホルムコミューン等の固有名詞は，ストックホルム市と表記する場合もある。
5) スウェーデンにおける女性の就業率（16～64歳）は1960年には50％であったが1976年には67.7％となった。2011年は71.9％である（スウェーデン統計局データ AKU より）。

第2章
1) Sveriges socialdemokratiska arbetareparti（SAP）. 社会民主党の通称は Socialdemokraterna（S）で，1889年に結党し，スウェーデンにおいて長期政権を担う。
2) landskommun. スウェーデンの基礎自治体はコミューン（kommun）であるが，この時代は socken, köping, landskommun 等，呼称が複数存在し，規模も大小さまざまであった。そのため本章ではコミューン合併以前の基礎自治体を総括して「村自治体」記す。コミューンについては第1章注4) を参照。
3) andra kammaren. スウェーデンの国会は1867年から1970年まで二院制であったが，1970年に一院制となった。

4) Allmänna valmansförbundet. 有権者同盟（1904-1938）は1904年に結党し，右派全国組織（Högerns riksorganisation）（1938-1952），右党（Högernsriksorganisation/Högerpartiet）（1952-1969）と合併により，1969年から穏健党 Moderata samlingspartiet（M）となった。
5) Liberalt riksdagsparti. 自由党（1900-1924）は1900年に結党し，その後，政権も担当するが，1924年に解党。
6) remiss. スウェーデンの政策決定過程では，国会に設置される政策別の調査委員会の報告書（Statens offentliga utrednngar：SOU）は必ず関係団体に送付され，関係団体は意見を主張する機会が設けられている。送付されなかった団体でも調査報告書に対して意見を述べることができる。このプロセスをレミス回答と呼び，政府は調査報告書に対するレミス回答を受けて政府提案（proposition：Prop）を作成する。
7) landsting. スウェーデンの広域自治体。県，県ランスティングと邦訳されることもある。主に医療を担当し，全国に20ランスティングが存在する（2013年12月）。
8) Landsorganisationen i Sverige（LO）．ブルーカラー労働組合総連合会（LO）は1898年にブルーカラー労働者の労働組合の全国組織として設立された。中央労使交渉で重要な役割を担ってきた。組合員は約150万人で社会民主党の支持母体である。ホワイトカラー労働組合中央組織（TCO：Tjänstemännens centralorganisation）は組合員約120万人で，学校教員，警察官，看護師などの18労働組合が加盟する。大卒者労働組合連合（SACO：Sveriges akademikers centralorganisation）は組合員約63万人で，大学研究者，技術者等の22労働組合が加盟する。
9) Svenska Arbetsgivareföreningen（SAF）．スウェーデン雇用者連合（SAF）は雇用者団体として1902年に設立され，ブルーカラー労働組合総連合会（LO）と中央労使交渉を行なってきた。スウェーデン雇用者連合（SAF）は2001年にスウェーデン工業部門雇用者連盟（Sveriges Industriförbund）（1910年設立）と合併し，スウェーデンビジネス連合（Svenskt Näringsliv）となった。

第3章
1) 岡沢（1994）は，スウェーデンにみられる非同盟・武装・中立主義と国連主義外交は，長い間，スウェーデンの外交政策の基線となってきたとし，1814年のナポレオン戦争終結後約180年間にわたる不戦の伝統はスウェーデンに貴重な資産を残したとしている（岡沢1994：86-87）。また岡沢（1994）は対ソ連，対ドイツの場面においても，歴史的につながりの深いデンマーク，フィンランド，ノルウェーとの同盟関係も見送らざるを得ないほどの大戦期における中立政策維持の厳しさを指摘している（岡沢1994：52-59）。
2) Folkpartiet. 国民党は自由国民党（Frisinnade folkpartiet）（1924-1934）とスウェーデン自由党（Sveriges liberala parti）（1923-1934）が1934年合併し結成された。
3) Bondeförbundet. 農民同盟は農民全国同盟（Jordbrukarnas Riksförbund）（1915-1921）と合併，1957年以降，党名を中央党（Centerpartiet）に変更し，現在に至る。
4) diakonissa. ディアコニッサは教区で高齢者等の救済活動をする女性を指す。
5) slumsystar. スラムシスターは貧民街（スラム）で救援活動をする女性を指す。
6) Dagensnyheter. スウェーデンで最も発行部数が多い全国新聞。本書ではDN紙とする。
7) 戦前の国民老齢年金保険制度では，67歳に達した時に年金を受給するために，16歳から66歳までの全市民は年金保険料を支払う義務があった。男性の年金受給額は総払込額の30％，女性の場合は24％であった。この制度では年収1200クローナ以上の市民の最高保険料がわずか13クローナであり，67歳以上の年金生活者の生活を充足できるものではなかった（岡沢1994：65）。

8) 国民投票の3つの選択肢は次のとおりである。選択肢1：給与を受けているものはすべて強制的に付加年金に加入し，その財源は雇用主が支払う（社会民主党とブルーカラー系労働組合が支持）。選択肢2：基礎年金の増額と個人の付加年金保険契約の勧誘（農民同盟と農業者団体が支持）。選択肢3：労使双方の組織団体が年金の仕組みについて協約を結び，年金額や退職年齢は選択の自由を認める（右党，国民党，雇用者連合，ホワイトカラー系労働組合が支持）。
9) Sveriges Kommunistiska Parti．スウェーデン共産党は1990年代初頭に左翼党（Vänsterpartiet）と名称に変更し現在に至る。
10) sjukhem．ナーシングホームはエーデル改革（1992）が実施されるまでは，広域行政体ランスティングが運営していた長期療養者のための施設。
11) län．広域自治体ランスティングと同じ単位で設置された国の事務機関。レーンと邦訳される場合もある。国の出先機関で交通，環境保護などを行う。一部例外を除き，エリアは広域行政体ランスティングと一致する。
12) Svenska Kommunförbundet．コミューン連合会は全国のコミューンが加盟する雇用者団体。2005年1月にランスティング連合会（Landstingsförbundet）と合併して自治体連合会（SKL：Sveriges Kommuner och Landsting）となった。自治体連合会は全国290コミューンと18ランスティング，2レジオンが加盟する雇用者団体である。

第4章
1) Kommunal．コミュナール労組は，コミューンに雇用されるブルーカラー職員の労働組合で，高齢者介護で働く副看護師，介護職員は組織の中で最も大きなグループの一つである。近年は民間事業者に勤める介護職員も組合員となっている。
2) 第2章と第3章ではäldringsvård を「介護」と邦訳している。
3) servicehus．サービスハウスは集合住宅であり，デイサービス，ホームヘルプステーション等を併設していることが多い。ホームヘルプの効率性のため，1970年以降に増える。
4) Ädelreformen．エーデル改革は1992年に実施された高齢者医療福祉改革。エーデル改革の名称は，これを審議した政府委員会 Äldredelegationen の頭文字から名付けられ，スウェーデン語で直訳すると「高貴な改革」という意味になる。詳細は第5章。
5) ideell förening．理念団体は経済的利益をあげることを目的としない法人。文化やスポーツ団体，ボランティア活動団体に多いが，他に宗教団体，政治団体，労働団体，経営者団体等も含まれる。理念団体は官庁などに登録する必要はなく，活動を規制する法律もない。独自の会則を持ち，役員会による運営がなされていれば，その理念団体は法人として扱われる（Samhällsguiden 1999：360）。詳細は第8章。
6) 家族など（親族でなくても友人でも可）が高齢者を介護する場合，家族ヘルパー（anhörig anställd som vårdbiträde/anhörig vådare）としてコミューンに雇用される形態をとることができる。家族ヘルパーは65歳以下で年金受給者でないことが条件。家族ヘルパーの利用者は1970年には1万8500人だったが，1992年ではホームヘルパー利用者27万人のうちのわずか2％である。
7) コミュナール労組のヒアリング調査は2002年9月に実施。
8) Svenska Kommunförbundet．第3章（12）を参照。
9) Landstingsförbundet．ランスティング連合会は全国のランスティングが加盟する雇用主団体であったが，2005年1月にコミューン連合会と合併して，自治体連合会となった（第3章注12）を参照）。
10) Sjukvårdens och Socialvårdens Planerings- och Rationaliseringsinstitut（SPRI）．

スウェーデン医療福祉合理化研究所（1968〜2000）は国とランスティングの財源により設置された研究機関で、医療や福祉の効率性と質の向上をテーマに研究を行っていた。
11) hemtjänstassistent. 地区ホームヘルプ主任は、在宅介護における管理職で、1990年代半ば頃まで介護サービス事業主任と利用者の介護サービス判定の機能を同時に担い、在宅介護において大きな権限を持っていた。1990年代中盤頃からの行政改革で、サービス供給部門と介護サービス判定部門が分離されるようになり、ホームヘルプ主任の姿はみられなくなった。詳細は第5章。
12) socialnämnden. 社会福祉委員会はコミューンに設置義務があった委員会で、高齢者介護や障害者福祉、生活保護等の福祉事業を担当していた。1991年地方自治法改正により設置義務がなくなったが、その後も各コミューンに設置されている。
13) 1957年の所得比例年金の導入と1971年の個人別課税制度の導入は、女性の就業率の向上に大きく貢献した。
14) 介護労働に不安定労働が多い状況を、コミュナール労組は女性職場と男性職場の格差問題としてとらえ、労使協定に「ジェンダーフリーポット」（jämställdhetspott）を盛り込むなどの取り組みをしている。ジェンダーポットとは中央労使交渉で月給2万クローナ未満の労働者（女性が多い）に対し、一律、月額205クローナの給与の上乗せをするというものである。2007年協定では成功したが、建設業、鉄鋼労組などの反発も強く、その後は減額されるなどなかなか成功はみられない。詳細は斉藤（2008）。

第5章

1) Moderata samlingspartiet(M). 穏健党は1904年に結党し、その後合併や名称変更を重ね、1969年から現在の名称になる。
2) Vänsterpartiet kommunistiska parti(v). 左共産党からスウェーデン共産党（Sveriges kommunistiska parti）が、1967年から左共産党に、1991年に左党（Vänsterpartiet）に名称変更。
3) 1990年秋に穏健党、国民党が選挙で勝利した場合の経済政策の基本路線を『スウェーデンの新しい出発』として発表した（岡沢1994：200）。
4) スウェーデンは外交上の中立政策の立場から、ヨーロッパ共同体（EC）に加盟していなかったが、国民投票を経て、1995年にヨーロッパ連合（EU）に加盟した。
5) スウェーデンでは1980年に原子力発電所の存続に関する国民投票を実施し、原子炉の段階的廃止とすでに認可された原子炉以外は拡大しないという結果となった。段階的廃止の速度については疑問を残したままとなった（Hadenius 2000：132）。
6) kommun. 第1章注4) を参照。
7) landsting. 第2章注7) を参照。
8) region. スウェーデンの広域自治体で、1997年にマルメヒュース県とクリスチャンスタッド県が合併してスコーネレギオンが発足し、1998年にヨーテボリ県、ボーヒュース県、エルブスボリ県、スカラボリ県が合併してヴェストラヨートランドレギオンが発足した。従来から担当する医療や他の広域行政に加え、地域開発においてより大きな権限が認められている。
9) エーデル改革後、訪問看護の担当責任はランスティングとコミューンの協定で決めることとなり、多くのコミューンでは訪問看護を担当することになった。一方、ストックホルム市のようにランスティングが訪問看護を今でも担当しているケースもある。
10) köp av plats. 「場所買い」は、公的機関が他の公的機関や民間が所有する病床や居室を一定期間、随意契約により、費用を払って借り受けること。ストックホルム市等の大規模自治体では、他団体の持つ施設を利用し、ストックホルム市民が使用した分の利用料を払うと

いう「場所買い」の方法がとられていた。社会庁は「場所買い」は質の管理や責任の所在もあいまいで競争がない点が問題としていた。
11）upphandling. 直訳は「公的な購買」であり，公的機関が民間の商品やサービスを購入する際に行われる手続き（例えば入札等）を指す。「公共調達」と邦訳すると日本では公共事業（主に建設分野）の入札をイメージしてしまうため，本書では「公共購買」と邦訳する。今後も訳語の検討は必要である。
12）valfrihetssystem/kundvalssystem. サービス選択自由化制度の詳細は第5章5節。
13）1990年時点のスウェーデンの高齢化率は17.8％で世界一であった（日本の高齢化率は同年で12.1％）。（出所）UN, *World population prospects: The 2000 revision*.
14）gruppboende. グループホームは軽度，中度の認知症高齢者が専門知識を持つ介護職員とともに，家庭的な環境の中で生活するという介護形態。生活リハビリを通じて認知症の症状を緩和することができる。エーデル改革を機に，スウェーデンでは2000年までに認知症高齢者の4人に1人がグループホームに入居できるよう，その建設のための特定補助金が導入された。
15）保健医療法により運営されるナーシングホームは自己負担の上限が法律で1日65クローナと決められており，この中に食費もホテルコストも含まれていた。コミューンが運営する各種住宅は社会サービス法による運営で利用料金はコミューンが決めるが，家賃と食費は自己負担であることが一般的だった。
16）訪問看護の権限移譲は義務ではなく，コミューンとランスティングの契約によるもので，全国のコミューンが訪問看護を担当しているわけではない。例えばストックホルムではサービスハウスの訪問看護はコミューンであるが，自宅の訪問看護はランスティングが担当している。
17）Mårtenslunds ålderdomshem. モルテンスルンド老人ホームはルンドコミューンが1986年に建てた老人ホームで，スウェーデン国内で1980年代に建てられた唯一の老人ホームである。社会民主党政権は第4章で示したように，ホームヘルプとサービスハウス建設に力を入れ，老人ホームに対しては否定的であった。ルンドコミューンは住民の要望を受けて同老人ホームを建設し運営したが，一切の国庫補助金を受けなかった。入居者は全員個室を持ち，サービスハウスよりこじんまりとしたアットホームさが特に後期高齢者の間で人気となった。
18）エデバルクの研究報告等がきっかけで，社会民主党が目指してきた「1990年までに老人ホームを廃止する」という方針は変更されることになった。
19）Lagen om stöd och service till vissa funktionshindrade（LSS）. 機能障害者法と邦訳されることもある。LSS法は知的障害を中心に重度の障害のある人を対象にしており，障害者福祉サービスには社会サービス法の対象となるケースもある。
20）Vårdföretagarna. 介護企業連合会は，介護サービスを提供する営利法人が加入する雇用者連合会である。
21）Skattereduktion för hushållsarbete. RUTは掃除（Rengörning），世話（Underhåll），洗濯（Tvätt）の頭文字をとった造語で，本書では家事労賃控除と邦訳する。2007年7月にラインフェルト保守中道政権が導入した政策で，掃除，洗濯等の家事サービス購入に対する税額控除で，利用者は実質，半額で家事サービスを購入できる。自宅，サマーハウス，親の住む家において，掃除，洗濯，調理，庭の手入れ，雪かき，子守り，保育所への送り迎え，介護の一部として銀行や通院の付き添いなどに適用される。納税義務のある18歳以上のすべての市民が利用でき，年間で最高5万クローナまでの控除が可能である。主に失業者対策と新規産業分野の開拓を目的に始まったが現在も継続している。
22）Skattereduktion för renoveringsarbeten på bostad. ROTは修理（Reparation），改築（Om-

byggnad），増築（Tillbyggnnad）の頭文字をとった造語で，本書では補修労賃控除と邦訳する。

第6章

1) 本研究の調査は2000年から2012年にかけて実施をしており，2節，4節の調査は文部科学省短期海外研修助成等による派遣（ルンド大学社会福祉学部客員研究員・スウェーデン社会庁客員研究員），5節の調査は日本学術振興会平成23年度特定国派遣研究者事業による派遣（ストックホルム大学社会福祉学部客員研究員）による派遣時に実施した。また日本学術振興会平成16～17年度科学研究費補助金による研究「スウェーデンの高齢者介護サービスにおける供給の多元化と自治体の責任に関する研究」（基盤（C）研究代表者：斉藤弥生），平成20～23年度科学研究費補助金による研究「北欧4カ国における高齢者介護システムの多様性とその要因に関する比較分析研究」（基盤（B）研究代表者：斉藤弥生）において短期調査も実施している。
2) 介護サービスのコストは利用率との関係がみられた。「介護付き住宅コスト」は「介護付き住宅」と負の相関関係（1％水準で有意）がみられ，介護付き住宅のコストが高いコミューンでは利用率が低い。「ホームヘルプコスト」も「ホームヘルプ利用率」と負の相関関係（1％水準で有意）がみられる。つまり介護サービスのコストが高いコミューンでは利用率が低いことが示唆されており，このことは重度の介護を必要とする人に介護サービスを集中させる傾向にあることが推測できる。
3) län. 第3章注11) を参照。
4) （　）内はスウェーデン統計局（2012）による分類で，1)「大都市」（storstäder）は人口20万人以上のコミューン（4ヶ所），2)「大都市郊外型」（förortskommuner till storstäder）は夜間人口の50％が他のコミューンに通勤しているコミューン（38ヶ所），3)「都市型」（större städer）は人口が5～20万人で人口密度が少なくても70％のコミューン（31ヶ所），4)「都市郊外型」（förortskommuner till större städer）は夜間人口の50％が他コミューンで勤務しているコミューン，5)「通勤型コミューン」（pendelingskommuner）は夜間人口が少なくとも40％が他コミューンに通勤しているコミューン（51ヶ所），「観光地型」（turism- och besöksnäringskommuner）はホテル，国民宿舎，キャンプ地などで住民一人当たり年間21人以上の訪問客があるか，レジャー施設が住民一人当たり0.2ヶ所あるコミューン（20ヶ所），「生産地コミューン」（varuproducerade kommuner）は夜間人口（就労人口）34％以上が製造業，エネルギー産業，環境，建設業に従事しているコミューン（54ヶ所），「過疎コミューン」（glesbygdskommuner）は人口密度が70％以下で1平方キロ当たり8人未満のコミューン（21ヶ所），「人口密度の高い地域のコミューン」（kommuner i tätbefolkad region）は半径112.5キロメートルの面積に30万人以上が住む地域にあるコミューンであり（35ヶ所），「過疎地域にあるコミューン」（kommuner i glesbefolkad region）は半径112.5キロメートルの面積に30万人未満の人口しかいない地域のコミューン（16ヶ所）を指す。この基準は大幅な変更はないが，見直されることもある。
5) 国政選挙では4％条項があり，得票率が4％に満たない政党は国会に議席を持つことはできないが，自治体議会には得票数の制限はないので地域政党が議席を持つ議会もある。
6) 第2章注9) を参照。
7) 労使交渉システムの地域化が進んでおり，システムの変化は近年著しい（宮本2001：132）。
8) Kommmun och Landstings förbundet（SKL），自治体連合会は，2005年1月にコミューン連合会（Svenska Kommunförbundet）とランスティング連合会（Landstingsförbundet）が合併して設立された。全国290コミューンと18ランスティング，2レジオンが加盟する雇用者団

体である。
9) 近年では労働組合に参加しない介護職員，労使協定に参加しない事業者があるため，中央労使交渉システムの枠外に存在するケースがでている（2002年コミューナル労組ヒアリング）。
10) serviceavtal system. 日本語に直訳すると「サービス契約システム」となるが，システムの内容を検討すると，利用者はコミューンの介護サービス判定を受けずに直接，居住区の事業者に連絡し，サービスを利用できるしくみであるが，身体介護のニード判定は事業者でADL（日常生活動作）による判断をしており，また料金も事業者でなくコミューンに支払うことになっている点で，利用者と事業者の契約という概念とは少し異なる。そのためシステムの実態に合わせて「サービス直接利用システム」と邦訳する。
11) 第5章注9) を参照。
12) コミューン理事はコミューン執行委員会のメンバーである。コミューン執行委員会に議席を持つフルタイムの議員を市長（kommunalråd）と呼び，コミューン行政の責任者である。また規模が大きいコミューンでは福祉担当，財政担当などの分野別に配置されていることが多い。
13) kommunstyrelsen. コミューン執行委員会はコミューン理事会と邦訳されることもある。コミューンの内閣にあたる機能を持つ。議会の議席配分に応じて政党に人数が割り当てられる。
14) 第5章注21) を参照。
15) 第5章注9) を参照。
16) upphandling. 公共購買の直訳は，公的な購買であり，公的機関が民間事業者の提供するサービス等を入札などを通じて購入する行為を指す。サービス選択自由化制度に参入するホームヘルプ事業者はコミューンによる「認可」（auktorisering）を必要としたが，2007年入札法では「認可」という表現を使用せず，入札を通じて事業参入をするという意味づけが行われた。実質的な手続きは以前とほぼ同じという。
17) uppföljare. フォローアップはここでは主に行政機関が介護事業者が提供するサービスの質の管理を意味する。例えばストックホルムコミューンでは介護事業者に対する事前規制はほとんどないが，事後規制に力を入れており，他のコミューンにはみられない独自の監査システムや高齢者オンブズマン制度等を持つ。
18) ストックホルム14自治体区は，表6-16の上から，Rinkeby-Kista, Spånga-Tensta, Hässelby-Vällingby, Bromma, Kungsholmen, Norrmalm, Östermalm, Södermalm, Enskede-Årsta-Vantör, Skarpnäck, Farsta, Älvsjö, Hägersten-Liljeholmen, Skärholmen である。

第7章

1) Pensionärernas riksorganisation（PRO）. 年金生活者全国連合会は1942年に設立された国内最大の高齢者団体で約40万人の会員を持つ。各コミューンに支部があり，高齢者評議会等に代表を送る等，コミューンレベルでの政治的活動も活発である。
2) コッパゴーデン介護付き住宅はカレマケア社が受託しているが，医療部門はトリュグヘルサ社（Trygg Hälsa）が受託していた。
3) Lex Sarah. サーラ条項は社会サービス法で規定された虐待通報義務を指し，社会サービス法に基づく社会サービスにおいて虐待等が発生した場合は関連官庁に通報しなければならないとされている。マリア条項（Lex Maria）は医療保健法に規定された虐待通報義務を指す。
4) medicinsk ansvarigt sjuksköterska(MAS). 医療はランスティングの責任領域であるが，1990

年代半ばころからコミューンには医療担当看護師が配置されるようになり，コミューンの領域で行われる医療（主に訪問看護や介護付き住宅等の初期医療）の総合的な監督と管理を行っている．
5) äldreinspektör．介護の質をフォローアップするためのストックホルムコミューン独自のシステムで，介護付き住宅やホームヘルプなどの査察を行い，毎年報告書を出している．
6) stadsdelsdirektör．自治体区助役は，自治体区役所の行政職の最高責任者．
7) oppositionsborgarråd．ストックホルムコミューンの組織図は第6章の図6-11にあるが，ストックホルムコミューンは他のコミューンと組織体系がかなり異なっており，「市長部門」（borgarråd）を持っている．市長部門は市長1名，副市長11名で構成されるが，うち野党から4名がこのポストに就いており，このポストの人を指す．
8) 第6章注13）を参照．
9) Demensförbundet．1984年に設立された認知症高齢者の家族の会であり，1万1000人の会員と130ヶ所の地域組織で構成される．
10) stadsdirektören．コミューン助役は，ストックホルムコミューンの行政職の最高責任者であり政治任用ポスト．

第8章

1) ペストフはサードセクターで活動する組織を，非営利組織とその周辺の混在組織（特に協同組合）を合わせた概念でとらえている（「福祉トライアングルモデル」参照，後述）．本来は非営利セクターとした方が理解しやすいが，本章はペストフの概念をベースに論じていくため，サードセクターという語を用いる．
2) 本研究の調査は2000年から2005年にかけて実施をしており，文部科学省短期海外研修助成等による派遣（ルンド大学社会福祉学部客員研究員・スウェーデン社会庁客員研究員），また日本学術振興会による平成16～17年度科学研究費補助金による研究「スウェーデンの高齢者介護サービスにおける供給の多元化と自治体の責任に関する研究」（基盤（C）（研究代表者：斉藤弥生），平成20～23年度科学研究費補助金による研究「北欧4カ国における高齢者介護システムの多様性とその要因に関する比較分析研究」（研究代表者：斉藤弥生）において実施したものである．
3) Wallenbergstiftelserna．スウェーデンの金融界と産業界で最も影響力があり富裕な一族といわれるヴァレンベリ家（Wallenberg family）が所有する財団．
4) Stiftelsen Riksbankens Jubileumsfond．国立中央銀行（Riksbanken）が所有する財団でノーベル経済学賞の賞金は同財団から拠出されている．
5) 第3章注11）を参照．イェムトランド県にはオステルスンドコミューンを含め，8つのコミューンが所在する．
6) イェムトランド協同組合開発センターの会員となっている歴史のある協同組合には，消費者協同組合連合（Kooperativa förbundet（KF））と農業協同組合連合（Lantbrukarnas Riksförbundet（LRF））がある．消費者協同組合連合は1899年に設立され，約400万人の会員を持つ．農業協同組合連合は1971年に設立され，全国1350カ所に支部を持ち，12万7000人の会員を持つ．
7) studiecirker．学習サークル活動はスウェーデンに根付く生涯学習活動の一つ．
8) förskola．幼稚園には就学前児童（1～5歳）が通う．かつては6歳児が就学前教育として幼稚園に通い，5歳未満の児童は保育所（daghem）へ通っていた．1998年から就学年齢が7歳から6歳に引き下げられ，公式には保育所を幼稚園と呼ぶようになった．正式名称は変更されたが，サービス内容は大きな変化はみられない．本稿で「幼稚園で保育する」と

いう表現は違和感があるが上記の理由による。
9) A団体による幼稚園と高齢者介護の統合に関するプロジェクトは，2002年に「ブレッケコミューンにおける介護と保育を統合したケアに関する最終報告書」(Slutrapport Integrerad Omsorg i Bräcke kommun Projektnummer 1999/906) で評価がなされている。
10) ワールグレン (1996) は，介護サービスの質について，法人形態別による比較調査を行い，その結果，ステイクホルダー型組織（事業に関与するアクターが多い組織）が供給するサービス質が高いことを検証した。ステイクホルダー型組織として一般的に取り上げられるのは協同組合が多い。
11) Kooperativt IdéCentrum (KIC)，ストックホルム協同組合支援センターは1987年に設立されたが，2011年に，全国25ヶ所（イェムトランド協同組合開発センターも含む）と名称を統一するために，Coompanion Stockholm län に改称した。

第9章
1) 社会福祉法人は税制上の優遇措置を受けており，市場参入において必ずしも同じ条件ではないという指摘も多い。
2) 小規模多機能型居宅介護は，「通い」を中心に，「泊まり」や「訪問」のサービスを24時間対応で包括的に提供するサービス。2005年の介護保険法改正により，地域密着型サービスの一つとしてより導入された。

■参考文献

圷洋一.2008.「福祉国家における「社会市場」と「準市場」」『季刊・社会保障研究』Vol. 44　No. 1.国立人口問題・社会保障研究所.

穴見明.2010.『スウェーデンの構造改革　ポスト・フォード主義の地域政策』未来社.

Albin, Björn, Siwertsson, Christina and Jan-Olof Svensson. 2008. *Situation for carers of the elderly in Sweden*.（ビョーン・アルビン, クリスティーナ・シーワートソン, ヤン―オロフ・スベンソン. 斉藤弥生監訳・久保恵理子訳. 2008.「スウェーデンにおける高齢者の家族介護者の現状」)『地域福祉研究』No. 36.日本生命済生会.

Andersen, Lars（red.）. 2002. *Socialgerontologi*. Studentlitteratur.

Arvidsson, Eva. 2002. *Analys av som drivs av Växjö kommun i jämförelse med verksamhet som drivs av entreprenör*.

Bilgersson, Bengt Owe and Jörgen Westerståhl. 1989. *Den svenska folkstyrelsen*. Publica.

ビヤネール多美子.2011.『スウェーデンにみる「超高齢社会」の行方　義母の看取りからみえてきた福祉』ミネルヴァ書房.

Björkhem, Barbro. 2002. *Samhällsguiden*. Fritzes.

Blennberger, Erik. 1993. *Frivilligt socialt arbete : Begrepp och modeller*. Socialdepartementet.

Blomqvist, Paula and Bo Rothstein. 2000. *Värfärdsstatens nya ansikte. Demokrati och marknadsreformer inom den offentliga sektorn*. Agora.

Brodin, Helene. 2005. *Does anybody care? Public and private responsibilities in Swedish eldercare 1940–2000. Umeå studies in economic history*. Umeå Universitet.

Charpentier, Claes. 2004. *Kundvalets efekter och funktionssätt*. SSE / EFI Working paper series in business administration No. 2004：1.

Christensen, Karen. 2004. The modernization of power in Norwegian home care services. Hanne Marlene Dahl & Tine Rask Eriksen (eds.). *Dilemmas of care in the Nordic welfare state. Continuity and change.* Ashgate.

Dahl, Hanne Marlene and Tine Rask Eriksen. 2005. *Dilemmas of care in the Nordic Welfare State. Continuity and change.* Ashgate.

Edebalk, Per Gunnar. 1990. Hemmaboendeideologins genombrott - åldringsvård och socialpolitik 1945-1965. *Meddelanden från Socialhögskolan 1990 : 4.* Socialhögskolan, Lunds Universitet.

Edebalk, Per Gunnar. 1991. *Drömmen om ålderdomshemmet. Åldringsvård och socialpolitik 1900-1952. Meddelanden från Socialhögskolan 1991 : 5.* Socialhögskolan, Lunds Universitet.

Edebalk, Per Gunnar. 2010. Ways of funding and organizing elderly care in Sweden. Bengtsson, Tommy (red.). *Population aging - A threat to the welfare state? The case of Sweden.* Springer.

Edebalk, Per Gunnar. 2012. *Kundval inom äldreomsorgen - om kunskap och forskningsbehov. Meddelanden från Socialhögskolan 2011 : 7.* Socialhögskolan, Lunds Universitet.

Elmer, Åke, Blomberg, Staffan, Harrysson, Lars and Jan Petersson. *Svensk social politik.* Studentlitteratur.

Esping Andersen, Gøsta. 1990. *The three worlds of welfare capitalism.* Policy Press. (=岡沢憲芙・宮本太郎監訳. 2000.『福祉資本主義の三つの世界 比較福祉国家の理論と動態』. ミネルヴァ書房.)

Esping Andersen, Gøsta. (ed.) 1996. *Welfare states in transition. National adaptations in global economies.* Sage publications Inc.

Esping Andersen, Gøsta. 1999. *Social foundations of postindustrial economies.* Oxford University Press. (=渡辺雅男・渡辺景子訳. 2000.『ポスト工業経済の社会的基礎 市場・福祉国家・家族の政治経済学』桜井書店.)

藤井威. 2002.『スウェーデン・スペシャルⅠ 高福祉高負担政策の背景と

現状』新評論.

藤井威. 2003.『スウェーデン・スペシャルⅢ 福祉国家における地方自治』新評論.

福島容子. 2005.「第5章 高齢住民委員会について」. 朝野賢司他著『デンマークのユーザー・デモクラシー. 福祉・環境・まちづくりからみる地方分権社会』新評論.

Grut, Katarina and Elisabet Mattson (red.). 1998. *Social ekonomi. Om kraften hos alla mäniskor*. Utbildningsförlaget.

Gustafsson, Agne. 1988. *Kommunal självstyrelse. Femte upplagan*. Liver.（岡沢憲芙監訳. 穴見明訳. 1995.『スウェーデンの地方自治』早稲田大学出版部.）

Gustafsson, Agne. 1996. *Kommunal självstyrelse. Sjätte upplagan*. SNS Förlag.

Gustafsson, Agne. 1999. *Kommunal självstyrelse. Sjunde upplagan*. SNS Förlag.

Gustafsson, Agne. 2009. *Kommunal kompetenskatalog. En problemorientering. Grundlagsutredningen*. Statens offentliga utredningar (SOU 2009:17).

Gustafsson, Lennart & Arne Svensson. 1999. *Public sector reform in Sweden*. Liber Ekonomi.

Gustafsson, Björn, Johansson, Mats and Edward Palmer. 2008. *Pensionärnas inkomstandard under 90-talet djupa recession och den följande återhämtningen*. Försäkringskassan.

Gustafsson, Rolf Å. 2000. *Välfärdstjänstearbetet. Dragkampen mellan offentlig och privat i ett historie-sociologiskt perspektiv*. Daidalos.

Gustafsson, Rolf Å and Marta Szebehely. 2005. *Arbetsvillkor och styrning i äldreomsorgens hierarki. En enkätstudie bland personal och politiker*. Institutionen för socialt arbete, Stockholm universitet.

Gynnerstedt, Kerstin. 1993. *Etik i hemtjänst*. Studentlitteratur.

Hartman, Laura (red.). *Konkurrensens konsekvenser. Vad händer med svenska välfärd?* SNS Förlag.

Hadenius, Stig. 1990. *Swedish politics during the 20th Century*. The Swedish Institute.

Hadenius, Stig. 1997. *Swedish politics during the 20th Century*. The Swedish Institute.（岡沢憲芙監訳．木下淑恵・秋朝礼恵訳．2000.『スウェーデン現代政治史　対立とコンセンサスの20世紀』早稲田大学出版部）

Hill, Michael. 1996. *Social policy. A comparative analysis*. Prentice Hall and Harvester Whearsheaf.

平岡公一・杉野明博・所道彦・鎮目真人．2011.『社会福祉学』有斐閣．

Hirschman, Albert O. 1970. *Exit, Voice and Loyalty. Responses to Decline in Firms, Organizations, and States*. Harvard University Press.（＝三浦隆之訳．1974.『組織社会の論理構造―退出・告発・ロイヤルティー』ミネルヴァ書房．）（＝矢野修一訳．2005.『離脱・発言・忠誠―企業・組織・国家における衰退への反応―』ミネルヴァ書房）．

Hjalmarson, Ingrid. 2003. *Valfrihet i äldreomsorgen.- en reform som söker sin form. Enutvärdering av kundvalsmodellen i Stockholm stad. Rapporter-Stiftelsen Stockholms läns Äldrecentrum 2003 : 4*. Äldrecentrum.

Hood, Christfer. 1986. *Administrative Analysis. An Introduction to Rules, Enforcement and Organizations*. Wheatsheaf book limited.（＝森田朗訳．2000.『行政活動の理論』岩波書店．）

井上誠一．2003.『高福祉高負担国家　スウェーデンの分析　21世紀型社会保障のヒント』中央法規出版．

石黒暢．2002.「スウェーデンにおける介護家族支援策―「家族300」（Anhörig 300）補助金とその成果―」『IDUN』Vol. 15. 大阪外国語大学デンマーク語・スウェーデン語研究室．

神野直彦・牧里毎治編．2012.『社会起業入門―社会を変えるという仕事―』ミネルヴァ書房．

Johansson, Marie. 1992. Den kommunala äldreomsorgen. Jon Pierre（red.）. *Självstyrelse och omvärldsbe oende. Studier i lokal politik. Ekonomi och organisation i kommuner och landsting*. Studentlitteratur.

Johansson, Mairon. 2007. *Gamla och nya frivillighetsformer. Äldreomsorgshybrider växer fram*. Växjö universitet.

Jönson, Håkan. 2001. *Det moderna åldrandet. Pensionärsorganisationernas bilder av äldre 1941-1995*. Lund dissertaions in social work. Studentlitteratur.

Jönson, Håkan. 2011. *Vårdskandaler i perspektiv. Debatter om vanvård, övergrepp och andra missförhållanden inom äldreomsorg*. Egalite.

川口清史・富沢賢治編. 1999.『福祉社会と非営利・協同セクター　ヨーロッパの挑戦と日本の課題』日本経済評論社.

Kommunal. 2002. *Solidaritet och valfrihet i välfärden. Antagen av Kommunals förbundsmöte 2002*.

Kommunal. 2007. *Jobbpusslet. Ett nytt arbetssätt som spara både människor och pengar*.

Kommunal. 2007. *Schyssta schemat. Praktiska råd om shemaläggning*.

Kommunal. 2007. *Jobbpusslet. Ett nytt arbetssätt som spara både människor och pengar*.

Kommunal. 2008. *Kommunal 2007 Verksamhetsberättelse*.

Kommunal. 2011. *Hänger din mammas trygghet på dig Att kombinera job med omsorg om föräldrar*.

Konkurrensverket. 2002. *Vårda och skapa konkurrens. Vad krävs för ökad konsumentnytta* Konkurrensverkets rapportserie 2002 : 2.

Konkurrensverket. 2009. *The act on system of choice in the public sector*.

訓覇法子. 2002.『アプローチとしての福祉社会システム論』法律文化社.

草野厚. 1997.『政策過程分析入門』東京大学出版会.

Landsorganisation i Sverige. 2007. *LOs verksamhetsberättelse 2006*.

Landsorganisation. 2007. *Röster om facket och jobbet. Sammanfattning och slutsater. Rapport 7 av 7/2007*.

レグラント塚口淑子. 2006.『女たちのスウェーデン："仕事も子供も"が可能な国に40年』ノルディック出版.

Lindberg, Ulf. 2010. *Rutreformen behovs för jobben i Östergotland*.（Näringspolitisk chef, Almega. 2010-09-17）（http://www.almega.se.）

Lo-Johansson, Ivar. 1952. *Ålderdoms-Sverige*. Carlssons.（＝西下彰俊・兼松麻紀子・渡辺博明編訳．2013．『スウェーデン：高齢者福祉改革の原点ルポルタージュからの問題提起』新評論．）

Lundqvist, Lennart J. 2001. Privatisering - varför och varför inte. Rothstein, Bo（red.）Politik som organisation. Förvaltingspolitikens grundproblem. SNS Förlag.

Lundström, Tommy and Filip Wijkström. 1997. *The nonprofit sector in Sweden*. Manchester University Press.

Lundström, Tommy. 1995. *Frivilligt socialt arbete under omprövning*. Sköndalsinstitutet.

丸尾直美．2005．『経済学の巨匠』生活情報センター．

Meagher Gabrielle and Marta Szebehely. 2010. *Private financing of elder care in Sweden. Argument for and against*. Arbetsrapport/Institutet for Framtidsstudier 2011:1. Institute for Future Studies.

Meagher Gabrielle and Marta Szebehely. 2010. *Private financing of elder care in Sweden. Argument for and against*. Arbetsrapport/Institutet for Framtidsstudier 2011:1. Institute for Future Studies.

宮垣元．2003．『ヒューマンサービスと信頼』慶應義塾大学出版会．

宮城孝編著．2007．『地域福祉と民間非営利セクター』中央法規出版．

宮本太郎．2004．「13章労働市場と労使関係」．岡沢憲芙・宮本太郎編『スウェーデンハンドブック第2版』早稲田大学出版部．

宮本太郎．1999．『福祉国家という戦略．スウェーデンモデルの政治経済学』法律文化社．

森幹夫．1974．『ホームヘルプ』財団法人日本生命済生会．

Mossberg Sand, Ann-Britt. 2000. *Ansvar, kärlek för försörjning. Om anställda anhörigvårdare i Sverige*. Sociologiska Institutionen, Göteborgs Universitet.

Mossberg Sand, Ann-Britt. 2007. *Äldreomsorg - mellan familj och samhälle*. Studentlitteratur.

二文字理明・椎木章. 2000.『福祉国家の優生思想　スウェーデン発強制不妊手術報道』明石書店.

西下彰俊. 2007.『スウェーデンの高齢者ケア：その光と影を追って』新評論.

Norden. *Äldreomsorgsforskining i Norden. En kunskapsöversikt*. Nordiska ministrrådet.

Nordström, Monica. 2000. *Hemtjänsten. Organisering, myndighetsövning, möten och arbete*. Studentlitteratur.

Norman, Eva. 2010. *Biståndshandläggare att vakta pengar eller bedöma äldres behov*. Rapporter - Stiftelsen Stockholm läns Äldrecentrum 2010:13.

Nyberg, Anita 2003. *Deltidsarbete och deltidsarbetslöshet. En uppföljning av DELTA utredningen*（*SOU 1999:27*）. *Working Paper från HELA-projektet 2003 1*. Arbetslivsinstitutet.

岡沢憲芙. 1988.『スウェーデン現代政治』東京大学出版会.

岡沢憲芙. 1994.『スウェーデンの挑戦』岩波新書.

岡沢憲芙. 2004.『ストックホルムストーリー　福祉社会の源流を求めて』早稲田大学出版部.

岡沢憲芙. 2009.『スウェーデンの政治―実験国家の合意形成型政治』東京大学出版会.

岡沢憲芙・奥島孝康編. 1994.『スウェーデンの経済　福祉国家の政治経済学』早稲田大学出版部.

岡沢憲芙・奥島孝康編. 1994.『スウェーデンの政治　デモクラシーの実験室』早稲田大学出版部.

岡沢憲芙・奥島孝康編. 1994.『スウェーデンの社会　平和・環境・人権の国際国家』早稲田大学出版部.

岡津憲芙・宮本太郎編. 2004.『スウェーデンハンドブック』早稲田大学出版部.

岡沢憲芙・中間真一編.2006.『スウェーデン―自律社会を生きる人びと』早稲田大学出版部.

Ohlsson, Rolf and Per Broome. 1988. *Ålderschocken*. SNS Förlag.

Olsson, Sven E. 1990. Social policy and welfare state. Arkiv.

奥村芳孝.1995.『スウェーデンの高齢者福祉最前線』筒井書房.

Palme, Joakim, Bergmark, Åke, Bäckman, Olof, Estrada, Felipe, Fritzell, Johan, Lundberg, Olle, Sjöberg, Ola, Sommestad, Lena and Szebehely Marta. 2002. *Welfare in Sweden : The balance sheet for the 1990s*. Ds 2002 : 32.

Pestoff, Victor. 1998. *Beyond the market and state. Social enterprises and civil democracy in a welfare society*. Ashgate.（藤田暁男・川口清史・石塚秀雄・北島健一・的場伸樹訳.2000.『福祉社会と市民民主主義.協同組合と社会的企業の役割』日本経済評論社.）

Pestoff, Victor. 2000. *The third sector and service quality : meeting the challenges of the 21st century in Sweden*. From the paper of "Conference on the New Welfare Mix in Europe : What role for the third sector?" at the European University Institute.

Pestoff, Victor. 2001. *The Third Sector and Service Quality : meeting the challenge of the 21st century in Sweden*. Conference on the Alternative Paradigms in Third Sector Research at the Faculty of Economics, University of Toronto, Italy.

Pestoff, Victor. 2005. *Democratizing the Welfare State - Revisiting the Third Sector and State in Democratic and Welfare Theory*.（unpublished）

Pestoff, Victor and Taco Brandsen（eds.）. 2008. *Co-production. The third sector and delivery of public services*. Routledge.

Pestoff, Victor. 2009. *A democratic architecture for the welfare state*. Routledge.

Pestoff, Victor, Brandsen, Taco and Bram Verschuere（eds.）. 2012. *New public governance, the third sector and co-production*. Routledge.

Petersson, Olof. 1991. *Nordisk poliik*. Allmänna förlaget.(岡澤憲芙監訳. 斉藤弥生・木下淑恵訳. 1995. 『北欧の政治』早稲田大学出版部.)

Petersson, Olof. 1996. *Makten. En sammanfattning av maktutredningen*. Allmänna förlaget.

Petersson, Olof. 1998. *Kommunalpolitik*.（Tredje upplagan）. Norsteds Jutidik.

Petersson, Olof. 2006. *Kommunalpolitik*.（Femte upplagan）. Norsteds Jutidik.

Petersson, Olof. 2006. *Nordisk poliik*.（Sjätte upplagan）. Norsteds Jutidik.

Rangnar, Stolt and Patrik J. 2006. *Den privata äldreomsorgsmarknaden*. Stockholm University.

Regeringens proposition 1979/80:1. *Om socialtjänsten. Del A*.

Regeringens proposition 1979/80:1. *Om socialtjänsten. Del B. Bil.1 Översikt över de sociala vårdlagarna, Bil.2 Socialutredningens författningsförslag, Bil.3 Remissammanställning, Bil.5 Utdrag av lagrådets protokoll den 27 februari 1979*.

Regeringens proposition 1979/80:1. *Om socialtjänsten. Bil.4 Lagrådsremiss om vård utan samtycke inom socialtjänst och sjukvård. Del C*.

Regeringens proposition 1987/88:176. *Äldreomsorgen inför 90-talet*.

Regeringens proposition 2008/09:29. *Lag om valfrihetssystem*.

Regeringskansliet. 2009. *Husavdrag för ROT-arbeten & hushållsnära tjänster*.（http://www.regeringen.se/sb/d/11257）

Ruin, Olof. 1990. *Tage Erlander. Serving the Welfare state, 1946-1969*. University of Pittsburg Press.（Translated by Michael F. Metcalf）

Ruthstein, Bo. 1994. *Vad bör staten göra. Om välfärdsstatens morariska och politiska logik*. SNS förlag.

Ruthstein, Bo. 2003. *Sociala fällor och tillitens problem*. SNS förlag.

Skatteverket. 2011. *Om RUT och ROT och VITT och SVART. Rapport 2011:1*.

Socialdepartementet. 1974. *Socialvården. Mål och medel*. Principbetänkande av socialutredningen (SOU 1974 : 39).

Socialdepartementet. 1977. *Socialtjänst och socialförsäkringstillägg. Lagar och motiv*. Socialutredningens slutbetänkande (SOU 1977 : 40).

Socialdepartementet. 1977. *Pensionär '75. En kartläggning med framtidsaspekter*. Pensionärsundersökningen (SOU 1977 : 98).

Socialdepartementet. 1977. *Pensionär '75. Diagram och tabeller*. Pensionärsundersökningen (SOU 1977 : 99).

Socialdepartementet. 1989. *Ansvaret för äldreomsorgen*. (Ds 1989 : 27)

Socialdepartementet. 1993. *Frivilligt socialt arbete. Kartläggning och kunskapsöversikt. Rapport av Socialtjänstkommitten*. Statens offentliga utredningar (SOU 1993 : 82).

Socialdepartementet. 2002. *Vinst för vården. Idebetänkande från utredningen. Vårdens ägarformer -vinst och demokrati*. Statens offentliga utredningar (SOU 2002 : 31).

Socialdepartementet. 2007. *Vård med omsorg. Möjligheter och hinder*. Betänkande från Delegation för mångfald inom vård och omsorg. Statens offentliga utredningar (SOU 2007 : 37).

Socialstyrelsen. 1999. *Konkurrensutsättning och entreprenader inom äldreomsorgen*. Äldreuppdraget. 99 : 6.

Socialstyrelsen. 2001. *Äldreomsorg för finsktalande i Sverige*. Stockholm.

Socialstyrelsen. 2003. *Konkurrensutsättning och entreprenader inom äldreomsorgen*. Utvecklingslaget 2003.

Socialstyrelsen. 2004. *Konkurrensutsättningen inom äldreomsorg*.

Socialstyrelsen. 2007. *Kundval inom äldreomsorgen*.

Socialstyrelsen. 2010. *Stimulansbidrag LOV. Slutrapport*.

Socialstyrelsen. 2010. *Vad tycker de äldre om äldreomsorgen En rikstäckande undersökning av äldres uppfattning om kvaliteten i hemtjänst och äldreboenden 2010*.

Socialstyrelsen. 2011. *Äldre. Vård och omsorg den 1 novenmber 2010. Kommunala insatser enligt socialtjänstlagen samt hälso och sjukvården.*

Statens offentliga utredningar (SOU). 2002. *Vinst för vården. Idebetänkande från utredningen Vårdens ägarformer -vinst och demokrati.* (SOU 2002 : 31)

Statens offentliga utredningar (SOU). 2008. *Lov att välja - Lag om Valfrihetssystem. Betänkande av Frittvalutredningen.* (SOU 2008 : 15)

Statistiska centralbyrå (SCB). 2006. *Äldres ekonomiska välfärd - inkomster, utgifter och förmögenheter.*

Statistiska centralbyrå (SCB). 2011. *Final income and tax statistics. Tax deductions for work on and in the home.* Press release from Statistics Sweden.

Statistiska centralbyrå (SCB). 2010. *Inkomster och skatter. Skattereduction för ROT-arbete och hushållsarbete (RUT) 2009 efter län och kommun.*

Statistiska centralbyrå (SCB). 2011. *Final income and tax statistics. Tax deductions for work on and in the home.* Press release from Statistics Sweden.

Statistiska centralbyrå (SCB). 2011. *Välfärd*. 2011 : Nr1.

Stolt, Ragnar and Patrik Jansson. 2006. *Den privata äldreomsorgsmarknaden. Etablering, utveckling och konkurrens.* Företagsekonomiska unstiotutionen, Stockholms universitet.

Svallfors, Stefan. 1996. *Välfärdsstatens moraliska ekonomi. Välfärdsopinionen i 90-talets Sverige.* Borea.

Svallfors, Stefan. 2003. Kapital 20. Välfärdsstatens legitimitet. Åsikter om svensk välfärdspolitik i komparative belysning. *SCB. Rapport 100. Värfärd och ofärd på 90 talet.* SCB. 335-349.

Svallfors, Stefan. 2006. *The moral economy of class. Class and attitudes in comparative perspective.* Stanford university.

Svallfors, Stefan (ed.). 2007. *The political sociology of the welfare state. Institutions, social cleavages, and orientations. Stanford university.

Svallfors, Stefan. 2011. A bedrock of support? Trends in welfare state attitudes in Sweden, 1981-2010. *Social policy and administration*. Vol.45, No.7.

Svenska kommunförbundet. 2002. *Kommunal Personal*.

Svensson Marianne, Edebalk, Per Gunnar and Per Rosen. 1996. *Äldreomsorg i kommunal och privat regi* - IHE Arbetsrapport 1996 : 2. Institute för Hälso- och Sjukvårdsekonomi.

Svensson Marianne and Per Gunnar Edebalk. 1996. *Privata och kommunala utförare av äldreomsorg. - en ekonomisk utvärdering*. IHE Arbetsrapport 1996 : 10. Institute för Hälso- och Sjukvårdsekonomi.

Svensson Marianne and Per Gunnar Edebalk. 2001. *90-talets anbudskonkurrens i äldreomsorgen - några utvecklingstenderser*. IHE Arbetsrapport 2001 : 1. Institute för Hälso- och Sjukvårdsekonomi.

Svensson Marianne and Per Gunnar Edebalk. 2002. *Äldreomsorg och kundsval. Konkurrensverket. Vårda och skapa konkurrens. Vad krävs för ökad konsumentnytta?* Konkurrensverkets Rapportserie 2002 : 2.

Svensson Marianne and Per Gunnar Edebalk. 2006. *Kvailitetkonkurrens och kundval inom kommunal äldreomsorg*. Konkurrensverkets uppdragsforskningsserie 2006 : 6.

Svensson Marianne and Per Gunnar Edebalk. 2009. *Valfrihet inom hemtjänsten år 2008*.

Svenska kommunförbundet. 2002. *Kommunal personal*.

Sveriges Kommuner och Landsting (SKL). 2007. *Akutuellt på äldreområdet 2007*.

Sveriges Kommuner och Landsting (SKL). 2009. *Valfrihet inom hemtjänsten år 2008*.

Sveriges Kommuner och Landsting (SKL). 2009. *Val av ersättningsmodell och beräkning av ersättningsnivå. Hemtjänst och särskilt boende*.

Sveriges Kommuner och Landsting (SKL). 2010. *Valfrihetssystem. Erfarenheter från ett antal kommuner och landsting.*

Sveriges Kommuner och Landsting (SKL). 2010. *Kundsval i äldreomsorgen. Stärks brukarens ställning i ett valfrihetssystem?*

Sveriges Kommuner och Landsting (SKL). 2010. *Vad vet vi om kundval? -En forskining översikt.*

Szebehely, Marta. 1995. *Vardagens organisering. Om vårdbiträde och gamla i hemtjänsten.* Arkiv.

Szebehely, Marta. 1996. Om omsorg och omsorgsforskning., Eliasson, Rosmari (red.). *Omsorgsens skrintningar. Begreppet, vardagen, politiken, forskningen.* Studentlitteratur.

Szebehely, Marta. 2001. *Äldreomorg i förendring knappare resurser och nya organisationsformer.* Statens offentliga utredningar 2000 : 38. Socialdepartementet.

Szebehely, Marta. 2002. *Äldreomorg i förendring. Välfärd, vård och omsorg.* Antologi- Komitten Välfärdsbokslut. SOU 2000 : 38.

Szebehely, Marta (red.). 2003. *Hemhjälp i Norden. Illustration och reflectioner.* Studentlitteratur.

Szebehely, Marta, Fritzell, Johan and Olle Lundberg. 2001. *Funtionshinder och välfärd.* Statens offentliga utredningar (SOU 2001 : 56).

Szebehely, Marta. 2011. Insatser för äldre och funktionshindrade i privat regi. Laura Hartman (red.) *Konkurrensens konsekvenser. Vad händer med svensk värfärd?* SNS Förlag.

Szebehely, Marta. 2011. *Jämlikhetsambitionerna hotas i dagens äldreomsorg.* publiserad 18 november 2011. (http : //debatt.svt.se/2011/11/18)

Szebehely, Marta. 2011. Insatser för äldre och funktionshindrade i privat regi. Laura Hartman (red.) *Konkurrensens konsekvenser. Vad händer med svensk värfärd?* SNS Förlag.

田尾雅夫．1995．『ヒューマン・サービスの組織　医療・保健・福祉におけ

る経営管理』法律文化社.

Trydegård, Gun-Britt. 2000. *Tradition, change and variation. Past and present trends in public old-age care*. Stockholm Studies of Social Work. 16. Stockholm University.

堤修三. 2010.『介護保険の意味論 制度の本質から介護保険のこれからを考える』中央法規出版.

斉藤弥生・山井和則. 1994.『スウェーデン発高齢社会と地方分権』ミネルヴァ書房.

斉藤弥生. 2002.「福祉分野におけるボランティア活動の国際比較試論─『海外の民間ボランティア活動に関する調査報告書』から見えるもの─」.『地域福祉研究』No. 30. 日本生命済生会.

斉藤弥生. 2003.「スウェーデンにみる高齢者介護の民営化─社会庁報告書『高齢者介護における競争の導入と契約委託』を中心に」. 大阪外国語大学デンマーク語・スウェーデン語研究室編.『IDUN』15号.

斉藤弥生. 2010.「24時間体制の在宅介護サービスをどう築けるのか─海外事例にみる介護の「供給エリア」─」. 生協総合研究所.『生活協同組合研究』No. 414.

斉藤弥生. 2011.「スウェーデンにおける女性高齢者の所得保障：年金を中心に」. 国立社会保障・人口問題研究所『海外社会保障研究』2011年夏号.

Saito, Yayoi., Auestad Abe, Reiko. and Kari Wærness (red.). 2010. *Meeting the challenges of Elder Care : Japan and Norway*. Kyoto University Press and Trans Pacific Press.

斉藤弥生. 2012.「スウェーデンの社会保障制度における国と地方の関係─介護サービスにおける「サービス選択自由化法」影響を中心に─」『海外保障研究』No. 180. 国立社会保障・人口問題研究所.

武川正吾. 2011.『福祉社会. 包摂の社会政策』有斐閣.

Thullberg, Signe. 1990. *Historisk över Stockholms Äldreomsorg*. Stockholms Socialförvaltning. FoU-byrån.

右田紀久恵・高澤武司・古川孝順編. 2001.『社会福祉の歴史［新版］ 政策

と運動の展開』有斐閣選書.

右田紀久恵. 2005.『自治型地域福祉の理論』ミネルヴァ書房.

Wahlgren, Ingela. 1996. *Vem tröstar Ruth? En studie av alternativa driftformer i hemtjänsten*. Företagsekonomiska institutionen, Stockholms universitet.

Weibull, Jörgen. 1993. *Swedish history in outline*. The Swedish Institute.

William J. Baumol, and Alan S. Blinder. 1988. *Economics : principles and policy. Fourth Edition*. Harcourt Brace Javanovich.(=佐藤隆三監訳. 1988. エコノミクス入門:マクロ・ミクロの原理と政策. HBJ出版局).

Wrede, Sirpa, Henriksson, Lea, Høst, Håkan, Johansson, Stina and Betina Dybbroe. 2008. *Care work in crisis. Reclaiming the Nordic ethos of care*. Studentlitteratur.

Wærness, Kari. 1983. *Kvinnor och omsorgsarbete. Ett kvinnoperspektiv på människovård och professionalisering*. Prisma.

Wærness, Kari. 1996. "Omsorgsrationalitet". Reflexioner över ett begrepps karriär., Eliasson, Rosmari(red.).*Omsorgsens skrintningar. Begreppet, vardagen, politiken, forskningen*. Studentlitteratur.

Wærness, Kari. 2010. On the rationality of caring. Saito, Yayoi., Auestad Abe, Reiko. and Kari Wærness(red.).*Meeting the challenges of Elder Care : Japan and Norway*. Kyoto University Press and Trans Pacific Press.

Wærness, Kari. 1984. On the rationality of caring. Anne Showstack Sassoon(ed.).*Women and the state*.

Wærness, Kari. 2008. The unheared voices of care workers and care researchers. Sirpa Wrede et. al(eds.).*Care work in crisis. Reclaiming the Nordic Ethos of Care*. Studentlitteratur.

山井和則・斉藤弥生. 2005.『図解介護保険のすべて』(第2版)東洋経済新報社.

山口宰. 2007.「認知症ケアのあり方に関する研究―パーソンセンタードケ

アの実践事例をもとに―」大阪大学大学院人間科学研究科学位論文（学術博士）.

吉岡洋子. 2007.「スウェーデンの非営利セクターと福祉に関する研究」大阪大学大学院人間科学研究科学位論文（学術博士）.

■参考資料

Björkhem, Barbro. 1999. *Samhällsguiden. 14 : e upplagen.* Fritzes.

Ekonimi & Näringsliv. 1999/2/20号.

Företagaren. 2002/6月号.

Handels. 2007. *Ett år med jämställdhetspotten. En delrapport från Handels.*

Konkurrensverket. 2009. *The Act on System of Choice in the Public Sector.*

Kooperativ utveckling Jämtlands län. 2001. *Nya kooperativa föreningar i Jämtlands län.*（2001-04-05）

Konkurrensverket. 2009. *The Act on System of Choice in the Public Sector.*

Lars Åke Gustafson. 2001. *Kvalitet i Hemtjänsten 2001. -En enkätundersökning riktad till 508 personer med hemjänst i Linköpings kommun.* Linköpings kommun. Omsorgsutskottet.

Linköpings kommun. Omsorgsnämndens kansli. 2000. *Plan för genomförande av serviceavtal i hemtjänsten.*

Linköpings kommun. POMS projektet. 1999. *Slutrapport POMS-Projektet.*

Lunds kommun kommunfulmäktige. 2002. *Sammanträdesprotokoll*（2002/11/28）.

Lunds kommun. 2003. *Lunds kommuns årsredvisning.*

Lindberg Ulf, Näringspolitisk chef, Almega. *Rutreformen behövs för jobben i Östergötland.* 2010/10/14. ALMEGA

Malmö stad. *Delrapport i Malmö kommuns kvalitetsuppföljningsprogram för stadsdelarnas verksamheter. 1999/3. Hemtjänsten.*

Moderaterna. *Socialdemokraterna vill avskaffa ROT-avdraget.* 2010/02/17. Nya moderaterna.

Pålsson, Christer. 2001. *Kundvalssystem i hemvården.* Lunds kommun.2001/5. (Vård och omsorgesförvaltningen i Lund)

Pålsson, Christer. 2001. *Kundvalssystem i vård och omsorg.* (Vård och omsorgesförvaltningen i Lund, 2001/10/29.)

Pålsson, Christer. 2002. *Kundvalssystem för hemtjänster. Tillämpningsrapport.* (Vård och omsorgesförvaltningen i Lund, 2002/05/02.)

Smålandsposten. 2009. *Attendo Care går inte in kundvalet i Växjö.* 2009/06/09.

Sunwest Utveckling Ek För. 2002. *Slutrapport integrerad omsorg i Bräcke kommun.* Projektnummer 1999/906. Sunwest Utveckling Ek För: Gällö.

Stadskontoret. Malmö stad. 1999. *80 Frågor och svar om äldreomsorgen i Malmö.*

Växjö kommun. 2002. *Omsorgsnämndens årsrapport 2002.*

Växjö kommun. 2011. *Omsorgsnämdens årsrapport 2010.*

Växjö kommun. 2007. *Information om kundval inom hemtjanst (serviceinsatser) i Växjö kommun.*

Vårdföretagarna. 2009. *Företagens erfarenhetrer av LOV inom hemtjänsten.*

Wahlquist, Linda. 1999. *Låt medborgaren bestämma! Kundvalssystem i Nacka kommun. Timbro Centrum för välfärd efter välfärdsstaten.*

Önstorp, Bror. 2001. *Förenklat serviceavtal i stället för biståndsbeslut.* Rapport från en konferens den 2001/05/17. Svenska Kommunförbundet.

Östermalms stadsdelsnämnd (Stockholm). 2010. *Verksamhetsplan och budget 2011.*

■データベース，資料等

Dagens nyheter 2011.10-2012.3

http://www.scb.se (Statistiska centralbyrå)

http://www.uskab.se (Stokholms Stads Utrednings- och Statistikkontor AB) http : //www.sos.se（Socialstyrelsen）

http : //www.skl.se（Sveriges Kommmun och Landsting）

http : //www.stockholm.se（Stockholms Stad）

http : //www.vaxjo.se（Växjö Kommun）

ストックホルム歴史博物館展示資料

Summary
Provision and Organization of Elder Care in Sweden

Background of the Study

I became interested in elder care and initiated this study in the late 1980s. It was also around this time that Japanese people became interested in the problem of elder people becoming bedridden. Noboru Takeshita's cabinet introduced the consumption tax in 1989, and at the same time, announced the Ten-year Strategy to Promote Health Care and Welfare for the Elder, commonly known as "the Gold Plan". The Gold Plan, Japan's first nationwide elder care service improvement project, aimed to provide 100,000 home helpers and 10,000 day service centres by 2000. The municipalities conducted an empirical investigation of the living condition of the elder, and they were obligated to establish a municipal plan for the health and welfare of the elder by 1994. In addition, around this time, Japanese people became aware of Danish and Swedish approaches to elder care. The issue of elder people becoming bedridden was a very serious problem in Japan, but was it true that there were no bedridden elder people in Denmark or Sweden? Could this truly be a social reality? These questions led to my initial awareness of this issue and served as the impetus for my study. After becoming interested in these issues, I studied in Växjö and Lund in Sweden for three years in order to examine a system that prevented the elder from becoming bedridden.

The Long-term Care Insurance System was introduced in Japan in 2000, and the circumstances surrounding elder care considerably changed. When I studied in Sweden at the beginning of the 1990s, there was little interest in studying Japanese elder care. At the time, Japan was not considered an appropriate subject of research as it was regarded as a nation where the elder were cared for within their own families. However, this is no longer the case, and researchers from around the world are now interested in the Long-term Care Insurance System in Japan. The number of facilities with high standards of elder care is increasing in Japan; moreover, the work ethic and enthusiasm of Japanese care workers and home helpers is surprising to foreign researchers experienced in the field of elder care. Japanese researchers focusing on elder care have also been overwhelmed by the amount of elder care services provided and the modern caregiving systems abroad. The era of simply 'learning' foreign systems has ended, and we are entering the next stage in this field.

This study focuses on not only 'providing' elder care services but also its 'organisation.' Care is the outcome of the elder and caregivers working together to construct everyday life. It is a systemisation process that can be regarded as the process of organising the daily lives of the elder, who need living assistance. I focus on organising care because I believe that the mere provision of care per se cannot support an elder person's life. I also think that a singular focus on providing care does not allow for an understanding of the living condition of an elder person receiving services. Care makes up a significant part of the lives of the people living around the elder person, and it is a part of the welfare of the family. When we discuss how caregiving is externalised and whether we can reduce the burden on the family, discussions about the amount of services take priority. However, once a certain level of service is guaranteed, we must consider that, depending on the service, further increases may either raise the quality of the user's life or, conversely, become useless. Accordingly, the perspective of organisation also becomes important for managing the care system.

Thus far, international comparative research on elder care has focused on the amount of care provided and on the elder care service system. Statistics provided by the Organisation for Economic Cooperation and Development (OECD) on aspects such as social expenditure and long-term care are frequently used in international comparative research. For example, Japan provides the most sickbeds of any developed nation when taking into account only the number of sickbeds in psychiatric hospitals. However, it is widely known that people with mental disorders live the fullest lives in Japan. We cannot understand the living condition of this population only based on the amount of services provided.

I discuss experiences from the Swedish case for two reasons. First, Sweden is consistently cited in discussions of Japan's social security policies. It is essential to grasp Sweden's policy approaches on the basis of the actual conditions when considering Japan's social welfare policies. Information and research related to Swedish social welfare has often influenced the Japanese domestic political system and ideology. The debate on Japanese social security in the 1970s considered the family as a hidden asset of social welfare (we often call it as "Japanese style of welfare society"), and Sweden's welfare state was regarded as a negative example. The image of a lonely elder person in a vast park was often invoked, and it was suggested that the high suicide rate in Sweden was the result of excess social welfare (it is now clear that this interpretation was not in accordance with the facts). Moreover, from the late 1980s through the 1990s, while Japan was in the process of establishing an elder care system according to the Gold Plan, the media introduced Sweden's care service houses (a comprehensive home care system that operates around the clock) and Sweden's elder care system was painted as the ideal model. Because Sweden's policies were bold and influential, they attracted attention, but the background for adopting these policies was probably not understood in Japan. If we fail to consider each policy in the context of the political and cultural background of its developmental process, as well as the structure of Sweden's elder care, we cannot distinguish between actual processes and exaggerated or misleading images.

My second reason for selecting Sweden as an example is that it has a longer history of discussions on elder care than does Japan. Sweden has experienced and debated various policies. Besides family which has been and is the main provider of care for elder people, there has been different solutions of care for poor people (who had to rely on poor relief in various forms) and rich people who could receive help from servants. Volunteers have never been important providers of care. In addition, there was a 'monopoly on provision' by the municipal elder care services and the 'pluralistic provision' of services that has been seen in recent years.

Hence, there is abundant material for considering precisely what elder care entails, given the variations in elder care initiatives across different municipalities. Moreover, there are variations in the municipal care system, particularly since the 1990s, because the discretionary powers of municipalities (the basis of municipalities) have been largely accepted. These initiatives create ideal circumstances for qualitatively comparing care systems. 8.5% of the Sweden's population was already 65 years and over at the beginning of the 20th century. Therefore, interest in the issues of care and support for the elder arose considerably earlier in Sweden than in other countries. In the past 120 years, the support and care system for the elder has changed, owing to global economic and political conditions. Family is still the most important source of care but professionals have got an increasing role. In the long process of answering the following questions, the social context can be used to illuminate the changes in the system. How has care been provided (who has been in charge of care)? How has it been organised? What types of discussions have surrounded these issues?

Purpose of the study

On the basis of the awareness of this issue as discussed above, a primary goal of this study is to investigate the question, 'Who has provided what type of care up to this point?' In addition, there are many studies on elder care that focus on the question of 'Who cares?' Investigating these questions is an important task in considering who will provide elder care, as well as the manner in which they will do so.

Thus, this thesis historically organises and analyses the discussions surrounding the provision and organisation of elder care in Sweden. Furthermore, it clarifies how elder care services are being reorganised amid economic hardship in the pluralistic era of elder care services since the 1990s. This clarification is based on fieldwork in Sweden, which is known for being a universal welfare state that has been influenced by the progression of globalisation and marketisation.

Research method and limitations of this study

Chapter 1 of this manuscript summarises the theoretical background of this study. Chapters 2-4 are chronologically arranged and based on historical reference material. Chapters 5-8 provide a statistical examination of the database and fieldwork. Details about the research methods are included in each chapter.

The following are limitations of this study. First, the study does not cover family caregiving. When considering the provision of elder care as a research theme, the situation of family caregiving is important. The government project implemented in the late 1990s, 'Family 300' (Anhörig 300), served as the impetus to conduct a variety of practices and investigations related to family caregiving. Researchers from other countries had previously noted that Sweden had very little family caregiving, but recent studies clarified that family caregiving did exist in Sweden. The present study and description are centred on the function of municipalities. It was not possible to verify these studies on family caregiving, although this is an important research task for the future.

The second limitation is that the historical descriptions in this study (particularly in Chapters 2-4) are dependent on Per Gunnar Edebalk's and Marta Szebehely's studies and books. If the primary objective of the present study was historical research, historical statements should be made after verifying their writings. However, this was only done to a very small degree. The studies and books on which the present study is based highly credible; they have been cited in nearly all papers related to elder care in Sweden. Moreover, when foreign researchers discuss another nation's historical descriptions, they are limited by their knowledge and experience of the other nation. To compensate for these limitations, both native and foreign researchers accumulate arguments over a long period and offer descriptions based on these arguments.

The third limitation involves historical changes over the period in which the investigation was conducted. In particular, the fieldwork in Chapter 6 was conducted over the course of approximately 10 years. During this time, the political situation and system completely changed, and accurate comparisons among municipalities or business people were not possible. This is a limitation of independently implemented investigations.

Contents of the thesis

The Swedish elder care system has significantly influenced Japanese elder care policies, particularly since the 1990s. However, the image of a centralised provision of care system that developed during the postwar expansion of the welfare state has become solidified. Consequently, there is little research that includes the new perspectives of globalisation and marketisation. Moreover, Sweden's elder care system has a long history, which includes a variety of experiences. Accordingly, Sweden offers many materials that can be used, regardless of cultural background, when examining the organisation of elder care services. This study considers how elder care should be organised on the basis of the characteristics of elder care services.

Chapter 1, 'Elder Care from a Political and Economic Perspective' debates the necessity of organisation and a public system for elder care. This chapter also provides the theoretical framework for this study. G. Esping-Andersen asserts that because the postwar welfare state was primarily a system of income redistribution, it made few contributions to family services such as elder care and childcare. He highlights that it is necessary to have low-wage labour for individuals such as domestic workers for the shift of welfare from being family-based to market-based. If this low-wage labour does not exist and there is no government intervention, the problem of 'troubling costs' cannot be solved.

A. O. Hirschman presents the concepts of 'voice', 'exit' and 'loyalty' and explains the mechanisms by which the quality of public services is increased. If the development of Sweden's elder care services is viewed via Hirschman's theory, it can be explained as follows. The period of expansion of home help due to the welfare state is considered the mechanism of voice, because the municipality serves as the sole provider of elder care. The period since the 1990s, after the provision of elder care became pluralistic, is considered the mechanism of exit. Moreover, his theory shows that the existence of loyalty formed by self-governing municipalities is in the background of the provision of elder care services not undergoing complete marketisation.

Furthermore, when discussing the ideal provision of elder care services in the era of pluralistic provision, V. Pestoff's interpersonal social service argument and C. Hood's consumer sovereignty argument are important. Through these arguments, the public system and the necessity of organisation are debated. In addition, the characteristics of elder care services are examined more comprehensively.

Chapter 2, 'Assistance for the Elder in the Pre-war Period and Related Issues,' discusses support for the elder from the late 19th century through the mid-20th century on the basis of P. G. Edebalk's work. In the late 19th century, one million Swedish citizens (a quarter of the population) immigrated to the United States because of poverty. As a result, in the early 20th century, 8.5% of the 65 years and over, and the issue of elder care quickly surfaced. The national pension system for the elder was introduced in 1913; it was the first such program worldwide, intended for all citizens and not only for the working class.

The Swedish Social Democratic Party was established in 1889 and spurred a revolution that did not employ violence but rather adopted a moderate stance. This was in contrast to much of the labour movement that had increased in activity since the Russian Revolution. The nature of the party was a reflection of the situation in Sweden, where industrialisation was overdue. The party aimed at providing universal welfare, including for the farming class, but this conflicted with the doctrine of rehabilitation held by the welfare elite who led the poverty relief project. In the area of elder care, the objective was to create better senior citizen homes; however, the problem of housing tenants with different support needs within one facility remained unsolved.

In Chapter 3, 'Postwar Social Policy and Elder Care,' P. G. Edebalk's work is used as the basis for examining how elder care was discussed and developed. These discussions and developments took place amid the beginning of the changes in Sweden's social policies and were influenced

Summary

by postwar England. The journalist I. Lo-Johansson called for the deinstitutionalisation of elder care through media such as radio programs and literature. He gathered tremendous domestic sympathy and support, and his ideals were tied to the popularisation and expansion of home care since the 1960s.

Home help for the elder began in England to compensate for understaffing during the war. The phenomenon started moving into Sweden in the 1950s with assistance by Red Cross volunteers in Uppsala. Sweden began establishing social policies that required vast funds, such as the new pension system, childcare and sickness benefits. Amid these changes, home help for the elder was undertaken by housewives as labour paid hourly. Consequently, home help was quickly identified as an opportunity for supplying inexpensive labour. Old-age homes, on the other hand, could not shake off the image of being miserable facilities offering relief for the poor and requiring significant expenses. Therefore, the government changed its policy focus to home care.

Chapter 4, 'Expansion of the Welfare State and Organisation of Home Help,' arranges the notion of *omsorg* employed by Scandinavian countries on the basis of arguments by M. Szebehely and K. Waerness. This chapter also contains an analysis of the organisation and expansion of home help from the 1960s through the 1980s. *Omsorg* is a view that considers the relationship between the caregiver and the care recipient. In 1964, the government began subsidising home help, and this sektor expanded tremendously. What was once a secondary job for housewives gradually became a profession, and hourly employees increasingly got permanent, long part-time employment. Szebehely provides an explanation that is periodised by decades: the 1960s were the decade of the 'the traditional model' (*den traditionella modellen*); the 1970s, the 'the conveyor belt model' (*den löpandebands-lika modellen*); and the 1980s, the 'the small group model' (*smågruppsmodellen*). In the traditional model, all work done on the clock was decided through discussion between the home helper and the person utilising the services. In the 1970s, the government noticed the sudden boom in home help, and they introduced collective services to rationalise home help. As suggested by the designation of the conveyor belt model, home help was undertaken in housing complexes for the elder and elder at home by visiting nurses, and rehabilitation began taking place. Moreover, the perceived value of care professionals' work increased: to boost their employment, the small group model was introduced. This model entrusted teams with the management of an area of home help. There was barely any discussion regarding how elder care should be implemented with regard to the organisation of home help. This chapter indicates that the arguments were centred on the rationalisation of services and the elimination of staff shortages. Furthermore, this chapter highlights contrasts with the Japanese history of organisation of care and provision of home help, and thus clarifies these characteristics. We can find some similarities between the two countries, for example, process of professionalization and rationalisation; however, development of home help in Japan was rapidly implemented over a shorter period.

Chapter 5, 'Changes to the Pluralistic Provision of Elder Care Services and National Policy,' discusses trends in Sweden's elder care from the 1990s into the 2000s. It focuses on the pluralistic provision and organisation of services as well as analysing the changes in Sweden's elder care as a result of globalisation. For the analysis, the relationship between the state and municipalities is explored. Caregiving policy trends since the 1990s are examined using the 'hourglass model' (*timglas modellen*) employed by O. Petersson to explain Sweden's decentralisation of power. Furthermore, the examination to determine the Swedish populace's understanding of the pluralistic provision of elder care services is based on L. J. Lundqvist's formulation. This chapter also details how the Swedish parliament with a Social Democratic majority introduced a 'maximum fee' (*maximal taxa* (*maxtaxa*)) (setting a maximum fee) (2002) to deal with low-income earners. Moreover, it demonstrates the institutionalisation of the Act on System of Choice in the Public Sector (*Lagen om valfrihetssystem*) (2009) and tax relief for household services (*RUT avdrag*). This system was implemented by the conservative government, which was oriented towards marketisation. Finally, the chapter examines how political parties' administrations addressed concerns surrounding the pluralism of elder care services since 2000.

Summary

Chapter 6, 'Governance of Elder Care by Municipalities and Changes to the Pluralistic Provision,' shows three studies implemented on the basis of Chapter 5 as well as their results. In the first investigation, existing data of the National Board of Health and Welfare (Socialstyrelsen) and Statistics Sweden (Statistiska Centralbyrån : SCB) are used to analyse the characteristics of municipalities that have many private providers of elder care services. Furthermore, there are arguments that link the rationalisation of elder care service to the privatised care services for the elder, but no connection is observed between elder care service expenditure and the rate of private consignment. Thus, it is clear that private consignment is not necessarily connected to rationalisation. Rather, the rate of private consignment is frequently dependent on the policies of municipalities, and municipalities traditionally stabilised by the conservative government are proceeding with private consignment. Difficulties with the rationalisation of elder care services can also partly be explained by reference to Sweden's collective wage system.

In the second study, the case of the pluralistic provision of elder care services is comprehensively examined using a hearing survey targeting seven municipalities. The results confirm that institutional design is influenced largely by the policies of the municipal governments. These first two studies were conducted in the early 2000s. The third study compares two municipalities in Stockholm and Växjö in order to understand the influence of the Act on System of Choice in the Public Sector. The results of this study clarify that there are different operations being undertaken in every region.

Chapter 7, 'Global Capitalism and Local Democracy : A Study of Carema Care Reports,' investigates a series of reports related to elder care initiated in the wake of an incident in October 2011, in which a the death of a nursing home resident was criticised by the family. The developments among the municipalities, government and other people involved in the incident are clarified through a content analysis of the policy processes involved, using newspaper articles. There were repeated occurrences of incidents in a particular nursing home run by Carema Care, a major company in the elder care business world. For my analysis, I extracted the relevant 200 articles from DN newspapers which were reported to from October 2011 to March 2012. According to the reports, an inadequate number of staffs, high number of resident deaths, shortage of incontinence products etc. were found in the nursing homes run by care business companies.

There was a clash between the municipalities, who held the rights to public purchasing, and the municipality districts (*kommundelsnämnd*) in charge of managing the supervision of businesses. For example, as a result of the incident, the approval activities of the residents of the municipalities changed the result of the bids by the municipalities. In addition, owing to the appearance of venture investment care businesses, taxes that should have been used for elder care became the profits of the proprietors through the manipulation of tax heavens. This compelled the government to take counter-measures, but the effectiveness of government regulations within the framework of global capitalism is limited. An analysis of Carema Care's reports clarified the structure of municipalities' autonomy with respect to the influence exerted on elder care by global capitalism. While previous research had identified the relationship between the political agenda and Sweden's reports on elder care, this incident exerted a large influence on the government's policies, and it did so by having active reports during the time when the budget was being compiled.

On the basis of the results of a local hearing survey, Chapter 8, 'The Third Sector and Provision of Elder Care Services,' analyses the characteristics and trends of the social enterprises for elder care in Sweden. These social enterprises are a new phenomenon that appeared following the change to a pluralistic provision of elder care services. Sweden's home help was initiated by the Red Cross volunteers in Uppsala, and there was also a period where quality old-age homes created by the bourgeois class were used as model examples. However, philanthropic activity has been declined in the Scandinavian countries that are welfare states and that use taxes as a funding source. Most of the citizens' needs are addressed by public services, which utilise taxes as their funding source. Therefore, scholars have paid close attention to the provision of elder care services by the third sector as a new development since the 1990s. This survey was conducted through interviews with elder care social enterprises in the under-populated northern areas, Stockholm and its suburbs (areas that have a tradition of acting cooperatively). The survey clarified that these third-sector groups can collectively be anticipated as a new primary provider of services.

The social contributions of these third-sector groups are substantial in certain areas: they provide meaning to work undertaken by labourers; they give satisfaction to the users of the services; and they deal with foreign residents and revitalise under-populated areas. In contrast, the survey suggested that in urban areas, cooperation has been established through links to private consignment by the conservative governments of communes.

Chapter 9, 'Provision and Organisation of Elder Care Services,' arranges Sweden's organisation and provision of elder care using C. Hood's categorisation of public service organisations. It comparatively investigates Sweden's and Japan's elder care systems from the viewpoints of the primary services, the legal system and the funding source. We see plural provision of care service in both countries, but the approaches to funding are quite different. Japan chose an insurance system for elder care after 2000, but a tax system for elder care continues in Sweden. Elder care organization is quite different because of the finance system.

Acknowledgement

This study was completed thanks to the long-term guidance of many Swedish researchers. The following researchers were my primary guides through the study. Associate Professor Agne Gustafsson (Department of Political Science, University of Lund) studies local governmental autonomy, and he was my advisor when I wrote my master's thesis for the Political Science Graduate Program at Lund University in 1993. He provided support on local government and municipal administration. Professor Per Gunnar Edebalk (Department of Social Work, University of Lund) studies elder care and its finance. In particular, he guided me on the history of elder care and the system that gave people the freedom to choose services. From Professor Marta Szebehely (Department of Social Work, Stockholm University), I received support on the transition to organising home helpers, Stockholm's elder care and perception of the privatisation and marketisation of elder care. From Professor Victor A. Pestoff (Institution of Civil Society, Ersta Sköndal University College) and Dr Ingela Wahlgren (Researcher, The National Board of Health and Welfare), I received guidance concerning the third sector and the social enterprise of elder care. From Associate Professor Mitsuru Suzuki (Department of Economics, Linnaeus University), I received training on the Swedish national economy. In Japan, I received guidance from Professor Norio Okazawa (Department of Social Sciences, Waseda University) on Swedish political history and from former Professor Syuzo Tsutsumi (Department of Human Sciences, Osaka University) on the system of public finance and elder care. I am very sorry that I cannot mention all people who helped and supported me. I want to say thanks to all my friends who have contributed to my work.

Yayoi Saito, Osaka University

索　引

あ行

赤-緑連合　*89*, *109*
新しい協同組合　*348*, *355*
アテンドケア社　*198*, *320*
EU加盟　*175*
EU指令　*178*
イェムトランド協同組合開発センター　*355*
イェムトランド県　*354*, *355*
イコールフッティング　*402*
一括補助金　*178*
一般財源　*402*
医療介護企業雇用者連合会　*233*
WECSS調査　*349*
ヴェクショーコミューン　*220*, *261*, *266*, *272*, *422*
ヴォード（vård）　*129*
ヴォードビトレーデ（vård biträde）　*160*
ウプサラ赤十字　*100*, *103*, *106*, *168*
営利事業者　*198*
エーデル改革　*179*, *190*, *394*
『老い』（Ålderdom）　*97*
オステルスンドコミューン　*221*
オステルマルム区　*271*, *308*, *337*
オムソーリ（omsorg）　*129*
『オムソーリの合理性』　*131*
穏健党　*174*

か行

介護計画　*414*
介護サービス査察官制度　*216*
介護サービス判定　*179*, *278*, *284*, *405*, *414*
介護サービス判定員　*246*, *414*
介護サービス判定分離型　*179*, *184*
介護支援専門員　*414*
介護スキャンダル　*314*

介護付き住宅　*187*
介護付き住宅コスト　*207*, *211*
介護付き住宅利用率　*1207*, *210*
介護報酬　*201*, *277*, *282*
介護マックスタクサ（maxtaxa）　*199*
家事援助　*201*
家事使用人　*22*, *108*
家事労賃控除（RUT-avdrag）　*46*, *202*, *399*, *405*
家族内福祉　*22*
家庭支援婦　*101*, *143*
家庭支援ホームヘルプ　*101*, *116*, *142*
家庭の主婦たち　*140*
家庭の母親としての資格　*157*
花びんモデル　*178*
カレマケア社　*198*, *233*, *289*, *320*
カレマケア報道　*287*
看護職労働組合　*229*, *328*
感情的費用　*40*
完全雇用　*19*
機会費用　*26*
希釈　*417*
給付抑制の手法　*416*
供給競争　*400*
供給独占　*410*
行政措置　*407*
強制入所　*98*
強制不妊手術　*288*
競争の導入　*181*
協同組合雇用者連合　*232*
共同生産（co-production）　*42*, *392*
競売　*58*
居住地権　*57*
グレシャムの法則　*401*
グローバル・ケア・チェイン　*24*
グローバル資本主義　*340*
経済的団体　*359*
継続的サービス　*38*

契約形態　395
契約制度　407
広域自治体ランスティング　180
広域自治体レギオン　178
公共購買（入札）　183, 191
公共購買法　188, 198
更生　62
更生主義　67
高齢者オンブズマン制度　216
高齢者介護調査委員会　112
『高齢者ガイド』（Äldreguiden）　334
『高齢者介護への競争の導入と契約委託』　183
高齢者虐待通報義務　288
高齢者向けホームヘルパー　143
国民党　89, 110
国民の家（folkhemmet）　73
国民老齢年金保険制度　60, 64
コスト病　25, 398
コッパゴーデン介護付き住宅　289
コミューン企業連合会　233
コミューン自治　51
コミューン執行委員会（kommunstyrelsen）　269
コミューン直営サービス　197
コミューン直営事業所　278, 282
コミューンの最終責任　401
コミューン法　178
コミューナル労組　228, 229
コミュニティビジネス　373
コンセンサス・ポリティクス　66

さ行

サードセクター　343
サービス購入型　412
サービス選択自由化制度　183, 192, 397
サービス選択自由化法　44, 199
サービス選択自由化制度　200, 216, 237
サービス直接利用システム　192, 218, 240, 407
サービスハウス　135, 154
サービス判定　159
サービス割当　416
サーラ事件　288, 315
サーラ条項　288, 307

財源調達方式　410
財政基盤　402
在宅介護主義　107, 115, 123
最低所持金　199
最低所持金保証原則　91
最適規模　393
作業療法士労組　229
参入競争　400
散発的サービス　38
残余的（経済的困窮者に限定した）給付　18
時間単位給付　152
事業者の選定　281
仕事内容による給付　155
市助役　270
施設　58
慈善の気持ち　167
自治体区委員会　178, 252, 270, 325, 341
自治体連合　72
自治体連合会　230
市長部門制度　269
児童手当　90
自発的活動団体　347
諮問的国民投票　110
社会援助法（Socialhjälplagen）　77, 91, 111
社会教育的方向性　155
社会サービス法（Socialtjänstlagen）　50, 173, 406
社会支援共同体　76, 177, 394
社会事業中央連合会（CSA）　61
社会支出　19
社会政策調査委員会　117
社会庁　83, 205
社会的保護調査委員会　80, 91
社会福祉省　83
社会民主主義政党　195
社会民主主義的福祉国家レジーム　18
社会民主党　65, 174
集合的サービス　154
自由主義的福祉国家レジーム　18
収入無関係の原則　123
住民参加型サービス　168
住民の年収　210
受益者負担　402
需要の操作　417
巡回介護　58

索　引

準市場　*180*
常勤原則　*168*
小グループモデル　*150*, *155*, *158*
使用人問題　*396*
消費者主権　*29*
職員協同組合　*349*
所得連動型付加年金（ATP）　*109*
自立生活支援　*159*
人口密度　*210*
新自由主義思想　*174*
身体介護　*201*
新聞報道　*339*
スウェーデン・ヨーロッパ社会基金委員会　*352*
スウェーデン医療福祉合理化研究所（SPRI）　*156*
スウェーデン自治体連合会　*230*
スウェーデン社会サービス従事者連合会　*83*
スウェーデン社会的保護連合会　*94*
『スウェーデンの老い』　*97*
スウェーデン貧困救済事業連合会（SFF）　*61*, *94*
ステイクホルダー型組織　*373*
ストックホルムコミューン　*216*, *268*, *422*
砂時計モデル　*177*
スラムシスター　*101*
税均衡交付金　*119*
税金流出　*323*
政治過程分析　*290*
セーデルマルム区　*295*, *330*
潜在的競争者　*397*
選択の自由　*51*
早期停止　*416*, *417*
相互関与性　*41*
ソーシャルエコノミー　*350*
ソーシャルエンタープライズ　*42*, *348*, *361*
組織的形態　*406*
租税回避地　*298*, *318*
租税負担率　*19*
ソルナコミューン　*220*

た行

ダーゲンス・ニイヘテル紙　*287*
待機者の多い社会　*112*

大規模市町村合併　*50*, *394*
「退出」（exit）　*30*
「退出」オプション　*33*
対人社会サービス　*38*
ダイヤモンドモデル　*177*
脱施設化　*121*
脱商品化　*22*
団体法人　*359*
ダンデリュードコミューン　*221*
地域政党　*219*
地区ホームヘルプ主任　*157*, *169*, *179*
地方分権　*50*
中央労使協定　*229*
中央労使交渉　*398*
中央労使交渉システム　*227*
中高年の専業主婦　*144*
長期療養病床　*118*, *135*
ディアコニッサ　*101*
定期巡回・随時対応型訪問介護看護　*422*
テービュコミューン　*220*
伝統的モデル　*150*
統計局（SCB）　*205*
登録制　*167*
特定財源　*402*
トローサコミューン　*221*, *245*, *265*

な行

ナーシングホーム　*124*, *135*, *395*
ナッカコミューン　*219*, *237*, *264*
入所者混在問題　*92*, *94*, *113*
ニューパブリックマネジメント　*184*
認知症協会（Demensförbundet）　*328*
認知症高齢者対象グループホーム　*187*
年金生活者委員会　*42*
年金生活者ホーム　*79*, *92*
年金付加金　*65*, *67*
農民同盟　*89*, *109*

は行

パーソナル・バジェット　*45*
パーソナルサービス　*131*
パートタイム就労　*146*, *147*
バウチャー制度　*44*, *200*

471

パウプレス・ホンテクス　64, 79
場所買い　183, 397
「発言」（voice）　30
「発言」オプション　34
非営利性　347
非営利団体雇用者連合会　231
費用徴収　417
貧困救済会議（fattigvårdskongress）　61
貧困救済事業　57, 69
貧困救済事業査察官　71
貧困救済事業をよくする人びと　61, 67, 70
貧困救済法策定委員会　66, 70
貧困救済理事会（fattigvårdsstyrelse）　78
貧困小屋　58
貧困者　57
貧困の家　58, 99
貧困農園　58
付加サービス　203
『福祉国家に関する意識調査』　48
福祉多元主義　384
福祉トライアングルモデル　346
普遍型福祉国家　122
普遍主義モデル　43
普遍的給付　18, 87, 122
ブラックマーケット　24, 399
ヘッセルビューヴェレングビュ区　294, 325
ヘムサマリット（hemsamarit）　160
ヘルシンボリコミューン　218, 258, 266
ベルトコンベア風モデル　150, 153
編成の規模　392
ベンチャー投資企業　298, 318
ベンチャー投資系介護企業　320, 321
法人税減税　325
法人体系　359
訪問介護員　167
訪問看護　395
ホームヘルパー労使協約　143
ホームヘルプ　134
ホームヘルプコスト　207, 211
ホームヘルプ事業　111
ホームヘルプに関する省庁令　151
ホームヘルプの集合化　155, 161
ホームヘルプ集中整備補助金　118
ホームヘルプ利用率　207, 211
保険料　65

補修労賃控除（ROT-avdrag）　202
保守系政党　195
保守主義的福祉国家レジーム　19

ま行

賄い付き住居　79
マルチスティクホルダー　41
マルメコミューン　217, 251, 265
ミーンズテスト　18
右党　110, 116
身元引受　58
民営化　181
民間委託　191
民間供給率　207, 209, 210
民間事業者　192, 278, 282
民衆運動　61, 278
メディア報道　287
申し込み順　416

や行

要介護認定　413

ら行

リネーゴーデン介護付き住宅　308
理念団体　359
利用者補助型　412
両親協同組合　349
リンシェーピングコミューン　218, 240, 264
ルンドコミューン　219, 253, 265
零細自治体　76
連帯賃金制度　227, 398
老人家庭奉仕員　167
老人ホーム　63, 135
老人ホーム主義　63, 94
老齢年金調査委員会　66, 68
「ロイヤルティ」（loyalty）　30, 36
「労働生活と平等に関するプロジェクト」　352

わ行

枠組み法　173

索　引

法令等

1871年貧困救済令　*56, 57*
1918年貧困救済法　*60, 70*
1947年基本方針　*88*
1957年基本方針　*88, 109, 113*
1964年基本方針　*88, 118*
LSS法　*195*

人名等

A. ボリイ財務大臣　*302*
A. O. ハーショマン　*17*
C. ビルト　*174*
C. フッド　*387*
F. ラインフェルト首相　*302*
G. ストレング　*104*
G. パーション　*175*
G. ムッレル　*93, 103, 105*
G.H. フォン・コック　*61, 76*
H. ブランティング　*66, 72*
H. ヨンソン　*287*
I. カールソン　*175*
I. ロー＝ヨハンソン　*89, 97, 288*
K. アクセルオレーン　*303*
K. ウェルネス　*129*
L.J. ルンドクヴィスト　*181*
M. セベヘリ　*128*
M. ラーション高齢者担当大臣　*302*
P.A. ハンソン　*73*
P.G. エデバルク　*55, 87*
S. シュバルフォシュ　*48*
T. エランデル　*88, 127*
V. ペストフ　*344*

斉藤　弥生（さいとう　やよい）

1964年東京生まれ。学習院大学法学部卒業後、スウェーデンルンド大学政治学研究科に留学、1993年に大阪外国語大学助手（スウェーデン現代社会論）に着任、講師、助教授を経て、2000年に大阪大学大学院人間科学研究科助教授、2013年より大阪大学大学院人間科学研究科教授（福祉社会論）。専門は社会福祉学（比較福祉研究、高齢者介護研究）。共編著に『体験ルポ日本の高齢者福祉』（岩波新書1994）、*Meeting the Challenges of Elder Care : Japan and Norway*（Kyoto Univ. Press, 2010）等がある。

スウェーデンにみる高齢者介護の供給と編成

2014年2月28日　初版第1刷発行　　　　　　［検印廃止］

　　　著　者　斉藤弥生
　　　発行所　大阪大学出版会
　　　　　　　代表者　三成賢次

　　　　〒565-0871　大阪府吹田市山田丘2-7
　　　　　　　　　　大阪大学ウエストフロント
　　　　TEL 06-6877-1614（直通）
　　　　FAX 06-6877-1617
　　　　URL : http://www.osaka-up.or.jp

　　印刷・製本　亜細亜印刷株式会社

© Yayoi Saito, 2014　　　　　　　　　Printed in Japan
ISBN 978-4-87259-460-7 C3036

Ⓡ〈日本複製権センター委託出版物〉

本書を無断で複写複製（コピー）することは、著作権法上の例外を除き、禁じられています。本書をコピーされる場合は、事前に日本複製権センター（JRRC）の許諾を受けてください。
JRRC : http://www.jrrc.or.jp　eメール : info@jrrc.or.jp　電話 : 03-3401-2382